beck'sche reihe

länder

Japan, das sich in kürzester Zeit vom agrarischen Feudalstaat zum Industriegiganten gewandelt hatte, befindet sich heute in einer tiefen Krise. Welchen Platz wird dieses Land im 21. Jahrhundert einnehmen?

Manfred Pohl, Prof. Dr., geb. 1943; 1975–95 Leiter der Japan-Abteilung, Institut für Asienkunde, Hamburg; heute o. Professor für Staat, Gesellschaft, Politik Japans. Herausgeber des Jahrbuchs «Japan – Politik und Wirtschaft».

Manfred Pohl

Japan

Verlag C. H. Beck

Mit 30 Abbildungen und 1 Karte

Die Deutsche Bibliothek – CIP-Einheitsaufnahme
Ein Titeldatensatz für diese Publikation
ist bei Der Deutschen Bibliothek erhältlich

4., völlig neubearbeitete Auflage. 2002
Originalausgabe
© Verlag C. H. Beck oHG, München 1981
Gesamtherstellung: Kösel, Kempten
Umschlagabbildung: Seite 1: © Tom Jacobi;
Seite 2: Ein Bambushain im Süden Japans.
Bambus wird zu vielen Gegenständen des täglichen Bedarfs verarbeitet,
© Joel Sackett;
Seite 3: Der Fuji-san, Japans schönster und höchster Berg
(3776 Meter) ist das häufigste Motiv japanischer Maler,
Dichter und Fotografen (© Japanisches Fremdenverkehrsamt)
Umschlaggestaltung: +malsy, Bremen
Printed in Germany
ISBN 3 406 48104 3

www.beck.de

INHALT

LAND UND LEUTE

Land der Superlative   10
Erdbeben, Vulkane und Taifune 10 · Zwischen Dorf und Megalopolis 17 · Faszinierendes Chaos Tokyo 28

GESCHICHTE

Götterstreit und Menschenschicksal   40
Die Enkel der Sonnengöttin 40 · Japan wird ein Staat 46

Pinsel, Schwert und Abacus   60
Die Welt des Prinzen Genji: Spaziergang durch Kyoto 60 · Mönche und Samurai 72 · Ein blutiges Jahrhundert geht zu Ende: Drei Männer bringen Japan die Einheit 87 · Erste Begegnungen mit dem Westen 96 · Japan verschließt sich der Welt: Die Tokugawa-Zeit (1600–1868) 100 · Wirtschaftswachstum und bürgerliche Kultur 112

Vom Feudalstaat zum Industriegiganten   122
Erzwungene Öffnung und Abwehr ausländischer Bedrohung 122 · Die Entstehung eines modernen Staates 131 · Taisho-Demokratie: Politiker entdecken das Volk 149 · Wirtschaftskrisen, Ultranationalismus und Expansionsstreben 154

POLTIK UND WIRTSCHAFT

Gesicht, Geschenke und Gefolgschaften   164
Entstehung einer «Einparteien-Demokratie» 164 · Die politische Kultur Japans in der Krise 168 · Geburtsfehler japanischer Parteien 170 · Die Reformen seit 1994 172 · Soziale und politische Hintergründe 174 · Verpflichtungsdenken und Gefolgschaftstreue 177

Der Moloch LDP   180
Die Organisation der LDP 180 · Innerparteiliche Machtgruppen (habatsu) 181 · Abgeordnete und Partei 182 · Das Kabinett Koizumi: Zum Scheitern verurteilt? Japanische Politik heute 191

Konstanten politischer Kultur   193
Das Kaiserhaus 193 · Die Gewerkschaften 196 · Japans Beamtenelite: Söhne der Samurai 198 · Reorganisation der Ministerien: Ende der Beamtenherrschaft? 202

Internationale Bindungen   204
Großmacht wider Willen? 204 · Deutsch-Japanische Beziehungen 208

Die Wirtschaft – unschlagbar erfolgreich?   214
«Geheimnisse» des japanischen Erfolgs 214 · Entwicklung bis zur Mitte der 80er Jahre 217 · Yen-Aufwertung, neue Wachstumsimpulse und «bubble economy» 220 · Das «System Japan» in der Krise 224 · Umweltschutz und Umweltpolitik: Der lange Lernprozeß der «Japan AG» 225

GESELLSCHAFT UND KULTUR

Gesellschaft im Wandel   232
Religion heute: Woran glauben die Japaner? 232 · Erziehung zum Erfolg 235 · Zeitungsgiganten und Fernsehen total 243 · Sport in Japan: Zwischen Baseball und Sumo 246

Zwischen Tradition und Moderne   249
Kunst und Architektur heute 249 · Von der Kalligraphie bis zum Landschaftsgarten: Traditionelle Ausdrucksformen 253 · Japanisches Theater 262 · Die Literaturszene 268 · Film: Von der Kunst zum Kommerz 269 · Comics: Schurken, Sex und Wirtschaft 274

ANHANG

Japan auf einen Blick 278
Japan im Internet 280
Literaturhinweise 282
Zeittafel 286
Register 291
Abbildungsnachweis 295
Karte 296

*Die neuen Hochhäuser von Shinjuku, einem Stadtteil Tokyos,
sind Prachtbeispiele moderner Architektur*

LAND UND LEUTE

Land der Superlative

Erdbeben, Vulkane und Taifune

Aus dem Meer im Osten der asiatischen Festlandmasse ragt die Gipfelkette eines gewaltigen unterseeischen Gebirges: die japanischen Inseln. Berge und Meer prägen das Leben der Japaner, wenn auch in den riesigen Städten des Landes leicht das Gefühl für diese Gegenpole landschaftlicher Strukturen verlorengeht. 80 Prozent der japanischen Landfläche sind gebirgig; steile Gebirgsabhänge und Bergketten, von zahlreichen Vulkanen überragt, engen Siedlungs- und Wirtschaftsräume der Menschen im Landesinneren ein. Nach außen, im Osten begrenzen der Pazifische Ozean, nach Westen das Ostchinesische Meer die japanische Landfläche; das Japan-Meer trennt die Inseln von Korea, China und dem asiatischen Teil Rußlands.

Städte, Industriegebiete und landwirtschaftliche Regionen ballen sich an den schmalen Küstenstreifen, in den Mündungsgebieten der Flüsse, auf wenigen Hochplateaus und Tälern zusammen. Während einer Bahnfahrt von Tokyo nach Fukuoka auf der südwestlichen Hauptinsel Kyushu verwirrt das fast übergangslose Nebeneinander von hochverdichteten städtischen Ballungszentren, die stets auch von landwirtschaftlichen Zonen und Gebieten mit ausgedehnten Anlagen der Großindustrie durchzogen werden. Erkennbar sind in die städtischen Wohngebiete Unternehmen der Klein- und Mittelindustrie fast eingewachsen, während sich an die noch vorwiegend landwirtschaftlichen Regionen Industrie-Anlagen «heranschieben». In den Küstenregionen entlang der Inlandsee, zwischen den japanischen Hauptinseln also, und in den beiden gewaltigen Ballungszentren um Tokyo und Osaka gibt es kaum noch klar abgegrenzte Wohn- und Wirtschaftsräume. Durchschnitten werden diese flachen Küstenregionen mit ihrer Mischstruktur aus Industrie, Stadtgebieten und Landwirtschaftsregionen durch die weit vorspringenden, teils gebirgigen Halbinseln der tief eingebuchteten japanischen Küsten. Die Bahnlinie zwischen Tokyo und Fukuoka durchschneidet diese natürlichen Barrieren in einer Kette von Tunnels und verbindet so ohne Rücksicht auf Hügelland und Gebirge die großen küstengebundenen Ballungszentren des Landes.

Die japanischen Inseln verteilen sich über einen Meeresraum von 4 Mio. qkm. Neben den vier Hauptinseln Hokkaido, Honshu, Shikoku und Kyushu besteht Japan aus 3300 bis mehr als 3700 kleinen und kleinsten Inseln, je nach Definition des Begriffes «Insel». Im äußersten Norden liegt die Insel Etorofu (Iturup), im Süden wird der äußerste Punkt des japanischen Inselbogens markiert durch das Inselchen Okinotori; im Osten liegt, 2000 km Luftlinie von Tokyo entfernt, die Insel Minamitori, heute der östlichste Punkt des japanischen Staatsgebietes. Die größte Nord-Süd-Ausdehnung Japans erstreckt sich, wiederum in Luftlinie, über 2400 km; auf Deutschland übertragen bedeutet das je einmal die Strecke von Hamburg nach Tripolis oder von Hamburg nach Bukarest. Die Inselchen Okinotori und Minamitori werden von der Metropolregierung Tokyo verwaltet, der westlichste Punkt Japans, die Insel Yonaguni, von der Provinzregierung Okinawa. Mit seinen nationalen Grenzen stößt Japan damit zur See im Norden unmittelbar an russisches Gebiet, im Westen reichen die japanischen Inseln bis auf 200 km an die koreanische Halbinsel heran, und im Südwesten liegt die äußerste japanische Insel ebenfalls nur 200 km Luftlinie von Taiwan entfernt.

Die gesamte Landfläche Japans erstreckt sich über 377 48 qkm, darin eingeschlossen sind die sog. «nördlichen Territorien», d.h. die Habomai-Inseln, die Inseln Shikotan, Kunashiri und Iturup (Etorofu) mit zusammen 4996 qkm, die kurz vor Kriegsende von der Sowjetunion besetzt worden sind. Die größte Hauptinsel, Honshu, hat eine Ausdehnung von 230 864 qkm (61% der japanischen Landfläche), die zweite Hauptinsel, Hokkaido, erstreckt sich über 78 525 qkm (21%), Kyushu über 42 072 qkm (11%) und Shikoku 18 792 qkm (5%), den Rest der Landfläche stellen kleine Inseln und Inselchen. Das Landschaftsgefüge Japans drängt die Bewohner auf engstem Raum zusammen: Nur 11,9% der gesamten Landfläche sind für den Ackerbau nutzbar, 1,7% lassen Obstanbau zu, 1,4% der Bodenfläche sind noch für Weidewirtschaft nutzbar. Rund 67% der japanischen Bodenfläche sind bewaldet, hinzu kommen gebirgige Landesteile, so daß sich Landwirtschaft, Industriegebiete und Stadtregionen auf nur ca. 20% der gesamten Bodenfläche zusammendrängen müssen.

Der weite Inselbogen Japans verbindet von Nord nach Süd sehr unterschiedliche Klimazonen, die vielen Gebirgsketten markieren

Die Oku-Irozaki Küste auf der Halbinsel Izu

eine west-östliche Wetterscheide. Deutliche Jahreszeitenwechsel sind in allen Teilen Japans die Regel, aber es gibt dabei vier unterschiedliche Klimaregionen. Die pazifische Region mit hohen sommerlichen Niederschlägen, die Landesteile, die dem Japan-Meer zugewandt sind, und die Nordinsel Hokkaido, wo im Winter schwere Schneefälle die Regel sind, schließlich eine Inlandzone, die verhältnismäßig geringere Niederschläge hat, und dann als extremer Gegensatz zu den kühlen bis kalten Zonen im Norden die südwestlichen Inseln mit ihrem fast subtropischen Klima. Allen Klimazonen gemeinsam ist eine Regenzeit im Frühsommer (Juni bis Anfang Juli), die Periode, in der die Reisfelder bestellt werden; dem Sommer zwischen Juni und August folgt eine Taifun-Periode, die sich bis in den Herbst erstreckt, und der Jahreszyklus wird in allen Klimaregionen durch einen dreimonatigen Winter von Dezember bis Februar abgeschlossen. Im Sommer werden die japanischen Inseln von feuchtheißen Winden aus südöstlicher Richtung vom Pazifik her überstrichen, im Winter wehen kalte nordwestliche Winde vom chinesischen Festland über den japanischen Archipel.

*Katsushika Hokusai (1760–1849),
Der Fuji-san von der Kanagawa-Küste aus gesehen*

Extreme geographische und klimatische Gegensätze treffen in Japan aufeinander, und die Inseln liegen in einem Teil der Welt, wo sich die Erdkruste gleichsam noch dehnt, streckt – und manchmal reißt. Die japanischen Inseln sind Teil der pazifischen Vulkanzonen. «Feuerberge» (japan. *kazan*) haben die Bodenbeschaffenheit Japans in vielen Regionen geprägt, und noch heute können Japans Vulkane Steine, Asche und Lava speien. Von den rund 170 tätigen Vulkanen sind seit dem Beginn historischer Aufzeichnungen mindestens 50 ein oder mehrere Male ausgebrochen, davon mehr als die Hälfte seit 1850. Erst Mitte der achtziger Jahre des 20. Jahrhunderts berichtete die japanische Presse nach einem Ausbruch von der Evakuierung der gesamten Bevölkerung einer kleinen Vulkaninsel, kurz zuvor hatte das Fernsehen Bilder von der «Geburt» einer neuen Vulkaninsel mitten im Meer gesendet. Vulkanasche und Lavaflächen weit zurückliegender Ausbruchskatastrophen haben etwa im Aso-Gebiet von Kyushu fruchtbare Böden entstehen lassen, dagegen haben jüngere Vulkanausbrüche im östlichen Hokkaido und an der Nordspitze Honshus poröse, was-

Land und Leute 13

> **Der Fuji-san (Fujiyama), das Symbol Japans**
>
> «Die Gestalt dieses Berges ist in der Welt ohne Beispiel. Die Erscheinung dieses eigenartig geformten Berges wirkt mit dem nie schmelzenden Schnee über dem wie aufgemalt wirkenden Tiefblau so, als hätte er über ein dunkelfarbenes Gewand ein kurzes weißes Überkleid angelegt. Von da, wo der Scheitel des Berges eine kurze Strecke eben verläuft, stieg Rauch auf. In der Abenddämmerung konnten wir auch aufflackernde Flammen sehen.» (Sarashina Nikki, 1057)

serarme und unfruchtbare Böden zurückgelassen. Wo heiße vulkanische Gase und glühendes Magma auf unterirdische Wasseradern stoßen, bricht brodelndes Wasser an die Oberfläche. Japan hat mehr als 1100 heiße Quellen, und die Vermutung drängt sich auf, daß Japans unbefangen sinnliche Badekultur aus diesem Angebot der Natur entstanden ist.

Japans unruhige Erde ist aber auch zu fühlen. In Japan bebt es häufiger als in jedem anderen Land der Welt. Allein in der Region Tokyo ereignen sich jährlich 40 bis 50 Erdbeben, die körperlich wahrgenommen werden können. Schwerste Erdstöße mit starken Zerstörungen werden im Durchschnitt alle zwei Jahre irgendwo im Lande registriert. Zählt man alle Erdbeben zusammen, die von empfindlichsten Seismographen registriert werden, dann ereignen sich in Japan jährlich etwa 7500 Beben, von denen etwa 1500 auch für Menschen fühlbar sind. Die japanischen Behörden, die für den Katastrophenschutz zuständig sind, unterscheiden grob drei Katastrophentypen, die von Erdbeben ausgelöst werden können: 1. die Erschütterung und Zerstörung von Gebäuden, 2. die Überflutung und Zerstörung von Gebäuden sowie Ackerland in Küstengebieten durch Flutwellen, und 3. Verwüstung und Zerstörung von Bergdörfern, Ackerland, Flüssen oder Gebäuden durch Erdrutsche, Erdverwerfungen oder Spaltenaufbrüche. Wenn das Epizentrum eines Bebens auf dem Meeresgrund liegt, oft weit entfernt von den japanischen Küsten, kommt es häufig zu einer Naturerscheinung mit katastrophalen Folgen für die Küstenbewohner, zu den bei dem zweiten Katastrophentyp erwähnten

Traditioneller Geisha-Tanz im Matsubaya-Theater
im Tokyoter Stadtteil Asakusa

Flutwellen (Tsunami). Oft genug treten auch alle drei Katastrophentypen zusammen auf, so bei dem großen Erdbeben von Nankai in Südjapan (1946) und dem Beben von Tokachi-Oki nahe der nordjapanischen Hauptinsel Hokkaido (1953). Das schwerste Beben im 20. Jahrhundert ereignete sich 1923 in der Kanto-Region von Tokyo. Nach offiziellen Berichten fielen dem Beben 99331 Menschen zum Opfer, 43 476 sind als vermißt registriert worden, 8226 Häuser stürzten vollständig zusammen, 126 233 wurden schwer beschädigt und – eine ebenso häufige wie gefürchtete Folge von Erdbeben – insgesamt 447128 Häuser wurden durch Feuer zerstört. Die meisten Häuser Tokyos waren in den zwanziger Jahren noch aus Holz gebaut, und aus offenen Feuerstellen, geplatzten Gasleitungen u. ä. entstanden riesige Brände, die ganze Stadtteile auslöschten. In der Folge des Kanto-Erdbebens kam es in den Bergen westlich von Tokyo zu gewaltigen Erdrutschen, die mehr hochgelegenes Ackerland vernichteten, als je in den Chroniken Japans verzeichnet worden ist. 1995 ereignete sich das letzte große Beben im Raum Kobe/Osaka, dem über 5000 Menschen zum Opfer fielen.

Vulkanausbrüche, Erdbeben und Flutwellen, Überschwemmungen und Erdrutsche, besonders in der Taifun-Saison im August/September, und nicht zuletzt auch die schweren Schneefälle in den Landesteilen entlang der Japan-See, die den Eiswinden des asiatischen Festlandes zugewandt sind – die japanischen Menschen müssen praktisch mit jeder Form von Naturkatastrophen leben. Im Falle Japans aber werden die Folgen dieser Naturkatastrophen durch soziale Bedingungen noch verschärft: Eine extrem hohe Bevölkerungsdichte in den wenigen Flachlandgebieten, in denen sich städtische Siedlungen, landwirtschaftlich genutzte Flächen und Industriezonen zusammendrängen, verschärfen die Konsequenzen solcher Katastrophen. Immer neue Wohngebiete uniformer Einzelhäuser auf winzigen Parzellen wuchern im Umkreis der großen Städte auch in die erdbebengefährdeten Gebiete hinaus. Den traditionellen Naturkatastrophen des Landes gesellen sich von Menschen geschaffene Bedrohungen wie Umweltverschmutzung hinzu, die in den sechziger und siebziger Jahren aus einer ungehemmten Industrialisierung des Landes entstanden. Zwischen äußerer Gelassenheit und Panik, die dicht unter der Oberfläche lauert, leben die Japaner in der drangvollen Enge ihrer Städte mit der latenten Bedrohung durch Naturkatastrophen. Seit Jahrhunderten hat die japanische Bautechnik danach gestrebt, die Folgen von Naturkatastrophen, besonders der Erdbeben, aufzufangen und abzumildern. Von der nahezu erdbebensicheren, aber brandgefährdeten Holzkonstruktion der kleinen traditionellen Häuser führte die Entwicklung direkt zu den Stahlbetontürmen mit ihren riesigen Glasflächen, die heute das Stadtbild Tokyos und anderer japanischer Großstädte prägen. Japans Architekten sagen von ihren Stahl- und Glasgiganten, sie seien absolut erdbebensicher.

Aber nicht nur immer neue und immer höhere Bürotürme wachsen in den Himmel Tokyos. Japans Architekten haben schon seit Jahrzehnten an der Errichtung immer ausgedehnterer, immer tieferer unterirdischer «Einkaufsparadiese» und Fußgängerzonen gearbeitet. Es war nur ein kurzer Entwicklungsschritt vom Bau des dichten U-Bahn-Netzes in Tokyo zur Errichtung von Ladenstraßen und ganzen Restaurantvierteln unter den Bahnhöfen und Straßen japanischer Großstädte. Diese unterirdischen Einkaufs- und Vergnügungsparadiese gelten ebenfalls als vollständig erdbebensicher. Aber bis heute sind weder die Hochhäuser Tokyos noch die unterirdischen Anlagen der Belastung eines wirklich schweren Erdbebens mit allen seinen Folgen ausgesetzt gewesen.

Zwischen Dorf und Megalopolis

In aller Regel wird ein westlicher Besucher schon kurze Zeit nach seiner Ankunft in Japan mit den extremen Gegensätzen japanischer Wohn- und Wirtschaftsformen und ihrer gleichsam reibungslosen Durchdringung konfrontiert, vorausgesetzt unser Besucher ist auf dem internationalen Flughafen Tokyos, Narita, angekommen. Auf dem Stadtflughafen von Osaka etwa oder auf dem «alten» Flughafen Tokyos (Haneda) wäre er nicht wie in Narita zwischen Reisfeldern und entstehenden Industrieanlagen, sondern «mitten in der Stadt» gelandet. Um einen 24-Stunden Flugverkehr zu ermöglichen, entstand in der Bucht von Osaka inzwischen ein riesiger neuer Flughafen auf einer künstlichen Insel.

Die Fahrt mit dem Flughafenbus von Narita in Tokyos «Innenstadt» oder ein Transfer mit der Schnellbahn zum Stadtbahnhof Ueno führt den Reisenden in einem repräsentativen Querschnitt durch landwirtschaftliche Gebiete, durch Regionen, in denen sich

Die 1989 eingeweihte Yokohama Bay Bridge verbindet Tokyo mit Yokohama. (860 m lang, 6 Fahrspuren, 176 Kabel)

Kleinindustrien mit winzigen landwirtschaftlichen Betrieben mischen, bis hin in die Randgebiete Tokyos, die von hochverdichteter Industrie und zusammengepreßten Siedlungsgebieten geprägt werden. Die Busfahrt endet vor dem Hauptbahnhof Tokyos, und der Reisende findet sich inmitten einer Beton-und Glaswelt aus Verwaltungstürmen, wahren «Konsumtempeln» von Kaufhäusern und einer unübersehbaren Zahl kleiner und großer Restaurants, oft auf mehreren Stockwerken übereinander. Wie in allen Metropolen der Welt hat auch in Tokyo die Stadtentwicklung dazu geführt, daß Wohnquartiere aus den Innenstädten immer weiter an die städtische Peripherie verdrängt werden.

Stadt- und Raumplanung gehören zu jenen staatlichen Aufgabenbereichen, an denen bislang alle japanischen Regierungen, die Kommunalbehörden und nicht zuletzt auch ehrgeizige Lokalpolitiker gescheitert sind. Die atemberaubend schnelle Industrialisierung des Landes hat schon in den ersten Jahrzehnten dieses Jahrhunderts verhängnisvolle und dabei unumkehrbare Fakten in der Raumordnung geschaffen, deren Auswirkungen auf das tägliche

Leben, auf Wohnen, Arbeit und Freizeit heute bestenfalls nur noch abgemildert werden können. Schon in der Tokugawa-Zeit, also im 17. und 18. Jahrhundert, war die politische und wirtschaftliche Entwicklung Japans durch die Bipolarität zwischen Osaka und Tokyo (damals Edo) geprägt. Aussichten auf wirtschaftlichen Erfolg und politische Karriere zogen die Menschen erst in das Handels- und Bankenzentrum Osaka, von dort wagte man den Sprung in das «junge», dynamische Regierungszentrum Edo/Tokyo. Die «zwei Augen Japans» verkörperten in der Tokugawa-Zeit zwei der drei traditionellen Städtetypen des Landes: Osaka wuchs als Hafenstadt und Zentrum des Binnen-, später auch des Außenhandels zu einer Wirtschaftsmetropole heran, Edo/Tokyo verdankte seine Bedeutung der Funktion als Residenzstadt der Tokugawa-Herrscher.

In Edo mußten die großen Lehnsfürsten des Landes (Daimyo) aufwendige Residenzen unterhalten, in denen Teile ihrer Familien als Geiseln lebten; zudem mußten die Daimyo alljährlich von ihren Stammsitzen nach Edo reisen, um dem Shogun ihre Aufwartung zu machen. Die Hofhaltung der Fürsten in Edo erforderte eine zahllose Dienerschaft. Handwerker und Kaufleute zur Befriedigung der verschiedensten Bedürfnisse waren unverzichtbar, und so übte die Stadt des Shogun auf Menschen aller Schichten eine unwiderstehliche Anziehungskraft aus. Aber Edo war eine vergleichsweise junge Residenzstadt. Schon vorher gab es mit den über das Land verteilten sog. «Burgstädten» regionale Siedlungszentren. Hier waren um die Burgen der Feudalherren Stadtsiedlungen entstanden, in denen sich – die Wohnquartiere streng nach gesellschaftlichem Stand getrennt – die Samurai (Ritter), Handwerker, Kaufleute und später sogar allerlei fahrendes Volk ohne gesellschaftlichen Status niedergelassen hatten.

Ein dritter Typus von städtischen Siedlungen bildete sich ebenfalls in der Tokugawa-Zeit heraus: die Poststationen. Zur Sicherung ihres Machtzugriffes auf alle Teile des Landes hatten die Tokugawa-Herrscher Japan mit «Poststraßen» überzogen, von denen wohl hierzulande der «Tokaido», die Straßenverbindung zwischen Edo und Kyoto, die bekannteste ist. In den Gasthäusern der Poststationen fanden die Reisezüge der Daimyo Unterkunft, hier lösten sich die Schnelläufer mit staatlicher Kurierpost ab, und hier gesellte sich dem Gastgewerbe das verachtete, aber schier unent-

Geisha

Heute sind die wenigen noch tätigen G. durchaus seriöse professionelle Unterhaltungskünstlerinnen, die schon als sehr junge Mädchen für ihren Beruf durch eine lange Ausbildung in klassischem Tanz, Gesang, Spiel auf der *shamisen*-Laute usw. vorbereitet werden. Ursprünglich (seit dem 17. Jahrhundert) sorgten sie in Teehäusern der «Rotlichtviertel» in Edo und Osaka für Vergnügungen der Gäste, einschließlich der Prostitution. Der soziale Status der G. entsprach in jener Epoche auch nur dem der Dirnen. Erst mit dem ausgehenden 19. Jahrhundert wurde eine förmliche Trennung zwischen G. und Prostituierten vorgenommen, wichtigster Unterschied: Die G. der verschiedenen Ränge konnten sich Freier und Gönner nach eigener Entscheidung auswählen, die Dirnen hatten keine Wahlmöglichkeit. Die G. genossen dann in der frühen Moderne Japans recht hohes gesellschaftliches Ansehen, auch bei der politischen Prominenz: Zwischen 1868 und 1912 (Meiji-Zeit) heirateten allein zwölf Minister ehemalige G. Es blieb jedoch ein fühlbarer Rest von Verachtung in der breiten Öffentlichkeit. Vor dem Zweiten Weltkrieg waren 70000 G. offiziell registriert, gegenwärtig sind es nur noch einige hundert. Die G. sind als Unterhaltungskünstlerinnen heute kostspieliger Mittelpunkt der an sich schon verschwenderisch teuren G.-Parties, die wenigen modernen G. pflegen dabei nur noch die klassische Unterhaltung, weitergehende «Dienstleistungen» werden von Hostessen übernommen. G.-«Häuser» gibt es so gut wie nicht mehr, die G. suchen die Parties, meist in exklusiven Restaurants, per Taxi oder (selten) zu Fuß auf (z. B. in den alten «Geisha-Vierteln» Gion und Pontochô in Kyoto).

behrliche Völkchen der Unterhaltungskünstler, Gaukler, Wahrsager und nicht zuletzt auch die Prostituierten hinzu.

Nach 1945 kam zu den drei traditionellen Städtetypen Japans, der Hafenstadt, der Residenz- und Burgstadt und den Poststationen, eine vierte Form städtischer Siedlung hinzu: Ballungszentren, die sich um einen industriellen Großkomplex anlagerten. Ein gutes Beispiel für eine Stadt diesen Typs ist Toyoda, ein städtisches Gemeinwesen, das sich um die Zentralwerke des Automobilkonzerns Toyota herausgebildet hat.

Nach Ende der amerikanischen Besatzungszeit, mit Abschluß des Friedensvertrages von San Francisco 1953, konzentrierten sich Politik und Wirtschaft völlig auf den wirtschaftlichen Wiederaufbau des Landes. Dazu zählte auch die möglichst schnelle Neuerrichtung von Wohnraum in den durch Kriegseinwirkungen zerstörten Städten Japans. Unter diesen Bedingungen war an einen geplanten Wiederaufbau bzw. Ausbau bestehender städtischer Ballungszentren nicht zu denken: Wohnraumbeschaffung, die Bereitstellung von Industrieflächen und Verkehrsentwicklung als wirtschaftspolitische Aufgabe standen im Vordergrund. Erst 1962, mit Beginn des eigentlichen japanischen «Wirtschaftswunders» unter Ministerpräsident Ikeda, wurde auch ein raumplanerischer Ansatz gesucht. Das Gesetz zur «Förderung neuer Industriestädte» sollte die ungesteuerte Expansion der Städte und die regional verzerrte Strukturentwicklung der Industrie in geordnete Bahnen lenken. Die neuen Industriezentren hatten sich in konzentrischen Kreisen um bestehende alte Ballungsgebiete wie den Raum Osaka – Kobe oder die Kanto-Region mit dem Zentrum Tokyo entwickelt, und hier drohte inzwischen ein städtebaulicher Erstickungstod. Ministerpräsident Tanaka Kakuei versuchte 1973 in seinem berühmten «Plan zur Umgestaltung des japanischen Archipels», in einem neuen Ansatz die entstandenen industriellen Ballungszentren zu entzerren und über das Land verteilt neue Gravitationszentren wirtschaftlicher und sozialer Entwicklung zu gründen. Ein negatives Ergebnis aller Pläne, die ausgewogene Strukturen als Ziele der Landesentwicklung hatten, war die Verfestigung städtischer Verdichtungszonen und industrieller Ballungsräume entlang der Pazifikküste; hier leben inzwischen in den dichtbesiedelten Gebieten (engl. densely inhabited districts, DID) 60% der japanischen Bevölkerung auf nur 2,8% der Bodenfläche. Dagegen blieb der «Rücken Japans» (*ura Nihon*) am Japan-Meer viele Jahre lang unterentwickelt.

Mit Beginn der achtziger Jahre hat die japanische Regierung vorsichtig den gescheiterten Tanaka-Plan in veränderter Form wiederbelebt: An einer Reihe ausgewählter regionaler Mittelstädte sollen sich nach Vorstellung der staatlichen Wirtschaftsplaner 25 urbane Zentren kleineren Zuschnitts entwickeln, die von einer Reihe Gemeinsamkeiten geprägt sind. Diese sog. «Technopolis»-Städte sollen eigene Universitäten und Forschungsinstitute erhalten, durch Straße und Schiene an Seehäfen angebunden werden und in der Nähe eines Flugplatzes liegen. Die Industrien dieser neuen Zentren sollen in erster Linie Produkte der Hochtechnologie-Sektoren fertigen, die auch auf dem Luftweg transportiert werden können. Eine überaus vorsichtige und umsichtige Planung der «Technopolis»-Projekte hat dazu geführt, daß im Gegensatz zu den beiden vorangegangenen Konzepten zur landesweiten Raumordnung dieser Plan bisher vergleichsweise gute Ergebnisse gebracht hat.

Auf die traditionellen Ballungszentren, besonders auf den Großraum Tokyo, haben die neuen Entwicklungskonzepte jedoch noch keinerlei fühlbare Entlastungswirkungen gebracht. Es muß auch zweifelhaft bleiben, ob die Pläne zu einer umfassenden Verwaltungsreform, die seit 1985 von der japanischen Regierung verfolgt werden, entscheidende raumplanerische Auswirkungen haben werden. Vorschläge, eine Reihe von Ministerien und Zentralbehörden aus Tokyo in umliegende Provinzen zu verlagern, stießen auf den erbitterten Widerstand der Beschäftigten in diesen Zentralinstitutionen und wurden bis heute nicht in die Tat umgesetzt.

Japans industrielle Großunternehmen, riesige Versicherungsgesellschaften, die Treuhandbanken und andere Kreditinstitute, aber auch kapitalkräftige Privatanleger haben seit Mitte der achtziger Jahre die Immobilienmärkte Tokyos entdeckt. Wo selbst in den Randgebieten ein Quadratmeter Boden leicht 15 300 € kosten kann, bleibt kein Platz mehr für den Traum vom Eigenheim auf eigenem Grund. Heute ist die Bereitstellung von ausreichendem Wohnraum zu vernünftigen Preisen neben der staatlichen Daseinsvorsorge für eine zunehmend überalterte Bevölkerung die größte sozialpolitische Aufgabe der japanischen Regierung. Die Explosion der Bodenpreise in Tokyo und die steil anziehenden Kosten für Immobilien auch in anderen Ballungszentren wie Osaka oder Fukuoka und Sendai (NO-Japan) haben tendenziell eine leichte Abwanderungsbewegung aus den Großstädten ausgelöst, die Menschen weichen zunehmend in das entfernte Umland aus und nehmen dafür lange Pendlerzeiten in Kauf.

Dennoch kann der neugierige Reisende in allen Städten des Landes nur wenige Bahnminuten von den städtischen Zentren entfernt durch Wohngebiete der unterschiedlichsten sozialen Struktur schlendern. Wo in Tokyo Großkonzerne ihre Verwaltungszentralen unterhalten sowie in der Nähe der Botschaftsviertel und im Einzugsbereich der ausländischen Schulen konzentrieren sich die Apartmentblocks mit «Ausländerwohnungen». Diese großzügigen Apartments, deren Wohnfläche durchaus europäischen und amerikanischen Ansprüchen genügt, liegen mit ihren monatlichen Mietpreisen außerhalb des japanischen Mietengefüges: Mit Monatsmieten zwischen umgerechnet 7600 und bis zu 10 200 € werden solche Luxuswohnungen von Maklern ausschließlich ausländischen Interessenten angeboten. Auch das soziale und wirtschaftliche Umfeld in den Straßenzügen um diese Luxusapartments läßt einen an ein «Ausländerghetto» in Tokyo denken. Hier fehlen die vielen kleinen «Tante-Emma-Läden», die kleinen Einkaufszentren aus Marktständen, wo japanische Hausfrauen traditionell täglich frisch Fisch, Gemüse und Fleisch einkaufen. Die Straßenzüge sind vergleichsweise breit, und soweit Pkws vor den Eingängen parken, sind es mehrheitlich westliche Modelle.

Steigt der Reisende an einer anderen Station des Tokyoter Schnellbahnnetzes aus, kann er einem ganz anderen Sozialgefüge begegnen: Entlang schmaler Straßen, in engen Gassen, in die nicht einmal die kleinen Spezialfahrzeuge der Tokyoter Müllabfuhr einfahren können, finden sich Einfamilienhäuschen schlechter Qualität, billige Apartments, wo Familien auf engstem Raum zusammenleben. Viele dieser kleinen Holzhäuser, meist nur mit Erdgeschoß und 1. Stock, sind in den ersten Jahrzehnten nach dem Krieg gemäß traditionellen Wohnvorstellungen errichtet worden. Von einem winzigen Eingangsbereich aus, wo man seine Schuhe abstellt, erreicht man mit einem Schritt eine Wohnküche, nebenan geht ein «Wohnzimmer» (*zashiki*) ab, das u. U. auch als Schlafzimmer genutzt wird, wenn abends die Stepp-*futons* ausgerollt werden; im hinteren Teil oder im 1. Stock gibt es noch zwei oder drei winzige Zimmer, dazu ein WC und – stets davon getrennt – ein Bad, auf das kein Japaner verzichten kann. In einigen älteren Stadtvierteln Tokyos fehlt dieses Bad nicht selten noch in den Häusern, deshalb begeben sich noch immer viele Familien mehrmals in der Woche in das nicht weit entfernte öffentliche Bad (*o-sento*), das sich durch einen hohen Schornstein und ein Zeichen mit drei stilisierten «Dampfsäulen» anbietet. Die gewachsenen Stadtviertel Tokyos und anderer japanischer Großstädte konnten den anschwellenden Zuzug immer neuer Arbeitskräfte schon in den fünfziger Jahren nicht mehr bewältigen. So entstanden in den

Vorstädten ausgedehnte Wohnsiedlungen mit mehrgeschossigen Häusern vor allem für junge Ehepaare. Trotz ihrer räumlichen Enge bieten diese *danchi*-Wohnungen (Abkürzung des japanischen Begriffes für eine Wohnungsbaugesellschaft, oft im Besitz eines Großunternehmens) gegenüber den traditionellen «Stadtwohnungen» mindestens einen Vorteil: sie sind alle mit einer integrierten Naßzelle ausgestattet.

Die *danchi*-Siedlungen erstrecken sich um die Endhaltestellen der Nahverkehrsbahnen. Japans Städte, besonders aber Tokyo, sind von einem dichten Netz privater, kommunaler und staatlicher Schnellbahnen überzogen, um deren einzelne Bahnhöfe dynamische kleine und große Einkaufs- und Vergnügungszentren entstanden sind, die an den Schnittpunkten von Privat- und Staatsbahnen eigene unabhängige «Innenstädte» markieren können. Eine Riesenstadt wie Tokyo ist nicht ein homogenes Ganzes, sondern eine dichte Zusammenballung von «Dörfern» und Städten.

Auch jene Minderheit, die sich ihren Traum vom eigenen Häuschen erfüllen kann, ist in Japan noch so groß, daß die einförmigen Einfamilienhaus-Siedlungen sich zu einem städteplanerischen Albtraum entwickelt haben. Das Umland der großen Städte ist jetzt nicht nur durch die Betonblock-Zeilen der *danchi*-Apartments besiedelt, sondern auch die ausgedehnten Einfamilienhaus-Siedlungen tragen zur Landschaftszerstörung bei.

Die Gruppe von abhängig beschäftigten Arbeitnehmern mit überdurchschnittlich hohem Jahreseinkommen hat sich mit Beginn der achtziger Jahre deutlich erhöht. In den letzten Jahren ist dazu auch in Japan eine neue urbane Spezies aufgetreten: die sog. «dinks» (amerikanisch: double income, no kids). Hinzu kommt in jüngster Zeit die Gruppe allein lebender, finanziell unabhängiger junger Frauen. Die Wohnvorstellungen dieser wohlhabenden Bevölkerungsgruppe finden ihre Verwirklichung in den zahllosen vergleichsweise luxuriös ausgestatteten sog. *manshons* (von engl. mansion). Mit klangvollen, dem Englischen entlehnten Fantasienamen wie Greenhights, Chateau Akasaka, Greenheim, Ambassador o. ä. bieten diese Hochhaus-*manshons* «gehobene Wohnkultur». Die Grundrißstruktur der *manshon*-Wohnungen entspricht im großen und ganzen auch weniger kostspieligen Wohnungen, aber die Grundfläche dieser Luxus-»Residenzen» ist groß für ihr Bemessen, und viele der *manshons* liegen verkehrsgünstig zu den städtischen Verwaltungszentren, wo sich die Zentralen angesehener Großkonzerne angesiedelt haben.

Die wesentlichen Unterschiede zwischen traditionellen japanischen Wohnformen und dem Leben in modernen Großstadtsiedlungen lassen sich in wenigen Stichworten umreißen: Bewegliche Bauelemente, wie papierbespannte Schiebetüren im Inneren und eine nach außen (z. B. zum Garten) hin geöffnete, leichte Holzbauweise, die einem feuchten Klima mit hohen sommerlichen Temperaturen angepaßt war, sind durch eine regelmäßige, mehrgeschossige Bauweise mit festen Wänden ersetzt worden. Betonbauweise verdrängt mehr und mehr die traditionelle Holzkonstruktion, und an die Stelle von Schiebetüren sind Scharniertüren getreten. Ein Hauptproblem bleibt die Temperaturregelung: Traditionelle Holzhäuser wurden in den Wintermonaten nicht geheizt, sondern die Bewohner wärmten sich an Holzkohlebecken (*hibachi*) oder saßen in den großen Bauernhäusern um die offene Feuerstelle. Tägliche Erwärmung war das übliche kochend heiße Bad, in das die Familienmitglieder ihrem familiären Rang entsprechend (d. h. der Familienvater zuerst) eintauchten. In den feuchtheißen Sommermonaten konnten die Schiebetüren nach außen geöffnet werden, und die leicht gebauten Holzhäuser waren so gut durchlüftet. Die Betonkonstruktion der mehrgeschossigen *danchi*-Apartmenthäuser erlaubt während der Sommermonate eine solche Lüftung nicht mehr. Klimageräte trocknen und kühlen jetzt die Luft in den *danchi*-Wohnungen und treiben im Sommer die Stromrechnungen japanischer Stadtbewohner in die Höhe. Aber was während der Monate mit sommerlichen hohen Temperaturen noch finanzierbar ist, wird während der Wintermonate zu einem echten Problem: Wie heizt man Betongebäude? Japan zählt in vielen Technologiebereichen zur Weltspitze – eine kostengünstige Methode, in allen Landesteilen während der Wintermonate die Mietwohnungen zu beheizen, wurde bisher nicht gefunden. Natürlich gibt es Zentralheizungen in den *danchi*-Anlagen, und auch elektrische Heizstrahler sind in den Apartments gehobener Ansprüche durchaus verbreitet, aber in den einfachen *apatos* (billige Mietwohnungen), in den *danchi*-Wohnungen und bei anderen Wohnmöglichkeiten, etwa in den ländlichen Gebieten oder in den ärmlicheren Wohnvierteln der großen Städte, bedient man sich althergebrachter «Heizmöglichkeiten»: Noch heute findet sich in vielen Wohnungen das traditionelle Holzkohlebecken, an dem man sich die Hände und das Gesicht wärmt. Noch immer weit verbreitet ist auch der sog. *kotatsu,* d.h. ein niedriger Kunststofftisch, um den eine Steppdecken-Schabracke herunterhängt und der durch einen Heizstrahler von unten Wärme ausstrahlt; die Hausbewohner sitzen um diesen Tisch und strecken die Beine unter den wärmenden *kotatsu,* indem sie sich einreden, daß auch der Oberkörper warm wird. Es gehört zu den kulturhistorischen Rätseln, daß im benachbarten Korea ein ausgeklügeltes System von Fußbodenheizungen (*ondol*) entwickelt wurde, das seit vielen Jahrhunderten zur Wohnkultur der koreanischen Halbinsel gehört, aber nie in Japan übernommen worden ist.

Seit Beginn der forcierten Industrialisierung in der zweiten Hälfte des 19. Jahrhunderts ist Japans Wirtschaftsleben und die politische Kultur geprägt durch den Gegensatz zwischen Stadt und Land. Rücksichtslos ausgebeutet, mußte die bäuerliche Bevölkerung, seit Aufhebung der Naturalsteuer abgesunken auf ein bloßes Pächterdasein, die finanziellen Grundlagen der staatlichen Industrialisierungskampagnen erschuften. Später stellten junge Mädchen aus Bauernfamilien die Heerscharen billiger Arbeitskräfte in der japanischen Textilindustrie, die in den ersten dreißig Jahren des 20. Jahrhunderts die Grundlage der japanischen Außenwirtschaft bildete. Unternehmerkreise verlangten mit Entstehen einer Industriearbeitnehmerschaft die schnelle Verfügbarkeit von preisgünstigen Lebensmitteln in den Städten, ein entwicklungspolitischer Grundsatz, der erneut auf Kosten der Lebensgrundlagen japanischer Bauern ging. Bis Kriegsende 1945 blieben die vorwiegend ländlichen Regionen Japans wirtschaftlich und sozial unterentwickelte Landesteile, die für die städtischen Industriezentren billige Arbeitskräfte und billige Nahrungsmittel zur Verfügung zu stellen hatten. Der Bombenkrieg gegen Japans Städte und die Zwänge der Kriegswirtschaft lösten in Japan tiefgreifende innere Bevölkerungsbewegungen aus, die traditionelle dörfliche Sozialstrukturen nachhaltig veränderten, wenn nicht gar zerstörten.

Japans traditionelle Dörfer, in denen Großfamilien mehrerer Generationen in einem Haus zusammenlebten, boten die räumlichen Möglichkeiten, abwandernde Stadtbevölkerung aufzunehmen. Ohnehin waren die Dorfgemeinden Japans seit den Wirtschaftskrisen der zwanziger und dreißiger Jahre daran gewöhnt, zurückflutende arbeitslose Industriearbeiter oder Arbeiterinnen aus der Textilindustrie wieder in die Dorfgemeinschaft aufzunehmen. In Kriegs- und Nachkriegszeit erlebten so weite Teile der städtischen Bevölkerung noch einmal die traditionelle japanische Wohnform in der dörflichen Gemeinschaft, die aber bereits zum Untergang verurteilt war.

Im Jahre 1950 waren noch 48,3 % der japanischen Arbeitsbevölkerung in der Landwirtschaft tätig; dieser Prozentsatz sank 1960 auf 32,6 % und lag 1981 bei nur noch 10,0 %. Zu Beginn der neunziger Jahre stellen alle Beschäftigten in der japanischen Landwirtschaft, Zuerwerbs-, Nebenerwerbs- und Vollerwerbsbetriebe zusammengenommen, nur noch rd. 8 % der japanischen Gesamtbevölkerung. Die Intensität der Landwirtschaft wird im heutigen Japan bestimmt durch Nähe oder Entfernung zu Industriegebieten und städtischen Großsiedlungen: Vollerwerbsbetriebe im Einzugsgebiet einer Großstadt betreiben heute spezialisierten Gemüseanbau, weniger begünstigte ländliche Betriebe sind darauf angewiesen, daß ein oder mehrere Familienmitglieder regelmäßig als gewerbliche Arbeitnehmer entweder täglich in nahegelegene Industriegebiete auspendeln oder aber in Abständen für längere Perioden als Kontraktarbeiter in der Industrie die Familieneinnahmen aus der Landwirtschaft aufbessern. Diese Form der Beschäftigung ist seit Mitte der 90er Jahre des 20. Jahrhunderts im Verschwinden: Japans Industrie bietet solche Arbeitsplätze nicht mehr. Die Grundlagen für wirtschaftliche und politische Privilegien der ländlichen Bevölkerung wurden in einer Zeit gelegt, als die dörfliche Gemeinschaft Japans noch nahezu intakt war. Diese Privilegien haben auch heute noch weitgehend Gültigkeit, obwohl diese Dorfgemeinschaft längst in Auflösung begriffen ist bzw. zahlreiche Dörfer bereits von neuen Sozialstrukturen geprägt sind. Die Auflösung der dörflichen Kultgemeinde, der dörflichen Wirtschaftsgemeinschaft und auch der damit verbundenen traditionellen Dorfhierarchien wurde durch eine größere geographische und soziale Nähe der Dörfer zu den Großstädten ausgelöst und beschleunigt; die Folge waren veränderte Wohnformen auch in den Dörfern.

Heute ist der Gegensatz zwischen städtischer Bevölkerung und den japanischen Bauern erneut mit großer Schärfe zutage getreten.

Angestellte und gewerbliche Arbeitnehmer in den Städten sehen mit wachsender Erbitterung, wie japanische Familien, die durch ihre Verwurzelung in ländlichen Regionen zumindest einen größeren Teil ihres Einkommens aus landwirtschaftlicher Tätigkeit beziehen, gegenüber der abhängig beschäftigten städtischen Arbeitnehmerschaft eine Reihe gesetzlich abgesicherter Privilegien genießen, die sie zur schier unerschütterlichen Wählerbasis der Liberal-Demokratischen Partei und damit zur Grundlage des konservativen Machtmonopols machen. So garantiert z. B. das «Gesetz über Grundnahrungsmittel» noch heute den japanischen Reisbauern feste (hohe) Erzeugerpreise, und eine Vielzahl anderer Subventionen ermöglicht den «bäuerlichen Familien» eine weitgefächerte Diversifizierung ihrer Einkommensmöglichkeiten. Kräftige staatliche Finanzhilfen haben es den meisten bäuerlichen Familien ermöglicht, ihre Wohnhäuser großzügig zu erweitern und zu modernisieren, so daß die meisten «Bauernhäuser» heute den Familienmitgliedern gegenüber städtischen Familien den zweifachen oder dreifachen Wohnraum bieten. Die Fahrzeugdichte in den vorwiegend ländlichen Gebieten ist höher als in den hochverdichteten städtischen Ballungszentren, während andererseits den Kindern bäuerlicher Familien selbstverständlich dieselben Bildungschancen offenstehen wie den Kindern städtischer Familien.

Faszinierendes Chaos Tokyo

Die Versuchung ist zu groß, schreiben wir also das Klischee hin: Tokyo ist das Herz Japans. Aber die Stadt repräsentiert nicht Japan schlechthin, mag es auch dem eiligen Reisenden so erscheinen. «Japanischer» ist die Provinz, weit weg von Tokyo im kalten Norden, in Zentral-Honshu oder im fast tropischen Süden und Südwesten. In einer noch immer nach außen geschlossenen Gesellschaft strahlt die glitzernde Metropole Weltoffenheit aus, dagegen ist die «Provinz» in Japan provinzieller als in anderen Ländern. Die viel propagierte «Internationalisierung» hat in Tokyo schon vorsichtig Fuß gefaßt, die entfernten Gebiete aber hat sie noch längst nicht erreicht –auch nicht jene Städte, die vor dreihundert Jahren die wenigen Kontakte zum Ausland pflegten. Sie dämmern seit der Meiji-Restauration und der Entscheidung für

Tokyo als Hauptstadt in der Provinzialität dahin, was kein Widerspruch zu ihrer ökonomischen Leistungsfähigkeit ist.

Erst in jüngster Zeit gewinnen die entfernteren Regionen an Attraktivität. Das sicherste Zeichen dafür sind die steigenden Bodenpreise und Mieten, die sich z. B. in Osaka oder Sendai (Nordost-Japan) rasch dem Niveau Tokyos annähern. Wie das Herz eines Menschen, der zu schnell und zu angespannt lebt, ist auch das «Herz Tokyo» vom Infarkt bedroht: Die Verbindungsadern der pulsierenden Riesenstadt, Straßenverkehr und Bahnverbindungen, verstopfen immer mehr; über die «Schnellstraßen» quält sich der Autoverkehr täglich im Schrittempo, und die Züge sind zum Bersten voll. Aber für ein teures kleines Eigenheim am äußersten Randgebiet der Metropole nehmen die meisten Japaner solche Opfer auf sich. Die Fahrtzeiten der Pendler werden immer länger (nicht selten schon zwei Stunden), und um die Stadt lagert sich Ring um Ring eintöniger Einfamilienhaus-Siedlungen in Fertigbauweise und noch trister wirkender Hochhaus-Komplexe mit kleinen Apartments.

Zwei bauliche Extreme prägen das Erscheinungsbild der Stadt: Fluten kleiner Häuser an engen, winkligen Gäßchen und zahllose schwindelerregende Wolkenkratzer. Viele dieser Hochhäuser wurden auf vergleichsweise winzigen Grundstücken errichtet und überragen als sog. «Pencil-Buildings» (Architektenjargon) das Häusermeer.

Die Lebensadern Tokyos nach außen sind nicht nur Straßen und Schienen: Gittermasten mit komplizierten Antennenanlagen und rot-weiße Sendetürme überragen die Hochhäuser. Über Glasfaser-Kabel, e-mail- und Fax-Verbindungen, Hochfrequenz-Funk und drahtlosen Fernsprechverkehr sind die Zentren zahlloser Großkonzerne in Tokyo mit der Welt und dem Rest Japans verbunden: In Tokyo ist die «Kommunikationsgesellschaft» schon Wirklichkeit. Über die Außenverbindungen saugt die Metropole aber auch ehrgeizige junge Leute an: Eine gute Karriere beginnt und entwickelt sich nur in Tokyo, und angesehene Unternehmen siedeln ihre Zentralen in der Hauptstadt an, auch wenn sie ursprünglich z. B. in Osaka gegründet wurden.

Groß-Tokyo beherbergt die größte Bevölkerungsballung der Welt – und auch den größten Reichtum: In einem Radius von 50 km um das Schloß von Tokyo leben 32 Millionen Menschen, und hier werden drei Prozent des Welt-Bruttosozialprodukts erzeugt. Aber erst eine längere Bahnfahrt, weg von der Glas- und Neonwelt der Verwaltungs- und Vergnügungszentren in Marunouchi und Shinjuku, führt in die vielen aneinandergedrängten «Dörfer» und «Städtchen», die zusammen die Metropolregion Tokyo mit einer Fläche von etwa 2000 qkm bilden. Hier beginnt auch jenes «Chaos», das Tokyo so faszinierend macht: Im Straßengewirr um die Nahverkehrsbahnhöfe drängen sich Wohnhäuser neben Kleinbetrieben, winzigen Restaurants und Straßenmärkten, wo japanische Hausfrauen täglich frisch einkaufen. An den Bahnhöfen stehen Fahrräder dicht an dicht, wie überhaupt neben den U- und S-Bahnsystemen Fahrräder das wichtigste Transportmittel Tokyos zu sein scheinen. Auf den Gehwegen muß man stets auf der Hut sein vor uniformierten Schulkindern und energischen Hausfrauen hoch zu Rad.

Morgens und abends während der Rush-hour läßt sich die drangvolle Enge in den Nahverkehrszügen und auf den Bahnhöfen erleben: Auf den Stationen mit strengem Rauchverbot wälzen sich zwei schmalere Ströme treppauf, ein breiter Strom Menschen ergießt sich die Stufen hinunter. Die Menschen stehen in den Zügen eng aneinandergedrängt, und doch scheint es, als sei jeder vom Nachbarn durch eine unsichtbare Membran getrennt. Zwar wird eine Ausländerin schon einmal verstohlen am leuchtenden Blondhaar gezogen, vielleicht sogar «begrapscht», sonst aber gilt: Distanz auf engstem Raum.

In den Nahverkehrszügen werden die Fahrgäste überall einer Flut grellbunter Werbung ausgesetzt: über den Fenstern und als Fähnchen von den Decken der Waggons, Werbeplakate, wohin man blickt. Drei Themen herrschen vor: Wenn man der Werbung glaubt, sind die Japaner vor allem damit beschäftigt, kostspielig zu speisen, zu heiraten oder Englisch zu lernen. Werbung für sündhaft teure Restaurants, für Hotels und Clubhäuser, wo komplette Heiratsarrangements angeboten werden (einschließlich Shinto-Priester), und schließlich für die zahllosen englischen Sprachschulen. Einmal in der Woche beherrscht der harte Kampf der vielen Wochenzeitschriften um Leser die U-Bahnwerbung. Im Juli jeden Jahres verschiebt sich das Hauptgewicht der Plakatwerbung auf Reiseangebote. Viele Japaner nehmen ihre wenigen Urlaubstage (sieben in der Regel) um diese Zeit, und Flugzeuge,

Fernzüge und Schiffe sind überfüllt. Die Plakate raunen von Romantik an fernen Stränden, in einsamer Bergwelt, auf Inseln der Südsee oder in den idyllischen Städtchen Europas. Tatsächlich können sich auch heute noch nur wenige Japaner entschließen, auf eigene Faust zu reisen – die weitaus meisten japanischen Touristen schließen sich Reisegruppen an, die ihre Teilnehmer perfekt betreuen und die Reisenden im Zielland nur sparsam dosiert der fremden Umwelt und den Menschen dort aussetzen. Dennoch werden Änderungen erkennbar: Viele junge Leute, meist Studenten, entscheiden sich immer häufiger, mit dem Rucksack auf dem Rücken, allein oder mit Freund und Freundin die Welt zu erkunden. Die staatlich propagierte «Internationalisierung» wird erst erfolgreich sein, wenn diese jungen Japanerinnen und Japaner ihre Erfahrungen im Ausland in das spätere Berufsleben einbringen.

Tokyo wimmelt von kleinen und großen Restaurants: Alle Küchen der Welt sind mit erstklassigen Restaurants vertreten; reizvoller aber sind die kleinen Gaststätten, wo die typischen japanischen Angestellten (gedeckter Anzug, Krawatte, Brille: der *sarariman*) nach der Arbeit mit Kollegen Entspannung suchen.

Plastik- oder Wachsnachbildungen der Gerichte erleichtern
dem Gast die Auswahl, zudem wäre es für das Personal zu umständlich,
all die Zutaten eines Gerichtes mündlich aufzuzählen

Man kann Unsummen (häufig auf Firmenkosten) für ein exquisit arrangiertes Abendessen mit japanischen Delikatessen ausgeben oder aber im Stehen eine Nudelsuppe schlürfen. Wenn es dunkel wird, beginnt das große Geschäft der kleinen Garküchen auf Rädern, wo späte Zecher sich noch einmal für die lange Heimfahrt stärken. Fast alle Restaurants zeigen ihr Speisenangebot in Plastiknachbildungen, verblüffend naturgetreu, aufgereiht in Schaukästen vor dem Eingang.

Der tägliche Streß in Tokyo wird nicht nur beim fröhlichen Essen und Trinken abgebaut, unverzichtbar ist auch das «Pachinko», eine Art «Flippern», bei dem eine Handvoll Metallkugeln durch einen senkrechten Automaten mit Zählkontakten rattern. Eng nebeneinander, in langen Reihen starren die Spieler hingebungsvoll auf die Geräte – eine wahrhaft demokratische Institution: in den Pachinko-Hallen sind alle gleich, vereint in der Trance eines Spiels ohne wirklichen Sinn. Denn es gibt fast nichts zu gewinnen: Übriggebliebene Kugeln tauscht man gegen Kleinigkeiten wie Konserven, Kaffee oder ähnliches. Aber in jüngster Zeit wird hier und dort auch verbissen um Geld gespielt, ähnlich wie in deutschen Gaststätten – ein neuer Markt für Tokyos Unterwelt.

Im 20. Jahrhundert erlebte Tokyo eine Reihe von verheerenden Zerstörungen, so daß nur noch wenige alte Gebäude erhalten blieben: 1923 verwüstete ein schweres Erdbeben fast die gesamte Stadt, Zehntausende von Menschen kamen um. Im Zweiten Weltkrieg wurde die Stadt im Hagel amerikanischer Bomben zerstört. Trotzdem überlebten einige historische Gebäude: Teilanlagen der Burg, einige Schreine und besonders Bauten aus der frühen Moderne, so der alte Teil des Hauptbahnhofs und das Mitsubishi-Zentralgebäude im früheren «Backstein-Viertel» Marunouchi, dem heutigen Bankenzentrum Tokyos.

Tokyo gliedert sich in zwei Hauptsektoren, Shitamachi (Unterstadt) an der Mündung und im Niederungsgebiet des Sumida-Flusses und Yamanote (Oberstadt) auf dem höher gelegenen Hinterland. In Shitamachi lagen die alten Bürgerviertel Edos, das gewundene enge Straßengewirr erinnert noch heute daran. Vieles

Ein Beispiel für klassische Architektur:
Das Kara-Tor (China-Tor) des 1603 als Shogun-Palast erbauten
Nijo-Schlosses Kyoto

Vom Verwaltungszentrum zur kaiserlichen Hauptstadt

Im Jahre 1603 machte der damals mächtigste Mann Japans, Tokugawa Ieyasu, Burg und Stadt Edo zum Verwaltungszentrum Japans. Formal blieb Kyoto die Hauptstadt, aber dreihundert Jahre lang konzentrierte sich die politische Macht in Edo. Ieyasu gestaltete die Stadt in konzentrischen Ringen von Samurai- und Bürger- bzw. Kaufmannsvierteln mit der Burg als strategischem Zentrum. In den Außenbezirken lagen die buddhistischen Tempel, shintoistische Schreine, aber auch viele Fürstenresidenzen. Meiji-Tenno hatte 1868 seine Hauptstadt von Kyoto nach Edo verlegt und residierte im Schloß der Tokugawa. Als neue kaiserliche Hauptstadt hieß sie jetzt «Tokyo», d. h. östliche Hauptstadt. Hier konnte sich der starke Einfluß westlicher Architektur während der Meiji-Zeit (1868–1912) beim weiteren Ausbau der Stadt besonders auswirken: Im Stadtteil Tsukiji, dem heutigen zentralen Fischmarkt Tokyos, wurden die Ausländer angesiedelt, die als Berater oder Kaufleute ins Land gekommen waren; dort entstanden westliche Schulen und Kirchen. Die Straße Ginza (heute ein ganzes Viertel von Luxus-Kaufhäusern) wurde erstmals mit Ziegelsteinen gepflastert, und vom nahe gelegenen Bahnhof Shimbashi fuhr 1872 die erste Dampfeisenbahn nach Yokohama.

von dem «dörflichen» Straßenleben vor den eng zusammengerückten Häusern blieb erhalten. Yamanote dagegen war das vornehme Quartier und repräsentiert auch heute das moderne Tokyo mit seinen gigantischen Hochhäusern und Geschäftszentren.

Wohnen ist inzwischen zum Hauptproblem der Bevölkerung Tokyos geworden. Zentrumsnahe preiswerte Wohnungen gibt es nicht mehr; noch fünfzig Minuten Bahnfahrt vom Zentrum entfernt bezahlt man für Apartments oder Häuschen Monatsmieten von umgerechnet über 1000 €, Kaufpreise für ein kleines Häuschen (60 qm) können leicht eine Million € überschreiten. Um sich den Traum vom eigenen Heim zu erfüllen, nehmen viele Tokyoter heute lange Anfahrtszeiten in Kauf. Noch mehr haben diesen Traum aufgegeben und flüchten sich in einen Konsumrausch.

Tokyo ist eine Stadt der Superlative in jeder Hinsicht. Es gibt 250 große Bildungsstätten, die sich als Universitäten bezeichnen (*daigaku*), von denen aber nur sechs wirklich hoch angesehen

Der Kaiserpalast in Tokyo

sind, an der Spitze die Tokyo-Universität, die ehemalige kaiserliche Universität, an der noch heute die Elite in Staat und Wirtschaft ausgebildet wird. Die exorbitant hohen Bodenpreise (Zentrum: ab 50000 € je Quadratmeter) zwingen zu superlativen Hochbauten: Im Viertel Shinjuku ragt die Zentrale des Mitsui-Konzerns 212 m (55 Stockwerke) in den Himmel, die Sumitomo-Zentrale 200 m (52 Stockwerke) und die sog. «Sunshine-City» sogar 240 m (60 Stockwerke). Alle diese gigantischen Gebäude gelten als völlig erdbebensicher.

Tokyo ist noch immer die Großstadt mit der weltweit niedrigsten Kriminalitätsrate. Das organisierte Verbrechen, Japans berühmte *yakuza*-Banden, kontrollierte bisher die Unterwelt, die genau dort liegt, wo man sie erwartet: in den Vergnügungsvierteln. Prostitution, Schutzgeld-Erpressung und verbotenes Glücksspiel sind ihre Tätigkeitsfelder. Manche Banden geben sich als rechtsradikale Organisationen aus und operieren in der Schattenzone zwischen Politik und Kriminalität; diese Gruppen werden schon einmal angeheuert, um Gegner einzuschüchtern. Ein Beispiel: Tokyos Bürger haben ein «Recht auf Sonnenlicht». Wenn es ihnen durch Hochhaus-Schatten genommen werden soll, kaufen ehrgeizige Kommunalpolitiker und umsatzorientierte Bauunternehmen nicht selten Anwohnern das Sonnen-Recht ab, um Hochhäuser errichten zu können; unnachgiebige Anwohner dagegen erhalten Besuch breitschultriger Herren, die «Überzeugungsarbeit» leisten. Nach gezielten Polizeiaktionen gegen die *yakuza* ist ihre Bedeutung zurück gegangen, die Kriminalität ist «individueller» geworden, auch die Gewaltbereitschaft Krimineller hat zugenommen. Überall in der Stadt finden sich kleine Polizeistationen, die am roten Licht über der Tür zu erkennen sind. Die zwei oder drei Polizisten, die in solchen *koban* stationiert sind, kennen ihr Revier genau; in Japan «unterzutauchen» ist fast unmöglich. Andererseits ist es noch völlig gefahrlos, abends durch die engen Gassen mit den kleinen Bars zu spazieren, Straßenraub und Gewaltkriminalität sind selten. Die Aufklärungsrate bei Schwerverbrechen liegt international an der Spitze. Wie in anderen Industrieländern aber wird die Wirtschaftskriminalität zu einem ernsten Problem, und die *yakuza* entdecken zunehmend den profitablen Rauschgifthandel. Dennoch gibt es in Japan noch kein ausgeprägtes Drogenproblem mit städtischen Dealer-Szenen. Die *yakuza*-Banden haben sich in den letzten Jahren verstärkt in das Immobiliengeschäft gedrängt, und Beobachter glauben, daß ein Teil der wilden Grundstücksspekulationen der achtziger Jahre als Element der «bubble economy» von kriminellen Aktivitäten ausgelöst wurde.

In der Riesenstadt Tokyo wird für manchen inzwischen auch Wohnraum zu einem schier unlösbaren Problem: In den Parks, auf U-Bahnhöfen und in den langen unterirdischen Einkaufspassagen sieht man immer häufiger Obdachlose in ihren Pappkarton-Behausungen. Noch ist längst nicht das äußere Erscheinungsbild europäischer oder amerikanischer Großstädte erreicht, aber das Problem ist deutlich zu erkennen und verstärkt sich mit der schwelenden Wirtschaftskrise seit Beginn der 90er Jahre.

Im Großraum Tokyo leben 23% der japanischen Bevölkerung (Osaka: 13%, Nagoya: 6,7%, übrige Gebiete: 57%). Der «Verbrauch» an Kultur ist gewaltig; eine Zeitschrift, die auf Ankündigung von Kulturprogrammen spezialisiert ist, kündigte z.B. für den Zeitraum 30. September bis 16. Oktober 1999 438 Filme, 414 Theaterstücke, 614 Konzerte und 501 Kunstausstellungen an.

*Ein Familienphoto aus dem 19. Jahrhundert.
Bei formellen Gelegenheiten trugen die Herren westliche Kleidung,
während die Damen weiterhin den traditionellen Kimono vorzogen*

GESCHICHTE

Götterstreit und Menschenschicksal

Die Enkel der Sonnengöttin

Auf der schwebenden Himmelsbrücke stand einst das Götterpaar Izanami und Izanagi und blickte hinunter auf die endlos ausgebreitete Salzflut. Neugier trieb das Paar, im salzigen Meer nach Land zu suchen; dazu rührten die beiden mit einem juwelengeschmückten Speer das Wasser auf, und die Tropfen, die von der Speerspitze in die Salzflut zurückfielen, formten eine Insel. Die beiden Götter, Mann und Frau, stiegen auf die Insel herab, errichteten einen Himmelspfeiler und umtanzten ihn. Dann vereinigten sie sich und zeugten die «acht Inseln» Japans, in der frühen Mythologie der Kosmos schlechthin. Die Göttin Izanami gebiert nicht nur die japanischen Inseln, sondern alle Dinge der Welt, die Berge, die Bäume, die Tiere zu Land und im Wasser und nicht zuletzt auch alle «nachgeordneten» Götter. An den Verbrennungen während der Geburt des Feuergottes stirbt Izanami und zieht in das Totenreich. Aus diesem «Land des Dunkels» will ihr Gatte Izanagi sie zurückholen; dabei verletzt er aber das strenge Gebot, kein Licht zu machen und nicht nach Izanami zu sehen: Er erblickt im Totenreich Izanami in schrecklicher Verwesung. Vor dem rasenden Zorn der erniedrigten Izanami muß ihr Gatte flüchten, und fortan sind die Welten der Lebenden und das Totenreich durch eine geheiligte Grenze voneinander getrennt. Izanami wird zur Herrscherin über das Reich des Dunkels, zur Todesgöttin, die Macht über alle Menschen hat.

Izanagi kehrt auf die Oberwelt zurück und läßt sich nach komplizierten Reinigungszeremonien im Gebiet des heutigen Südwest-Japans nieder. Die Betonung notwendiger zeremonieller Reinigungen nach der Begegnung mit den Unreinheiten des Totenreiches, die Izanagi vornehmen muß, bildet den Kern späterer Shinto-Riten, die in all ihrer regionalen Vielfalt eines gemeinsam haben: den Wunsch nach körperlicher und geistiger Reinheit. Schon die frühesten chinesischen Chroniken, die Berichte über die japanischen Inseln enthalten, heben die große Bedeutung hervor, die Reinigungszeremonien für die frühen Japaner hatten.

Allen japanischen Schöpfungsmythen ist gemeinsam, daß sie die höchsten Gottheiten, die Sonnengöttin Amaterasu, den Mondgott Tsukiyomi und den Sturmgott Susanoo als Kinder des ersten Götterpaares Izanami und Izanagi bezeichnen. Die Geschichte ihrer Geburt wird jedoch unterschiedlich überliefert. In einer Version bringt Izanami die drei Götter zur Welt, eine andere Fassung des Mythos ist komplizierter: Als Izanagi nach seinem Besuch in der Totenwelt das reinigende Bad in einem Fluß nahm, hatte er am Ufer seine Kleidung abgelegt, und aus jedem Kleidungsstück wie auch aus jedem Teil seines Körpers entsprangen Gottheiten. Aus seinem linken Auge kam die Sonnengöttin Amaterasu, aus seinem rechten Auge der Mondgott Tsukiyomi und aus seiner Nase fuhr der Sturmgott Susanoo heraus. Amaterasu und der Mondgott siedelten sich im Himmel an, der ungebärdige Sturmgott Susanoo tobte über die Erde. In allen Überlieferungen wird von einem tiefen Streit zwischen der Sonnengöttin und ihrem Bruder, dem Sturmgott, berichtet. Ursprünglich sollten die höchsten Götter gemeinsam das Universum regieren, aber die Chroniken lassen keinen Zweifel an der überragenden Stellung der Sonnengöttin gegenüber ihren göttlichen Geschwistern. Susanoo ist der Gott der Zerstörung, der die wohlgeordneten Bewässerungsanlagen der Reisfelder zerstört und dadurch den Zorn der Sonnengöttin heraufbeschwört. Dieser Teil des Mythos deutet auf eine agrarische Gesellschaft hin, in der eine solche Tat Susanoos ein schreckliches Verbrechen darstellen mußte. Der ruchlose Sturmgott ließ es aber bei diesem Zerstörungswerk nicht bewenden, sondern suchte die Sonnengöttin auch in ihrem Palast heim, wo sie mit anderen, niedrigeren Göttinnen webte. Er befleckte die reine Umgebung der Sonnengöttin, und die entehrte Amaterasu zog sich in ihrem rasenden Zorn in eine Höhle zurück, so daß die Welt im Dunkel versank. Die 800 Myriaden der Götter waren verzweifelt und suchten, die erzürnte Göttin wieder aus ihrem Versteck hervorzulocken. Dazu hängten sie an einen Baum vor der Höhle Geschmeide und einen Spiegel, dann tanzte eine der Göttinnen einen obszönen Tanz vor dem Höhleneingang, der mit einem gewaltigen Felsblock verschlossen war. Angesichts des Tanzes brachen die 800 Myriaden Götter in ein lautes Gelächter aus, und Amaterasu lugte aus dem Höhleneingang. Sie erblickte Geschmeide und Spiegel und wälzte den Stein ein wenig weiter vom Eingang weg, da griffen die übrigen Götter schnell zu, rollten den

Stein endgültig zur Seite, und Amaterasu überstrahlte die Erde wieder mit ihrem Licht.

Die Schöpfungsmythen sind in den beiden ältesten Schriftwerken Japans enthalten, die aus dem Beginn des 8. Jahrhunderts datieren: das Kojiki (712) und Nihongi (720). Sie wurden im Auftrage von Herrschern geschrieben, die ihren Machtanspruch mit einer geradlinigen Abstammung ihrer Familie von der Sonnengöttin Amaterasu begründen wollten. Im Nihongi wird die Vorherrschaft der Mächtigen in Yamato gegenüber anderen Reichen auf den japanischen Inseln unumwunden damit begründet, daß die Herrscher Yamatos direkte Nachfahren der Sonnengöttin seien.

Die moderne Mythenforschung geht davon aus, daß in der Erzählung von dem erbitterten geschwisterlichen Streit zwischen Amaterasu und Susanoo der Kampf zweier Reiche um die Vorherrschaft im Japan der historischen Frühzeit wiedergegeben ist. Die eifrige Detailliertheit, mit der die Untaten des Bösewichts Susanoo in den Mythen beschrieben werden, lassen darauf schließen, daß spätere Chronisten gegen die sagenhaften Nachfahren Susanoos den Herrschaftsanspruch der Kinder und Kindeskinder Amaterasus setzten. Susanoo wurde aus den Himmelsgefilden verbannt, aber die Menschen erwiesen ihm weiterhin kultische Verehrung im Großschrein von Izumo (heute in der Provinz Shimane), und die Herrscher über die Region Izumo galten als seine legitimen Nachfahren. Der Großschrein ist dem wichtigsten Nachfahren Susanoos, dem Kulturheros O-kuni-nushi (Herr des Großen Landes) geweiht. Dieser Schrein gilt heute noch zusammen mit dem Großschrein von Ise, der Sonnengöttin geweiht, als das bedeutendste Ur-Heiligtum Japans. Gegen die Nachfahren Susanoos als Herrscher des Izumo-Gebietes erhoben die Nachfahren der Sonnengöttin Amaterasu, deren Reich auf der südwestlichen Hauptinsel Kyushu lag, massive Vormachtansprüche. Historiker gehen davon aus, daß die Menschen von Izumo durch enge Beziehungen zu weiterentwickelten Kulturen auf der koreanischen Halbinsel technisch höher entwickelt waren als ihre «Konkurrenten» auf Kyushu. Schließlich konnten die Herrscher

Myoto-Iwa Futami, Ise-Halbinsel. Diese beiden Felsen verkörpern das mythologische Götterpaar Izanami und Izanagi. Aus ihrer Verbindung entstanden viele Götter und Inseln

des Teilreiches auf Kyushu offenbar ihre Ansprüche gegen das Gebiet Izumo durchsetzen, denn die Mythen berichten von einer «Landabtretung» O-kuni-nushis und seiner Söhne an den «Himmelsenkel», wodurch in mythischer Form die Unterwerfung der Izumo-Herrscher unter die Fürsten von Kyushu ausgedrückt sein dürfte. Hier setzt jener Mythos ein, der später zum Dogma erhoben wurde und die Tenno-Ideologie begründete, nach der die Kaiser Japans in geradliniger Abstammung von der Sonnengöttin Amaterasu in ununterbrochener Erbfolge Japan «seit 2500 Jahren» regieren. Sowohl im Kojiki wie auch im Nihongi wird ausführlich der Herrschaftsauftrag der Sonnengöttin Amaterasu erst an ihren Sohn, später an ihren Enkel dargestellt. Nachkommen aus der dritten Generation des «Himmelsenkels» zogen von Kyushu aus, um die Kerngebiete des damals bekannten Japan, vor allem die Region Yamato, zu erobern und ein geeintes Reich zu gründen. In den beiden frühesten japanischen Schriften werden auch die «Reichsinsignien» genannt, mit denen alle Tennos durch die Jahrhunderte sichtbar ihren Rechtsanspruch auf den Thron dokumentieren mußten: Spiegel, Juwelen («Krumm-Juwelen», *magatama*) und Schwert. Geschichtsschreiber im Dienste späterer Kaiser und die offiziell propagierte Staatsgründungsideologie des 19. Jahrhunderts, die während der Zeit des Ultranationalismus in den dreißiger Jahren zu einem unantastbaren Dogma erstarrte, setzten die Eroberung Yamatos und damit die «Gründung des japanischen Staates» in das Jahr 660 v. Chr. an und bezeichneten Jimmu-Tenno als ersten «Menschenkaiser».

Diese Datierung ist willkürlich und mit Sicherheit falsch. Nähere Auskünfte geben da schon genau datierte chinesische Quellen aus dem dritten nachchristlichen Jahrhundert. In den Annalen des Königreiches Wei (ca. 297 n. Chr.) heißt es, daß Japan nicht ein einheitlicher Staat war, sondern daß es auf den Inseln mehr als hundert kleinere Herrschaftsgebiete gab. Am meisten interessierte die chinesischen Chronisten ein kleineres Reich, das von einer Königin regiert wurde. Bis heute ist umstritten, wo das Reich lag, von dem die chinesischen Chronisten berichteten. Manche Forscher wollen darin das Kyushu-Reich erkennen, andere halten es gar schon für das erstarkende Yamato.

Keine Antwort geben die Mythen auf die Frage: Woher kamen die Japaner? Hier bieten Sprachforschung und Archäologie schon genauere Hinweise: Die japanische Sprache weist wesentliche Ähnlichkeiten zu Sprachgruppen des ural-altaiischen Sprachraumes auf, zu denen das Türkische, das Mongolische, das Tungusische und Koreanisch zählen. Sprachlich bleibt es jedoch bei solchen bloßen Ähnlichkeiten, denn die japanische Sprache hat darüber hinaus eine völlig eigenständige Entwicklung genommen. Die historische Sprachwissenschaft untermauert mit ihren Erkenntnissen aber eine Annahme, nach der die japanischen Inseln von Wandervölkern aus Zentralasien besiedelt wurden, die über zwei ehemals bestehende Landbrücken auf den japanischen Archipel gelangten: im Norden über eine Landverbindung zwischen Hokkaido-Sachalin-Kamchatka, im Westen über eine Landverbindung zur koreanischen Halbinsel. Bodenfunde belegen weiter, daß es mindestens vor 10 000 Jahren schon Menschen auf den japanischen Inseln gegeben hat, aber erst archäologische Funde aus dem 7. Jahrtausend v. Chr. geben genauere Aufschlüsse über die Urjapaner jener Zeit. Diese Urjapaner waren späteren Einflüssen durch Wanderbewegungen aus dem Norden ausgesetzt, dem Zustrom der bärtigen Ainu, dem massiven Zuzug von Koreanern und schließlich auch einer Wanderbewegung aus Südostasien, die sich über den südlichen Teil Kyushus vollzog.

Die Menschheitsgeschichte beginnt wie überall auch in Japan mit einer Steinzeit. Die japanische Archäologie förderte überall im Lande Handäxte, Schabklingen, Faustkeile und andere primitiv bearbeitete Steinwerkzeuge zutage; sie belegen, daß es schon Zehntausende von Jahren vor Christi menschliches Leben auf den japanischen Inseln gegeben hat. Diese Ureinwohner kannten noch keine gebrannten Tonwaren, deshalb werden sie in der Forschung als «vor-keramische Kulturen» bezeichnet. Weitere Bodenfunde aber zeigen, daß schon vor ca. 9000 Jahren in schnellen Entwicklungsschritten kunstvolle Keramik entstand. Die phantasievoll verzierten Keramikgefäße, die auf diese frühe Zeit datiert werden können, werden wegen ihrer Verzierungsform durch Relief-Auflagen, die an europäische Schnurband-Technik erinnern, als Jomon-Keramik bezeichnet (*jômon*: Kordelmuster). Der Gebrauch von Jomon-Keramik dauerte mindestens 7000 Jahre; in dieser Zeit entwickelten die Töpfer immer kunstvollere Gefäßformen und die Verzierungen der Gefäße wurden immer phantasiereicher – die Jomon-Töpfer erreichten einen ersten Höhepunkt keramischer Technik in Japan.

Die Menschen jener Zeit waren wandernde Jäger und Sammler, sie betrieben Fischfang, wie Funde von Knochenharpunen und Angelhaken belegen. Gegen Ende der Jomon-Kultur wurden die Menschen allmählich seßhafter. Bodenfunde zeigen erste feste Siedlungen in Höhlenwohnungen, wo wahrscheinlich die Mitglieder einer großen Familie zusammenlebten. Eine Art politischer Organisation dieser Siedlungen scheint es nicht gegeben zu haben, jedoch lassen Funde von Obsidian und Jade darauf schließen, daß diese Siedlungen untereinander eine Art Handel betrieben, denn solche Gegenstände fanden sich auch in Siedlungsgebieten, die weit entfernt von natürlichen Fundorten dieser Gesteine liegen. Die Jomon-Kultur war über ganz Japan verbreitet, aber es hat den Anschein, als habe das Zentrum dieser Kultur in einer Region gelegen, die sich vom nordöstlichen Honshu bis in die KantoEbene und die zentrale Gebirgsregion erstreckte, mit einer «Kulturbasis» im östlichen Japan. Diese geographische Besonderheit läßt darauf schließen, daß das Trägervolk dieser Kultur Verbindungen nach Nordasien hatte.

Japan wird ein Staat

Die Epoche der Jomon-Keramik hatte in Japan gerade eben ihre größte Verbreitung und in der Technik ihren höchsten Entwicklungsstand erreicht, als das benachbarte China schon einen ersten Höhepunkt seiner Kulturgeschichte erreichte: Die Chinesen der Yin-Dynastie beherrschten bereits vollkommen die Technik der Bronzeherstellung und -verarbeitung; ein hoher «technologischer» Entwicklungsstand, die überlegene Staatskunst und ein unbezweifelbarer Expansionsdrang unter den Yin-Kaisern und den nachfolgenden Dynastien brachten immer neue Ausweitungen des chinesischen Herrschaftsgebietes, bis im 1. Jahrhundert v. Chr. auch die gesamte koreanische Halbinsel dem chinesischen Kaiserreich einverleibt wurde. In China herrschte während dieser Periode die Han-Dynastie, deren hochentwickelte Kultur jetzt ungehindert in die vier neu geschaffenen chinesischen Provinzen auf der koreanischen Halbinsel einströmen konnte. Damit waren die politischen Voraussetzungen geschaffen, Korea zu einer «Kulturbrücke» zwischen China und Japan werden zu lassen.

In Japan war während des 3. und 2. Jahrhunderts v. Chr. die

Jomon-Kultur allmählich von einer anderen Kultur verdrängt worden, die ihre Bezeichnung ebenfalls einer besonderen Keramik verdankt. Diese sog. Yayoi-Ware wirkte in Form und Verzierung weit schlichter als die Jomon-Keramik, aber die Yayoi-Gefäße wurden aus Ton besserer Qualität und bei weit höheren Temperaturen als die Jomon-Keramik gebrannt; diese Keramik bedeutete also einen deutlichen Fortschritt in der keramischen Technik. Zudem wurden Yayoi-Gefäße stets zusammen mit Metallgeräten entdeckt, was darauf schließen läßt, daß die Yayoi-Ware nicht einfach eine technische Weiterentwicklung der Jomon-Keramik war, sondern zusammen mit der Kenntnis von Metallbearbeitung als Ergebnis chinesischer Einflüsse über Korea nach Japan gelangte. Die Yayoi-Gefäße, die der langen vorgeschichtlichen Epoche Japans vom 3. Jahrhundert v. Chr. bis etwa zum 3. Jahrhundert n. Chr. ihren Namen gaben, wurden erstmals 1884 in Tokyos Distrikt Yayoi gefunden. Ihren Ursprung aber hatte diese Kultur im nördlichen Kyushu, von wo aus sie sich bis nach Nordost-Honshu ausdehnte. Noch immer waren auch Steinwerkzeuge im Gebrauch, aber charakteristisch für diese Periode ist das Auftauchen von Bronze- und Eisenwerkzeugen. Bronzegeräte, die zuerst über See von Korea nach Japan gebracht worden waren, gebrauchte man anfangs ihrem Zweck entsprechend, später aber wandelte sich ihr Charakter: Sie wurden zu Schätzen und Symbolen von Macht. In Anwendung der neuen Bronzetechnik entstanden in Japan flache, stumpfe Schwerter und Speere sowie insbesondere abgeflachte, reich verzierte Bronzeglocken, die wohl in den Feldern vergraben wurden, um die Ernten zu schützen. Alle diese Gerätschaften waren kaum von praktischem Nutzen, vielmehr handelt es sich mit ziemlicher Sicherheit um Zeremonialgeräte, deren Besitz Privilegien in der dörflichen Gemeinschaft begründete.

Die archäologischen Funde belegen damit zugleich einen weiteren kulturellen Entwicklungsschritt während der Yayoi-Periode: Es gab inzwischen regelrechte Dorfgemeinschaften, die schon den überaus komplizierten Naßreisanbau betrieben, wie er ursprünglich nur in tropischen Gebieten bekannt war. Diese Technik des Reisanbaus war aus China zuerst in die feuchtheißen Küstenregionen Japans gelangt und hatte sich von dort bis in die kühleren Regionen Nordost-Honshus ausgebreitet. Reis war in der

Yayoi-Periode Hauptnahrungsmittel und Grundlage der wirtschaftlichen Entwicklung geworden. Neben der Technik des Reisanbaus kamen während jener Epoche die Kenntnis vom Gebrauch landwirtschaftlicher Geräte (Sichel), einige sprachliche Besonderheiten und wahrscheinlich auch Orakeltechniken aus China nach Japan. Bronzegeräte, Grundkenntnisse der Eisenbearbeitung, Bestattungsrituale und Spinntechniken wurden wahrscheinlich aus Korea nach Japan vermittelt. Kollektive Arbeitsvorgänge in der Landwirtschaft ließen vergleichsweise festgefügte soziale Gemeinschaften in Dörfern entstehen, in denen sich bald auch unterschiedliche Ränge herausbildeten. Führende Familien entstanden in der dörflichen Gemeinschaft, die den gemeinsamen Arbeitseinsatz bei der Feldbestellung, die Bewässerungsarbeiten und die Ernte organisierten. Benachbarte Dorfgemeinschaften schlossen sich zu größeren, locker gefügten Verbänden zusammen. Es entstanden jene vielen kleinen «Staaten», von denen in den erwähnten chinesischen Chroniken die Rede ist.

Nach dem Sturz der Wei-Dynastie in China (265 n. Chr.) verlor das chinesische Kaiserreich seine unmittelbare Kontrolle über Korea, und die dort entstandenen Königreiche Paekche, Koguryo und Silla konnten ohne chinesische Einflüsse ihre Vormachtkämpfe ausfechten. Bis zum Beginn des 5. Jahrhunderts geben die Chroniken Chinas keine weiteren Auskünfte über Japan, vermutlich erlaubten die inneren Wirren, an deren Ende die Gründung des Yamato-Staates stand, keine Gesandtschaftsreisen an den chinesischen Hof. Dagegen mischten sich japanische Herrscher um so mehr in die Machtkämpfe auf der koreanischen Halbinsel ein: Mitte des 4. Jahrhunderts war der junge Einheitsstaat im Werden offenbar bereits stark genug, eine Expeditionsarmee nach Korea zu entsenden und im Bündnis mit dem Königreich Paekche gegen den König von Koguryo zu kämpfen. Nationalbewußte koreanische Geschichtsschreiber betonen heute diesen Bündnis-Aspekt, japanische Historiker dagegen neigen eher dazu, dem Königreich Paekche gegenüber dem werdenden Einheitsstaat in Japan Tributpflichtigkeit zu unterstellen. Unbestritten zwischen beiden Positionen ist die Tatsache, daß japanische Herrscher (wer immer sie waren) im Süden der koreanischen Halbinsel eine «Kolonie», das Gebiet Mimana, kontrollierten. Überseeische Militäraktionen eines Ausmaßes wie das Eingreifen in die koreanischen Machtkämpfe setzte in Japan selbst die Existenz eines weitgehend geeinten Staatswesens voraus. Bei diesem Staatswesen kann es sich wohl nur um das Reich Yamato gehandelt haben, das Mitte des 4. Jahrhunderts mindestens die Insel Kyushu wie auch das westliche und das zentrale Honshu mit der Kernregion Yamato kontrollierte.

Steigen wir auf dem Flugplatz Osaka in ein kleines Flugzeug oder einen Hubschrauber und überfliegen in weiten Schleifen die Region Kinki, also die modernen Provinzen Osaka, Nara, Mie, Kyoto und Hyogo, so erblicken wir unter uns das Kerngebiet des alten Yamato-Reiches. Im Osten überfliegen wir das Ur-Heiligtum von Ise (Provinz Mie), wo die Yamato-Herrscher und die nachfolgenden Kaiser ihre Vorfahrin, die Sonnengöttin Amaterasu, verehrten. Weiter nach Westen, bis hinein in die Metropolregion Osaka tauchen dann unter uns inmitten von Reisfeldern oder «umwachsen» von Vorstadtsiedlungen die gewaltigen Grabstätten der Mächtigen von Yamato auf. Diese schlüssellochförmigen Großanlagen mit ihrer fast kreisrunden Basis und ihrem trapezförmigen Frontbereich bilden heute mit Zedern und Kiefern bewaldete Hügel, ein Stückchen künstlicher Natur inmitten einer intensiv genutzten Kulturlandschaft. Die Grabhügelanlage des Kaisers Nintoku (5. Jahrhundert) in der Provinz Osaka gibt uns beim Überfliegen ein eindrucksvolles Beispiel von der «klassischen» Form dieser Kofun-Anlagen (Kofun: «alte Hügel»): Die Gesamtanlage hat die Form eines Rundbogenfensters; ein doppelter Graben bildet die äußere Begrenzung, die eigentliche schlüssellochförmige Grabhügelanlage ist von einem weiteren, breiten Graben umgeben. Die Gesamtlänge der Kernanlage beträgt 700 m, die Breite schwankt zwischen 250 und 300 m; die Höhe der trapezförmigen Frontseite liegt über 30 m, und die Höhe der ringförmigen Rückseite ist an den höchsten Stellen fast 40 m hoch. Nicht nur die «Kaiser» des Yamato-Reiches setzten ihrer Macht solche gewaltigen Grabdenkmäler, auch andere Yamato-Mächtige hinterließen riesige Grabhügelanlagen. Noch heute findet sich in der Provinz Nara die Anlage einer kaiserlichen Verwandten: der 275 m lange Hügel bedeckt eine Fläche von 30 740 qm in der reinen Form eines «Schlüsselloches». Der äußere Grabschmuck dieser Anlagen war unverwechselbar japanisch: An den Hügelabhängen der Grabanlagen wurden rotbraune Ton-

Geschichte 49

figuren aufgestellt, die die heilige Stätte markierten. Die ausgegrabenen *haniwa*-Figuren geben einen guten Einblick in die Kultur der Yamato-Zeit. Ausgrabungen an den Grabhügeln förderten Nachbildungen von Booten, aufgezäumten Pferden, Kriegern in voller Rüstung und kleine Modelle von Lagerhäusern und strohgedeckten Wohnhäusern zutage. Unter den Tonfiguren finden sich Figuren von Schamaninnen, Bauern, Tänzerinnen und Tänzern. Nach dem Beispiel der Yamato-Herrscher wurden Schlüssellochgräber bald auch in anderen Teilen des damals bewohnten Japan errichtet; insgesamt haben sich Reste von mehr als 20 000 dieser verschieden geformten Grabhügel erhalten.

Der Vorstoß auf die koreanische Halbinsel hatte bald einen grundlegenden Wechsel im Geschmack der herrschenden Elite des Yamato-Reiches zur Folge. Zweihundert Jahre nach Errichtung

---

Der Shinto

Die fortdauernde Bedeutung der Institution des Tennos ist nicht zu trennen von der animistischen Religion des Shinto, die sich in den Jahrhunderten des Yamato-Reiches verfestigte. Wenn der Herrscher den Schutz der Sonnengöttin Amaterasu erflehte, tat er nichts anderes, als was Priester anderswo in Japan taten: er rief die *kami* an. Dieser Begriff des Göttlichen ist nur schwer zu fassen: *kami* bedeutet die Götter des Himmels und der Erde, wie sie in den alten Aufzeichnungen überliefert sind; aber *kami* kann auch Tiere, Pflanzen, Berge, Seen usw. bezeichnen – kurz alles, dem überlegene Kraft zugeschrieben wird oder das Ehrfurcht einflößt. So jedenfalls versuchte ein japanischer Gelehrter des 18. Jahrhunderts das Wesen der *kami* im Shinto zu beschreiben. Noch heute werden die *kami* überall im Lande an besonderen, zeremoniell gereinigten Plätzen, den Schreinen, verehrt, kenntlich am leuchtend roten Tor (*torii*), oft auch aus rohem Holz oder Beton gebaut. Im Wortsinne sind diese Schreine nichts anderes als Wohnhäuser der *kami,* und die frühesten Schreinanlagen erinnern in ihrer schlichten Form geradezu an einfache Bauernhäuser. Das eindrucksvollste Beispiel früher Shinto-Architektur ist der Schrein der Sonnengöttin Amaterasu in Ise. Die hölzernen Schreingebäude werden seit dem späten 7. Jahrhundert alle zwanzig Jahre abgerissen und (leicht versetzt) neu aufgebaut. Die äußerlich schlichten, strohgedeckten Holzgebäude sind Meisterleistungen traditioneller japanischer Zimmererkunst; sie vermitteln noch heute eine vage Vorstellung früher japanischer Architektur.

*Tor im 710 gegründeten Kasuga-Schrein in Nara.
Hier wird die Shinto Gottheit Takemikazuchi verehrt*

der eindrucksvollen «Schlüssellochgräber», die größtenteils während des 4. Jahrhunderts aufgeschüttet worden waren, entstanden Grabanlagen, in denen sich Grab-Beigaben einer Reiter-Aristokratie fanden: eiserne Rüstungen und Schwerter, Schuhe aus vergoldeter Bronze, Gold- und Silberschmuck und Kronen. Unterhalb der herrschenden Elite war die Gesellschaft der Yamato-Zeit bereits in verschiedene Familiengruppen gegliedert; so gab es Clans, die sich ausschließlich mit der Herstellung von Waffen beschäftigten, die Stoffe webten, Fischfang betrieben oder sich auf den Militärdienst spezialisiert hatten. Die höchsten Herrscher des Yamato-Staates leiteten ihren Machtanspruch von der besonderen Fähigkeit ab, als Nachfahren der Sonnengöttin allein ihre Macht beschwören zu können. Die gleichsam priesterlichen Funktionen der höchsten Yamato-Herrscher und aller ihrer Nachfahren konnten den fortdauernden Bestand des Kaiserhauses sichern, wenn auch in verschiedenen Epochen die tatsächliche politische Macht nicht bei den Kaisern, sondern bei mächtigen Adelsfamilien lag.

Mit Kaiser Nintoku erreichte die Macht des Yamato-Hofes in der ersten Hälfte des 5. Jahrhunderts einen Höhepunkt. In den folgenden Jahrhunderten zerfiel jedoch allmählich die Macht des Reiches. Der Einfluß Yamatos im südlichen Korea schwand, bis schließlich das Königreich Silla die japanische Kolonie Mimana und das mit Japan verbündete Paekche unterwerfen konnte. Im Inneren wurde die Macht der Yamato-Herrscher durch eine Serie von Auseinandersetzungen über die Thronfolge entscheidend geschwächt, und auch mehrere Versuche, die Legitimation der Yamato-Herrscher durch die chinesischen Kaiser bestätigen zu lassen, schlugen fehl.

Inzwischen hatte das Yamato-Reich längst die chinesische Schrift übernommen, die Aristokratie des Landes besaß gute Kenntnisse der Gesellschaftslehre des Konfuzianismus, aber der entscheidende Anstoß zu tiefgreifenden gesellschaftlichen und machtpolitischen Umwälzungen in Yamato kam durch die Einführung des Buddhismus aus Korea.

Die japanische Geschichte des 5. und 6. Jahrhunderts ist eng verflochten mit den Vorgängen auf der koreanischen Halbinsel; um die Jahrhundertwende wurde die japanische Enklave im Süden Koreas, Mimana, durch die beiden benachbarten Königreiche Paekche und Silla, aber auch von Norden durch das Königreich Koguryo bedrängt. In dem Kampf um die Vorherrschaft auf der koreanischen Halbinsel, der sich zwischen den drei Königreichen entspann, ergriff Japan nach langem Drängen die Partei Paekches. Abgesandte dieses Königreiches hatten 552 ein Buddha-Bild und -schriften nach Japan gebracht und den Herrschern von Yamato dringend empfohlen, diesen neuen Glauben anzunehmen. Die Reaktion in Yamato war zurückhaltend diplomatisch: Die einflußreiche Familie der Soga wurde beauftragt, die Buddha-Verehrung in ihrem Clan zu betreiben. Andere einflußreiche Adelsfamilien widersetzten sich heftig der Einführung des Buddhismus, und der Ausbruch einer Epidemie lieferte ihnen den Vorwand, den entscheidenden Machtkampf mit dem Clan der Soga zu suchen. In diesen internen Auseinandersetzungen aber siegten die Soga, die «alte Religion» des Shinto wurde zugunsten des Buddhismus zurückgedrängt, der sich von da an immer weiter ausbreitete und gleichsam zu einer Staatsreligion wurde.

Die siegreiche Familie der Soga stellte eine neue Elite, die ihren Herrschaftsanspruch nicht auf die Abstammung von sagenhaften *kami* gründete, sondern auf ihre administrative Funktion am Hof von Yamato. Die Soga waren Schatzmeister des Hofes, sie sammelten, lagerten und bezahlten alle Erzeugnisse für die Yamato-Herrscher. Dazu gehörte Reis, der auf den kaiserlichen Ländereien erzeugt wurde, aber auch alle Gegenstände, die von eingewanderten chinesischen und koreanischen Handwerkern hergestellt wurden. Bauern und Handwerker waren den Soga nicht untertan, weil diese «göttliche Abstammung» beanspruchen konnten, sondern weil sie kaiserliche Verwaltungshoheit besaßen. Der Sieg der buddhistischen Soga und damit die politische Aufwertung einer Verwaltungselite gegenüber dem erblichen Machtanspruch anderer Familien, die ihren hohen Rang auf *kami*-Abstammung zurückführten, beseitigte keinesfalls die Rolle der traditionellen Religion des Shinto, sondern die «neue Religion» Buddhismus fand Wege zur Koexistenz mit der «alten Religion» des Shinto. Keinen Zweifel aber kann es daran geben, daß die Einführung des Buddhismus die Zentralisierungsbestrebungen einer neuen politischen Elite, die sich als Vollstrecker kaiserlichen Willens verstand, nachdrücklich förderte. Die Soga achteten den religiös begründeten Machtanspruch der kaiserlichen Familie und begnügten sich damit, die Geschicke des Kaiserhauses – eben als «Vollstrecker» – aus dem Hintergrund zu lenken.

Die Macht der Soga wuchs unaufhaltsam an, der Herrschaftsanspruch dieses Clans wurde zum entscheidenden Antrieb für die staatliche Einigung Japans. Gegen Ende des 6. Jahrhunderts war das Oberhaupt des Soga-Clans der skrupellose Machtmensch Soga no Umako, der durch Intrige und Mord die Herrschaft seines Hauses sicherte. Mochten auch die Soga den Buddhismus favorisieren, Umako verkörperte alles, was der Buddhismus als böse ansah. Umako setzte seine Nichte Suiko als Kaiserin auf den Thron und stellte ihr einen Prinzregenten an die Seite, der in der japanischen Geschichte unter dem Namen Shotoku Taishi zum vielfach verklärten Idealbild eines buddhistischen Herrschers wurde. Kaiserin Suiko regiere unter dem direkten Einfluß der Soga bis 628, die tatsächliche Regierungsgewalt aber lag bei Shotoku. Hinter Shotoku wiederum standen Soga no Umako und sein Clan, denen es vor allem um Errichtung und Festigung eines zentralisierten Staates ging. Der «ordnungspolitische Rahmen» dieses neuen zunehmend zentralisierten Staatsgebildes wurde aus China übernommen. Prinzregent Shotoku, der gläubige Buddhist, suchte seine Religion mit der Gesellschaftslehre und dem Wertesystem des Konfuzianismus zu verbinden; er führte nach chinesischem Vorbild Hofetikette, Hofränge und den chinesischen Kalender ein, er ließ Poststraßen bauen, und er befahl die Niederschrift von Chroniken. Die philosophischen und ethischen Grundlagen seiner Regierungslehre legte Prinzregent Shotoku 604 in den sog. «17 Artikeln» nieder: Er forderte Harmonie in den menschlichen Beziehungen, besonders zwischen Herrscher und Untertanen, er verurteilte die Bestechlichkeit und Frondienste von Bauern «zu unrechter Zeit»; die Artikel enthalten eine Aufforderung, Buddha zu verehren, dem Kaiser Gehorsam zu leisten und Entscheidungen aller Art nur nach breiter Einigung in Gesprächen und im Konsens zu fällen.

Währenddessen entwickelte sich die außenpolitische Situation zu Japans Nachteil: Das neu erstarkte China begann, Druck auf die Königreiche in Korea auszuüben, um die Länder auf der koreanischen Halbinsel dem chinesischen Herrschaftsbereich einzuverleiben. Das Vordringen Chinas nach Korea fiel zusammen mit dem Tod Shotokus und dem allmählichen Ende der Soga-Herrschaft: Der Prinzregent starb 622, wenig später verschied auch Umako. Nach einer diktatorischen Übergangsphase der letzten Soga-Mächtigen wurde die Herrschaft des Clans 645 blutig durch die rivalisierende Adelsfamilie der Nakatomi und ihrer Verbündeten beendet.

Die neuen Machthaber gingen mit noch größerer Entschlossenheit an die Errichtung eines zentralisierten Staates. 646 markiert die «Große Wende»: In den vier Artikeln der sog. «Taika-Reformen» (Taika: große Wende) wurde festgelegt, daß fortan aller Grundbesitz unter direkte kaiserliche Verwaltung gestellt werden sollte (Artikel 1); als Zentrum dieser neuen Verwaltungsstruktur sollte eine Hauptstadt als kaiserlicher Regierungssitz neu errichtet werden (Artikel 2). Der dritte Artikel ordnete eine Volkszählung, Landvermessung und die Niederschrift eines Steuerregisters an, der vierte Artikel legte ein neues Steuersystem fest. Prinzregent Shotoku hatte in seinen «17 Artikeln» die philosophisch-moralischen Grundlagen eines zentralisierten Staates niedergelegt, die

Taika-Reformen schufen die verwaltungstechnischen Rahmenbedingungen. Einer kleinen Gruppe entschlossener Reformer war damit ein entscheidender Durchbruch zur Errichtung eines zentralisierten Beamtenstaates nach chinesischem Vorbild gelungen. Ohne Rückhalt im «Volk» oder eine militärische Machtbasis gelang es, aus dem Erbadel eine Verwaltungselite zu formen. Hohe Posten in der zentralisierten Verwaltung gingen ausschließlich an Mitglieder alter Adelsfamilien, eine Maßnahme, mit der die kaiserliche Familie und die Gruppe der Reformer die Loyalität der alten Adelsfamilien «erkauften». Dennoch war die «Große Wende» eine Revolution: die Volksmassen (also die Bauern) wurden aus der Leibeigenschaft der großen Familien entlassen und zu Untertanen des Kaisers. Der Beamtenadel bezog seine Einkünfte nicht mehr aus eigenen Ländereien, sondern als Vergütung durch den Kaiser, der wiederum diese Mittel aus dem Steueraufkommen der Zentralgewalt aufbrachte.

Die neue Ordnung wurde nach 646 natürlich nicht auf einen Schlag verwirklicht, sondern es dauerte mehr als hundert Jahre, bis zu Beginn des 8. Jahrhunderts ein ausgefeiltes Verwaltungs- und Rechtssystem verankert war. Ein letztes Mal hatten Vorgänge in Korea die ganze Aufmerksamkeit der Mächtigen Japans beansprucht: Der Verlust Mimanas, das in der zweiten Hälfte des 6. Jahrhunderts von dem erstarkten Königreich Silla erobert worden war, hatte die Yamato-Herrscher in ein enges Bündnis mit dem Königreich Paekche geführt; 660 eroberten chinesische Truppen Paekche und sicherten damit die Oberhoheit der chinesischen Kaiser über die koreanische Halbinsel. Noch einmal suchte Japan in einer gewaltigen militärischen Anstrengung, seine Interessen in Korea zu wahren, aber das japanische Expeditionsheer, angeblich mehr als 27000 Soldaten, wurde schon während der Landung in Korea von chinesischen Seestreitkräften aufgerieben. Von da an konzentrierten sich die japanischen Herrscher auf reine Defensivmaßnahmen: die kleinen Inseln Iki und Tsushima sowie die Siedlungen auf Kyushu und Shikoku wurden befestigt, um chinesische Invasionsversuche abwehren zu können.

Die von altersher überlieferte Vorstellung, daß der Tod einen Wohnplatz verunreinigt, hatte bis zu Beginn des 8. Jahrhunderts zu immer neuen Verlegungen der Hauptstädte an verschiedene Orte Yamatos und der benachbarten Provinzen geführt. Seit die japanischen Herrscher Mitte des 7. Jahrhunderts die Grundidee einer Hauptstadt als Regierungszentrum aus China übernommen hatten, «wanderte» die Hauptstadt von Naniwa (heute Osaka, ab 646) nach Asuka (südlich von Nara, ab 651), nach Omi (Provinz Otsu, ab 668) und schließlich ab 673 erneut nach Asuka, aber an einen anderen Platz als die frühere Stätte des Herrschersitzes. Von 694 an lag die Hauptstadt in Fujiwara, südlich von Nara, bis schließlich ab 710 Heijo oder Nara für längere Zeit das Regierungszentrum wurden. Das japanische Wort *miyako*, das im heutigen Sprachgebrauch «Hauptstadt» bedeutet, bezeichnete bis in das 8. Jahrhundert hinein eher die Lage des kaiserlichen Palastes, denn wörtlich bedeutet *miyako* «erhabenes Haus». Es war Sitte, wenn ein neuer Kaiser inthronisiert wurde, auch eine neue Residenz anzulegen. Manche Kaiser wechselten sogar während ihrer Regierungszeit mehrmals den Palast, wobei sie sich nach einzelnen Ereignissen, guten oder schlechten, richteten. Entscheidend dürfte dabei, wie erwähnt, die Vorstellung von der Verunreinigung einer Residenz durch einen Todesfall gewesen sein. Wie tief die Vorstellung der temporären Residenz saß, zeigt sich darin, daß sogar während der sog. Nara-Zeit die Kaisersitze mehrfach verlegt wurden: der Kaiser Shomu wechselte nicht weniger als viermal seine *miyako*. Erst mit der Wahl Heiankyos (Kyoto) als neuer Hauptstadt im Jahre 794 endete schließlich der Brauch, kaiserliche Residenzen immer wieder zu verlegen. Heiankyo/Kyoto blieb für tausend Jahre Japans Hauptstadt.

Aus der Entstehungszeit des japanischen Zentralstaates sind eine ganze Reihe schriftlicher Überlieferungen erhalten geblieben, aber nur wenige Bauwerke zeugen noch von der hohen Entwicklung der japanischen Kultur jener Epochen. Eine ungefähre Vorstellung von der hochentwickelten Baukunst des 7. Jahrhunderts geben einige buddhistische Tempel, die in Teilen erhalten geblieben sind; so der Hokoji in Asuka, der Shitennoji (Osaka) oder der Horyuji in der Nähe Naras. Vom Horyuji ist noch die Haupthalle und die Pagode erhalten; seine Tempelschätze umfassen eine ganze Reihe von Gegenständen aus der Zeit Shotokus, darunter auch Brettspiele und Gewebe persischen Ursprungs, die wohl auf Umwegen über China nach Japan gelangt sind.

Rund ein halbes Jahrhundert hatte es gebraucht, um die theoretischen Grundsätze der Taika-Reformen in ein funktionierendes zentralisiertes Verwaltungssystem umzusetzen. Mit dem sog. Taiho-Kodex (701/2) war diese Aufgabe vollbracht: Fortan wurde der junge japanische Staat im Namen des Kaisers von einem straff gegliederten Beamtenapparat regiert. An der Spitze jeder Provinz stand ein Gouverneur, der aus Kreisen des Hofadels der Hauptstadt ernannt wurde. Unter der Oberaufsicht des Todaiji (in der späteren Hauptstadt Nara) wurde in jeder Provinz ein buddhistischer Tempel errichtet. Mit dem Tod der Kaiser wanderte nach Verkündung des Taiho-Kodex auch die Hauptstadt des Landes weiter: aus dem Raum Osaka wurde sie erneut nach Asuka verlegt; erst 710 gründete der Kaiser Gemmei die erste feste Hauptstadt in Nara. Rechtssystem und Verwaltungsstruktur erhielten jetzt ihre endgültige Form; die ersten nationalen Chroniken wurden geschrieben, in denen die Geschichte des Landes bis zur Gründung der Hauptstadt Nara verbindlich festgelegt wurde, die 66 Provinzen mußten Ortsgeschichten niederschreiben, und der Staatshaushalt wurde geregelt. Das Steueraufkommen wurde von den Bauern erwirtschaftet. Alles Ackerland gehörte dem Kaiser, die Bauern bewirtschafteten den Boden, den sie je nach Familiengröße zugeteilt bekommen hatten. Bereits in der Nara-Zeit zeichnete sich ein Grundsatz der wirtschaftlichen Entwicklung Japans ab, der bis weit in das 20. Jahrhundert hinein Bestand hatte: Die bäuerliche Bevölkerung mußte alle Lasten «ökonomischen» Fortschritts tragen. In der Nara-Zeit waren es aber nicht die Agrarsteuern, die den Bauern unerträgliche Lasten aufbürdeten, sondern die Fronarbeit für die Provinzverwaltung und kaiserliche Bauvorhaben sowie der langjährige Militärdienst. Während ihrer Soldatenzeit mußten die Bauern für die eigene Verpflegung sorgen und sich selbst ausrüsten. Die Folge dieser unerträglichen Belastungen für die bäuerliche Bevölkerung war eine massenhafte Landflucht.

Die Armee der Nara-Herrscher war dennoch groß genug, um im Südwesten, auf Kyushu, letzte Reste nichtjapanischer Bevölkerung (wohl aus Südostasien) zu unterwerfen und im nördlichen Hokkaido die Eroberungskämpfe gegen die Ainu fortzusetzen. Diese Kämpfe forderten schwere Opfer, da die Ainu im 8. Jahrhundert gegen die Expansion des Nara-Staates erbitterten Widerstand leisteten und den Truppen des Reiches schwere Verluste zufügten. Das Nara-Reich mußte darüber hinaus große Garnisonen an der Nordküste Kyushus und auf nahegelegenen Inseln unterhalten, da die Herrscher einen Angriff chinesischer oder koreanischer Truppen erwarteten.

Im Gegensatz zur chinesischen Verwaltungsstruktur stand in Japan, wie erwähnt, die Beamtenlaufbahn nur Angehörigen der höchsten Adelsfamilien offen; es gab kein gestaffeltes Prüfungssystem wie in China, das theoretisch allen Schichten sozialen Aufstieg über die Bildung ermöglichte. Dennoch blieb das China der Tang-Dynastie das große Vorbild. Die neue Hauptstadt in Nara suchte man nach dem Vorbild der chinesischen Hauptstadt Chang'an zu planen, aber dieses ehrgeizige Vorhaben blieb weit hinter dem chinesischen Modell zurück. Ein unkritischer Vergleich mit der «Hauptstadt des Universums», eben Chinas Hauptstadt Chang'an, tut der neu errichteten japanischen Residenz jedoch unrecht. Die Hauptstadt des Nara-Reiches hatte vor 1200 Jahren kaum weniger Einwohner als heute. In der geometrisch geplanten Hauptstadt, die nach einem strengen rechtwinkligen Raster in Nord-Süd/West-Ost-Richtung angelegt war, lebten ca. 200 000 Menschen; die Hauptstraße in Nord-Süd-Richtung war 85 m breit. Das Gebiet der Hauptstadt Nara muß viel größer gewesen sein, als die heutige «Kleinstadt mit Museumscharakter» es ahnen läßt. An die einstige Pracht Naras erinnern nur noch wenige originale Bauwerke und Kunstgegenstände. Bei einem Rundgang durch die Stadt lassen jedoch auch die renovierten Tempel ahnen, welchen Glanz Nara einstmals ausstrahlte. Kriege, Naturkatastrophen und Unglücksfälle haben Stadt und Tempelanlagen immer wieder zerstört. Zwar wurden die Bauwerke Naras in den folgenden Jahrhunderten stets wieder restauriert, aber es ist schwierig, sich ein korrektes Bild von den ursprünglichen Anlagen zu machen. Die Statue des «Großen Buddha», die 752 geweiht wurde, vermittelt nach zahlreichen Zerstörungen noch heute vielleicht den tiefsten Eindruck. Sie wurde von einem koreanischen Bronzegießer in der «verlorenen Form» gegossen. In dieser Darstellung sitzt Buddha mit gekreuzten Beinen, die Hände in der Geste der Predigt erhoben; die Statue ist über 16 m hoch, allein das Gesicht hat eine Höhe von 4,8 m; über 430 t Bronze wurden benötigt, um dieses Buddha-Bild zu gießen.

Solche kulturellen Leistungen waren nur möglich, weil sich während der Nara-Zeit nicht nur die Macht des Kaisers gefestigt hatte, sondern mit der Konsolidierung der Zentralgewalt auch die Machtposition einflußreicher Familien stabilisiert wurde. Unangefochten an der Spitze aller Adelsgeschlechter jener Zeit standen die Fujiwara. Sie führten ihre Abstammung auf Nakatomi no Kamatari, den Schöpfer der Taika-Reformen, zurück. Er sicherte seinem Clan eine Machtstellung im Staate, die für 300 Jahre unangetastet bleiben sollte.

Kaiserhaus und mächtigen Adelsfamilien waren jedoch unversehens starke Gegner erwachsen: Die sieben Haupt-Tempel Naras zeugten mit ihrer Pracht auch von der politischen Bedeutung des erstarkten Buddhismus. Ehrgeizige Priester griffen sogar nach der weltlichen Macht. Die Kaiserin Shotoku stand um die Mitte des 8. Jahrhunderts so stark unter dem Einfluß des Mönches Dokyo, daß sie ihm beinahe die Kaiserwürde übertragen hätte; erst ein warnendes Shinto-Orakel vereitelte diesen ungeheuerlichen Plan. Der Priester Dokyo wurde verbannt; die Kaiserin starb verbittert 770. Dokyos kühnes Komplott verdeutlichte schlagartig Verweltlichung und Machtgelüste des buddhistischen Klerus – es schien geboten, die räumliche Nähe von kaiserlichem Hof und Palast und machthungriger Priesterschaft in den Tempeln aufzuheben; die Errichtung einer neuen Hauptstadt wurde nötig. Nicht nur die heikle Machtfrage, sondern auch ökonomische Gründe sprachen für eine erneute Verlegung der kaiserlichen Residenz: Fast 100 Jahre lang hatten die umliegenden Agrargebiete mit ihren Naturalsteuern die zahlreichen Beamten der Verwaltungszentrale in Nara versorgt, jetzt gingen die Ernteerträge zurück, die Fruchtbarkeit der Felder war erschöpft. Die Versorgungsprobleme der Hauptstadt wurden weiter verschärft durch die Abtretung großer Ländereien an die Klöster und Tempel sowie an einzelne Adelsfamilien, die Steuereinnahmen des Hofes sanken dadurch ebenfalls. Die geographische Lage Naras machte es andererseits unmöglich, Versorgungsgüter aus größerer Entfernung heranzubringen, denn es gab keine schiffbaren Flüsse in der Nähe.

Pinsel, Schwert und Abacus

Die Welt des Prinzen Genji: Spaziergang durch Kyoto

Die endgültige Entscheidung zur Verlegung der Hauptstadt fällte Kaiser Kammu, der von vielen japanischen Historikern als die stärkste Herrscherpersönlichkeit in der Geschichte Japans angesehen wird. Kammu bestieg 781 den Thron, im Jahre 794 wurde die Hauptstadt endgültig verlegt. Kammu sicherte die unbestrittene kaiserliche Zentralgewalt, und noch seine Söhne konnten bis 830 unangefochten regieren. Frühere Hauptstädte «verschwanden» meist, wenn die Residenz des Kaisers verlegt wurde, Nara aber blieb als religiöses Zentrum, als städtebauliches und architektonisches Zeugnis früher buddhistischer Macht weitgehend erhalten.

Die neue Hauptstadt erhielt den Namen Heiankyo (etwa «Hauptstadt des Friedens»), der auch die folgende Epoche von mehr als zweihundert Jahren bezeichnet (Heian-Zeit). Die «neue» Residenz Heiankyo ist das heutige Kyoto. Der Ort blieb tausend Jahre lang Hauptstadt des Landes, wenn auch die kaiserliche Residenz selten wirkliches Machtzentrum des Landes war. Die Heian-Epoche läßt sich bis Ende des 12. Jahrhunderts in drei deutlich unterscheidbare Phasen einteilen. In der ersten Phase, die bis Mitte des 9. Jahrhunderts währte, besaßen die Kaiser die unbestrittene politische Zentralgewalt, sie stützten sich auf einen reibungslos funktionierenden Beamtenapparat, der noch in der Nara-Zeit aufgebaut worden war. Die Fujiwara-Fürsten waren einflußreiche Ratgeber bei Hofe – nicht mehr. Es folgte eine zweite Phase von etwa zweihundert Jahren, in der die Familie der Fujiwara die wirkliche Macht an sich zog, in Heiankyo und damit im ganzen Lande eine Reihe schwacher Kaiser kontrollierte und ihre Familieninteressen mit den Interessen des Staates gleichsetzte. In der Endphase der Heian-Zeit schließlich büßten die Fujiwara zwar ihren gewaltigen politischen Einfluß ein, aber die zentrale Regierungsgewalt des Kaisers wurde damit nicht stärker. Fast einhundert Jahre lang herrschten jetzt auf der politischen Bühne in der Hauptstadt abgedankte Kaiser, die aus der Abgeschiedenheit buddhistischer Klöster oder ihrer privaten Residenzen unmündige Söhne oder schwache Herrscher wie Puppenspieler an Fäden führten. Diese Form indirekter Herrschaft fügte im 12. Jahrhundert dem Ansehen des Kaiserhauses schweren Schaden zu.

Parallel zur allmählichen Schwächung der kaiserlichen Zentralgewalt erstarkte der landgebundene Adel. Gegen Ende der Heian-Zeit hatte sich in der rechtlichen Form des Grundbesitzes ein tiefgreifender Wandel vollzogen: Rechtstitel an Grund und Boden wurden nicht länger vom Kaiserhof an den Beamtenadel vergeben, sondern Grund und Boden war zunehmend als erbliches Privateigentum zur Machtbasis eines erstarkten Landadels geworden. Die landbesitzenden Provinzfamilien konnten Ende des 12. Jahrhunderts zunehmend die Zentralmacht des Kaisers «ausbalancieren» – es hatte sich ein Urmodell jener dualen Herrschaftsstruktur herausgebildet, das jahrhundertelang typisch für die Machtverteilung in Japan sein sollte: Kaisertum gegen Provinzadel. Zwar wurde das Gleichgewicht zwischen landbesitzenden Provinzfürsten und kaiserlicher Zentralgewalt immer wieder verschoben – meist zum Nachteil der Kaiser –, aber die machtpolitischen Grundstrukturen blieben bis Mitte des 19. Jahrhunderts erhalten.

Knapp drei Stunden sind vergangen, seit der *Hikari* (Lichtstrahl)-Schnellzug den Hauptbahnhof von Tokyo verlassen hat. Mit durchschnittlich 230 km/h war der Zug durch die flachen Küstenebenen gerast und hatte in einer Serie von Tunnels Bergketten und Hügelzüge durchstoßen, wo sie in der tief eingekerbten Küstenlinie Japans bis dicht an das Meer reichen. Jetzt verlangsamte der Zug seine Fahrt und glitt sacht in den Hauptbahnhof von Kyoto. Die alte Kaiserstadt ist heute nur eine Zwischenstation auf der Strecke von Tokyo nach Fukuoka, aber der Shinkansen-Schnellzug hat auf dem Streckenabschnitt Tokyo-Kyoto mit moderner Technik einen uralten Reiseweg genutzt: Die Streckenführung folgt in großen Zügen dem Verlauf der alten Poststraße von Edo/Tokyo nach Osaka, dem Tokaido («Ostmeer-Straße»).

Die sentimentale Suche nach dem alten Heiankyo in der modernen Großstadt Kyoto ist natürlich von Beginn an zum Scheitern verurteilt. Schon in der Bahnhofshalle werden die Besucher in eine Stadt gespült, deren wechselvolle Geschichte als Kulturmetropole Japans in zahllosen, sorgsam bewahrten oder restaurierten Baudenkmälern verschiedenster Epochen dokumentiert ist.

Das hat Kyoto zu einem überaus reizvollen touristischen Reiseziel werden lassen, zugleich aber auch eine rasche Wirtschaftsentwicklung behindert, wie sie in anderen Landesteilen während des 19. und 20. Jahrhunderts vollzogen wurde. Jahrzehntelang schien es, als sei Kyoto in dem erbitterten Wettbewerb wirtschaftlicher Entwicklung zwischen Osaka und Tokyo vergessen und dazu verdammt, ein sorgsam gepflegtes, gigantisches Freilicht-Museum zu werden. Die historische Bedeutung der Stadtanlagen Kyotos mag die Stadt in den letzten Monaten des pazifischen Krieges vor einem schlimmen Schicksal bewahrt haben: Die strategische Planung der amerikanischen Luftwaffe hatte ursprünglich Kyoto als wichtigstes Ziel für den Abwurf einer ersten Atombombe ausersehen. Erst nach energischen Interventionen von amerikanischen Kennern der Stadt entschied sich die militärische Führung der USA für zwei andere Ziele: Hiroshima und Nagasaki. So überlebte Kyoto den Bombenkrieg. Heute aber erhebt sich die bedrückende Frage, ob die Stadt im Würgegriff des modernen Individualverkehrs, einer hemmungslosen Bauwut und des organisierten Massentourismus überleben kann.

Kyoto-Station ist nicht nur Bahnhof, sondern zugleich ein riesiges Einkaufszentrum. Auf der Nordseite des Hauptbahnhofs von Kyoto erhebt sich der Kyoto-Tower, eine Stahl-Nadel aus Beton und Glas mit dem ganzen baulichen Charme deutscher Fernsehtürme. Von der Aussichtsplattform des Turmes erschließt sich dem Betrachter noch heute, zumindest in Ansätzen, die Grundstruktur der alten Stadtanlage Heiankyos, das mit seinen strenggeplanten Straßenzügen auch dem modernen Kyoto Struktur gibt. Im 8. Jahrhundert hatten die Wahrsager Kammu-Tenno gut beraten, als sie ihm empfahlen, die neue Hauptstadt in den weiten Talkessel zu verlegen, der nach allen Seiten durch hohe Hügelketten geschützt ist. Die Ebene wird durchschnitten von den beiden Flüssen Kamo und Katsura, die schiffbar waren und im 10. und 11. Jahrhundert wichtige Versorgungswege für die neue Hauptstadt bildeten. Die Residenz ist im Osten durch eine Bergkette geschützt, im Nordosten, der Richtung, aus der alles Böse kommt, erhebt sich der Hiei-zan, auf dem 788 der Priester Saicho zur Abwehr böser Geister den Tempel Enryakuji errichtet hatte. In einer Ironie der Geschichte wandelte sich dieser Tempel in späteren Jahrhunderten von einem Schutz der Stadt zu tödlicher Bedrohung, denn die Mönchs-Krieger der Enryakuji-Tempel plünderten Kyoto mehrmals und brannten die Stadt mit ganz unbuddhistischer Gewalt nieder.

Der neue kaiserliche Palast war 795 fertiggestellt, die Stadt selbst aber erst zehn Jahre später; dennoch besaß sie im Jahre 818 bereits 500000 Einwohner. Wie auch Nara war Kyoto nach dem chinesischen Vorbild von Chang'an, der Hauptstadt der Sui-Dynastie angelegt. Den Grundriß der Stadt bildete ein großes Rechteck, 5,2 km von Norden nach Süden und 4,5 km von West nach Ost. Geschützt war sie durch Gräben und Erdwälle, die mit Holz verschalt waren. Im nördlichen Teil war ein weiterer rechteckiger Bezirk abgeteilt, in dem sich die Gebäude des kaiserlichen Palastes befanden. Nach Osten war die Stadt durch den Kamo-Fluß begrenzt, im Südwesten reichte sie bis an den Katsura. Eine große Hauptstraße, die in der Mitte von Norden nach Süden verlief, teilte Kyoto in zwei Stadtteile, die rechte und die linke Stadt. In jedem Stadtteil verliefen drei größere Straßen parallel zur Hauptstraße. Rechtwinklig zu diesen Straßenzügen durchschnitten neun Querstraßen von Westen nach Osten die Stadt, so daß sich das Bild eines Schachbrettes ergab. (Das Straßenmuster ist noch heute im Stadtplan erhalten.) Die neun Querstraßen waren von Norden beginnend schlicht durchnumeriert von Ichijo (1. Straße) bis Kujo (9. Straße). Der Hauptbahnhof, an dem wir ausgestiegen sind, liegt an der 8. Straße, 9. und 10. Straße bilden nach Süden hin den Abschluß der Stadt. In der Heian-Zeit konnte man durch 18 Tore in die Stadt gelangen, das berühmteste dieser Tore war das südliche «Rashomon». Von dem Kyoto der Heian-Zeit ist nur noch die Grundanlage erhalten geblieben. Alle historischen Gebäude jener Epoche sind im Laufe der Jahrhunderte durch Kriegswirren, Feuersbrünste und Naturkatastrophen zerstört worden.

Zu shintoistischen Schutzheiligtümern Kyotos bestimmte Kammu-Tenno die beiden Schreine Kamigamo (Oberer Schrein) und Shimogamo (Unterer Schrein), beide nördlich des Kaiserpalastes, außerhalb der eigentlichen Stadtanlage gelegen. Auf den Abhängen des Hiei-zan und den anschließenden Hügelketten im Osten der Stadt wurden in späteren Jahrhunderten nach dem Enryakuji immer neue buddhistische Tempel und shintoistische Schreinheiligtümer errichtet. Sie alle konnten nicht verhindern, daß der Stadt Schlimmes widerfuhr. Nach einem Großbrand im

Jahre 1228, in dem auch der alte Kaiserpalast zerstört wurde, stand bereits kein einziges Gebäude aus der Heian-Zeit mehr. Kaiser Kammus Stadtplanung sah ursprünglich ein viel größeres Hauptstadt-Areal vor, aber die Bebauung wurde niemals vollends realisiert: Die gesamte Weststadt («rechte Stadt») wurde nicht vollendet, sondern bis in das 16. Jahrhundert als unbebaute Fläche belassen. Bis in das 19. Jahrhundert hinein haben alle Mächtigen Japans versucht, die Grundkonzeption des Straßengitters Kyotos beizubehalten, auch als die Palastanlage im 18. Jahrhundert aus der theoretischen Stadtmitte weiter nach Osten in die nördliche Stadthälfte, also in die tatsächliche Mitte Kyotos, verlegt wurde.

Zwei Hofdamen, Murasaki Shikibu und Sei Shonagon, haben in einem Roman und Tagebüchern das Leben am Kaiserhof um das Jahr 1010 beschrieben. Selbsteinschätzung läßt vermuten, daß die Hofdame Murasaki wenig Geschmack an dem oberflächlichen, vergänglichen Schönheiten zugewandten Hofleben fand; dem stilvollen, aber leichtlebigen Völkchen bei Hofe muß sie sogar als prüde erschienen sein. Ganz anders Sei Shonagon, die von Murasaki in ihrem Tagebuch ausgesprochen negativ dargestellt wird.

In ihrem Roman erzählt Murasaki dagegen die Geschichte eines kaiserlichen Prinzen, eines «Genji» – kein Name also, sondern ein Rang, aufgrund dessen er niemals Anspruch auf den Thron erheben konnte. Der überaus schöne Prinz Genji lebt in Kyoto, seine Liebesaffären, aber auch seine Erfahrungen mit menschlichem

---

Hinrichtung mit spitzem Pinsel

«Sei Shonagon strotzt geradezu von Selbstzufriedenheit. Doch wenn wir ihre chinesischen Schreibkünste betrachten, die sie so angeberisch herumreicht, erkennen wir, daß diese alles andere als vollkommen sind. Jemand, der sich so bemüht, anders als andere zu erscheinen, muß in der allgemeinen Achtung fallen; ... sie ist gewiß eine begabte Frau. Doch wenn man, auch unter den unmöglichsten Umständen, seinen Gefühlen freien Lauf läßt und alles und jedes ausprobieren muß, gilt man bei den Leuten natürlich als leichtfertig. Wie kann sich für eine solche Frau noch alles zum Guten wenden?» (Murasaki, «Tagebuch»)

Leid spielen auf der Bühne Kyotos in der Heian-Zeit. Wie es die ästhetischen Regeln des 10. und 11. Jahrhunderts vorschrieben, hatte Murasaki ihren vielbändigen Roman in der elegant fließenden Silbenschrift des *hiragana* ohne chinesische Zeichen verfaßt, weil es sich für eine Frau bei Hofe so schickte. Die chinesische Schrift galt als männlich und für Frauen unpassend, daher auch die Kritik an Sei Shonagon und ihrem Prunken mit chinesischen Texten. Nicht nur «Die Geschichte vom Prinzen Genji» und das «Kopfkissenbuch» zirkulierten am Hofe. Hofdamen und hochrangige Beamte des kaiserlichen Haushalts betätigten sich alle eifrig als Schriftsteller. Es entstand in dieser Epoche eine eigene «Tagebuch-Literatur»; einige eindrucksvolle Tagebücher sind erhalten geblieben, darunter eben auch die Tagebuchaufzeichnungen Murasakis. In den Figuren des Genji-Romans aber erkannte sich eine ganze Gesellschaft wieder.

Die Welt der beiden Hofdamen war bevölkert von den zahlreichen hochrangigen Hofbeamten, den Spitzen eines tief gestaffelten Verwaltungsapparates nach chinesischem Vorbild. Die innere Logik dieses chinesischen Verwaltungskonzepts war im Japan der Heian-Zeit längst ausgehöhlt worden. Der Provinzadel hatte schon lange machtpolitische Unabhängigkeit vom Kaiserhof in Kyoto ertrotzt, und obwohl man dem Tenno noch höchste Achtung zollte, waren ihm nur noch zwei Aufgaben verblieben – die Funktion als Oberpriester und Wahrer aristokratischer Kultur. Die Verachtung, mit der die Zeitgenossen der beiden Hofdamen aus dem Palast in Kyoto auf die unkultivierten Provinzfürsten herabblickten, entsprach also nicht mehr der tatsächlichen Machtverteilung. Der Jahreslauf des Kaisers war bestimmt durch eine dichte Reihe von Shinto-Zeremonien, die er als religiöses Oberhaupt abwickeln mußte. Entscheidender für die japanische Kulturgeschichte war die Fähigkeit der Kaiser und ihrer Höflinge, auch in Zeiten blutiger politischer Unruhen kulturelle Traditionen zu erhalten.

Als Murasaki und Sei Shonagon am Hofe Dienst taten, hatte die Familie Fujiwara seit langem die tatsächliche politische Macht übernommen. Der Tenno jener Zeit hatte eine Fujiwara zur Mutter, eine andere Fujiwara (Sadako) war die Kaiserin, in deren Dienst die beiden Hofdamen standen. Diese «Heiratspolitik» der Fujiwara hatte der Familie schon seit Mitte des 10. Jahrhunderts die Gewalt über den kaiserlichen Herrscher gesichert: Stets wurde der Kaiser in jungen Jahren auf den Thron gesetzt, mit einer Fujiwara verheiratet, der spätere Sohn wurde zum Kronprinzen bestimmt und folgte seinem Vater auf den Thron, wenn dieser, gewöhnlich im Alter von dreißig Jahren, abdanken mußte. Dann begann der Kreislauf aufs neue.

Unsere beiden Hofdamen taten also gegen das Jahr 1000 Dienst am Hof in Kyoto. Dieses Leben in der Abgeschiedenheit einer ästhetischen Scheinwelt prägte ihre Weltsicht, ihr Verständnis von gesellschaftlichen Zusammenhängen: Wichtig war, was am Kaiserhof geschah, das alltägliche Leben der niedrigen Gesellschaftsschichten, selbst die Welt der hochrangigen Provinzbeamten interessierte diese menschlichen Gesamtkunstwerke nicht. Neben dem strikt geregelten Hofdienst, der durch strenge Einhaltung von Etiketteregeln geprägt war, verbrachten die Hofdamen und die Herren im Kaiserpalast ihre Tage mit Dichten und Musik, kurz, in der Beschäftigung mit den Schönen Künsten und komplizierten Liebesaffären. Das tölpelhafte Benehmen eines ehrwürdigen Hofbeamten war für diese geschlossene Gemeinschaft im Kaiserpalast offenbar von größerer Bedeutung als die letzten Machtkämpfe der Fujiwara-Großen mit ihren erstarkenden Gegnern.

Der Rang bei Hofe entschied alles: Regierungsämter und persönliches Einkommen. Die Rangabstufungen wiederum gründeten auf komplizierten Familien-Hierarchien, wobei die direkte oder mittelbare Abstammung vom Kaiserhaus die höchsten Ränge bestimmte. Weiter nach unten in der sozialen Rangstufing folgten die Nachfahren der früheren Yamato-Familien und die Abkömmlinge jener ausländischen Sippen (Chinesen, Koreaner), die bis zum 8. Jahrhundert vom Festland eingewandert waren. Im Standesbewußtsein der arroganten Hofadligen standen die Provinzfamilien, deren Oberhäupter Verwaltungsdienst in den kaiserlichen Gutsdomänen taten, ganz weit unten. Sei Shonagon hat für diese armen Provinzler, die sich dann und wann an den Hof verirrten, nur kalte Verachtung, sie vernichtet diese unbeholfenen Besucher am Hofe literarisch mit einem einzigen Wort: «bäurisch». Rang, Ritual und ausgefeilter Stil bedingten einander durch einen festen Regelkanon, der auch noch die kleinste Äußerlichkeit festlegte; so war die Anzahl der Falten in einem Klappfächer vom höchsten bis hinunter zum niedrigsten Hofrang sorgfältig vorgeschrieben. Karrierechancen bei Hofe ergaben sich aus familiären Bindungen zu den herrschenden Familien, d.h. vor allem zu den Fujiwara oder gar zur kaiserlichen Familie. Nur ein winziger Prozentsatz der Bevölkerung in der Heian-Zeit hatte damit Zugang zu höchsten Staatsämtern, wodurch die Inzucht unvermeidlich gefördert wurde.

Zu Jahresbeginn mußten die Kandidaten für die Posten der Provinzgouverneure (Präfekten) in die Hauptstadt kommen und um eine Ernennung ersuchen:

«Welch ein amüsantes Treiben herrscht im kaiserlichen Palast, wenn die Zeit der Präfektenernennungen, die gewöhnlich auf den Januar fällt, herannaht! Trotz Schnee und Glatteis kommen und gehen die Kandidaten und reichen ihre Bittschriften ein. Die Beamten des 4. und 5. Ranges, die noch jung an Jahren sind, scheinen noch hoffnungsvoll zu sein. Die anderen, denen man schon ein gewisses Alter ansieht, bemühen sich um Protektion; sie kommen sogar bis in die Zimmer der Palastdamen und versuchen, mit allem Nachdruck ihre Verdienste hervorzuheben. Woher sollten sie auch wissen, daß die jungen Damen, kaum daß sie aus ihrem Gesichtskreis verschwunden sind, nur über sie lachen und sie in ihrem linkischen Auftreten nachzuahmen trachten?» (Sei Shonagon, «Kopfkissenbuch»)

So das gnadenlose Urteil Sei Shonagons über die hoffnungsvollen Bewerber um hohe Verwaltungsposten. Dieser kurze Auszug aus dem «Kopfkissenbuch» Sei Shonagons beleuchtet schlaglichtartig die entscheidende Schwäche des Verwaltungssystems Japans zur Heian-Zeit.

Man hatte die gesamte Grundkonzeption aus China übernommen, aber das wichtigste Prinzip nicht beachtet: Über die Vergabe von Ämtern entschied nicht Erfolg oder Mißerfolg bei ausgefeilten Staatsprüfungen auf verschiedenen Ebenen, wie es das chinesische System vorsah, sondern Familienzugehörigkeit, Beziehungen und Protektion waren für eine Verwaltungskarriere ausschlaggebend.

In der Heian-Zeit hatte Japan nach vorsichtigen Schätzungen wahrscheinlich etwa 5 Millionen Einwohner, rd. ein Prozent davon lebte in der Hauptstadt, nur etwa 0,1 Prozent insgesamt hatten irgendeinen Platz unter den Hofrängen. Die beiden Hofdamen bezeichnen ihre Klassengenossen durchgängig mit dem Begriff des «guten Menschen» und meinen damit etikettegeübte, kunstsinnige Hofadlige, Adlige aus guter Familie. In allen Literaturwerken jener Epoche stehen Hofadlige im Mittelpunkt des Geschehens. In der «Welt des Prinzen Genji» kommen Angehörige unterer Bevölkerungsschichten wie Bauern, Fischer und Handwerker selten vor. Wo sie doch einmal auftauchen, sind sie entweder erschreckend grotesk oder sentimental verklärt dargestellt. Auf den Bildrollen des 11. und 12. Jahrhunderts, die erhalten geblieben sind, erscheinen Bauern und Fischer, Diener und Handwerker neben den überlebensgroß dargestellten Hofadligen wie seltsam verkrümmte Zwerge, sie dienen als Kontrast zu der edlen Schönheit der Hofadligen. Bei Umbauarbeiten am Palast hatte Sei Shonagon die Gelegenheit, Zimmerleuten – auch zu jener Zeit schon hochqualifizierte Fachkräfte – beim Essen zuzuschauen. Sie entsetzte sich:

«Die Art und Weise, in der (sie) zu essen pflegen, ist geradezu erschreckend ... Von der Ostseite des Hauptgebäudes her konnte ich sie beim Essen beobachten ... Kaum hatte man ihnen die unglasierten Tonschalen mit der Suppe gebracht, griffen sie so hastig zu, als hätte man sie mit dem Essen lange warten lassen, und ohne auch nur einmal abzusetzen, gossen sie sich die Suppe in ihren Rachen. Die leeren Schalen flogen in die Ecke, und im Nu verschlangen sie jetzt das Gemüse bis zum letzten Rest. Ich dachte im stillen, daß sie nun den Reis wohl kaum noch vertragen würden, doch hatte ich mich getäuscht; denn im Handumdrehen hatten sie auch das letzte Reiskorn ihrem Magen einverleibt. Da sich alle in gleicher Weise benahmen, müssen solche Sitten bei den Zimmermeistern üblich sein. Scheußlich!» («Kopfkissenbuch»)

Es kam unserer Hofdame offensichtlich nicht in den Sinn, daß die wackeren Zimmerleute wahrscheinlich von bösem Hunger geplagt waren und deswegen so hingebungsvoll aßen.

Die Begegnung der Hofdamen mit hart arbeitenden Bauern ihrer Zeit in der Schilderung Sei Shonagons erinnert an die Schäferdichtung des 18. Jahrhunderts in Europa. Auf einer «Landpartie» will ein Fürst die Damen mit «ländlichen Sitten» vertraut machen:

«Es wurden uns Reispflanzen gebracht, und junge Bauernmädchen, die gar lieblich aussahen, zeigten uns, wie man die Körner in einer drehbaren Trommel abstreift. Zwei Mädchen waren ständig damit beschäftigt, diese Trommel in Bewegung zu halten. Vergnügt summten sie ein Liedchen dazu.» («Kopfkissenbuch»)

Auf einer Fahrt mit der Ochsen-Equipage zum Kammu-Schrein sah Sei Shonagon Bäuerinnen beim Reispflanzen im Naßfeld:

«Ich wunderte mich auf dem Weg über die Frauen auf dem Feld. Ihr Gesicht unter dem schirmförmigen Hut versteckt, bewegten sie sich langsam rückwärts, sich niederhockend und wieder aufstehend. Es war lustig, ihnen zuzusehen; doch was sie dabei sangen, gefiel mir nicht:

> Du Kuckuck,
> gemeiner Schelm!
> Wenn du rufst,
> stehe ich auf dem Reisfeld
> und muß emsig Reis pflanzen.» («Kopfkissenbuch»)

(Anm.: Der Kuckuck stand für eleganten Müßiggang, also das Gegenteil von Arbeit.)

Fast hat es den Anschein, als ob ein Anflug von schlechtem Gewissen der Hofdame Unbehagen verursacht. Die harte Feldarbeit (von deren Erträgen der gesamte Kaiserhof in Kyoto lebte) war unendlich weit von dem täglichen Erfahrungsbereich des verwöhnten Adels entfernt. Wo man schon mächtige, vermögende Provinzadlige wegen ihrer Unbeholfenheit bei Hofe verachtete, wurden die breiten Bevölkerungsschichten der Bauern, Fischer und Waldarbeiter kaum noch als menschlich angesehen. In ihre Welt reichte der Einfluß chinesischer Kultur nicht hinein, sie mußten ein elendes Dasein führen, damit der Adel am Hof von Kyoto, aber auch in den Provinzmetropolen, gut leben konnte. Auch im Genji-Roman ist die Begegnung mit Arbeitern, Händlern und Fuhrleuten exotisch, ja bedrohlich. Einer der Helden verbindet eine Liebesepisode mit dem merkwürdigen Lärm, den diese Menschen veranstalteten: In der Nähe lag eine Hauptstraße, man konnte die rauhen und unverständlichen Laute der zahlreichen Händler hören, die im Vorbeigehen ihre Waren ausriefen. Als «der Prinz Kaoru [Genjis Sohn] sie in der Morgendämmerung mit ihren Lasten vorbeistolpern sah, erinnerten sie ihn an Dämonen. Die in dem ärmlichen Haus verbrachte Nacht kam ihm sehr seltsam und aufregend vor». (Murasaki Shikibu, «Die Geschichte vom Prinzen Genji»)

200 Jahre vor der literarischen Hochblüte in der Heian-Zeit hatten die Herrscher Japans regelmäßige Kontakte zu China und Korea gepflegt. Zur Zeit Murasakis und Sei Shonagons gab es in Kyoto kaum noch konkrete Vorstellungen von Menschen anderer Länder. Im Anfangskapitel des Genji-Romans ist von Koreanern die Rede, die sich auf die Deutung der Gesichtszüge verstehen und

dem jungen Prinzen eine glänzende Zukunft prophezeien; im «Kopfkissenbuch» finden sich überhaupt keine Erwähnungen benachbarter Länder. Fast buchstäblich war Kyoto Mittelpunkt der Welt: die kaiserliche Residenz, die Paläste von Hofadligen im Stadtgebiet und die umgebenden Landgebiete, wo Tempel und Schreine lagen, begrenzten die erfahrbare Welt des Adels. Kein Hofadliger stellte den Machtanspruch der Fujiwara-Familie in Frage, die Provinzen lieferten scheinbar selbstverständlich Reis, aber auch allerlei kunsthandwerkliche Erzeugnisse, der Hofadel tat seinen streng geregelten komplizierten Dienst im Palast und suchte sich in seiner freien Zeit zu zerstreuen.

Die Mächtigen aus den Provinzen, wenn sie sich in die Hauptstadt wagten, waren Gegenstand des Spottes und verächtlicher Herablassung. Der hohe Verwaltungsdienst in den Provinzen aber war lukrativ, und mancher «Provinzfürst» konnte sich einen Lebensstil leisten, der ihm einen Besuch in der kaiserlichen Residenz entbehrlich erscheinen ließ, zumal der Weg überaus beschwerlich war. Die hohen Herren mußten gefahrvolle Seereisen und knochenschüttelnde Fahrten im Ochsenkarren auf sich nehmen, um endlich nach wochenlangem Reisen in der Hauptstadt zum Gespött zu werden. Selbstbewußte Provinzbeamte, die statt dessen in ihren Verwaltungsresidenzen blieben und mit Waffengewalt ihren Landbesitz ausdehnten, waren die Vorfahren jener Kriegerfamilien, die im 13. und 14. Jahrhundert die Macht im Lande an sich rissen. Seit der Nara-Zeit war urbar gemachtes Neuland steuerfrei, und die Gouverneure der Grenzprovinzen im Westen und Nordosten hatten so die Möglichkeit, gewaltigen Grundbesitz zu erwerben. Schon zu Lebzeiten unserer beiden Hofdamen, also zu Beginn des 11. Jahrhunderts, zeigte sich, daß der Hof einzelne mächtige Provinzbeamte, Kern eines neuen Militäradels, nicht mehr kontrollieren konnte. Die Taira waren eine solche emporgekommene Kriegerfamilie, die in der Nähe des heutigen Tokyo einen erblichen Gouverneurposten innehatte. Im Jahre 1028 wagte ein Taira den Aufstand; er eroberte die benachbarte Provinz und zerstörte die kaiserlichen Verwaltungsresidenzen. Die Reichstruppen vermochten gegen die kampferprobten Ritter der Taira nichts auszurichten, erst ein General aus der Familie der Minamoto konnte den Taira bezwingen. Die Minamoto waren bereits seit längerem zu den «Zähnen und Klauen der Fujiwara» geworden, und die Truppen der Familie wurden immer wieder eingesetzt, um Unruhen in den Provinzen zu unterdrücken. Dieses Mal war es noch nicht zu einem offenen Entscheidungskampf zwischen den Taira und Minamoto gekommen, aber die Bürgerkriege späterer Jahrhunderte warfen mit diesem Konflikt ihre Schatten voraus. Gegen die kriegerischen Herausforderungen aus den Provinzen hatte der Hofadel Kyotos, der in einer ästhetischen Scheinwelt verharrte, kaum noch etwas aufzubieten.

Zurück in das Kyoto von heute. Ist wirklich gar nichts von der Heian-Zeit lebendig geblieben außer einigen eindrucksvollen Werken der Weltliteratur? Doch: In drei Künsten und handwerklichen Techniken erreichte die Heian-Kultur einen Höchststand – die Kunst der Papierherstellung, die Eleganz der Pinselschrift mit schwarzer Tusche und die Herstellung prachtvoller Seidenstoffe blühen bis heute. Diese Kunstfertigkeiten in ihrer raffinierten Eleganz wurden über die Jahrhunderte vielfältig variiert, immer neue Techniken wurden entwickelt, aber der Kerngehalt dieser Künste blieb unverändert. Kyotos Fachgeschäfte bieten auch heute eine atemberaubende Vielzahl kostbarer Papiere an, die zum Malen und Schreiben mit dem chinesischen Tuschpinsel geradezu herausfordern. Kunstgalerien und Papiergeschäfte, aber auch Einzelhandelsgeschäfte für den täglichen Bedarf werben noch heute mit kunstvoll fließender japanischer Schrift, mit kantiger Kalligraphie aus chinesischen Zeichen oder Beispielen von «Grasschrift», die in ihrer kursiven Verschleifung japanische Betrachter an ein Gräserfeld erinnert, durch das der Wind streicht. Die Seidenweberei ist heute noch ein wichtiger Industriezweig in Kyoto. Auf modernen

---

Die Heian-Zeit im vernichtenden Urteil eines schottischen Historikers

«Eine ständig wachsende Brut gieriger, unersättlicher, frivoler Dilettanten – meist verderbt, lüstern, vollkommen weibisch, zu jeder ehrbaren Betätigung unfähig, dafür aber geschniegelte Exemplare feiner Lebensart und vollendeter Manieren ... Dann und wann trat ein besserer Mann hervor; doch ein einzelner Mann vermag nicht, das Verderben eines intellektuellen Sodoms abzuwenden ... Diese verzärtelten Günstlinge und gepuderten Dichterlinge müssen fürwahr ein reizender Anblick gewesen sein.» (James Murdoch)

Maschinen, aber nach überlieferten Schönheitsgesetzen wohl auch im modernen Design entstehen kostbare Seidenstoffe, die zu sündhaft teuren Kimonos verarbeitet werden oder aber Rohmaterial für anspruchsvolles Modedesign von heute bilden. Die Geschichte der Seidenweberei können die Besucher Kyotos im Museum der Nishijin-Werke verfolgen: eine Geschichte Japans, dargestellt am Beispiel der Entwicklung einer Kulturtechnik. Noch eine Tradition anderer Art lebt in Kyoto, auch sie geht auf die Heian-Zeit zurück: die Sake-Brauerei. Die beiden Literaturwerke, denen wir die Zeugnisse über das Leben am Hof von Heiankyo entnommen haben, schildern immer wieder lustige Trinkgelage, bei denen die Höflinge offenbar ausgiebig dem Reiswein (Sake) zusprachen. Die Herstellung von Reiswein (Zutaten: gekochter Reis, Hefe und Wasser) war eng mit religiösen Ritualen bei Shinto-Zeremonien verbunden, auch heute noch wird bei Feiern (z. B. Hochzeiten) zeremoniell Reiswein gereicht. Der beste Reiswein, wie manche Kenner behaupten, wird in der Region südlich der alten Hauptstadt – aber noch im Stadtgebiet des modernen Kyoto – in Uji hergestellt.

Mönche und Samurai

In der Mitte des 11. Jahrhunderts bestieg wieder ein Tenno den Thron, der keine Fujiwara zur Mutter hatte. Dieser scheinbar zufällige Umstand kündigte das Ende der FujiwaraVorherrschaft an: Zwischen dem neuen Kaiser und den Oberhäuptern der Familie kam es zum Konflikt über das Recht, die Provinzgouverneure zu ernennen und die besteuerten Gutsdomänen zu verwalten. Bisher hatten die Fujiwara dafür gesorgt, daß ihnen genehme Bewerber auf die hohen Verwaltungsposten in den Provinzen berufen wurden, um durch diese Personalpolitik ihre Familieninteressen abzusichern. Die meisten Gutsdomänen und ihr Steueraufkommen wurden zu dieser Zeit von den Fujiwara kontrolliert. Es hieß von ihrer Macht: «Alles Land im Reich gehört der ersten Familie (= Fujiwara), und es gibt keinen Stecknadelkopf, wo sie nicht Besitzer sind. In welch unglücklichen Zeiten leben wir!» Der Familien-Tempel der Fujiwara, der Kofukuji in der Provinz Yamato, war so mächtig, daß der Kaiserhof zeitweilig dort keinen Provinzgouverneur ernennen konnte, weil die Befugnisse dieses höchsten

Verwaltungsbeamten mit den Machtinteressen der Äbte des Kofukuji kollidiert wären.

Kaiser Go-Sanjo, der 1068 auf den Thron kam, wollte den direkten Zugriff der Fujiwara auf die Entscheidungsgewalt des Kaiserhofes brechen, indem er 1072 abdankte und als Mönch aus dem Hintergrund weiterhin reale politische Macht auszuüben suchte. Sein politischer Schachzug leitete die sogenannte «Epoche indirekter Kaiserherrschaft» (*insei*) ein, während der die für rund hundert Jahre abgedankten Kaiser meist aus klösterlicher Zurückgezogenheit die tatsächliche Regierungsgewalt ausübten, indem sie die «herrschenden» Kaiser manipulierten.

Dieses System indirekter Herrschaft beendete im Ergebnis zwar die absolute Macht der Fujiwara, schwächte zugleich aber auch entscheidend die zentrale Kontrolle des Kaisers über Provinzen und Gutsdomänen. Statt die Zahl der Landgüter zu verringern, indem man sie wieder dem kaiserlichen Grundbesitz zuschlug, mußten die abgedankten Kaiser durch Umwandlung weiterer Hofländereien in Gutsdomänen diese Herrschaftsform finanzieren. Auf politische Entscheidungen hatten die Fujiwara jetzt zwar keinen unmittelbaren Einfluß mehr, umso mehr aber wurde die «Hofhaltung» der abgedankten Kaiser durch Fraktionsstreitigkeiten gefährdet. Zeitweise gab es einen nominellen Tenno und zwei abgedankte Kaiser, die sich gegenseitig den Einfluß streitig machten. Das Kaiserhaus hatte den Einfluß der Fujiwara abgeschüttelt, aber dafür einen hohen Preis gezahlt: Kaiserliche Zentralgewalt bestand nur noch dem Namen nach. In der Realität entwickelten die alteingesessenen Provinzfamilien auf ihren Ländereien zunehmende Eigenständigkeit, die kaiserliche Familie mußte gegen Ende des 12. Jahrhunderts mit anderen mächtigen Häusern um die reale Macht im Lande konkurrieren. Die Autorität des Tenno war fast verschwunden.

Tiefgreifende Veränderungen des Regierungssystems kündigten sich an, die in ihrer Bedeutung nur mit der Übernahme chinesischer Herrschaftsideen, der (unvollkommenen) Übernahme des zentralen Verwaltungssystems aus China oder – 700 Jahre später – mit der Einführung westlicher Regierungsformen zu vergleichen ist. An die Stelle der kaiserlichen Zentralgewalt trat der Herrschaftsanspruch mächtiger Kriegerfamilien, die ihre Legitimation nicht auf hohe Stellung bei Hofe zurückführten, sondern ihre

Macht auf riesigen Landbesitz gründeten. Der politische Einfluß des Hofadels wurde durch den Machtanspruch von Militärherrschern verdrängt, deren nationaler Einfluß sich auf die unbedingte Loyalität ihrer Vasallen und Gefolgsleute stützte. Ende des 12. Jahrhunderts begann die «feudalistische Epoche» Japans.

Aufstieg und Fall von vier Samurai-Familien kennzeichnen die folgenden zweihundert Jahre: die Taira (Heike), die Minamoto (Genji), die Hojo und schließlich die Ashikaga. Die Führungspersönlichkeiten dieser aufeinanderfolgenden Herrscherfamilien verkörperten einen gänzlich anderen Typus als die ästhetisch verfeinerte Hofaristokratie in Kyoto: Die sog. «Männer des Ostens» (*azuma-bito*) waren nach den Maßstäben der Höflinge in der alten Haupstadt ungehobelt und ungebildet; aber sie hatten in harten Kämpfen gegen die Ainu Mut bewiesen und in den Grenzgebieten des Reiches eigene Machtbasen aufgebaut. Schon im 10. Jahrhundert waren selbstbewußte und machthungrige Provinzfürsten gegen die Zentralgewalt des Kaisers aufgestanden. Auch in Kyoto, am Hofe, waren sie bald unverzichtbar: Die rauhen Männer aus den Provinzen stellten die Palastwachen und die Hauptstadt-Polizei. Nur diese kampferprobten Krieger wagten es, sich den schwerbewaffneten Mönchen entgegenzustellen, die immer wieder in Kyoto erschienen, um besonders ihren Gebietsforderungen mit Drohungen Nachdruck zu verleihen.

Im 12. Jahrhundert standen sich schließlich zwei mächtige Familien im Endkampf um die regionale Vorherrschaft gegenüber: die Taira und die Minamoto. Die Taira konnten sich kaiserlicher Abstammung rühmen, aber auch die Minamoto zählten zu ihren Ahnherren den Kaiser Seiwa (858–867). Beide Kriegerfamilien gliederten sich in mehrere Zweige, wobei der Hauptzweig der Taira anfangs seine Machtbasis im Osten besaß, durch den wachsenden Druck der erstarkenden Minamoto aber verschob sich die Basis nach Westen, an die beiden Küsten der Inlandsee. Die Minamoto dagegen stützten anfangs ihre Macht auf den Einfluß bei Hofe, als sie zu den sprichwörtlichen «Klauen und Zähnen» der herrschenden Familie Fujiwara wurden. Nach mehreren Feldzügen gegen die Taira im Osten und Nordosten konnten die Minamoto in den folgenden Kämpfen gegen aufsässige Provinzhauptleute und gegen die noch immer unbesiegten Ainu in diesem Gebiet festen Fuß fassen. Ein Nachfolgestreit der kaiserlichen Familie gab 1160 den Taira die Möglichkeit, sich durch die Wahl der richtigen Seite in der Auseinandersetzung den entscheidenden Einfluß im Lande zu sichern. Anführer und Familienoberhaupt der Familie war Taira Kiyomori, der 1160 die Minamoto vernichtend schlagen konnte. Nach dem Sieg der Taira geriet das Kaiserhaus unter den entscheidenden Einfluß dieser Familie, obwohl die Fujiwara unverändert ihre hohen Titel beibehielten. Kiyomori begnügte sich damit, die politische Leitung des Landes indirekt, über Einfluß auf den Kaiser auszuüben. Auf den Thron hob er seinen Enkel Antoku. Mitglieder der Taira-Familie wurden auf hohe Provinzposten berufen, die Sippe kontrollierte mehr als 500 Gutsdomänen. Kiyomori baute den innerjapanischen Handel aus, vergrößerte die Häfen im Westen und an der Inlandsee, und ein nicht unbeträchtlicher Teil des Taira-Vermögens kam aus dem lukrativen Handel mit China. Die Loyalität ihrer Gefolgsleute sicherten sich die Taira durch die Vergabe von Lehen und Nutzungsrechten auf den Landgütern.

In dem Machtkampf gegen die Minamoto beging Kiyomori einen schweren Fehler: Nach den harten Kämpfen zwischen Truppen der Taira und der Minamoto in den Straßen Kyotos (1160) verschonte er das Leben seines Hauptwidersachers Minamoto Yoshimoto und seiner Söhne, die von Truppen der Taira gefangengenommen worden waren. Zwei dieser Söhne, Yoshitsune und sein älterer Bruder Yoritomo, stürzten später die Taira. Die überlebenden Minamoto wurden nach Osten, auf die Halbinsel Izu, verbannt. Gefährlichere Gegner aber saßen in Kyoto: Der abgedankte Kaiser Go-Shirakawa intrigierte gegen Taira Kiyomori. Er verbündete sich mit den Minamoto, und 1180 kam es zu einem neuen blutigen Krieg zwischen den beiden Familien. Kiyomori starb 1181, und vier Jahre später wurden die Taira von den Armeen der Minamoto ausgelöscht.

Eine Sammlung großartiger Erzählungen beschreibt den Entscheidungskampf zwischen Taira und Minamoto: das «Heike-monogatari» (die Heike-Erzählungen; Heike = Taira). In diesen Erzählungen ist kaum noch etwas von der kunstvollen Verspieltheit früherer Jahrhunderte zu spüren. Die Erfahrung von der Vergänglichkeit aller Dinge durchzieht die Erzählungen. Schon die Anfangssätze geben den Grundton:

»Im Klang der Glocken des Gion-Tempels (Kyoto) widerhallt das Echo der Vergänglichkeit aller Dinge. Der blasse Schein der Blüten des Teakbaums gemahnt an die Wahrheit, daß alle, denen es wohlgeht, ihr Glück verlieren müssen. Die Stolzen sind nicht von Dauer und vergehen wie der Traum einer Frühlingsnacht. Und auch die Mächtigen werden schließlich vergehen wie Staub vor dem Winde.» (Keene, Donald, Japanische Literatur. Eine Einführung für westliche Leser, Zürich 1962)

Die Stimmung in den Kriegererzählungen des 13. und 14. Jahrhunderts verdichtet sich in einem bedrückenden Bild, das in den Erzählungen immer wieder auftaucht: Über ein leichenbedecktes Schlachtfeld geht ein einsamer Ritter und spielt auf seiner Flöte eine traurige Weise.

In den Schlachten zwischen Heike und Genji (Taira und Minamoto) wurde auf beiden Seiten mit äußerster Erbitterung und ohne jede Schonung gekämpft, wie Ausschnitte aus einer Erzählung des «Heike-monogatari» zeigen: Nach einer verheerenden Niederlage fliehen Taira-Truppen vom Schlachtfeld, um auf ihre Schiffe zu gelangen; ein Ritter der Minamoto verfolgt einen einzelnen Reiter, der sein Pferd ins Wasser treibt. Er ruft ihm zu:

«Schändlich ist es, dem Feind den Rücken zu zeigen! Kehr um! Kehr um! Der Krieger wendete sein Pferd und ritt zurück an den Strand, wo es sofort zu einem mörderischen Kampf kam. (Der Minamoto-Ritter) Kumagai warf den (Taira-)Ritter vom Pferd, sprang auf ihn und riß ihm den Helm ab, um ihm den Kopf abzuschlagen, da sah er das Gesicht eines Jungen von sechzehn oder siebzehn Jahren, gepudert und mit geschwärzten Zähnen, just in demselben Alter wie sein eigener Sohn, und mit Zügen großer Schönheit. ‹Wer bist du?› fragte er. ‹Sag mir deinen Namen, denn ich will dein Leben schonen.› Kumagai hat ernstlich die Absicht, den Jungen zu verschonen, aber in diesem Augenblick kommen fünfzig andere Reiter der Minamoto und ihm bleibt keine Wahl, als seinem Gegner den Kopf abzuschlagen. ‹Ach›, rief er und die Tränen rannen sein Gesicht herunter, ‹obwohl ich dein Leben schonen wollte, wimmelt es überall von unseren Männern und du kannst ihnen nicht entkommen. Wenn du schon sterben mußt, so sei es durch meine Hand, und ich will dafür sorgen, daß Gebete für deine Wiedergeburt ins Paradies gesprochen werden.› ‹Ja, so muß es sein›, sagte der junge Krieger, ‹schlag mir den Kopf ab›. Kumagai war so von Mitleid überwältigt, daß er kaum sein Schwert schwingen konnte. Seine Augen schwammen vor Tränen, und er wußte kaum, was er tat, aber es ließ sich nicht ändern; bitter weinend schlug er dem Jungen den Kopf ab. ‹Ach›, rief er, ‹welches Leben ist schwerer als das eines Soldaten? Nur weil ich in einer Kriegerfamilie geboren bin, muß ich dieses Leid ertragen! Wie traurig ist es, solch grausame Taten tun zu müssen!› Er preßte sein Gesicht in die Armplatten seiner Rüstung und weinte bitterlich. Dann wickelte er den Kopf ein, und als er dem jungen Mann die Rüstung auszog (was durchaus üblich und keine Schande war, d. Vf.), entdeckte er in einem Brokatbeutelchen eine Flöte, ‹Ah›, rief er aus, ‹es war dieser Junge und seine Freunde, die sich diesen Morgen hinter den Burgmauern mit Musik vergnügt haben. Unter all unseren Männern aus den östlichen Provinzen ist sicher kein einziger, der seine Flöte mitgebracht hat. Wie zart empfinden doch diese Höflinge!› Als er die Flöte seinem Befehlshaber brachte, waren alle, die sie sahen, zu Tränen gerührt. Kumagai entdeckte dann, daß sein Gegner der jüngste Sohn des Taira Tsunemori war, sechzehn Jahre alt. Von dieser Zeit an wendete sich Kumagai dem religiösen Leben zu (er wurde Mönch).» (Yoshikawa Eiichi, «The Heike Story»)

Eine zentrale Figur in den Heike-Erzählungen ist der junge Yoshitsune, der die Truppen der Taira in der Seeschlacht von Dan-no-ura zum Sieg führte. Um seine Person ranken sich zahllose Geschichten, und noch heute kennt jedes Kind die eine oder andere. In Noh-Dramen, in Puppenspielen und im Kabuki-Theater leben heute noch Yoshitsune und sein treuer Begleiter, der hünenhafte Benkei, den Yoshitsune einst im Zweikampf besiegt hatte. Benkei hielt bis zuletzt zu Yoshitsune, auch als dessen Bruder Yoritomo ihn schon gnadenlos verfolgte.

In der Seeschlacht von Dan-no-ura versank buchstäblich das Glück der Taira: Die Witwe Kiyomoris stürzte sich zusammen mit dem Kind-Kaiser Antoku ins Meer, als sie sah, daß die Truppen der Minamoto die Überhand gewannen. Mit dem unmündigen Kaiser versanken auch die drei Reichsinsignien Schwert, Juwelen und Spiegel. Nach dem Sieg blieb Yoshitsune in Kyoto, obwohl sein Bruder Yoritomo, das Sippenoberhaupt der Minamoto, ihn aufgefordert hatte, in die östlichen Provinzen zurückzukehren. Yoritomo sah dies als illoyales Verhalten und Herausforderung an und zögerte nicht, Yoshitsune zu vernichten, um die Macht der Minamoto abzusichern. In den Heike-Erzählungen wird Yoshitsune als der strahlende Held der Minamoto dargestellt, aber der Begründer der Minamoto-Herrschaft war Yoritomo. 1192 erhielt Yoritomo den höchsten militärischen Rang, den der Hof zu vergeben hatte, er wurde Sei-i-tai shogun, der «Barbarenvernichtende Feldherr», kurz Shogun. Dieser Titel wurde früher Feldherren ver-

Samurai

Die japanischen «Ritter». Das Wort ist abgeleitet von dem Verb *saburau,* »dienen, aufwarten». Im 10. und 11. Jahrhundert die bewaffneten Begleiter kaiserlicher Gemahlinnen, Prinzen und hoher Adliger. Mit dem Aufstieg des Schwertadels und der Kriegergesellschaft wurden die S. gleichbedeutend mit dem bewaffneten Feudal-Adel, vom Shogun hinunter bis zum letzten Dienstmann. Der Begriff bezeichnete jahrhundertelang vor allem auch die unmittelbaren Vasallen der Shogune. Als *bushi* und Mitglieder der *buke* (Familien des Schwertadels) bildeten die S. der verschiedenen Ränge insgesamt die Oberschicht in der konfuzianischen Gesellschaftsordnung: *shi-nô-kô-shô* (Ritter-Bauern-Handwerker-Kaufleute). Die Ränge der S. waren scharf voneinander getrennt, aber allen gemeinsam war ihr Rangabzeichen: die zwei Schwerter in der Gürtelschärpe, das Kurzschwert (*wakizashi*) nötigenfalls für den rituellen Selbstmord und das Kampfschwert (*katana*). Die S. durften kein Gewerbe betreiben oder durch andere wirtschaftliche Aktivitäten ihre Einkünfte aufbessern, ihr «Sold» wurde in Reis ausbezahlt, den sie bei den verachteten Kaufleuten gegen lebensnotwendige Dinge des täglichen Bedarfs eintauschen mußten. Der Reis verlor immer mehr an Wert, so daß breite Schichten der niederen S. verarmten. Sie bildeten die *rônin,* die herrenlosen S. und waren häufig als Söldner an Aufständen beteiligt, die nicht selten aus ihrer Schicht heraus angezettelt wurden. Der Niedergang der Tokugawa-Herrschaft Anfang des 19. Jahrhunderts war nicht zuletzt auf die zunehmende Unruhe unter den S. und die daraus entstehenden sozialen Spannungen zurückzuführen.

liehen, solange sie Krieg gegen die Ainu führten. Yoritomo behielt den Titel bis an sein Lebensende. Nach Beendigung der Kämpfe verwandelte Yoritomo die militärischen Institutionen in Verwaltungsorgane und errichtete in seinem militärischen Hauptquartier Kamakura ein Verwaltungszentrum, von dem aus er als Shogun am Kaiserhof in Kyoto vorbeiregierte.

Yoritomo zerstörte keine der übernommenen Einrichtungen, sondern überlagerte das bestehende Regierungssystem durch eine Machtstruktur eigener Prägung, das sog. Bakufu («Zeltregierung»).

Die Samurai-Krieger waren leicht an ihrer charakteristischen Kleidung zu erkennen. Ihnen allein stand es rechtmäßig zu, Schwerter zu tragen. Das Photo wurde 1870 in einem Studio aufgenommen

Im Bakufu legitimierte der Shogun als tatsächlicher politischer Machthaber seinen Herrschaftsanspruch durch den Auftrag des Kaisers. Die konkrete Macht lag von nun an in den Händen der Militärregenten, die Hofaristokratie begnügte sich mit der Zusicherung, daß ihnen auch weiterhin Einnahmen aus den Gutsdomänen zufließen würden, damit sie ihren gewohnten Lebensstil beibehalten konnten.

Die rauhen Krieger fühlten sich nicht von den traditionellen Schulen des Buddhismus mit ihren prächtigen Ritualen, machtgierigem Klerus und übler Verweltlichung angezogen. Die neue «Volkssekte» des *jôdo shinshû* (die «Sekte des Reinen Landes») verachteten sie – ihre Lehre war der Zen. In dieser Welt galten Leben und Tod nichts, allein der nicht-gedachte Augenblick des Handelns zählte, und so erhielt der Gebrauch der Waffen eine gänzlich neue Bedeutung: Kampf wurde zu praktiziertem Zen. Der Samurai suchte die geistige und räumliche Distanz zu seinem Schwert und zum Gegner auszuschalten – eins zu werden mit beidem. Stets den Tod vor Augen, gab die Zen-Lehre mit ihrer radikalen Verneinung des individuellen Ichs und der Dualität von Gedanke und Tat der Aufgabe des Samurai einen geistigen Rahmen. Innere Ruhe, ein starker Wille und gedankenschnelle Kampfbereitschaft waren Zen-Ideale der Krieger. Parallel dazu entstand ein wahrer Kult des Schwertes. Mochten die Samurai auch mit Hellebarden, Piken, Kampfbogen oder später sogar mit Musketen in die Schlacht ziehen – das Schwert war die «Seele des Samurai». Schwere Schande bedeutete es, sein Schwert zu verlieren. Die leicht gekrümmte Langwaffe und das Kurzschwert, mit der scharfen Seite nach oben in kunstvoller Lackscheide durch den breiten Brokatgürtel geschoben, waren auch Rangabzeichen und Symbol der Ehre eines Samurai. Schwertschmiede besaßen priesterlichen Rang in der Shinto-Religion. Sie gaben ihren Schwertklingen die eigenen Charaktermerkmale mit: Der Legende nach konnte man erkennen, ob ein Schwert vom «bösen» Muramasa oder vom größten, charakterlich gefestigten Schwertschmied überhaupt, Masamune, geschmiedet worden war: Hielt man ein Muramasa-Schwert in einen Fluß, so zertrennte es säuberlich die Blätter, die dagegen trieben, Masamunes Schwertern aber wichen die Blätter einfach aus.

Yoritomo starb 1199, und nach ihm trugen zwei seiner Söhne kurze Zeit den Titel Shogun, aber beide lebten nicht lange genug,

Ritueller Selbstmord

Der Tod gewann in den Jahrhunderten blutiger Kämpfe geradezu ästhetischen Wert: Ein «schöner Tod» war den Samurai erstrebenswert. Auch der qualvolle rituelle Selbstmord, *harakiri* oder *seppuku*, wurde als «schön» empfunden. Die blutige Selbstentleibung durch Aufschlitzen des Bauches, wo die «Mitte der Existenz» liegt, wurde bis weit in die Moderne praktiziert. Nach Verkündung der bedingungslosen Kapitulation 1945 nahmen sich noch hohe Offiziere auf diese Weise das Leben. Es gab verschiedene Gründe für den *seppuku*: als ehrenvolle Strafe, als Mahnung an einen ungerechten Herrn, verbunden mit einer Denkschrift, als Ausweg vor einer schändlichen Gefangennahme oder aber als Akt der Gefolgschaftstreue für den gefallenen oder verstorbenen Herrn (General Nogi und seine Frau begingen Anfang des 20. Jahrhunderts nach dem Tode Meiji-Tennos so Selbstmord). Als Strafe wurde *seppuku* noch im 19. Jahrhundert verhängt, und wir haben die präzise Aufzeichnung eines englischen Regierungsvertreters, der 1868 als Zeuge an einer solchen Zeremonie teilnahm; der betroffene Samurai hatte seinen Leuten befohlen, Fremde in Kobe anzugreifen:

«Bedächtig, mit fester Hand, nahm er den Dolch, der vor ihm lag; er sah ihn nachdenklich, fast liebevoll an; einen Augenblick lang schien er seine Gedanken zum letztenmal zu sammeln, und dann stach er sich unterhalb der Taille tief in den Leib, zog den Dolch langsam quer zur rechten Seite hinüber, drehte ihn in der Wunde und machte einen leichten Schnitt nach oben. Während dieser gräßlich schmerzhaften Operation bewegte er nicht einen Gesichtsmuskel. Als er den Dolch herauszog, neigte er sich nach vorn und streckte den Hals vor ... Im gleichen Augenblick sprang der *Kaishaku*, der still an seiner Seite gekauert und jede seiner Bewegungen scharf beobachtet hatte, auf, hielt sein Schwert eine Sekunde lang in der Luft; ein Blitz, ein schwerer, häßlicher, dumpfer Schlag, ein krachender Fall; mit einem Schlag war der Kopf vom Rumpf getrennt worden.» (Storry/Forman, «Die Samurai», S. 33)

um die folgenden Ereignisse entscheidend beeinflussen zu können. Die reale Macht verlagerte sich jetzt von den Minamoto weg auf eine verbündete Familie, die Hojo. Jahrzehntelang waren Mitglieder dieser Familie Regenten für die Titelinhaber des Shogunats. Die ungeheure Macht der Hojo zeigte sich in einem militärischen Konflikt mit dem Kaiserhof: Der abgedankte Kaiser Go-Toba hatte versucht, Lehensländereien, die für die Hojo bestimmt waren, anderweitig zu vergeben. In den folgenden Kämpfen vernichteten die Hojo die Truppen des Kaisers, und Go-Toba mußte in ein elendes Exil auf ein abgelegenes Inselchen gehen. Auf dem Höhepunkt ihrer Macht standen die Hojo nicht unter Führung eines Mannes, sondern der Sippenverband wurde von einer energischen Frau mit fester Hand zusammengehalten: Hojo Masako (1156–1225) ist eine der eindrucksvollsten Persönlichkeiten der japanischen Geschichte. Unter den Hojo konnte Japan eine vergleichsweise lange Zeit inneren Friedens erleben, denn die Bakufu-Herrscher sorgten dafür, daß nur Kaiser auf den Thron kamen, die den Hojo wohlgesonnen waren. Darüber hinaus wurde eine Zweigfamilie der Hojo in Kyoto angesiedelt, um bei Hofe die Machtinteressen des Bakufu durchzusetzen.

Die schwerste Bedrohung des Kamakura-Bakufu kam nicht durch innere Unruhen, sondern durch äußere Gefahren: 1264 hatte der Mongolenherrscher Kublai Khan Peking zur Hauptstadt seines gewaltigen Reiches gemacht und schickte sich wenig später an, auch Japan seinem Herrschaftsgebiet einzuverleiben. Fünfmal erschienen mongolische Gesandtschaften in Japan und forderten das Land zur Unterwerfung auf, jedesmal lehnte das Bakufu ab bzw. beantwortete die Aufforderungen nicht. 1274 begann der erste mongolische Invasionsversuch. Kampferprobte mongolische Truppen, die auf koreanischen Schiffen nach Japan übergesetzt waren, griffen die Nordwestküste von Kyushu an; der Angriff erfolgte in eben jenem Gebiet, das fünfhundert Jahre zuvor befestigt worden war, weil die japanischen Herrscher jener Zeit einen Angriff aus Korea befürchteten. Die japanischen Verteidiger leisteten tapfer Widerstand, aber sie wären sicher unterlegen gewesen, wenn nicht ein gewaltiger Sturm die mongolische Flotte vernichtet hätte. Fünf Jahre später begannen die Mongolen einen neuen Invasionsversuch, wieder auf Kyushu – und wieder wurde die Invasionsflotte durch einen schweren Taifun vernichtet. Seither hat dieser Sturm eine besondere Bezeichnung: Kamikaze («Götterwind»). Zehntausende von Mongolen und chinesischen Soldaten kamen in diesem Sturm um, und nie wieder wurde von da an der Versuch unternommen, Japan von China aus zu erobern. Die Furcht vor einer Mongoleninvasion aber blieb in Japan lebendig, und die Verteidigungsanlagen auf Kyushu wurden besonders gepflegt.

Das Ende der Hojo-Herrschaft im Kamakura-Bakufu kündigte sich an, als der kluge und energische Tenno Go-Daigo auf den Thron kam. Wie sein unglücklicher Vorgänger Go-Toba plante auch er, die kaiserliche Macht wiederherzustellen. Go-Daigo kam 1318 auf den Thron, drei Jahre später konnte er seinen Vater überreden, das System indirekter Herrschaft (*insei*) aufzugeben und damit die direkte Gewalt des Kaisers wiederherzustellen. In einem Überraschungsangriff konnten die Hojo sich noch einmal der Bedrohung aus Kyoto erwehren. Go-Daigo mußte ebenfalls ins Exil, aber Jahre später konnte er zurückkehren und den Thron wieder besteigen. Eine romantische Erzählung beschrieb die Schmerzen Kaiser Go-Daigos während seines Exils auf der entfernten, einsamen Insel Oki im Japan-Meer:

«Es war just die Zeit für die Mitternachtsandacht des Kaisers. Von See her blies ein heftiger Wind und brachte das harte Prasseln von Hagel mit sich. Der Kaiser brach das Eis, das sich während dieser schrecklich kalten Nacht gebildet hatte, um heiliges Wasser dem Buddha darzubringen, wie ein kleiner Priester in einem Bergtempel. Tadaaki und Yukifusa (Gefolgsleute des Tenno, die mit ihm ins Exil gegangen waren) waren mit Anis-Zweigen als Opfergabe zu der Andacht gekommen; sie waren tief bewegt und fragten sich, wo der Kaiser die Zeremonie erlernt hatte. Zahllose Gedanken überfielen den Kaiser, als er betete, daß er irgendwie einmal wieder das Land beherrschen möge, dieses Mal in besserer Kenntnis der wahren Natur der Menschen.» («Masukagami», ca. 1370)

Während seines Exils auf dem Inselchen Oki verfolgt den Kaiser der Gedanke an seinen Vorfahren Go-Toba, der Jahre zuvor ebenfalls an diesem entlegenen Ort leben mußte und im Exil auch starb.

Sein Sohn machte sich einen Sinneswandel großer Ritterfamilien aus den Ostprovinzen zunutze. Er zog die beiden Sippen Nitta und Ashikaga auf seine Seite, die sich mit den Hojo überworfen hatten. 1333 wurden in einer Schlacht bei Kamakura die letzten Hojo vernichtet. Go-Daigo kehrte zurück. Aber nicht der Kaiser wurde wieder in seine angestammten Herrschaftsrechte eingesetzt, sondern an die Stelle der Hojo trat jetzt eine andere Kriegerfamilie und ergriff die politische Macht im Lande: die Ashikaga.

Diese Machtübernahme der Ashikaga brachte dem Land jedoch keinen Frieden: Kaiser Go-Daigo widersetzte sich dem Herrschaftsanspruch der Familie und verließ Kyoto. Er errichtete eine neue Residenz südlich der alten Hauptstadt, während die Ashikaga in Kyoto einen anderen Kaiser auf den Thron setzten. So ist das 14. Jahrhundert gekennzeichnet durch eine tiefe Spaltung: Im «nördlichen Hof» (Kyoto) ernannte der Kaiser den mächtigen Ashikaga Takauji zum Shogun (1338), aber vom «südlichen Hof» aus konnte Kaiser Go-Daigo mit Hilfe mächtiger Kriegerfamilien sich dem Herrschaftsanspruch der Ashikaga und «ihrer» Kaiser widersetzen. Ashikaga Takauji hatte seine Residenz nicht in Kamakura, sondern in einem Stadtteil von Kyoto, in Muromachi, aufgeschlagen. Die Epoche der Ashikaga-Herrschaft wird nach dieser Residenz auch die Muromachi-Zeit genannt. Den Höhepunkt ihrer Macht erreichten die Ashikaga unter Ashikaga Yoshimitsu (1358–1408); in dieser Zeit erkannten auch die chinesischen Ming-Kaiser Yoshimitsu als «König von Japan» an. Diese offizielle Anerkennung Yoshimitsus durch den chinesischen Kaiserhof folgte einer Unterdrückung der japanischen Piraten, die Ende des 14. Jahrhunderts immer wieder die Küsten Chinas plünderten. Nach der Niederwerfung dieser Piraten wurden zwischen China und Japan wieder offizielle Handelsbeziehungen aufgenommen, von deren Erlösen das Haus Ashikaga beträchtlich profitierte.

Der Konflikt zwischen den beiden Kaiserhöfen endete 1392, als der «Südkaiser» nach Kyoto zurückkehrte und freiwillig auf seine Thronansprüche verzichtete. Nach dem Tode Takaujis neigte sich die Macht der Ashikaga schnell ihrem Ende zu: Wieder suchten mächtige Familien einander die Macht streitig zu machen, die längst nicht mehr bei den Ashikaga lag. Blutiger Höhepunkt dieser Auseinandersetzungen war der sog. Onin-Krieg (1467–1477), der elf Jahre lang in den Straßen Kyotos und in der Umgebung der Hauptstadt tobte. Ausgelöst wurde der Krieg durch den Streit zweier Familien um die Kontrolle über das Bakufu in Kyoto. Wieder fiel die alte Hauptstadt in Schutt und Asche, und als die streitenden Fürsten schließlich ihre Truppen abzogen, um Aufstände in ihren Heimatprovinzen niederzuwerfen, war Kyoto praktisch zerstört. Vernichtet war danach auch die politische Zentralgewalt: An die Stelle eines straff geführten einheitlichen Staatswesens trat der Machtanspruch örtlicher Kriegsherren und mächtiger Lehensfürsten, der Daimyo. Von der zweiten Hälfte des 15. Jahrhunderts bis zur endgültigen Einigung des Landes, rund hundert Jahre später, wurde Japan von einer Folge blutiger Bürgerkriege erschüttert, die dem Jahrhundert ihren Namen gaben: das «Jahrhundert der kämpfenden Provinzen» (*sengoku-jidai*).

Seltsamerweise beeinträchtigten die Kämpfe im Inneren nicht den Chinahandel und andere wirtschaftliche Aktivitäten. An die Stelle der Ashikaga traten jetzt zwei Familien, die den Außenhandel mit China abwickelten: Die Hosokawa im östlichen Teil der Inlandsee taten sich mit den Kaufleuten der politisch weitgehend unabhängigen Stadt Sakai (heute Stadtteil von Osaka) zusammen, die Familie Ouchi betrieb über die Hafenstadt Hakata (Nord-Kyushu) Chinahandel. Schon seit vielen Jahrzehnten waren diese beiden «freien Städte» Zentren des Chinahandels. Insgesamt elf Handelsexpeditionen wurden zwischen 1432 und 1549 unternommen. Hauptausfuhrgüter Japans waren Schwerter (bei einer Reise 37000 Stück auf einmal), Kupfererz, Schwefel und Edelhölzer, die nach der Einfuhr aus Südostasien weiterverarbeitet reexportiert wurden. Haupteinfuhrgüter aus China waren Kupfermünzen, Seidenstoffe, Porzellan und vor allem Bücher. Chinesische Münzen waren ein gängiges Zahlungsmittel im Japan jener Zeit, bevor wieder eigene Münzen geschlagen wurden. Gehaltszahlungen und Steuern erfolgten in diesen Münzen oder wurden auf Münzbasis berechnet. Dieses Geldwesen eröffnete auch die Möglichkeiten, Kredite zu vergeben und verzögerte Zahlungsziele einzuräumen, beides Grundvoraussetzungen, die das Wirtschaftsleben auch in einer Zeit innerer Unruhen voranbrachten. Die fortwährenden Kämpfe förderten teilweise sogar die wirtschaftliche Expansion: Große Armeen bewegten sich über lange Strecken und mußten auf den Märschen versorgt werden. Bereitstellung, Transport und Lagerung von Versorgungsgütern ließen ein über das Land verstreutes Unternehmertum entstehen. Im Gefolge dieser Entwicklungen begann sich in Teilbereichen sogar eine Produktion für den Markt abzuzeichnen, es entwickelte sich ein innerjapanisches Handelssystem. Zentren dieses Handels waren nicht nur die alten Hafenstädte wie Hakata oder Sakai, sondern die neuaufblühenden Burgstädte (*jôkamachi*) entwickelten sich ebenfalls zu Handelszentren. Waren wurden zunehmend in großen Mengen gehandelt, und die Herausbildung weit auseinanderliegender Märkte, vor allem für Reis und andere Grundnahrungsmittel, ließ eine Schicht von Großhändlern entstehen. Besonders die Reishändler organisierten sich bald zu einer einflußreichen Interessengruppe. Bereits um 1400 gab es in Kyoto einen zentralen Reismarkt, dessen Reiskaufleute das Monopol zur Lagerung und zum Verkauf von Reis an die Bevölkerung der Hauptstadt besaßen. Verkauft wurden die Reismengen in einer Art Auktion, und die dabei erzielten Preise dürften mit Sicherheit auch Einfluß auf die Preisentwicklung für Reis auf anderen Märkten des Landes gehabt haben. Bei Niedergang des Ashikaga-Bakufu waren die Reishändler so mächtig geworden, daß sie den Reispreis willkürlich in die Höhe treiben konnten, indem sie die Zulieferung neuer Reismengen blockierten und verfügbaren Reis horteten. Die Bakufu-Regierung war zu schwach, um gegen die Reiskaufleute von Kyoto vorgehen zu können, zumal eine ganze Reihe der Kaufleute zugleich das Ehrenamt «Kaiserlicher Sänftenträger» bekleidete und dadurch vor Strafverfolgung sicher war. Nicht nur die Reiskaufleute, auch die Handwerker begannen sich in Gilden zu organisieren. In den Provinzen gruppierten sich diese Gilden um einzelne Märkte, wo mit Reis, Textilien, Eisen und Bambus gehandelt wurde; in den großen Städten, besonders in Kyoto, organisierten sich die Handwerker in Zünften nach ihrer Spezialisierung (*za*). Noch heute erinnern in einigen Städten Stadtteilbezeichnungen an solche Gilden, so z. B. Zaimokuza (Gilde der Holzhändler) in Kamakura oder Ginza (Silberhändler) in Tokyo. Alle Gilden hatten monopolistische Tendenz; ihre Oberhäupter besaßen beträchtliches Prestige, das mit der erfolgreichen Abwehr konkurrierender Gilden stieg. Die hemmungslose Ausnutzung ihrer monopolistischen Macht brachte auch das Ende der *za*: Im Verlauf der inneren Unruhen verloren die Händler- und Handwerkerorganisationen wie auch die Zusammenschlüsse von Produzenten wichtiger Rohstoffe (meist reiche Bauern) den Schutz mächtiger Fürsten und büßten damit ihre wirtschaftliche Sonderrolle ein. Darüber hinaus hatten die *za*-Monopole sich als hinderlich für den Warenverkehr erwiesen und waren auch unter ökonomischem Aspekt überholt. Für die Wirtschaftsgeschichte folgender Jahrhunderte aber ist es wichtig festzuhalten, daß selbst in einer Epoche schwerer innerer Kämpfe ein dynamisches Wirtschaftsleben mit wohl-organisierten Sonderinteressen entstehen konnte. Im 15. und 16. Jahrhundert wurden die wirtschaftlichen und organisatorischen Grundlagen späterer rascher Wirtschaftsentwicklung gelegt.

Ein blutiges Jahrhundert geht zu Ende: Drei Männer bringen Japan die Einheit

> Wenn der Kuckuck nicht singt, werde ich ihn zwingen.
> (Oda Nobunaga)
> Wenn der Kuckuck nicht singt, überrede ich ihn.
> (Toyotomi Hideyoshi)
> Wenn der Kuckuck nicht singt, warte ich, bis er singt.
> (Tokugawa Ieyasu)

Mit diesem kleinen Gedicht sind Persönlichkeit und Charakter dreier Männer treffend wiedergegeben, die in der zweiten Hälfte des 16. Jahrhunderts und zu Beginn des 17. Jahrhunderts Japan neue Einheit brachten. Die Autorität der Ashikaga-Shogune als politischer Zentralgewalt war fast völlig geschwunden, als Nobunaga in der zweiten Hälfte des 16. Jahrhunderts nach der Macht griff und den Einigungsprozeß in Gang setzte. In der Kamakura-Zeit hatten die Minamoto-Shogune ausschließlich loyale Gefolgsleute zu Provinzgouverneuren ernannt; die Lehenstreue dieser Fürsten sicherte die Macht der Minamoto. Auch zu Nobunagas Zeit wurden die Provinzgouverneure noch von Kyoto aus ernannt, aber der letzte Rest von Loyalität, der sie noch mit den Ashikaga-Shogunen in Kyoto verband, war während der Jahrzehnte der Bürgerkriege (*sengoku-jidai*) endgültig ausgelöscht worden. Die Provinzen hatten sich zu unabhängigen Kleinstaaten entwickelt, die von selbstbewußten Fürsten mit eigenen politischen Interessen regiert wurden. Manche dieser Fürsten kontrollierten sogar mehrere Provinzen und vereinigten auf sich mehr reale Macht als der Hof des Shogun in Kyoto; der Kaiser war ohnehin zu einem politischen Schattendasein verurteilt. In dieser Zeit entstand der Begriff Daimyo (wörtlich: großer Name) als Bezeichnung eines mächtigen Provinzfürsten. Der Kampf um regionale Vormacht mit wechselnden Bündnissen und immer neuen Fronten prägte die erste Hälfte des 16. Jahrhunderts.

Die Kämpfe verwickelten alle Schichten der Bevölkerung: Nicht nur die Ritterheere der Daimyo prallten aufeinander, sondern auch die Bauern verschafften sich Waffen und organisierten Selbstschutz-Vereinigungen, um ihre Dörfer gegen die plündernde Soldateska zu verteidigen. Immer wieder kam es auch zu Bauernaufständen, die durch unerträgliche Steuerlasten ausgelöst wurden. In einigen Regionen stellten sich an die Spitze solcher Aufstandsbewegungen buddhistische Mönche, besonders aus der Sekte des «Reinen Landes» (*jôdo shinshû*), die früher von den Rittern verachtet worden war. Die Daimyo machten sich die Kampfkraft leicht bewaffneter, beweglicher Fußsoldaten zunutze, und zunehmend wurden Bauern als Soldaten angeworben. Die Form des Kampfes Ritter gegen Ritter zu Pferd wich zunehmend dem Kampf großer Heere von Fußsoldaten. Die Schlachtfelder hallten schon wider vom Lärm einer neuen Zeit: An allen Fronten der Bürgerkriege wurden bereits Musketen-Schützen eingesetzt, die Epoche der Samurai in ihren prunkvollen Rüstungen neigte sich dem Ende zu. Einige der «Bauernsoldaten» stiegen zu Heerführern auf und erlangten Macht und Ruhm; so heißt es von Hideyoshi, daß er anfangs zu diesen namenlosen Fußsoldaten Nobunagas gehörte.

Mit 25 Jahren hatte Oda Nobunaga in seiner Heimatprovinz Owari (in der Nähe des heutigen Nagoya) die Macht an sich gerissen. Kaum war seine Stellung konsolidiert, als er auch schon plante, sein Einflußgebiet im Westen bis nach Kyoto auszudehnen. 1560 besiegte er seinen Hauptrivalen, den Daimyo der Provinzen östlich von Owari. Bevor Nobunaga nach Kyoto marschierte, verbündete er sich mit dem Fürsten von Mikawa, einer Provinz, die unmittelbar an Owari angrenzte; dieser Fürst war Tokugawa Ieyasu. Weitere Bündnisse mit mächtigen Familien anderer Provinzen sicherten seinen Vorstoß in die Hauptstadt. 1568 verjagte Nobunaga den letzten Ashikaga-Shogun aus Kyoto und etablierte damit 1573 seine Macht im Gebiet zwischen Kyoto und Osaka.

Nobunagas härteste Gegner auf dem Weg zur gewaltsamen Einigung des Landes waren die schwerbewaffneten Mönche in den Klöstern auf dem Hiei-zan, östlich von Kyoto. Von den hochgelegenen Klosteranlagen aus hatten die Kriegermönche des Hiei-zan immer wieder Kyoto angegriffen; wer immer in Kyoto die Macht beanspruchte, mußte die Mönche fürchten. Frühere Herrscher hatten stets gezögert, die Klöster direkt anzugreifen, weil sie sich scheuten, heilige Stätten zu zerstören. Nobunaga hatte diese Skrupel nicht: 1571 schlossen seine Truppen den Berg ein, die bewaldeten Hänge wurden in Brand gesetzt, und seine Soldaten machten jeden nieder, der den Flammen zu entkommen suchte. In dem Gemetzel kamen Zehntausende von Mönchen, Nonnen, aber auch viele Kinder um, zahllose Kunstschätze verbrannten. Ein Teil der mächtigen buddhistischen Sekten war damit besiegt, aber andere große buddhistische Gruppen leisteten weiterhin Widerstand. Nach langen Belagerungen starker Klosterfestungen, besonders in Osaka, die von See aus mit Nachschub versorgt werden konnten, schloß Nobunaga auf Vermittlung des Kaisers endlich Frieden mit den buddhistischen Sekten.

Als der Widerstand der buddhistischen Gruppen erloschen war, wandte sich Nobunaga gegen den Daimyo im Osten: Gestützt auf das Bündnis mit Ieyasu vernichtete er die mächtige Familie Takeda, deren Machtbasis im Westen des heutigen Tokyo lag. (Dieser blutige Kampf bildete den geschichtlichen Hintergrund des Films «Kagemusha» [Schattenkrieger] des japanischen Regisseurs Kurosawa Akira.) Nach diesem Sieg suchte Nobunaga im Westen den Herrscher über diesen Teil der Hauptinsel Honshu zu unterwerfen. An der Spitze seiner Heere standen zwei Männer, denen Nobunaga vertraute: Akechi Mitsuhide und – Toyotomi Hideyoshi. Der Feldzug blieb ohne Ergebnis; im Sommer 1582 kehrte Akechi nach Kyoto zurück und wandte sich gegen seinen Oberherrn: Er überfiel Nobunaga in einem Kloster und ermordete ihn.

Auf die Nachricht von der Ermordung Nobunagas schloß Hideyoshi sogleich Frieden mit der Familie, die den restlichen Teil Honshus beherrschte, und eilte nach Kyoto zurück. Seine Armee vernichtete die Truppen Akechis, der selbst fiel. Nobunaga hatte mit militärischer Gewalt den Einigungsprozeß des Landes begonnen, aber er hatte stets darauf geachtet, militärische Erfolge durch weitblickende Verwaltungsmaßnahmen abzusichern. Dazu gehörte ein Ausbau der Verkehrswege, die Errichtung starker Burgen an strategisch wichtigen Punkten, insbesondere an den Verbindungsstraßen zwischen den westlichen und östlichen Provinzen des Landes. In den Gebieten, die er seinem Herrschaftsbereich einverleibt hatte, standardisierte Nobunaga die Währung, er setzte die Straßen instand nach den Kämpfen und beseitigte die Grenzabgaben auf den Warenverkehr zwischen den Provinzen. Toyotomi Hideyoshi setzte das Einigungswerk seines Vorgängers fort. Der neue Machthaber hatte eine beispiellose Karriere hinter sich: In einer Epoche, in der hohe Positionen in Militär und Politik ausschließlich Samurai-Adligen oder der Hofaristokratie vorbehalten waren, stieg er vom Sohn einfacher Bauern zum Herrscher Japans auf, der mit dem Kaiser von China und dem König von Spanien auf gleicher Stufe Briefe tauschte. Oda Nobunaga hatte seine Einigungsversuche mit unglaublicher Brutalität und ohne jeden Skrupel vorangetrieben: Besiegte Gegner ließ er gnadenlos niedermetzeln; von ihm ist die Anweisung erhalten, überlebende Feinde «auf allen Bergen und in allen Tälern» (*yama, yama, tani, tani*) aufzuspüren und zu vernichten. Die Jesuiten-Missionare, denen Nobunaga Schutz gewährt hatte, zeichnen in ihren Berichten an den Ordensgeneral ein positives Bild des Gewaltherrschers, aber nur wenige japanische Historiker haben an dem brutalen Machtmenschen gute Seiten entdeckt.

Hideyoshi verfolgte eine gänzlich andere Politik: Der erfahrene Feldherr nahm Belagerungskämpfe und Feldschlachten an, wenn seine Gegner sie ihm aufzwangen, stets aber bevorzugte er eine Verhandlungslösung vor blutigen Kämpfen. Nicht selten gelang es ihm, seine Gegner allein durch die Demonstration gewaltiger militärischer Macht und nicht durch ihren Einsatz zur Aufgabe zu bewegen. Im Jahre 1582 bezwang Hideyoshi die mächtigen Familien des westlichen Honshu, drei Jahre später unterwarfen sich nach Feldzügen die nördlichen Provinzen und die Fürstentümer auf der Insel Shikoku.

Die Vorherrschaft auf der Insel Kyushu hatte die Familie Shimazu in der Provinz Satsuma (heute Provinz Kagoshima). Mit einem Heer von über 230000 Mann marschierte Hideyoshi 1587 gegen die Shimazu und drängte die Truppen dieser Familie bis nach Kagoshima zurück, wo die Shimazus auf ihrer Stammburg Zuflucht suchten. Hideyoshi lagerte sein gewaltiges Heer in den Bergen um die Burg und begann einen Nervenkrieg mit Drohgebärden: Die Shimazu gaben schließlich nach und unterwarfen sich Hideyoshi; als Gegenleistung konnten sie den größten Teil ihrer Ländereien behalten, nur der Norden der Insel Kyushu wurde der direkten Herrschaft Hideyoshis unterstellt. Die letzte Schlacht auf japanischem Boden schlug Hideyoshi 1590 gegen die Familie Hojo, einem Zweig der früher so mächtigen Hojo-Sippe. Nach dem Sieg befahl Hideyoshi den Familienoberhäuptern, rituellen Selbstmord (*seppuku* bzw. *harakiri*) zu begehen. Die gesamten Ländereien der Hojo in der reichen Kanto-Ebene wurden Hideyoshis wichtigstem Verbündeten bei diesem Feldzug, Tokugawa Ieyasu, zugesprochen. Zugleich gab Ieyasu die Ländereien seiner

Heimatprovinzen an Hideyoshi, der sie unter seinen Lehensmännern aufteilte. Damit erreichte Hideyoshi eine Verlagerung der Machtbasis des zweitmächtigsten Mannes im Lande weiter nach Osten, also in weitere Entfernung von den strategischen Gebieten seines Reiches in West- und Zentral-Honshu. Diese regionale Umverteilung mit ihren machtpolitischen Folgen ist typisch für die Herrschaftsform Hideyoshis: Seine Einigungspolitik basierte nicht ausschließlich auf militärischer Gewalt und blankem Despotismus, sondern auf Verhandlungsgeschick, Überzeugungskraft und Interessenausgleich. Die ehemals mächtigen, selbständigen Daimyo verloren nicht über Nacht ihre Position. Mancher Provinzfürst, der sich gegen Hideyoshi gestellt hatte, mußte seine Ländereien zwar an die Gefolgsleute des Siegers abtreten, aber alte und neue Daimyo wurden auf die Loyalität zum Kaiser verpflichtet; sie mußten einen Eid schwören, dem Kaiser und seinem Regenten (Hideyoshi) unbedingten Gehorsam zu leisten.

Nach dem Abflauen der Kämpfe machte Hideyoshi sich daran, die Verwaltungsstruktur des Landes zu straffen und zu stabilisieren. Grundvoraussetzung für eine effiziente Verwaltung war eine umfassende Vermessung des Landes, die Bestandsaufnahme der Besitzungen aller Daimyo und danach die Festlegung neuer Steuern und Abgaben. Die enorme Aufgabe der Landvermessung wurde zwischen 1582 und 1598 abgeschlossen, und Hideyoshi war danach im Besitz genauester Daten über die Ausdehnung der Ländereien einzelner Daimyo, über Berge und Flüsse in den Besitztümern, die genaue Lage von Städten und Dörfern und den Verlauf von Straßen. Art und Erntemengen verschiedenster Feldfrüchte und Handwerkserzeugnisse waren erfaßt, so daß die neu entstehende Zentralregierung unter Hideyoshi über erstklassiges Datenmaterial verfügte, um neue Steuern festzulegen. Dennoch war das Land nicht vollständig befriedet. Auch Hideyoshi mußte wie sein Vorgänger Nobunaga auf «Schwertjagden» gehen, um die wehrhaften Bauern zu entwaffnen. 1588 erließ er ein berühmtes Dekret, das sich in erster Linie gegen die Schicht richtete, der er selbst entstammte:

«Den Leuten der verschiedenen Provinzen ist es streng verboten, in ihrem Besitz Schwerter, Kurzschwerter, Bogen, Speere, Feuerwaffen oder andere Arten von Waffen zu haben ... Daher wird den Oberhäuptern der Provinzen, den amtlich Beauftragten und den Stellvertretern befohlen, alle oben erwähnten Waffen einzusammeln und der Regierung abzuliefern. Solcherart eingesammelte Schwerter und Kurzschwerter werden nicht weggeworfen. Sie sollen als Nägel und Bolzen beim Bau des (eines) großen Buddha-Bildes verwendet werden. Das wird dem Volk nicht nur in diesem Leben, sondern auch im nächsten zugute kommen ...»

Der Befehl, sämtliche Waffen abzuliefern, erstreckte sich natürlich nicht auf die Samurai, sondern nur auf die «Bauernkrieger», also jene Schicht, die sich als Fußsoldaten zwischen den berittenen Samurai und den «echten» Bauern herausgebildet hatte. Bis zu dem Erlaß Hideyoshis hatte es als Ergebnis der blutigen Bürgerkriege keine scharfe Trennung zwischen rangniedrigen Samurai und bewaffneten Bauern gegeben. Jetzt mußten die «Bauernkrieger» sich endgültig für den Soldatendienst oder die Feldarbeit entscheiden.

Hideyoshi erhielt niemals den Titel Shogun, sondern er begnügte sich mit der Rolle eines Kanzlers des Reiches, zumal der Träger des formalen Titels Shogun aus der Familie Ashikaga noch lebte. Hideyoshi vereinigte in seiner Person die höchste Macht des Reiches, aber diese Allgewalt endete mit seinem Tode; es gelang ihm nicht, seine Machtfülle an Nachkommen der eigenen Familie weiterzugeben.

Hideyoshis «Schwertjagden» waren nach den Quellen ein voller Erfolg: Die wehrhaften Bauern wurden nicht nur entwaffnet, sondern auch an den Boden gebunden, den sie bestellten. Die Maßnahmen schufen eine Gesellschaftsordnung, in der die schwerttragenden Samurai scharf von den übrigen sozialen Schichten als besonders Privilegierte getrennt waren. Vorgegeben war damit eine Grundeinstellung der herrschenden Elite, die bis weit in das 19. Jahrhundert hineinreichte: Die Bauern sollten eingeschüchtert werden; sie mußten in ihren Dörfern bleiben, hart arbeiten, Abgaben zahlen und damit das Wirtschaftsleben finanzieren (obwohl die Abgaben bis in das 19. Jahrhundert in Naturalien erfolgten), im übrigen aber waren alle politischen und militärischen Angelegenheiten den Höherstehenden überlassen. Schwerter waren von nun an nicht nur Waffen, sondern auch sichtbare Abzeichen privilegierter Position in der Gesellschaft: Die zwei Schwerter kennzeichneten bis in die siebziger Jahre des 19. Jahrhunderts die allmächtigen Samurai. Aber nicht nur die «Ritter» trugen Schwerter als Symbole ihrer Sonderrechte, sondern später wurde auch geachteten Persönlichkeiten außerhalb des Samurai-Standes gestattet, Schwerter als Ehrenzeichen ihrer herausgehobenen Position zu tragen. Dazu gehörten die «Bürgermeister» bedeutender Dörfer und eine Anzahl von kleinen Beamten, die im Randgebiet des Samurai-Standes angesiedelt waren. Solche Amtsinhaber trugen jedoch nur ein Schwert; das Recht, zwei Schwerter im Gürtel zu tragen, blieb allein den Samurai vorbehalten.

Unter der Herrschaft Hideyoshis kündigte sich zwar an, daß aus den kampferprobten Samurai der Sengoku-Ära allmählich eine Verwaltungselite entstand, deren Hauptaufgabe nicht mehr der Kampf gegen unbotmäßige Provinzfürsten war, sondern die Steuerung eines befriedeten und geeinten Landes. Aber Hideyoshi mußte das Hauptproblem eines Siegers nach langen Kämpfen lösen: die weitere «Beschäftigung» großer Kriegerscharen, die nichts anderes als den Kampf kannten. Hideyoshi wählte hier die Lösung des außenpolitischen Abenteuers: Im Frühjahr 1592 entsandte er seine Truppen gegen China. Das Abenteuer begann mit einer Invasion Koreas: Eine gewaltige Armee von über 200 000 Mann kämpfte sich in wenigen Wochen bis nach Seoul durch, so daß dieses Abenteuer anfangs vom Erfolg begünstigt schien. Als sich die Armeen Hideyoshis jedoch dem Grenzfluß zwischen Korea und China, dem Yalu, näherten, wendete sich das Blatt: Wie immer, wenn Gegner des chinesischen Reiches den Grenzfluß Yalu zu überschreiten drohten, warf die chinesische Führung in Peking alle verfügbaren Truppen dorthin; die japanische Armee wurde nach erbitterten Kämpfen zum Rückzug gezwungen, es folgten Kämpfe, die sich über sechs Jahre hinzogen, ohne daß ein entscheidender Sieg erkämpft wurde. Hideyoshi hatte nie selbst seine Invasionstruppen kommandiert, sondern die Führung des Feldzuges seinen vertrauten Generälen überlassen. Als er 1598 starb, beendeten die Heerführer das abenteuerliche Unterfangen einer Eroberung Chinas, die japanischen Truppen zogen sich zurück. Opfer dieser wohl schon größenwahnsinnigen Eroberungspläne – wenn es denn Hideyoshi mit seinen Absichten Ernst gewesen ist – waren die Koreaner: Die japanischen Truppen wüteten unter ihren koreanischen Opfern; noch heute erwähnen Reiseführer über Kyoto den sogenannten Mimizuka («Ohrengrab»), wo 76 000 eingepökelte Ohren und Nasen vergraben worden sein sollen, sie wurden 1994 feierlich nach Korea überführt.

Geschichte

Es gab noch einen Grund für das Scheitern des japanischen Feldzuges gegen China, der sich nicht aus der überlegenen militärischen Kraft des chinesischen Kaiserreiches herleitete: Die beiden Feldherren des japanischen Heeres waren miteinander verfeindet, denn der eine war fanatischer Buddhist der Nichiren-Sekte, die einen extrem nationalistischen japanischen Buddhismus verfocht, der andere war ein christlicher Daimyo aus Kyushu. Dieser religiös begründete Gegensatz signalisierte spätere Glaubenskämpfe auch in Japan. Hideyoshi hatte anfangs den christlichen Missionaren Schutz gewährt, in einem plötzlichen Sinneswandel ging er aber dann gegen die vornehmlich dem Jesuiten-Orden angehörenden Missionare vor: Er befahl ihnen, innerhalb von 20 Tagen das Land zu verlassen.

Dieser erste Versuch, das erstarkende Christentum zu unterdrücken, war die letzte politische Tat Hideyoshis. Im Sommer 1598 beendete eine schwere Krankheit seine Regierungsgewalt. Schon im Sterben versuchte er, für seinen fünfjährigen Sohn eine Regentschaft der mächtigsten Daimyo herzustellen. Es ging um einen Interessenausgleich zwischen einflußreichen Provinzfürsten, dem Kaiserhof in Kyoto und Kriegerfamilien, die den Toyotomi Gefolgschaft leisteten. Hauptprobleme bei diesem Machtgleichgewicht waren die zunehmenden religiösen Spannungen und die komplizierten Außenbeziehungen Japans. Es gelang den Regenten, die Hideyoshi ernannt hatte, noch, die Rückführung der japanischen Truppen aus Korea zu organisieren, dann aber zerbrach die gemeinsame Regentschaft.

Der mächtigste Regent war Tokugawa Ieyasu. Nach dem Tode Hideyoshis blieb nur noch ein Daimyo, der sich dem begründeten Machtanspruch Ieyasus widersetzte – ein Entscheidungskampf zwischen den beiden Regenten war unvermeidbar geworden:

«Takezo lag unter den Toten. Unter Tausenden von Toten. Auch er sah aus wie einer der leblosen Gefallenen um ihn herum. Er versuchte, den Kopf zu heben, gab jedoch schon wenige Fingerbreit über dem Boden auf. Nie war er sich so schwach vorgekommen. Ich muß eine ganze Weile bewußtlos gewesen sein, dachte er. Er ahnte dunkel, daß er verwundet war. Zwei Kugeln steckten in seinem Oberschenkel. Tiefhängende, dunkle Wolken schoben sich unheilverheißend ineinander. Während der vergangenen Nacht, irgendwann zwischen Mitternacht und Morgengrauen, hatte ein alle Sicht auslöschender Regen die Ebene von

Sekigahara aufgeweicht. Jetzt war es Nachmittag, und man schrieb den 15. Tag des 9. Monats im Jahre 1600. Obwohl der Wirbelsturm vorübergezogen war, prasselten immer wieder neue Regenschauer auf die Leichen und auf Takezo. Seine Seite hatte verloren; so viel immerhin war ihm klar.»

Mit diesen Worten beginnt der Roman «Musashi» von Yoshikawa Eiichi. Darin beschreibt der Autor das Leben des berühmten Schwertkämpfers Miyamoto Musashi, der seine «Karriere» auf der falschen Seite begann. Er kämpfte in der Armee Ishidas, der bei Sekigahara den Truppen Ieyasus unterlegen war. Fast symbolisch erzählt der Autor aus der Rückschau, wie ein mutiger Schwertkämpfer durch Musketenkugeln gefällt worden war. Samurai wie Musashi übten sich auch in den kommenden Jahrhunderten intensiv in der Kunst des Schwertkampfes, und zahlreiche Schulen bildeten sich heraus, eine der berühmtesten wurde von Musashi selbst gegründet. Aber seit Einführung der Schußwaffen, Musketen und Kanonen, hatten sich die Abläufe von Schlachten grundlegend geändert. Das Ende kam auch für die großen Burgen, obwohl die Tokugawa auch später neue Festungen an strategischen Punkten des Landes errichteten, um ihre Macht abzusichern. Toyotomi Hideyoshis ganzer Stolz war die neue Burg von Osaka, und dorthin flüchteten sich die letzten seiner Parteigänger, die dem Herrschaftsanspruch Ieyasus noch Widerstand leisteten. Aufgefüllt wurden ihre Reihen durch herrenlose Samurai (*ronin*), deren Herren durch Strafmaßnahmen Ieyasus ihre Ländereien verloren hatten (s. o.) und die deswegen einen tiefen Groll gegen die Tokugawa-Herrschaft hegten. 1614 schlossen 70000 Mann Tokugawa-Truppen die riesige Burg ein und begannen mit der Belagerung. Nach mehreren immer wieder unterbrochenen Feldzügen fiel die Burg im Juni 1615; die letzten Nachfahren Toyotomis, darunter auch sein Sohn, begingen entweder Selbstmord oder wurden von Gefolgsleuten getötet, um nicht in die Hände Ieyasus zu fallen.

Als er die Burg von Osaka eroberte, war Ieyasu schon nicht mehr Shogun, denn er hatte 1605 auf diesen Titel verzichtet und ihn seinem Sohn übertragen; er selbst aber lenkte die Staatsgeschäfte unverändert aus dem Hintergrund. Der Sieg von Osaka markiert den Beginn einer über zweihundertjährigen unangefochtenen Herrschaft der Familie Tokugawa. Als Ieyasu 1616 starb, hatte er die Grundlagen für einen inneren und äußeren Frieden gelegt, der über zweihundertfünfzig Jahre andauerte («pax Tokugawa»).

Erste Begegnungen mit dem Westen

Die ersten Europäer, die japanischen Boden betraten, waren vermutlich drei Portugiesen, die um 1542 die kleine Insel Tanegashima südlich von Kyushu erreichten, nachdem die chinesische Dschunke, auf der sie reisten, durch einen Taifun vom Kurs abgekommen war. Die drei waren mit Musketen bewaffnet, die bei ihren japanischen Rettern höchstes Interesse erregten. Die Waffen wurden sehr bald in großer Zahl kopiert, und noch jahrzehntelang bezeichnete man diese Art von Musketen als «Tanegashima». Die Nachricht von der «Entdeckung Japans» brachte schon bald portugiesische Handelsschiffe nach Kyushu. Die mächtigen Provinzfürsten des westlichen Japan begrüßten diesen Kontakt, denn sie sahen den Außenhandel als eine wichtige Quelle für ihre Macht an. Schon bald entspann sich ein regelrechter Konkurrenzkampf um den Handel mit den portugiesischen Kaufleuten.

An Bord der portugiesischen Schiffe befanden sich auch Missionare, die von den Kaufleuten mit großem Respekt behandelt wurden. Die japanischen Fürsten der westlichen Provinzen übernahmen diese Grundeinstellung, und als der Jesuiten-Missionar Francis Xavier 1549 nach Kagoshima (Süd-Kyushu) kam, wurde er von dem Herrn der dortigen Provinz Satsuma freundlich aufgenommen. In den folgenden Jahren liefen portugiesische Schiffe regelmäßig Häfen in Kyushu an. Aber der direkte Warenaustausch zwischen den europäischen Großmächten und Japan blieb im 16. Jahrhundert ohne Bedeutung. Die portugiesischen Kaufleute fanden schnell heraus, daß ihre japanischen Kunden vor allem chinesische Seidenstoffe wünschten; wegen der Überfälle japanischer Piraten auf chinesische Küstenstädte war es Schiffen aus Japan verboten, Häfen in China anzulaufen; so übernahmen die Portugiesen den Warentransport. Sie lieferten aus ihrer Niederlassung Macao chinesische Seidenstoffe nach Japan und brachten japanisches Silber nach China zurück, das dort auf starke Nachfrage stieß.

Im Jahre 1552 war Francis Xavier nach Goa (Indien) zurückgekehrt und warb für intensive Missionstätigkeit in Japan. Sieben

> **Kulturgüter aus dem fernen Westen**
>
> Nur wenige Dinge blieben aus den frühen Kontakten der Provinzen im Westen Japans mit portugiesischen und spanischen Kaufleuten erhalten, so die «Tanegashima»-Musketen und der Tabak, den portugiesische Händler zum erstenmal nach Japan brachten. Auch eine Reihe von Ausdrücken wurden bis heute von jenen frühen Kontakten überliefert: das Wort für Brot (*pan*), die Bezeichnung für eine Art Sandkuchen (*kasutera*, d.h. Kastilien) und das überaus beliebte Gericht *tempura*, das vielfach als so typisch japanisch angesehen wird. Dieses Gericht aus schwimmend ausgebackenen Meeresfrüchten und Gemüsen ist mit ziemlicher Sicherheit ebenfalls portugiesischen Ursprungs. Europäische Kaufleute brachten auch einige neue Landwirtschaftserzeugnisse nach Japan oder halfen bei deren Wiederentdeckung: Baumwolle (vermutlich schon in der Heian-Zeit angebaut, später aber vergessen), dazu Kartoffeln, Kürbisse und Mais, alles Feldfrüchte, die ursprünglich aus Amerika stammten und auf diesem Wege nach Japan gelangten.

Jahre später waren dennoch erst sechs Jesuiten-Missionare im westlichen Japan tätig; sie erzielten beachtliche Erfolge: Unter der verarmten bäuerlichen Bevölkerung, aber auch unter den Landesfürsten, die den Handel mit Portugal wünschten, gab es eine ganze Reihe von Bekehrungen. Oda Nobunaga förderte bei seiner gewaltsamen Einigung des Landes die Missionstätigkeit, denn er sah das Christentum als ein willkommenes Gegengewicht zu den militanten buddhistischen Sekten an, die sich seinem Herrschaftsanspruch widersetzten. Unter Nobunaga erreichte die christliche Mission einen Höhepunkt. Nach Schätzungen des jesuitischen Missionszentrums in Goa gab es 1582 etwa 150000 Christen und 200 meist kleinere Kirchen in Japan. Die Jesuiten unterhielten einige Seminare im Lande, wo Kinder adliger Familien unterrichtet wurden. Nobunaga selbst besuchte eines dieser Seminare und zeigte sich beeindruckt von der Musik, die ihm die Schüler auf europäischen Instrumenten vorspielten.

Einige japanische Historiker haben versucht, den großen Erfolg der christlichen Mission mit rein materialistischen Motiven zu erklären, und sicher haben auch solche Beweggründe eine große Rolle gespielt. Andererseits aber zeigten einige der Daimyo, die sich zum Christentum bekehrt hatten, eine Festigkeit in ihrem

Glauben, der sie in einigen Fällen sogar in den Märtyrertod führte. Die Erfolge der Mission unter Bauern und Handwerkern waren leichter zu erklären: Zu einem Teil hatten ihnen ihre Herren kurzerhand befohlen, Christen zu werden; aber die große Mehrheit wurde von den Inhalten der christlichen Lehre angezogen. Mildtätige Gaben der Jesuiten-Missionare lockten sie an und die medizinische Versorgung, die die Missionare in ihren Niederlassungen anboten, war ein weiterer Anreiz. Die christlichen Missionare betrachteten diese verachteten Massen erstmals wirklich als Menschen; in den kleinen christlichen Schulen und Kirchen wurde ihnen Wissen vermittelt, sie waren respektiert. Viele dieser Christen blieben unbeirrt bei ihrem Glauben, als das Christentum schon brutal von den Mächtigen unterdrückt wurde. Unter den Kaufleuten hatten die Missionare so gut wie keinen Erfolg; in der Einschätzung der Jesuiten war diese Schicht «stolz, habgierig und vergnügungssüchtig». Zudem predigten die Jesuiten gegen Wucher und allerlei Tricks beim Warenhandel, so daß die hartgesottenen städtischen Kaufleute Japans sich von der neuen Lehre eher abgestoßen fühlten.

Nobunagas Nachfolger Hideyoshi hatte zum erstarkten Christentum ein weit komplexeres Verhältnis: Einerseits gehörte zu seinen engsten Gefolgsleuten ein christlicher General, und Hideyoshi gestattete den Bau einer Kirche in der Nähe des neuen Riesen-Schlosses von Osaka, die 1583 geweiht wurde. Möglicherweise sah Hideyoshi militärische Möglichkeiten, wo Nobunaga Chancen für den Außenhandel betont hatte. Im Gespräch mit einem portugiesischen Missionar äußerte Hideyoshi vor dem Feldzug nach Korea die Absicht, zwei gut bewaffnete portugiesische Schiffe zu kaufen. Am 25. Juli 1587 aber erließ Hideyoshi ein Edikt, das eine radikale Abkehr von einer toleranten Haltung belegt: Die Christen wurden beschuldigt, die Daimyos zu ermuntern, ihre Untertanen vom alten Glauben abzubringen, Japaner als Sklaven nach China, Korea und andere Teile Asiens zu verkaufen; es wurde ihnen vorgeworfen, Tiere zu töten, um Nahrung zu erhalten (nach buddhistischer Auffassung eine schwere Sünde) und buddhistische Tempel sowie Shinto-Schreine zu zerstören. Ganz unbegründet waren diese Vorwürfe nicht, denn die portugiesischen Kaufleute trieben tatsächlich hier und dort Menschenhandel, und die Jesuiten-Missionare oder ihre Anhänger hatten in Einzelfällen buddhistische

Kulturbilder und Gebäude zerstört. Hideyoshis Edikt forderte die Missionare ultimativ auf, sofort das Land zu verlassen. Bis in die Mitte der neunziger Jahre aber hielten andere Entwicklungen, wie die Feldzüge in Japan und die Vorbereitung des militärischen Abenteuers in Korea, Hideyoshi in Atem, so daß das Edikt nicht durchgesetzt wurde. Nach Berichten der Jesuiten-Missionare gab es um 1587, also zum Zeitpunkt des Vertreibungsedikts, mehr als 300000 Christen in Japan, von denen über 60000 nach Verhängung des Edikts getauft worden waren.

Ein päpstlicher Erlaß garantierte den Portugiesen das Handelsmonopol östlich der Molukken- (oder «Gewürz»-) Inseln, und es waren mit wenigen Ausnahmen portugiesische Jesuiten-Missionare, die zu jener Zeit in Japan wirkten. Inzwischen aber hatten die Spanier auf den Philippinen Handelsniederlassungen errichtet, und die spanischen Kaufleute betrachteten mit wachsendem Neid das portugiesische Handelsmonopol in Ostasien. Erbitterung löste auch das Missionsvorrecht der Jesuiten in Japan bei Franziskanern, Dominikanern und bei anderen Orden aus, die auf den Philippinen Missionsarbeit betreiben. Das Ende des portugiesischen Handelsmonopols kam weniger durch die wachsende Konkurrenz spanischer Kaufleute als vielmehr durch zunehmenden Außenhandel japanischer Kaufleute: Da der Chinahandel für Kaufleute aus Sakai oder Hakata hohe Risiken mit sich brachte, rückte Südostasien stärker in das Blickfeld unternehmender Kaufleute in Japan. Es waren Fernhändler aus Sakai, die schon vor den Spaniern den lukrativen Handel mit den philippinischen Inseln (Manila) entdeckten, nachdem sie bereits Handelsbeziehungen zu malaiischen Fürstentümern und nach Indonesien aufgenommen hatten. 1584 wurde eine spanische Galeone auf dem Weg von Manila nach Macao vom Sturm abgetrieben und lief den Hafen Hirado (Nord-Kyushu) an. Diese Stadt hatte den einträglichen Handel mit portugiesischen Kaufleuten an Nagasaki verloren, und der Daimyo von Hirado ergriff jetzt die Gelegenheit, neue Handelsbeziehungen anzuknüpfen. Er fügte seiner Botschaft auch den Hinweis an, daß er Missionare dulden würde, wenn sie keine Jesuiten seien. Die spanischen Kaufleute auf den Philippinen standen solchen Vorstößen jedoch äußerst mißtrauisch gegenüber, hatten japanische Abenteurer doch bereits mehrfach Aufstände der philippinischen Bevölkerung gegen die Spanier angezettelt. Auch

Geschichte

erste direkte Kämpfe zwischen japanischen Schiffen und spanischen Galeonen hatte es gegeben.

Solche Konfrontationen waren ein sichtbares Zeichen dafür, daß japanische Fernhändler mehr und mehr den Handelsaustausch mit entfernteren Regionen suchten. Nach der Invasion Koreas durch Hideyoshi war der Chinahandel fast zum Erliegen gekommen, aber Japans herrschende Elite konnte auf die Luxuswaren aus dem chinesischen Kaiserreich nicht verzichten, und so erhielten portugiesische Kaufleute als Zwischenhändler ihre lukrativen Chancen. Ende des 16. Jahrhunderts hatten japanische Kaufleute und Abenteurer, darunter viele herrenlose Samurai, ihre Reisen bis weit nach Südostasien ausgedehnt. Japanische Dschunken segelten bis in abgelegene Regionen der südostasiatischen Inselgruppen, und ständig stieg die Zahl der Japaner, die dort kleine Wohnkolonien bildeten. Um 1550 hatten die Könige in Burma, Siam und Kambodscha schon japanische Leibwachen, gegen 1600 gab es japanische Siedlungen in den meisten Teilen des Fernen Ostens. Eine Kompanie japanischer Soldaten war Teil der portugiesischen Garnison von Malakka, und in Macao gab es eine kleine japanische Siedlung. Um 1605 lebten auf den Philippinen bereits mehrere Tausend Japaner.

Japan verschließt sich der Welt: Die Tokugawa-Zeit (1600–1868)

Im Jahre 1603 hatte der Kaiser in Kyoto widerstandslos Tokugawa Ieyasu den Titel Shogun verliehen, nachdem der letzte Träger dieses Titels aus der Familie Ashikaga gestorben war. Nur zwei Jahre trug Ieyasu den Titel, dann übertrug er ihn auf seinen Sohn und begnügte sich mit der Überwachung der Staatsgeschäfte aus dem Hintergrund. Die folgenden Shogune übernahmen dieses Modell indirekter Herrschaft, und innerhalb von fünfzig Jahren hatten drei Herrscher der Familie Tokugawa dem Land eine nie gekannte innere Stabilität gebracht und die politischen wie auch wirtschaftlichen Rahmenbedingungen eines starken Staates gelegt. So stark war dieser Staat, daß er unbeirrt den weiteren Bemühungen westlicher Mächte widerstehen konnte, regelmäßige Handelsbeziehungen ohne staatliche Überwachung zu unterhalten. Die Tokugawa-Herrscher, allen voran Ieyasu, hatten beschlossen, das

Land gegen die Außenwelt völlig zu isolieren, und sie konnten diesen weitreichenden Beschluß 200 Jahre lang durchsetzen.

Voraussetzung für die innere Stabilität war ein Politikmodell, das Ieyasu nach seinem Sieg in der Schlacht von Sekigahara entwickelt hatte, und ein Verwaltungssystem im Lande, das diese Herrschaftsansprüche auf allen gesellschaftlichen Ebenen umsetzte. Eine Reihe von Gesetzeswerken, die zwischen 1601 und 1616 von Ieyasu erlassen wurden, regelten die Rechte und Pflichten der buddhistischen Klöster, des Kaiserhofes und der Hofaristokratie sowie der Daimyo-Familien. Ieyasu und seine Nachfolger überließen die Regelung interner Angelegenheiten der großen buddhistischen Sekten dem Klerus, aber sie stellten aggressive Missionstätigkeit (und die damit verbundene Konfrontation zwischen einzelnen Sekten) unter Strafe. Desgleichen wurden die Verwaltung der buddhistischen Tempel und das Steueraufkommen aus den Landbesitzungen dieser Tempel unter die Aufsicht des Bakufu (Shogunats-Regierung) gestellt. Eine eigene Bakufu-Behörde überwachte die Einhaltung dieser Regelung, die im Grundsatz auch für die Shinto-Schreine des Landes galt.

Ein Hofgesetz (1615) bestimmte bis ins Detail die Bewegungsfreiheit des Kaisers und seiner Höflinge. Der Tenno und sein Hofstaat durften die «Hauptstadt» Kyoto nicht verlassen, ja sogar das «ziellose Umherstreifen durch Straßen oder Avenuen an Plätzen, wo sie keine Geschäfte zu erledigen haben», war der Hofaristokratie verboten – de facto waren sie im Palastbezirk gefangen. Eindeutiges Ziel dieser gesetzlichen Beschränkungen war es, dem Tenno auf immer die direkte politische Macht zu nehmen. Dem Kaiser blieb das «Recht», den Shogun zu ernennen, er hatte weiterhin priesterliche Funktionen, aber direkte Einwirkungsmöglichkeiten auf das Herrschaftssystem besaß er nicht mehr. Dennoch achteten alle Shogune sorgfältig darauf, daß es eine «goldene Gefangenschaft» für den Tenno blieb: Wann immer Palastgebäude oder Residenzen von Hofadligen verfielen bzw. durch Naturkatastrophen zerstört wurden, beeilte sich die Bakufu-Regierung, die Gebäude wieder instand zu setzen; auch erhielten der Kaiser und sein Hofstaat regelmäßige Zuwendungen aus Tokugawa-Ländereien, deren Erträge speziell für diesen Zweck reserviert waren.

Ieyasu errichtete seine Residenz im Osten, weit entfernt von dem religiös-monarchischen Zentrum Kyoto und der ehemaligen

Hochburg seines Gegners Hideyoshi, Osaka. Er wählte das Städtchen Edo, das innerhalb weniger Jahrzehnte zu einer glänzenden Residenz des Bakufu aufblühte und bald der alten Metropole Osaka den Rang ablief. Die Entscheidung Ieyasus für Edo als neuer Hauptstadt ließ die «zwei Augen» Japans entstehen, Osaka und Tokyo (Edo), jene zwei Zentren, deren politische, wirtschaftliche und kulturelle Rivalität bis heute erkennbar ist.

Die Residenzstadt Edo profitierte in ihrer Entwicklung von einer Maßnahme, die noch von Hideyoshi getroffen worden war: Die Daimyo des Landes waren gehalten, alle zwei Jahre dem Herrscher ihre Aufwartung zu machen und zu diesem Zweck in die Residenz zu reisen; daneben mußten die Daimyo aufwendige Residenzen in der Stadt des Shogun unterhalten, wo stets auch ein Teil ihrer Familie als Geiseln lebte. Die Tokugawa waren sich sehr wohl bewußt, daß mächtige Daimyo mit militärischer Gewalt ihren Vormachtsansprüchen Widerstand leisten konnten, deshalb zielten sie darauf, alle Lokalfürsten durch den Residenzzwang und die häufigen Reisen in die Hauptstadt wirtschaftlich zu schwächen. Den gesetzlichen Rahmen für das Verhältnis zwischen Shogunats-Regierung und Daimyo bildete ein Gesetzeswerk, das 1615 verkündet worden war: Danach war es den Daimyo verboten, Truppen über die Grenzen ihrer Herrschaftsgebiete hinaus zu verlegen, politische Bündnisse zu schließen, mehr als eine Burg in ihrem Gebiet zu errichten und ohne Zustimmung des Shogun zu heiraten. Später untersagte das Bakufu den Daimyo auch, eigenes Münzgeld zu schlagen, direkte Beziehungen mit dem Kaiserhof oder ausländischen Mächten zu unterhalten oder große Schiffe zu bauen. Alle Daimyo waren einer von zwei Gruppen zugeordnet, den Fudai oder den Tozama. Die Fudai-Daimyo hatten sich schon vor der Schlacht von Sekigahara der Tokugawa-Seite angeschlossen, die Tozama-Daimyo waren die Nachfolger jener Fürsten, die erst nach der Schlacht Ieyasu Gefolgschaftstreue gelobt hatten.

Das Verwaltungssystem, das sich jetzt herausbildete, besaß eine Doppelstruktur. Es gab ein ausgeklügeltes, vielstufiges Verwaltungssystem in den Herrschaftsgebieten der Daimyo (*han*), das vor allem der Steuererhebung und dem Gerichtswesen diente; daneben gab es das zentrale Verwaltungssystem, dessen höchste Repräsentanten Spitzenbeamte der Zentralregierung in den Han waren. Diese *bugyô* waren das lokale Gegenstück zu den Räten, die unter der Herrschaft des Shogun von Edo aus die nationale Verwaltung kontrollierten. Die Doppelverwaltung des sog. «Baku-Han-Systems» machte den Verwaltungsapparat schwerfällig und ließ eine riesige Schicht kleiner und mittlerer Samurai-Beamter entstehen. Andererseits transportierte dieses komplizierte Verwaltungssystem das Bewußtsein von Recht und Ordnung in alle Schichten der Bevölkerung und ließ bereits in der Tokugawa-Zeit eine politische Kultur entstehen, deren Rechtskodex und Entscheidungssystem Grundvoraussetzungen für die Entstehung eines straff verwalteten Nationalstaates im 19. Jahrhundert bildeten. Eine vergleichsweise große lokale Selbständigkeit einzelner Han, die sich aus der Baku-Han-Verwaltung ergab, bildete Anfang des 19. Jahrhunderts auch die administrative Voraussetzung für die rasche wirtschaftliche Entwicklung einzelner Daimyo-Gebiete.

Hochrangige Positionen in der Zentralverwaltung des Baku-Han-Systems standen nur den Fudai-Daimyo offen, während alle Tokugawa-Shogune die Tozama-Herren mit größtem Mißtrauen betrachteten; ihnen waren solche Spitzenpositionen verwehrt. Über die Jahrhunderte hinweg aber verwischten sich diese Grenzen. Die langen Aufenthalte in Edo, Heiraten zwischen Fudai- und Tozama-Familien und nicht zuletzt auch identische Wirtschaftsinteressen ließen neue Koalitionen entstehen. Das Verwaltungssystem der Tokugawa-Zeit schuf die Voraussetzungen für einen strukturellen Pluralismus, der von allen Daimyo genutzt wurde.

Insgesamt gab es 260 Daimyo-Herrschaften verschiedener Größe. Die Bedeutung dieser Herrschaftsgebiete wurde nicht so sehr an der geographischen Ausdehnung gemessen, als vielmehr an den Reiserträgen, die sie erbrachten: So hatten die größten Daimyo-Gebiete Reiserträge von über 1 Million *koku*, während die kleinen und kleinsten Gebiete gerade eben 10000 *koku* an Reiserträgen erbrachten, den Minimalertrag für den Daimyo-Status. Ein *koku* Reis waren etwa 180 Liter, und nach diesem Grundmaß berechnete sich das Einkommen aller Samurai, vom rangniedrigsten Gefolgsmann bis zum mächtigen Daimyo. Reis war kostbar, und Bauern wie rangniedrige Samurai hatten selten Gelegenheit, weißen Reis zu essen. Ein moderner Schriftsteller beschreibt das Leben eines einfachen Samurai und seiner Bauern:

Geschichte

«Zwischen den Hügeln des braunen, verdorrten Marschlandes wehte der Rauch brennender Holzkohle in den Himmel an klaren Tagen. Der lange Winter stand vor ihnen, und die Bauern arbeiteten vom Morgengrauen bis in die Dämmerung. Waren einmal der Reis und die Hirse von den kargen Feldern abgeerntet, droschen und stampften Frauen und Kinder die Spelzen; der Reis war für die Steuerzahlungen bestimmt, nicht als Nahrung für sie selbst. Das kümmerliche Gras, das sie zwischen den Erntearbeiten gemäht hatten, lag zum Trocknen, wo es geschnitten worden war, um als Streu für die Ställe zu dienen. Frisches Stroh wurde hierzulande als Nahrung in Hungerszeiten bewahrt. Es wurde gehäckselt und dann in einem Mörser zu Pulver gemahlen.

Der Samurai trug dieselben Arbeitskleider wie die Bauern. Er blickte über das Marschland. Manchmal rief er den Bauern zu und unterhielt sich mit ihnen; ein andermal arbeitete er mit ihnen gemeinsam, um Feuerholz wie einen Zaun um sein Haus aufzuschichten (...) Das Haus des Samurais war eindrucksvoller als die Häuser der Bauern, obwohl es eigentlich nicht mehr als eine Ansammlung strohgedeckter Häuser war, die sich zusammenduckten. Es unterschied sich von den Bauernhäusern durch einige Scheunen und einen großen Stall; es war umgeben von einem Erdwall. Trotz dieses Walles war das Haus natürlich nicht als kleine Festung geplant ... Jetzt waren die Kriege überall in Japan beendet und seine Hoheit, der Lehensherr des Samurai, war zu einem der mächtigsten Daimyo in den Nordprovinzen aufgestiegen, deshalb brauchte die Familie des Samurais keine Befestigungsanlagen mehr. Obwohl die Rangunterschiede zwischen Höherstehenden und Rangniedrigen auch hier beachtet wurden, arbeitete der Samurai doch gemeinsam mit seinen Bauern in den Feldern und brannte mit ihnen in den Bergen Holzkohle. Seine Frau half den anderen Frauen, die Pferde und das Vieh zu versorgen. Aus den drei Dörfern, die ihm als Lehen übergeben waren, mußte der Samurai jährlich 65 kan (Silbermünze) Landsteuern an seine Hoheit zahlen, 60 kan auf die Reisfelder und 5 kan auf die Trockenäcker.» (Shusaku Endo, «Der Samurai»; Zitat übers. nach der engl. Übers. «The Samurai», v. V. C. Gessel, London 1982 und dem Originaltext.)

Die vorsichtigen, anpassungsfähigen Jesuiten, die in der Frühphase der Herrschaft Hideyoshis so eindrucksvolle Bekehrungserfolge erzielten, hatten unter den Vorgängern der Tokugawa dem Christentum einen vergleichsweise festen Platz in der japanischen Gesellschaft des 16. Jahrhunderts gesichert. Das Vordringen spanischer Kaufleute aus den Philippinen nach Japan und der Zuzug franziskanischer Missionare nach Japan veränderte diese Situation. Wo die Jesuiten sich den Landessitten angepaßt hatten und strikt auf die Einhaltung der Gesetze achteten, begannen die Franziskaner-Missionare eifernd Verbote Hideyoshis zu mißachten und in Gebieten zu missionieren, wo der Herrscher jede christliche Betätigung verboten hatte.

Der Zorn Hideyoshis auf die christlichen Missionare dürfte aber noch durch ein anderes Ereignis ausgelöst worden sein: An der japanischen Küste scheiterte eine spanische Galeone mit kostbarer Fracht auf dem Weg von Manila nach Acapulco; die Ladung wurde von den örtlichen Behörden beschlagnahmt. Der spanische Kapitän begab sich nach Osaka, um gegen diesen seiner Meinung nach widerrechtlichen Übergriff zu protestieren. Er gebrauchte gegen Hideyoshi offensichtlich Drohungen mit der spanischen Weltmacht, und Hideyoshi geriet in Wut. Genaue Einzelheiten des Vorfalls sind nicht bekannt, fest steht jedoch, daß Hideyoshi 1597 die Folterung und Hinrichtung von sechs franziskanischen Missionaren und neunzehn ihrer japanischen Anhänger anordnete. Die Christen wurden gefoltert und dann in einer schaurigen Weise von Stadt zu Stadt nach Nagasaki gebracht, wo man sie schließlich kreuzigte. Von da an nahm Hideyoshi eine kompromißlos harte Haltung gegenüber den christlichen Missionaren ein: Zwar durften einzelne jesuitische Prediger noch im Lande verbleiben, aber die Missionstätigkeit wurde stark eingeschränkt.

Tokugawa Ieyasu ging nach seiner Machtübernahme sehr viel weiter. Sein Ziel war die endgültige Ausrottung des Christentums, das er als Vorreiter einer spanischen und portugiesischen Expansion nach Japan ansah. Rückhalt fand er dabei in einer neuen weltpolitischen Entwicklung, welche die Vorherrschaft der portugiesischen und spanischen Kaufleute in Ost-und Südostasien brechen sollte: Englische und niederländische Kaufleute drangen nach Asien vor. Die beiden protestantischen Länder befanden sich im Krieg mit Spanien und Portugal, und dieser Kampf weitete sich weltweit aus. Britische Schiffe tauchten jetzt in Hirado (Nord-Kyushu) auf – die portugiesischen Missionare verlangten, daß Engländer und Niederländer als Piraten hingerichtet werden sollten. Auf dieses Ansuchen antwortete Ieyasu ganz korrekt: Britische und niederländische Kaufleute hätten ihm und seinen Untertanen keinen Schaden zugefügt. Auch der japanische Außenhandel, der seit den späten neunziger Jahren des 16. Jahrhunderts aufgeblüht war, entwickelte sich bis weit in die ersten Jahrzehnte des 17. Jahrhunderts fort: Besonders lizenzierte Schiffseigner und Kaufleute trieben Handel mit Indochina, anderen südostasiatischen Fürstentümern und den Philippinen. Diese sog. «Rotsiegel-Schiffe» führten Handelspatente mit sich, die der Shogun mit seinem leuchtend roten Siegel beglaubigt hatte. Sie transportierten Schwerter, Lackwaren, kostbare Metalle, Getreide, Fische und Pferde als Hauptausfuhrgüter Japans und kehrten mit Seiden, antikem chinesischen Porzellan, Weihrauch und Edelhölzern als Haupteinfuhrgüter nach Japan zurück. Ieyasu hatte ein lebhaftes Interesse an allem Ausländischen, und darüber hinaus erhoffte er sich von einem Ausbau des japanischen Fernhandels eine Schwächung der portugiesischen und später spanischen Handelsmono-

---

Die Befragung des William Adams

Bei allem Mißtrauen gegen die sog. «Südbarbaren» aus fernen Ländern, die begehrte Waren, aber auch Unruhe in das Land brachten, suchte Ieyasu doch immer neue Informationen über die Außenwelt, so auch von William Adams:

«Der König (d. h. Ieyasu) verlangte von mir zu wissen, aus welchem Land ich sei und was uns bewogen habe, in sein Land zu kommen, das so weit entfernt läge. Ich unterwies ihn über den Namen unseres Landes und daß unser Land seit langem die ostindischen Länder bereise und Freundschaft mit allen Königen und Herrschern suche, um Handel zu treiben, da wir in unserem Land verschiedene Güter haben, die diese Länder nicht besitzen; und daß wir auch solche Güter in diesem Land kaufen wollten, die unser Land nicht hat. Dann fragte er, ob unser Land im Krieg sei; ich antwortete ihm: ja, mit den Spaniern und Portugal. Er fragte mich, woran ich glaube. Ich sagte: an Gott, der Himmel und Erde gemacht hat. Er fragte mich verschiedene andere Fragen über Dinge meiner Religion und viele andere Dinge – ich war im Besitz einer Weltkarte und zeigte ihm, daß wir durch die Magellan-Straße gekommen seien. Darüber verwunderte er sich höchlich und hielt mich für einen Lügner. Auf diese Weise, von einem Thema zum anderen, verbrachte ich bei ihm bis Mitternacht. Und weil er mich gefragt hatte, welche Waren wir in unserem Schiff hätten, zeigte ich ihm alles. Am Ende, als er sich anschickte, uns zu verlassen, äußerte ich den Wunsch, daß wir Warenhandel treiben könnten, wie die Portugiesen und Spanier. Darauf gab er mir eine Antwort, aber ich verstand nicht, was es war. So ordnete er an, daß ich ins Gefängnis geführt würde ...»

pole sowie die Abwehr der damit verbundenen christlichen Mission. Das Bakufu profitierte auch finanziell von dem intensivierten Außenhandel, denn der Shogun ließ sich für Handelsprivilegien bezahlen und erhob Abgaben auf den Warenwert bei Aus- und Einfuhr. Schließlich konnten durch autorisierten Außenhandel auch die grassierende Piraterie und das Schmugglerunwesen eingedämmt werden.

William Adams war ein englischer Seefahrer, der sich selbst so beschrieb: «Verehrungswürdige Herren, zu denen dieses Schreiben gelangen soll, ich möchte ihnen vermelden, daß ich ein Mann aus (der Grafschaft) Kent bin.» (22. Oktober 1611) Er war Navigator an Bord des holländischen Schiffes «Liefde», das 1598 zusammen mit vier anderen niederländischen Schiffen die Reise nach Ostasien angetreten hatte. Als Navigator war Adams mit Windrichtungen, Strömungsverläufen und allgemeinen Wetterverhältnissen der langen Seereise nach «Ostindien» bestens vertraut. Er gehörte zu den umworbenen Spezialisten seiner Zeit. Kapitän, Schiffbauer und Navigator mit jahrzehntelanger Erfahrung, faszinierte Adams den Shogun Ieyasu als Gesprächspartner.

Als einziges Schiff der niederländischen Flottille hatte die «Liefde» Japan erreicht. Übersetzer in den Gesprächen zwischen Ieyasu und dem englischen Seefahrer waren portugiesische Missionare, die sich kaum große Mühe gegeben haben dürften und wohl alles daran setzten, Adams und seine Bordkameraden bei den japanischen Herrschern anzuschwärzen; schließlich führte Portugal in Europa gegen Großbritannien Krieg. Eben diese Erkenntnis könnte für die späteren Entscheidungen der Shogune zur endgültigen Abschließung des Landes nach außen von entscheidender Bedeutung gewesen sein: Die Herrscher Japans wollten den «Export des europäischen Krieges» in die japanischen Inseln und das umliegende asiatische Gebiet um jeden Preis verhindern.

Adams wurde in den folgenden Jahren für Ieyasu zu einer unschätzbaren Informationsquelle, aber auch zu einem wertvollen Berater. Leser hierzulande kennen William Adams in der Gestalt des Blackthorne aus dem amerikanischen Abenteuerroman «Shogun» und der danach gedrehten TV-Serie. Der historische Adams ist nie nach England zurückgekehrt, aber sein umfangreicher Briefwechsel mit der Britisch-Ostindischen Kompanie, in deren Diensten er später aus Japan Handel trieb, und an seine englische

Frau sind erhalten geblieben. Adams ließ sich in Hirado nieder und begann von dort im Auftrage der Kompanie – und natürlich mit besonderer Erlaubnis des Shogun – einen intensiven Südostasienhandel mit japanischen Dschunken, die er europäisch getakelt hatte.

Adams stand unter dem besonderen Schutz des Daimyo von Hirado mit Namen Hoin, der sein Fürstentum mit eiserner Hand regierte. Der britische Seefahrer beschreibt in einem Brief ein Beispiel japanischer Gerichtspraxis während der Edo-Zeit: Zwei Männer und eine Frau, die in einen blutigen Streit verwickelt waren – Ehebruch und Eifersucht waren die Auslöser –, wurden von dem Daimyo summarisch zum Tode verurteilt. Was dann folgte, beschreibt Adams so: «(Hoin) gab augenblicklich Befehl, daß man (den dreien) die Köpfe abschlug: Dieses getan, kam jedermann, der einen Antrag gestellt hatte, heran und versuchte die Schärfe seines cattan (*katana* = das Langschwert) auszuprobieren an den Leichen, so daß, ehe sie noch abließen, sie alle drei in kleine Stücke von der Größe eines Mannes Hand gehauen hatten, und ließen auch dann nicht nach, sondern legten die Stücke eines über das andere und versuchten, wie viele von ihnen sie mit einem Hieb durchschlagen konnten». Adams beschrieb hier eine gängige Praxis in der Edo-Zeit, als Schwertkämpfer ihre Kunstfertigkeit an den Leichnamen hingerichteter Verbrecher übten.

Zweifellos hatte Ieyasu noch lebhaft die schweren Verluste vor Augen, die die japanische Flotte bei der Invasion Koreas durch die gepanzerten und mit Eisenstacheln versehenen «Schildkrötenschiffe» des koreanischen Admirals Yi erlitten hatte. Kenntnisse der Schiffbaukunst waren ihm hoch willkommen. Der Shogun verhinderte deshalb nicht nur die Hinrichtung der niederländischen Besatzung der Liefde und des Engländers Adams, sondern nahm ihn 1601 in seine Dienste. Adams baute für Ieyasu einige kleinere Schiffe europäischer Konstruktion, von denen eines 1610 bis nach Kalifornien segelte. Der Engländer erhielt später Samurai-Rang und mußte wie andere Würdenträger auch eine Residenz in Edo unterhalten. Von Hirado aus unternahm Adams einige Reisen nach Südostasien (Cochinchina, Vietnam), aber der Shogun lehnte stets seine Bitte um Rückkehr nach England ab.

Gegen Ende seine Lebens griffen die europäischen Konflikte doch auf Japan über: Die Holländer, die sich inzwischen auch in

Japan und Südostasien festgesetzt hatten, eröffneten gegen die Engländer in Hirado Feindseligkeiten. Später taten sich die beiden protestantischen Staaten wieder zusammen, und ihre vereinigten Flotten führten Kaperkrieg gegen portugiesische und spanische Handelsschiffe in den ostasiatischen Gewässern: Der Krieg in Europa war exportiert worden. Die Handelsbeziehungen wurden in der Folge immer schlechter, Rivalitäten und Neid (und die schlechte Zahlungsmoral japanischer Partner in den Handelsaktivitäten) führten schließlich zur Aufgabe der britischen Handelsniederlassung in Hirado, 1638 reisten die Engländer ab, 1639 wiesen die japanischen Behörden die letzten Portugiesen aus. Adams war schon mehr als fünfzehn Jahre tot, er starb wahrscheinlich im Februar 1620 in Hirado.

Die Ausweitung europäischer Konflikte nach Japan und der scheinbar wachsende Einfluß christlicher Missionare auf einzelne mächtige Daimyo, die noch immer die Oberherrschaft der Tokugawa insgeheim in Frage stellten, bewogen Ieyasu schließlich zu einer Reihe von Maßnahmen, die unter der Bezeichnung *sakoku* die endgültige Abschließung des Landes nach außen bedeuteten. Christliche Samurai hatten an der Seite der Toyotomi als Verteidiger des Schlosses Osaka gekämpft, nachdem Ieyasu schon ein Jahr zuvor angeordnet hatte, daß alle Priester und Missionare das Land verlassen müßten; das Christentum war verboten worden. Viele Missionare suchten die schwierige Zeit durch Unterwürfigkeit und vorsichtige Zurückhaltung bei ihrer Arbeit durchzustehen, andere verließen das Land und gingen nach Macao, um dann heimlich wieder in das Land zurückzukehren. Die Zeiten änderten sich für die christliche Mission jedoch nicht: Die beiden Nachfahren Ieyasus, Hidetada und Iemitsu, begannen vielmehr mit einer systematischen Christenverfolgung. Alle Daimyo, von denen jetzt keiner mehr dem Christentum angehörte, waren aufgefordert, in ihren Fürstentümern Christen aufzuspüren und sie zum Abschwören zu bringen, oder aber sie hinrichten zu lassen. Jedermann mußte sich alljährlich einer einfachen, aber wirkungsvollen Prüfung unterziehen: Auf den Boden wurde ein Bronze- oder Kupferbild gelegt, das eine Darstellung des gekreuzigten Christus oder ein Marienbild trug, und Erwachsene wie Kinder mußten mit den Füßen auf diesem Bild herumstampfen – daher die Bezeichnung «Stampfbild» (*fumie*). Wer sich weigerte, wurde gefoltert und hingerichtet.

Die Sorge der Tokugawa, daß einzelne mächtige Daimyo eine eigene Außenpolitik mit den christlichen Nationen verfolgen könnten, um die Macht des Hauses Tokugawa zu brechen, war nicht unbegründet: Die Quellen berichten von mindestens einer Mission, die ein Daimyo aus dem Nordosten des Landes via Südamerika nach Europa entsandte. An der Spitze dieser kleinen Gesandtschaft stand eben jener Samurai, dessen karges Leben wir oben in einem kurzen Ausschnitt kennengelernt haben. Nach einer mühseligen, monatelangen Reise im Auftrag seines Daimyos erreichte die Gruppe Spanien, wo der Samurai getauft wurde. In Begleitung eines spanischen Priesters, der hoffte, vom Papst in Rom zum Bischof von Japan geweiht zu werden, reiste die japanische Delegation dann weiter nach Italien. Aber die Audienz beim Papst blieb ohne konkretes Ergebnis. 1618 kehrten Japaner und Jesuiten nach Manila zurück, aber erst 1620 erreichte der unglückliche Samurai wieder sein winziges Landgut im Nordosten Japans. Inzwischen hatte sein Lehensherr, der den Samurai zweifellos gezielt im Unklaren über die politische Bedeutung der Reise gelassen hatte, seine Haltung gegenüber den Tokugawa völlig geändert. Wieder führt uns der erwähnte moderne Roman Endos in diese Zeit:

«Der Graben um das Haus seines Herrn Ishida war zugefroren. Das Strohdach wurde niedergedrückt von Schnee, und Eiszapfen hingen von den Dachecken wie weiße Zähne. Der Samurai ließ (seinen Diener) Yozo im Garten und wartete lange auf dem hölzernen Boden des Empfangszimmers. ‹Roku?› rief sein Herr Ishida mit rauher Stimme, als er sich auf dem erhöhten Podest niederließ. ‹Du hast viel schlimme Zeiten durchgemacht ... Aber Du solltest wenigstens froh sein, daß Deine Familie nicht ausgelöscht wird.› Was habe ich falsch gemacht? Diese Worte stiegen dem Samurai in die Kehle, aber er hielt sie zurück. Es hatte keinen Zweck, sie auszusprechen. ‹Nichts davon ist Deine Schuld. Dir fehlte das Glück. Das Fürstentum ...›, sein Herr Ishida zögerte einen Moment, ‹wenn das Fürstentum Dich nicht auf diese Weise behandeln würde ... sie wären nicht in der Lage, sich zu rechtfertigen›, flüsterte Fürst Ishida heiser. ‹Rechtfertigen ...?› Verwirrt hob der Samurai den Kopf und blickte traurig auf seinen Lehensherrn. ‹Was meint Ihr damit, rechtfertigen?› ‹Sich selbst gegenüber Edo rechtfertigen. In diesem Augenblick sucht Edo nach jedem Vorwand, die mächtigen Fürstentümer eines nach dem anderen zu zerschlagen. Nach dieser ganzen Zeit hat Edo seine Hoheit (d. h. den Daimyo) beschuldigt, weil er für so viele Jahre Christen beherbergt hatte, die aus dem östlichen Japan (Kanto) geflohen waren, und weil er den Wünschen (des spanischen Priesters) Velasco nachgegeben hatte und einen Brief nach Nueva Espana (Missionsstation in Südamerika) geschrieben und darin gesagt hatte, er würde christliche Priester willkommen heißen. Das Fürstentum muß ein paar glaubhafte Rechtfertigungen finden.› Der Samurai kniete mit den Händen auf den kalten Boden gepreßt und sagte nichts. Ein einziger großer Tränentropfen fiel auf den Boden. ‹Du hattest das Unglück, in den Gezeitenwechsel von Regierungspolitik zu geraten.› Fürst Ishida seufzte. ‹Ich weiß, wie schmerzvoll dieses für Dich ist. Der alte Mann, der ich bin, versteht Deinen Schmerz besser als jeder andere.›» (Shusaku Endo, «Der Samurai»)

Der Samurai wird zum Sündenbock: Weil er in Spanien zum Christentum übergetreten war, muß er als Strafe rituellen Selbstmord begehen. Andererseits erweist der Daimyo ihm die Gnade, daß seine Familie nicht mit ihm zusammen ausgerottet wird, wie es in anderen Fällen durchaus üblich war. Mit unbarmherziger Grausamkeit verfolgten die Behörden japanische Christen und westliche Missionare, die im Untergrund versuchten, ihre Bekehrungsarbeit fortzusetzen. Gut zwanzig Jahre nach dem Vertreibungsedikt von 1614 wurde das Christentum nirgendwo in Japan mehr offen praktiziert. Noch heute aber findet man in Museen von Kyushu sog. «Maria-Kannon», kleine Figuren, die den buddhistischen Bodhisattva Kannon in weiblicher Erscheinung darstellen; im Inneren dieser Figur, hinter einer kleinen Klappe, ist eine Christuskind-Darstellung verborgen: Vor solchen Darstellungen wurde auch weiterhin hier und dort insgeheim das Christentum praktiziert.

Das Ende des «christlichen Jahrhunderts» in Japan kam mit dem Aufstand von Shimabara (1637), als in Nord-Kyushu mehr als 30000 Bauern eines früher christlichen Fürstentums gegen ihren brutalen Daimyo rebellierten. Die Shogunats-Regierung hatte große Schwierigkeiten, den Aufstand zu unterdrücken und mußte die Holländer um Hilfe ersuchen, die einige Schiffe entsandten und die Stellungen der Aufständischen von See her beschossen. Die verzweifelten Bauern von Shimabara hatten sich offen zum Christentum bekannt und auf ihren Bannern christliche Symbole mit sich geführt. Um so brutaler war die Abrechnung der Regierung: Die überlebenden Aufständischen wurden fast ausnahmslos niedergemacht. Dennoch blieb dieser Aufstand ein

Schock für das Shogunat: Wenige Monate später wurde das Abschließungsedikt erlassen, Japan verschloß sich der übrigen Welt. In Zukunft durfte kein Japaner mehr das Land verlassen, kein katholischer Christ durfte das Reich des Shogun betreten, und der gesamte Außenhandel wie auch die diplomatischen Beziehungen mußten über die Hafenstadt Nagasaki laufen. Die Beziehungen zu Spanien waren seit 1620 abgebrochen; das neue Edikt beendete jetzt auch die Kontakte zu Portugal, während die Engländer bereits freiwillig Hirado geräumt hatten, da sich die Handelsbeziehungen für sie nicht lohnten. Es blieben nur noch die Holländer, die ihre Faktorei von Hirado nach Nagasaki, auf eine künstliche Insel (Deshima) verlegen mußten. Zusammen mit der Handelsniederlassung chinesischer Kaufleute waren die Holländer für mehr als zweihundert Jahre die einzigen, die regelmäßig Kontakt zum Hof des Shogun in Edo unterhielten.

Wirtschaftswachstum und bürgerliche Kultur

Die Toyotomi hatten im 16. Jahrhundert das alte Naniwa, inzwischen zur blühenden Handelsmetropole aufgestiegen, als Osaka zu ihrer Machtbasis ausgebaut. Die Entscheidung Ieyasus, seine Residenzstadt im Osten, nahe des Städtchens Edo zu errichten, brachte eine Wende: Die Hauptstadt des Shogun wuchs in atemberaubendem Tempo zu einer politischen, wirtschaftlichen und kulturellen Metropole heran und machte bald Osaka als Wirtschafts- und Kulturzentrum des Landes den Rang streitig. Die «beiden Augen Japans» begannen zu strahlen, die zwei Metropolen und ihr stets konkurrierendes Spannungsverhältnis ließen den Lichtbogen der Kultur in der Edo-Zeit immer heller leuchten. Es war eine kulturelle Glanzzeit – aber nicht Hofadlige und auch nicht die Kriegeraristokratie prägten diese Kultur, sondern die vielschichtige städtische Bevölkerung in den beiden Riesenstädten, allen voran die reichgewordenen Kaufleute und Handwerker. Zum erstenmal in der japanischen Geschichte konnte man von einer «Massenkultur» sprechen, an der im Rahmen städtischer Lebensformen praktisch alle Schichten der Stadtbevölkerung teilhatten. Nach Osaka strömten die Fernhändler, hier machten die Pilgerreisenden auf ihren Wanderungen zu den Tempeln und Schreinen im westlichen Japan Station, und hier pulsierte noch immer die Verbindungsader zwischen der Hafenstadt Osaka und der kaiserlichen Residenz Kyoto. Im Osten strömten Jahr für Jahr die Züge der Daimyo nach Edo, die Sogkraft der Hauptstadt mit ihren prachtvollen Residenzen, mit ihren unausgesprochenen Verheißungen von Glück und Reichtum, zog Abenteurer und zielstrebige Handwerker, unternehmende Kaufleute und skrupellose Glücksritter gleichermaßen an. Dieses buntgemischte Völkchen in Osaka wie in Edo verlangte nach Zerstreuung derber Art, nach Possenreißern, nach spannender Unterhaltung im Theater oder auf der Puppenbühne, vor allem aber «verschlangen» die Bürger der beiden Städte in ungeheuren Mengen Werke einer Populärliteratur, die von geschäftstüchtigen Verlagen in preiswerten Blockdruck-Büchern unter das Volk gebracht wurden.

In der späten Edo-Zeit erschien ein Roman, halb Reiseschilderung, halb Comic-Heft der Unterhaltungsliteratur, der vielleicht einen Höhepunkt darstellte: Die Sammlung derber Geschichten, die von der Fußwanderung zweier hartgesottener Edo-Leute (*edokko*) nach Kyoto und Osaka berichtete. Für den richtigen *edokko* war Edo natürlich der Mittelpunkt der Welt, die einzigartige, faszinierende Großstadt; für die Tölpel vom Lande war Edo schlechthin das Paradies:

»Auf der Ebene von Musashi, so sagte das Gedicht, verschmelzen die blühenden Gräser mit den weißen Wolken am Horizont. Das war lange her; als jedermann sich am Flug der Schnepfen im Zwielicht aus den Sümpfen hinter den Strohhütten ergötzte. Aber schließlich wußten jene natürlich nicht, wie das Vergnügungsviertel erstrahlt, wenn es am Abend erleuchtet wird. Heutzutage sind die Gewässer, die in Leitungsgräben von den Brunnen fließen, voller Forellen, und hier stehen Reihen um Reihen weißgetünchter Lagerhäuser. So zahlreich sind die Fässer für saures und salziges Gemüse, die leeren Säcke und die zerbrochenen Schirme liegen in so großer Zahl herum, daß die Hausvermieter am liebsten Miete für den Boden nehmen würden, den sie bedecken. Tatsächlich ist Edo so wohlhabend, daß die Leute vom Lande denken, die Straßen müßten mit Silber und Gold gepflastert sein, und sie kommen zu Tausenden und Zehntausenden, um es aufzulesen.« (Jippensha Ikku, Tokaido Hizakurige, «Auf Schusters Rappen», 1802, Textstelle übers. v. Vf.)

Der Autor dieser Reiseerzählungen verkörpert selbst das Spannungsverhältnis zwischen Edo und Osaka: Ikku lebte wahrscheinlich mehr als sieben Jahre in Osaka und kehrte dann nach Edo zurück, um sich dort ganz der Schriftstellerei zu widmen. Jedenfalls kannte er den Reiseweg zwischen beiden Städten sehr genau, wie sich aus den Episoden ablesen läßt. Nach mancherlei Irrfahrt gelangen die beiden abgebrühten *edokko* Kita und Yaji nach Osaka, und die gewaltige Handelsmetropole mit ihrem pulsierenden Leben macht selbst auf die zwei zynischen Edo-Leute tiefen Eindruck:

«Sie erreichten Dotombori, den geschäftigsten Teil der Stadt ... dort wimmelt es von hübschen Freudenmädchen, Sängerinnen und Tänzerinnen. Es war schon vier Uhr, und aus den Theatern und Ringkampf-Arenen (Sumo, s. u.) drangen Lärm und Geschrei der Menschen. (Mit ihrem ortskundigen Führer) drängen sich die zwei durch die Schaulustigen, huschen schnell vorbei wie Diebe, bleiben nicht stehen, um die Ankündigungen vor den Theatern zu lesen, sie reißen sich aus den Händen der Serviermädchen vor den Teehäusern los, die sie zurückzuhalten suchen, sie werden umhergestoßen von Sänftenträgern und Postkurieren ...» (Ikku, «Auf Schusters Rappen»)

Dieses Gewimmel braucht nicht zu verwundern: «In dem blühenden Hafen von Osaka, der in den weiten Meeren nicht seinesgleichen hat, liegen Reihen und Reihen von Schiffen aus allen Teilen des Landes vor Anker in den Mündungen der Flüsse Kitsu und Aji, so wohlhabend ist die Stadt, und so zahlreich sind die Waren, mit denen sie handelt ... Zu allen Jahreszeiten blühen die unvergänglichen Blumen der Vergnügungsviertel und die Fröhlichkeit in den Theatern von Dotombori, wo es den Anschein hat, daß stän-

---

Einheimische und fremde Kaufleute

«Die Stadt ist der Zentralpunkt des ganzen inländischen Handels; die vorzüglichsten Produkte der einzelnen Provinzen werden hierher geliefert und wieder nach allen Teilen des Reiches versandt. Auch der ausländische Handel, eine so unbedeutende Rolle dieser auch im Vergleich mit dem inländischen spielt, findet hier seine Hauptquelle durch die Kupferraffinerien. Es haben die Kaufleute dieser Stadt den größten Anteil an dem von den Niederländern und Chinesen betriebenen Einfuhrhandel, worin sie so wie die Kaufleute von Edo und Sakai (heute Stadtteil von Osaka, d.Vf.) durch eigene Privilegien begünstigt werden.» (Philipp Franz v. Siebold, deutscher Arzt in Nagasaki 1826)

dig Sondervorstellungen gegeben werden, so riesig sind die Menschenmassen.» (ebd.)

Es waren drei Metropolen, Riesenstädte auch nach europäischen Maßstäben, die in der Edo-Zeit als wirtschaftliche und kulturelle Zentren dominierten. Geistig, wirtschaftlich und verkehrstechnisch waren die drei Metropolen untrennbar in Symbiose verbunden. Eine bis heute beliebte ironisierende Typisierung der drei Städte mit den besonderen Eigenschaften, die man ihren Bewohnern zuschrieb, läßt sich in einem Idealbild des Erfolgsmenschen jener Zeit verdichten: Er war in Osaka geboren, also mit wachem Geschäftssinn ausgestattet, hatte in Edo sein Glück gemacht und genoß das Leben an der Seite einer schönen Frau aus Kyoto. Im Jahre 1732 hatte Edo über eine Million Einwohner und war neben der chinesischen Hauptstadt Peking wahrscheinlich die bevölkerungsreichste Großstadt der Welt. Osaka zählte zwar nur etwa 400000 Einwohner, war aber wohl im 18. Jahrhundert die größte Hafenstadt der Welt. Und selbst die alte Kaiserstadt Kyoto, wo der Tenno mit seinem Hofstaat in glanzvoller Isolation und politischer Ohnmacht lebte, hatte noch etwa 400000 Einwohner zu jener Zeit.

Osaka, das war die «Stadt der Poeten, Puppen und Parvenus» (Peter Pörtner), wo sich im bewußten Gegensatz zur aristokratischen Kultur neue Kunstformen der bürgerlichen Welt entwickelten. In populären Romanen, die durch geschäftstüchtige Verlage in Massen unter eine begeisterte städtische Leserschaft gebracht wurden, in herzzerreißenden Liebesdramen der Puppenbühnen und vor allem in den noch heute überaus beliebten Stücken des Kabuki-Theaters entdeckte sich das städtische Bürgertum selbst und fand seine Probleme verarbeitet. Die Helden der Romane und Theaterstücke waren die Leser und Zuschauer selbst; der unauflösbare Widerspruch zwischen Pflicht hier, Liebe und Zuneigung dort, war ein tragisches Element, das jeder Bürger der drei Städte erlebte: Trotz aller Toleranz, die sich in den Vergnügungsvierteln ausleben konnte, war die Gesellschaft der Edo-Zeit von starren Klassenschranken geprägt, auch die Liebe zwischen zwei Menschen konnte sie nicht überspringen.

Ihren kulturellen Höhepunkt erreichte die Edo-Zeit in der sog. Genroku-Epoche (1688–1704). Ihara Saikaku, der berühmteste Romanschriftsteller jener Zeit, stand damals auf dem Höhepunkt

Holzblockdruck von Kunisada: Hauptfigur eines Kabuki-Stücks

seiner Schaffenskraft; der «japanische Shakespeare», Chikamatsu Monzaemon, schrieb in Osaka seine berühmten Dramen für das Puppentheater, und die Schauspieler des Kabuki begeisterten in Edo und Osaka die Zuschauermassen. Historische Dramen, bürgerliche Schauspiele und Theaterstücke mit getanzten Handlungshöhepunkten bildeten die Hauptgruppen der Kabuki-Darbietungen. Ereignisse aus der japanischen Geschichte, mit kaum verhüllten Anspielungen auf Gegenwartsereignisse pikant abgeschmeckt, ergreifende Liebesdramen, oft in den Freudenvierteln angesiedelt, befriedigten den Geschmack eines äußerst verwöhnten Publikums. Auf der Kabuki-Bühne wurden alle Rollen von Männern gespielt, die hochspezialisierten Frauendarsteller (*onnagata*) genossen ungeheure Popularität, und die Farbholzschnitte, die damals einzelne Schauspieler und Theaterstücke feierten, vermitteln davon noch heute eine Vorstellung. Das Puppenspiel entwickelte sich ebenfalls in der Genroku-Epoche zu einer eigenständigen Kunstform: Beim Zusammenwirken von Puppenspiel, Textrezitation und Musikbegleitung (*shamisen*: mit Plektrum angeschlagenes, banjoartiges Instrument mit drei Saiten) wurden in diesem *bunraku* historische Themen und rührende Liebesgeschichten verarbeitet. Im Spiel führen die drei schwarz vermummten Spieler ihre Puppen mit verblüffender Lebensechtheit: Der Meister bewegt den Rumpf, den Kopf und die rechte Hand der Puppe, zwei Nebenspieler den linken Arm und die Beine. Das *bunraku* erfreut sich noch heute in Osaka, aber auch in Tokyo und anderen Städten Japans ungebrochener Beliebtheit, die Dramen Chikamatsu Monzaemons gehören auch heute noch selbstverständlich zum Lehrstoff japanischer Schulen. In unerschöpflicher Vielseitigkeit wurden auf der Kabuki-Bühne und in den *bunraku*-Dramen elementare menschliche Gefühle variiert: Haß, Liebe, Eifersucht, Angst, Freude, Trauer, Zorn usw. geben den Stücken die Spannung. In vielen Stücken war der Tod, d.h. der Selbstmord, der einzig mögliche Ausweg aus einem Konflikt, der «Doppelselbstmord» zweier Liebender taucht als Motiv immer wieder auf.

Im westlichen Japan, dem Kansai-Gebiet, lag auch ein Zentrum japanischer Poesie: Die *haikai*-Dichtung (Kurzgedichte mit 17 Silben) erreichte in der Tokugawa-Zeit in Osaka eine hohe Blüte; der populärste Romanautor des 17. Jahrhunderts, Ihara Saikaku, begann seine literarische Karriere als *haikai*-Dichter. Schon früh war Osaka – oder besser: früher «Naniwa» – Gegenstand poetischer Verklärung. Immer wieder wurden die Hafenstadt und ihre Menschen in Kurzgedichten gefeiert. Hier zwei Beispiele; das erste huldigt den Mädchen Naniwas:

> «Die Ihr bei Ebbe
> auf Naniwas Sandbänken
> Seetang Euch sammelt,
> nennt mir doch Euren Namen,
> ihr jungen Fischermädchen!»

Dieses Gedicht stammt aus der ältesten Gedichtsammlung Japans, dem «Manyoshu», das über 4000 Gedichte aus dem 5. bis 8. Jahrhundert enthält. Der Dichter möchte am liebsten alle Fischer-

Geschichte

mädchen heiraten, denn die Aufforderung zur Namensnennung kam früher einem Heiratsantrag gleich. Das zweite Gedichtbeispiel knüpft an die Bedeutung Naniwas als frühes Zentrum des Fernhandels an:

> «Ich höre, das Schiff
> hat angelegt im Hafen
> von Naniwa! – Da
> lauf ich gleich los, ohne mir
> erst den Gürtel zu richten.» (beide übers. von Peter Pörtner)

Die klassische Literatur vergangener Jahrhunderte lebte auch in der Edo-Zeit fort, aber das zunehmend selbstbewußte Bürgertum der Riesenstädte wollte die Werke früherer Jahrhunderte in einer neuen Form genießen, die den veränderten Lebenserwartungen dieser Gesellschaft entsprach. Motive, Handlungen und Gliederungsformen der klassischen Literatur tauchten parodiert in zeitgenössischen Romanen der Edo-Zeit wieder auf. So gliederte Ihara seinen erotischen Roman «Ein der Liebe ergebener Mann» (oder Yonosuke – der 3000fache Liebhaber) in 54 Kapitel – wie das «Genji-monogatari» aus der Heian-Zeit.

Die Kultur der Edo-Zeit stellte das Wertesystem des Konfuzianismus auf den Kopf: Stilfragen neuester Mode, literarischer Geschmack und die Bewertung dessen, was gerade «in» war, bestimmten die Ansprüche reicher Kaufleute (*shônin*) in den Städten, obwohl sie in der konfuzianischen Gesellschaftsordnung hinter Kriegern, Bauern und Handwerkern auf den verachteten letzten Gesellschaftsrang verwiesen waren. In den Freudenvierteln gaben die reichen, selbstbewußten Kaufleute den Ton an, raffinierte Kurtisanen und einfache Freudenmädchen gleichermaßen suchten in dieser freigebigen Schicht ihre wichtigsten Kunden. In den Straßen der Vergnügungsviertel sah man auch Samurai, aber sie scheuten sich oft, ihr Gesicht zu zeigen; so erscheinen auf den Holzschnitt-Illustrationen jener Zeit häufig Personen, deren Gesicht unter einem bienenkorbartigen Hut verborgen ist, eben die öffentlichkeitsscheuen Samurai. 1682 erschien jener Roman, in dem Ihara Saikaku – selbst in Osaka geboren – das unerschöpfliche Liebesleben eines Kaufmannssohns aus der Stadt beschrieb. Nicht mehr ästhetisches Raffinement wie im Genji-Roman, sondern Sinnlichkeit, Liebesvergnügen und diesseitiger Genuß treiben

Holzblockdruck von Toyokoni:
Kurtisane mit Zahnstocher und shamisen (Saiteninstrument)

den Helden des Romans um. Schauplatz der einzelnen Geschichten, die in lockerer Verbindung das Werk ausmachen, ist die alte Kaiserstadt Kyoto, neben der Kapiteleinteilung wohl die einzige Verbindung zum Genji-Roman. Diese Geschichten enden völlig anders als die Erzählungen vom Prinzen Genji. Nach einem Leben, das der schwerreiche Held Yonosuke, der «3000fache Liebhaber» als amouröser Jäger und Sammler hingebracht hat, bricht er auf, um die «Insel der Frauen» zu finden:

«Mit dem Rest des Geldes, das Yonosuke noch besaß, ließ er ein großes Schiff in Osaka bauen ... Die Bespannung am Schiffsdeck bestand aus vielen zusammengenähten Kleiderärmeln der Kurtisanen, die er geliebt hatte.

An die Wandschirme in den Kabinen wurden verschiedene Berichte über Kurtisanen geklebt; die Schiffstaue wurden aus den Haaren der Kurtisanen geflochten.» Yonosuke verabschiedet sich mit einem Trinkgelage von seinen Freunden: «Auf dieser Welt habe ich bereits alles getan, was ich jemals tun wollte. Ich habe unzählige Kurtisanen, Tänzerinnen, Sängerinnen, Freudenmädchen und auch andere Frauen und Mädchen kennen- und liebengelernt, alle nur möglichen Torheiten habe ich begangen, es ist nichts mehr zu wünschen übrig.

Meinen Freunden hier wird es wohl ähnlich ergehen.

Wollen wir nun die in einer alten Sage überlieferte Insel der Frauen, auf der nur Frauen leben sollen, aufsuchen?

Alle waren von diesem Vorschlag begeistert.

Wenn wir auf dieser Insel von vielen Frauen geliebt werden und vor Erschöpfung sterben, können wir mit diesem männlichen Ende unseres Lebens zufrieden sein!»

So fuhr Yonosuke mit seinen Freunden in ein unbekanntes, aber vielversprechendes Schicksal – und damit endet der Roman.

Liebe und Genußsucht waren der eine Pol in der Erfahrungswelt der Bürger Osakas, Edos und Kyotos – Geld und Reichtum der andere:

«Für zwölf *mon* pro Nacht können Sie alles mieten, was Sie für einen buddhistischen Gottesdienst benötigen, seien es nun Opferspeisen, Blumenvasen, Kerzenständer, Weihrauchfässer, selbst einen Gong. Sieben *fun* zahlen Sie für die wöchentliche Miete eines Ruhebettes, inklusive das große Kissen. Kommt die Zeit für Reiskuchen, werden pro Tag drei, pro Nacht zwei *fun* für den zu ihrer Herstellung benötigten Dampfkorb gefordert. Soll für Sie ein großer Graben ausgeputzt werden, gibt es dafür Männer, die solche Arbeiten gegen Bezahlung von ein *mon* pro sechs Fuß ausführen und sogar ihre eigenen Bambusrechen und -besen sowie einen Korb für den Abfall mitbringen. Andere sind ständig mit der Baumschere unterwegs und nehmen für das Beschneiden eines Baumes fünf *fun*, fürs Veredeln pro Zweig ein *fun*. Ein Zimmermann verlangt für kleinere Arbeiten sechs fun. Mit heißem Wasser gefüllte Badezuber werden für sechs *mon* geliefert. Einige machen ein Sommergeschäft damit, Sonnenblenden aus Bambusholz zu vermieten, die so dünn sind, daß man durch sie ohne Probleme die Absicht dieser cleveren Burschen erblicken kann – die sparsame Hausfrau sei gewarnt!»

Geld regierte in der Tat die Welt zur Zeit unseres Autors:

«Heutzutage fragt niemand mehr danach, ob man (bei einer Hochzeit) füreinander bestimmt sei, noch ob man Schönheit besitze, es ist vielmehr allgemeiner Brauch geworden, eine Tochter vorzuziehen, die im Zeichen des Goldes geboren ist und darum Gold bringt. Deshalb erkundigt sich der moderne Ehevermittler zunächst nach der Mitgift, dann erst stellt er die Frage: ‹Ihre Tochter hat doch kein körperliches Gebrechen?› Welch Unterschied zur guten alten Zeit! Die Habsucht hat sogar das natürliche Begehren des Menschen verändert». (Ihara Saikaku, in: «Die Zauberschale»)

Saikaku bediente nicht nur die Leser in Osaka, auch für Kenner in Kyoto schrieb er; hier war es sogar eine Detektivgeschichte:

«In alter Zeit standen in einem Bezirk der Hauptstadt (d. h. Kyoto), den man Nishijin nannte, Dach an Dach die Häuser von Seidenwebern, die sich mit diesem Gewerbe ihren Lebensunterhalt verdienten. In einem dieser Häuser lebte ein Mann, der kaum sein Auskommen fand, obwohl er ein geschickter Weber war.» Der Weber und seine Frau beschließen, gemeinsam mit den Kindern Selbstmord zu machen, aber seine Berufskollegen tun sich zusammen, um ihm ein Überbrückungsdarlehen zu geben, damit er seine Schulden begleichen konnte. Von zehn Freunden bekommt der Weber je 10 *ryô* Gold – eine stattliche Summe –; «sie nannten das eine Genossenschaftsaktion, und einer nach dem anderen warf seinen Anteil in einen Meßbecher – insgesamt 100 *ryô*.» Am nächsten Tag entdeckt der Weber, daß ihm einer seiner zehn Freunde das gestiftete Geld gestohlen hat, das Gold war fort. Wieder denkt die Weberfamilie an Selbstmord, aber auf Vermittlung einer treuen Dienerin übernimmt ein Richter den Fall: er verurteilt alle zehn Freunde des Webers, gemeinsam mit ihren Frauen dazu, an einer Stange eine riesige chinesische Trommel um einen Kiefernhain herumzutragen. «Jeden Tag mußte ein Ehepaar ‹antreten und in zehn Tagen war die ganze Angelegenheit beendet. Die Leute in der Hauptstadt, die das beobachtet hatten, wunderten sich alle und meinten:

Geschichte 121

das war aber eine seltsame Strafe! Doch wer wußte schon, daß sich im Inneren dieser (riesigen) Trommel ein schlauer kleiner Priesterzögling versteckt gehalten hatte! Tag für Tag war er vom Richter gefragt worden, wie es gewesen sei, und er berichtete, daß die Frauen sich jeweils schwer beklagt hätten. Die Frau aber, die ihn am achten Tag hat herumtragen müssen, sei besonders aufgebracht gewesen ...»

Der Mann aber habe leise erwidert, «gedulde Dich nur noch ein Weilchen! Zu 100 *ryô* in Gold kommt man nicht so leicht». Damit war der Dieb überführt. (Ihara Saikaku, «Sie wußten nicht, was in der Trommel war», 1689. In: Japanische Kriminalgeschichten)

Die Seidenweber des Nishijin-Viertels bildeten damals die wichtigste Wirtschaftsgruppe der alten Hauptstadt, und noch heute ist die Nishijin-Seidenweberei eines der wichtigsten Industrieunternehmen der Stadt. Auch unsere beiden abgebrühten Reisenden aus Edo, Kita und Yaji, zeigten sich von Kyoto beeindruckt:

»In den Gedichten lesen wir, daß die Hauptstadt berühmt ist für ihre Blumen und ihre Tempel, die ganz ohne Zweifel sehr groß und eindrucksvoll sind. Die Blumen im Frühling und die roten Ahornblätter im Herbst! Nach allen Richtungen findet man wunderschöne Landschaft, und wenn Du ein Fäßchen des berühmten Sake von Kamogawa mit Dir nimmst, steigen Deine Sinne auf zum Himmel. Die Kaufleute dort kleiden sich in ganz andere Gewänder als in anderen Landesteilen, denn es heißt, in Kyoto geben die Leute ihr Geld für Kleidung aus auf Kosten ihrer Bäuche, bis sie vor Hunger in den Straßen ohnmächtig werden. Das kommt daher, weil die Gewänder von den Webstühlen des Nishijin die Farbe zarter Blumen besitzen und so rein sind wie die Wasser des Flusses Hori.» (Ikku, «Auf Schusters Rappen»)

Vom Feudalstaat zum Industriegiganten

Erzwungene Öffnung und Abwehr ausländischer Bedrohung

Die Blütejahre der Edo-Zeit sind gekennzeichnet durch eine profitable Partnerschaft zwischen der wohlhabenden Kaufmannschaft und den Samurai. In der konfuzianischen Gesellschaftslehre und Wertehierarchie an die letzte, niedrigste Stelle verbannt, waren die Kaufleute doch längst zu unverzichtbaren Vermittlern zwischen ländlichen Erzeugergebieten, Samurai-«Beamtenschaft» und städtischer Bevölkerung geworden. Nur das kommerzielle und finanzielle Können der Kaufleute ermöglichte die Umsetzung der Reislieferungen, in denen die Samurai bezahlt wurden, in die verschiedenen notwendigen Güter des täglichen Gebrauchs – und in Luxuswaren. Die herrschende Klasse des Samurai-Adels fühlte sich der Kaufmannschaft weit überlegen, sie konnte diese *Shônin* auspressen, aber die Samurai waren ohne die Kaufleute nicht lebensfähig. Spätestens zu Ende der Edo-Zeit waren die Samurai von einem schwertkämpfenden Kriegeradel zu einer straff organisierten Verwaltungselite umgeformt worden; nur das Recht, die zwei Schwerter zu tragen, erinnerte noch an die Entstehung dieser Herrschaftsschicht.

Gefährlicher als die selbstbewußte Kaufmannschaft, die doch ihren Platz in der Gesellschaft erkannte und anerkannte, war die neu entstehende Schicht reicher Grundbesitzer in den dörflichen Gebieten. Diese Gruppe schob sich zwischen die bäuerlichen Produzenten und die Feudalherren und bedrohte damit das überkommene Wirtschafts- und Herrschaftssystem. Die reichen Großbauern entwickelten sich immer mehr zu Kleinbankiers bzw. Wucherern, die die bäuerliche Bevölkerung gnadenlos auspreßten. So kam es in den letzten Jahrzehnten der Edo-Zeit immer wieder zu schweren Bauernaufständen. Die Wut der ländlichen Bevölkerung richtete sich dabei gegen wucherische Geldverleiher und rücksichtslose Gewerbetreibende wie auch gegen verhaßte Beamte der untersten Verwaltungsebene.

Zweihundert Jahre lang gründeten die Finanzen der Bakufu-Regierung auf den Reiserträgen; die Abgaben aus den ländlichen Gebieten an die Zentralregierung erfolgten weitgehend in Reis, und die meisten Ausgaben wurden auf der Basis der Reispreise berechnet. In der ersten Hälfte des 18. Jahrhunderts gelang es der Bakufu-Regierung, durch Steuererhebungen auf Monopole, durch Einnahmen aus dem Gold- und Silberbergbau sowie aus der regelmäßigen Besteuerung der Kaufmannschaft, die Reisabgaben durch Bargeldeinnahmen zu ergänzen. Ständig war die Regierung auf der Suche nach neuen Einnahmequellen. Dazu gehörten traditionell die Münzverschlechterung – d.h. eine Verringerung des Edelmetallgehalts in den gängigen Zahlungsmitteln –, die Neulandgewinnung und schließlich – die riskanteste Möglichkeit – eine stärkere Besteuerung der Feudalherren. Das unentwegte Drehen an der Steuerschraube, die Verschlechterung des Münzmetalls und die unkalkulierbaren Schwankungen der Reiserträge führten zu unkontrollierten Preissteigerungen, die bald den festen Sold der Samurai-Beamten auffraßen. Die letzten Jahre der Bakufu-Regierung sind geprägt von den verzweifelten Versuchen der Zentralgewalt, die Staatsfinanzen und die Haushalte der Feudalgebiete zu sanieren. Die Ergebnisse waren schlecht: In der Zeit zwischen 1834 und 1841 überstiegen die Regierungsausgaben die normalen Einnahmen an Bargeld um mehr als eine halbe Million Gold-*ryô* pro Jahr – mit dem Ergebnis, daß nur eine ganze Folge verzweifelter Maßnahmen das totale finanzielle Chaos verhindern konnte. Seit 1800 hatte die Zahl und das Ausmaß von Bauernaufständen, deren Ursprung in den Wirtschaftswirren zu suchen war, gewaltig zugenommen, und die Behörden hatten größte Mühe, die Revolten zu unterdrücken. Ein letztes Mal noch gelang es der Zentralregierung, den vollständigen wirtschaftlichen Zusammenbruch abzuwenden: 1841 bis 1842 brachte das Bakufu selbst durch Münzverschlechterung und Zwangsanleihen bei der Kaufmannschaft noch einmal schätzungsweise knapp drei Millionen *ryô* zusammen. Zugleich suchte die Zentralregierung die Landflucht einzudämmen; so wurde 1843 der Zuzug nach Edo verboten, Stadtbewohner ohne Familie und Dauerbeschäftigung wurden angewiesen, in ihre ehemaligen Heimatorte zurückzukehren. Ziel solcher Maßnahmen war die Steigerung der Agrarproduktion. Bei vorangegangenen Reformversuchen hatte die Regierung kurzerhand sämtliche Schulden der Samurai gestrichen – ohne nachhaltigen Erfolg. Bei den letzten Reformversuchen Ende der vierziger Jahre wurden zwar die Schulden der Samurai nicht vollständig getilgt, aber immerhin verfügte man eine Senkung der Zinssätze.

Unmittelbar verknüpft mit den Versuchen zu umfassenden Wirtschaftsreformen war die Machtfrage: Die großen Feudalherren waren nicht bedingungslos gehalten, Reformerlasse der Bakufu-Regierung in ihren Herrschaftsgebieten auch durchzusetzen. Nicht selten fanden die großen Daimyo in ihren Ländereien andere, bessere Lösungsmöglichkeiten für Wirtschaftsprobleme. Besonders belastet waren anfangs die kleineren Lehensgebiete, die nach dem Sieg der Tokugawa verkleinert worden waren; dazu gehörten besonders Gebiete auf Kyushu, wie die Lehen Satsuma und Choshu, deren erbitterte Gegnerschaft zum Bakufu später direkt zum Sturz der Tokugawa beitrug. Jahrzehntelang konnten die großen und kleineren Daimyo finanziell durch die Vergabe von Handelsmonopolen überleben, deren Erträge aus Gold und Silber anfangs auch die gewaltigen Ausgaben abdeckten, die sich beispielsweise aus den großen Bauvorhaben ergaben. Die Bauern dagegen mußten sich mit Bezahlung in Papiergeld zufriedengeben, dessen Nennwert willkürlich festgelegt wurde und häufig nur in den Grenzen bestimmter Gebiete Gültigkeit besaß. Künstlich niedrige Erzeugerpreise, noch dazu bezahlt in zweifelhafter Währung, brachten die Bauern gegenüber den Monopolhändlern in eine verzweifelte Lage. Der Zorn der Bauern richtete sich deshalb zwangsläufig gegen die rangniedrigen Samurai-Beamten, die als Vertreter und Beschützer der Monopole die unmittelbaren Repräsentanten der Staatsgewalt waren.

Das Land zerfiel immer mehr in industriell erfolgreiche Lehensgebiete und Ländereien, deren Feudalherren nicht mehr in der Lage waren, aus eigener Kraft erfolgreiche Wirtschaftsreformen durchzuführen. Begünstigt waren jene Gebiete, die Vorteile aus ihrer Lage und ihrem Klima ziehen konnten. So besaß Satsuma (Kyushu) beispielsweise die Kontrolle über den Zuckerhandel mit den Ryukyu-Inseln, Choshu konnte sich Finanzmittel aus der Besteuerung der Schiffahrt durch die westliche Einmündung in die Inlandsee verschaffen, das Lehen Tosa besaß reiche Fischgründe und verfügte über eine lukrative Papierfabrikation.

Die krisenhafte Verschärfung der Wirtschaftsprobleme Mitte des 19. Jahrhunderts fiel zeitlich zusammen mit dem verstärkten Vordringen europäischer imperialistischer Mächte nach Ostasien. Schon Ende des 18. Jahrhunderts waren von Norden her russische Schiffe bis in japanische Gewässer vorgeschoßen, Abgesandte des Zaren hatten versucht, Handelsbeziehungen mit dem Bakufu anzuknüpfen, waren aber abgewiesen worden. Anfang des 19. Jahrhunderts versuchten die Engländer, auf der Insel Deshima das holländische Außenhandelsmonopol zu durchbrechen, aber die Vertreter der Niederlande konnten diese Versuche sämtlich abblocken. Nach einem weiteren Annäherungsversuch im Jahre 1837, der ebenfalls fehlschlug, konzentrierte sich Großbritannien auf seine Kolonialpolitik in Südostasien und China. Durch die Verträge von 1842/43 erwarb England Hongkong und öffnete gleichzeitig dem Außenhandel eine Reihe von Häfen bis hinauf nach Shanghai an der Mündung des Yangtse. Shanghai liegt nur

Geschichte 125

ca. 800 km von Nagasaki entfernt, und damit war der Weg nach Japan entscheidend verkürzt. In den vierziger Jahren des 19. Jahrhunderts begannen die Engländer damit, systematisch die Küstengebiete Japans zu vermessen. In allen europäischen Ländern wurde der Druck auf die Regierungen verstärkt, die politische Führung Japans mit Gewalt zu zwingen, das Land für den Handel zu öffnen. Das Bakufu wies alle Versuche westlicher Regierungen zurück, diplomatische Beziehungen aufzunehmen und Wirtschaftskontakte zu intensivieren. Die holländischen Vertreter auf Deshima, die eine vorsichtige Vermittlerrolle versucht hatten, wurden scharf zurechtgewiesen, das Bakufu verbot jeden weiteren Briefwechsel in dieser Frage.

Während die Niederlande und Großbritannien im wesentlichen aus handelspolitischen Erwägungen ihre Aktivitäten in Südost- und Ostasien verstärkten, hatten zwei Staaten neben Handelsinteressen auch vitale strategische Ziele: Rußland war eine Landmacht mit maritimen Sicherheitsinteressen im Nordosten Asiens,

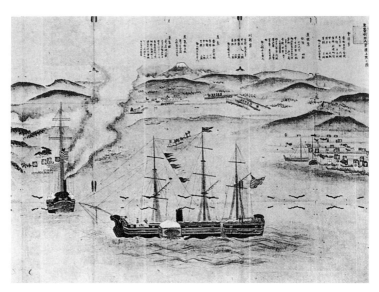

*Japanische Stellschirm-Malerei
mit einer Darstellung der Flottille Matthew Perrys*

die von verstärkter britischer Präsenz berührt wurden. Es waren aber die USA, die aus strategischen Überlegungen letztlich die entscheidenden Maßnahmen ergriffen, um Japan zur Öffnung zu zwingen. Im Juli 1846 lief ein Schiff des amerikanischen Pazifik-Geschwaders Japan an und ankerte auf der Reede von Edo; der Kommandant hatte Anweisung, die Möglichkeiten von Handelsbeziehungen zwischen beiden Ländern auszuloten. Die japanische Antwort war eine glatte Ablehnung. Drei Jahre später schlug ein amerikanischer Vorstoß nach Nagasaki ebenfalls fehl: Zwar erreichte der Kommandant des US-Schiffes die Freilassung einiger amerikanischer Seeleute, die als Schiffbrüchige nach Japan gelangt waren, aber seine Versuche, in Nagasaki ein amerikanisches Konsulat einzurichten und eine Bunkerstation zu erwerben, wurden rundweg abgelehnt. Die Ausweitung des amerikanischen Staatsgebietes nach Westen, der Erwerb Kaliforniens, hatte den USA eine ausgedehnte pazifische Küste gebracht, und die amerikanische Öffentlichkeit blickte weiter nach Westen, über den Pazifik hinweg. Japan wurde in dieser Perspektive zu einem politischen Faktor. Seine Häfen und seine bekannten Kohlevorkommen lagen unmittelbar an möglichen Schiffahrtsrouten von San Francisco nach Shanghai; die japanische Abschließungspolitik war für die weiteren Ostasienpläne der USA ein Ärgernis. Zu Beginn der fünfziger Jahre des 19. Jahrhunderts begannen die USA erstmals mit einer militärischen Operation: Ein Marinegeschwader unter dem Kommando des Kommodore M. C. Perry erreichte 1853 Japan. Perry hatte strikten Befehl, sich nicht abweisen zu lassen und «keine Beleidigung oder Mißachtungen irgendwelcher Art zu dulden»; die vier Schiffe hatten ständig gefechtsklar zu sein. Der Kommodore sollte nur mit einem hochrangigen Vertreter der japanischen Zentralregierung sprechen und einen Brief sowie eine Reihe von Geschenken des US-Präsidenten übergeben. Vergeblich hatten die Holländer bereits Monate zuvor das Bakufu vor den amerikanischen Plänen gewarnt. Die Drohgebärde der USA traf die Tokugawa-Führung völlig unvorbereitet. Ein hochrangiger Beamter wurde schließlich aus Edo entsandt, um Geschenke und Schreiben des amerikanischen Präsidenten in Empfang zu nehmen. Während das Schreiben des Präsidenten verbindlich gehalten war, enthielt ein Brief des Kommodore Perry, den der Marineoffizier ebenfalls übergab, eine unverhüllte Drohung: Falls diese

Geschichte

«sehr vernünftigen und friedlichen Angebote» nicht sofort angenommen würden, müßte er mit einer erheblich größeren Streitmacht im nächsten Jahr wiederkommen, um den Forderungen Nachdruck zu verleihen. 1854 kehrte Perry tatsächlich mit acht Schiffen nach Japan zurück – das Bakufu lenkte ein: Zwischen den USA und Japan wurde ein Freundschaftsvertrag geschlossen. Dieses Abkommen sah eine vorsichtige Öffnung einiger Häfen vor und stellte die Aufnahme konsularischer Beziehungen für die nahe Zukunft in Aussicht. In seinen komplizierten Verhandlungen mit japanischen Regierungsvertretern legte Perry vergleichsweise wenig Wert auf handelspolitische Fragen. Auch die Vertreter Großbritanniens und Rußlands, die zur selben Zeit mit dem Bakufu verhandelten, waren Marineoffiziere und nicht in erster Linie an Handelsfragen interessiert. Die Verhandlungen waren vielmehr bestimmt von strategischen Erwägungen vor dem Hintergrund des Krim-Krieges zwischen Frankreich und England auf der einen, Rußland auf der anderen Seite. Die Kaufmannschaft in den USA, Großbritannien und Rußland war mit den Verträgen, welche von den Marineoffizieren abgeschlossen worden waren, keinesfalls einverstanden. Die Regierungen dieser Länder suchten den Druck auf Japan zu verstärken, das Land – ähnlich wie im Falle Chinas – für den unbeschränkten Außenhandel zu öffnen.

Innenpolitisch hatte sich inzwischen die Lage der Bakufu-Regierung entscheidend verschlechtert: Eine ständig wachsende Gruppe unzufriedener Daimyo suchte die Herrschaft der Tokugawa zu untergraben und Schritt für Schritt dem Tenno in Kyoto wieder die politische Zentralgewalt zu geben. Durch die politische Elite des Landes ging ein tiefer Riß: Eine Partei forderte mit der Parole «Ehrt den Kaiser, vertreibt die Barbaren!», die Abschließungspolitik fortzusetzen und zugleich das Bakufu zu stürzen; eine andere Gruppe befürwortete eine vorsichtige Öffnung und die Einbindung der japanischen Wirtschaft in den Welthandel.

Die Bereitschaft des Bakufu, in neuen Verträgen weitere Handelshäfen für ausländische Kaufleute zu öffnen, gab dem Kaiserhof den Vorwand, die Autorität des Bakufu in den Augen nationalistischer, kaisertreuer Adliger entscheidend zu untergraben. Der Tenno stimmte schließlich der Öffnung einer Reihe von Häfen zu, ließ aber keinen Zweifel daran, daß das Bakufu diese Zustimmung erzwungen hatte. Es kam zu ersten Aufständen kaisertreuer Samurai. Aber die Vertragsbeziehungen zwischen den USA und Japan hatten eine unumkehrbare Entwicklung ausgelöst. Es war nur noch eine Frage der Zeit, bis der Außenhandel mit westlichen Nationen sich mehr oder weniger ungehindert entfalten konnte. Anfangs wurde die Öffnung von Vertragshäfen noch durch Angriffe von Truppen extrem nationalistischer Lehen wie Choshu und Satsuma verzögert; es kam zu militärischen Vergeltungsaktionen britischer, französischer und amerikanischer Marineeinheiten. Der Fremdenhaß äußerte sich in einer Reihe von Morden an ausländischen Konsulatsvertretern und Kaufleuten, aber die politische Entscheidung zur Öffnung des Landes war faktisch gefallen. Sie bedeutete zugleich auch das Ende der Tokugawa-Herrschaft. Nationalistische, fremdenfeindliche Gegner des Bakufu machten die Tokugawa-Regierung für eine Entwicklung verantwortlich, welche die Zentralregierung in Edo gar nicht unter Kontrolle hatte.

Die schärfsten innenpolitischen Gegner des Tokugawa-Bakufu, die südwestlichen Lehen Choshu, Satsuma, Tosa und Hizen, waren zugleich jene Fürstentümer, deren Führungselite früher als andere die Überlegenheit westlicher Waffentechnik kennengelernt hatte. Die Kenntnisse westlicher Technologie blieben nicht auf den Waffenbereich beschränkt, vielmehr hatte sich trotz aller Abschließungsmaßnahmen tropfenweise westliches Wissen in Japan verbreitet. Träger dieses Wissens waren die *rangakusha*, die «holländischen Gelehrten», die zum Teil mit erheblichem persönlichen Risiko Informationen über die westliche Welt sammelten und sich bemühten, in westliche Wissenschaftsbereiche einzudringen. Über die holländische Faktorei auf der künstlichen Insel Deshima kamen Bücher auf Holländisch nach Japan. Die ersten *rangakusha* befaßten sich vor allem mit westlicher Medizin, später aber auch mit Geographie, Weltgeschichte und Politik. Einzelne «holländische Gelehrte» begannen, vor den verhängnisvollen politischen Folgen einer rigorosen Abschließungspolitik zu warnen, aber das Bakufu ging gegen diese Mahner mit der ganzen Härte des damaligen Strafrechts vor. Mehr Gehör fanden *rangakusha*, die für eine Übernahme westlicher Militärtechnologie eintraten: Schon 1842 verwiesen diese Gelehrten auf die Gefahr russischer und britischer Angriffe und forderten, Japan müsse sich in den Besitz moderner Waffen setzen und als nächsten Schritt die selbständige Herstellung solcher Waffen erlernen.

Bei der Beschäftigung mit westlichen Wissenschaften stellte keiner der *rangakusha* überkommene japanische Werte in Frage, vielmehr ließ sich die Grundeinstellung dieser Gelehrten in einem Schlagwort zusammenfassen, das nach 1868 fast zu einer Handlungsmaxime der neuen politischen Führung wurde: «Japanischer Geist, westliche Wissenschaft».

Die Bemühungen einzelner Gelehrter, durch Aneignung westlicher Technik und westlicher Wissenschaften Kräfte zur Abwehr der imperialistischen Bedrohung durch eben diese Mächte zu sammeln, fiel zusammen mit einer neuen religiös-politischen Strömung, die sich auf eine «Wiederentdeckung des Shinto» stützte. Nationalistische Gelehrtenschulen hatten in den ersten Jahrzehnten des 19. Jahrhunderts die alten Chroniken des Reiches wiederentdeckt, sie beschäftigten sich mit Shinto-Überlieferungen, und sie übertrugen den traditionellen Herrschaftsanspruch des Tenno auf ihre zeitgenössische politische Situation: Als unmittelbarer Nachkomme der Sonnengöttin Amaterasu habe allein der Tenno Anspruch auf die höchste politische Macht, der im göttlichen Ursprung des Herrschers begründet sei. Die japanischen Inseln und das japanische Volk seien göttlichen Ursprungs; aus diesen Gründen sei Japan allen übrigen Ländern überlegen. Innenpolitisch war diese neue Kaiserideologie unmittelbar gegen den Machtanspruch der Tokugawa gerichtet, außenpolitisch mündete die Lehre in Abwehrmaßnahmen gegen westliche Vorherrschaftsansprüche. Dabei wurde aber die Nutzung westlicher Technologie zur Abwehr keineswegs verschmäht: Das Zentrum der neoshintoistischen Lehre und des Kaiserkultes war das Lehen Mito – und eben dieses Herrschaftsgebiet stand in den ersten Jahrzehnten des 19. Jahrhunderts in der vordersten Reihe der Modernisierung. Bereits 1858 waren dort, wenn auch in kleinem Umfang, eine Eisenindustrie und der Schiffsbau nach westlichem Vorbild aufgebaut worden. In direkter Verletzung gesetzlicher Vorschriften des Tokugawa-Bakufu hatten die Herrscher von Mito sogar damit begonnen, selbst Kanonen zu gießen, was zu einem direkten politischen Konflikt mit der Zentralregierung in Edo führte. Weitblickende Daimyo anderer Lehensgebiete waren längst dazu übergegangen, systematisch wissenschaftliche und technische Werke aus dem Holländischen übersetzen zu lassen. In Nagasaki gelang es, mit Unterstützung des Bakufu und technischer Beratung durch die Holländer, ebenfalls das Problem des Kanonengießens zu lösen. 1850 wurde in Kyushu der erste Schmelzofen errichtet, von nun an konnten eiserne Kanonen produziert werden, die Fertigung begann 1853. Das Lehen Hizen wechselte dann zum Schiffbau und orderte 1856 in Holland eine komplette Werftanlage. 1859 überließ man aus Kostengründen die Werftanlage den Tokugawa, aber dennoch gelang es Hizen 1861, einen Schiffskessel zu schmieden und 1865 mit eigenen Mitteln einen kleinen Dampfer zu bauen. Auch ein anderes nationalistisches «Reformlehen», Satsuma, hatte mit der Modernisierung seines Artilleriewesens begonnen und seit 1853 Schmelz- und Hochöfen errichtet. Die militärische Führung des Lehens modernisierte die Heeresstruktur und begann 1856 mit dem Aufbau einer kleinen Marine. Schon ein Jahr zuvor waren in der Hafenstadt Kagoshima moderne Werftanlagen errichtet und ein Dampfschiff vom Stapel gelassen worden. Zwischen 1854 und 1868 kaufte die Führung Hizens insgesamt siebzehn Schiffseinheiten im Ausland hinzu. Auch die nicht-militärische Industrie wurde ausgebaut, es entstanden Fabriken für Lederwaren, Papier, eiserne Werkzeuge, Glas und Porzellan. Solche Modernisierungsschübe kamen aus Lehensgebieten, die geographisch wie politisch in einer Randlage waren; in den Familienländereien der Tokugawa waren Modernisierungsmaßnahmen nach westlichem Vorbild sehr viel schwieriger durchzusetzen. Zielstrebige Modernisierung in den südwestlichen Lehen setzte die Führung dieser Gebiete später in die Lage, sich direkt dem Herrschaftsanspruch der Tokugawa zu widersetzen und entscheidend dazu beizutragen, daß der Kaiser wieder in seine ursprünglichen politischen Funktionen als höchster Herrscher eingesetzt werden konnte.

Die Entstehung eines modernen Staates

Die vereinigte militärische Macht aus den vier Lehen Satsuma, Choshu, Tosa und Hizen bemächtigte sich 1867 der kaiserlichen Hauptstadt Kyoto und zwang von dort aus schließlich die Tokugawa zur Aufgabe ihrer politischen Macht. Der letzte Shogun verhinderte durch seine Rücktrittserklärung einen Bürgerkrieg.

Nach einigen kürzeren Kämpfen ergaben sich alle Vasallen der Tokugawa ebenfalls den neuen Herrschern, die für den Kaiser handelten.

An die Spitze des neuen Staatswesens, das sich unter Schwächung feudalistischer Lehensrechte allmählich konsolidierte, trat eine neue Führungsgeneration aus dem Süden und Westen des Landes. Diese jüngeren Politiker waren alle bestimmt, noch das 20. Jahrhundert zu erleben, gemeinsam zogen sie für ein halbes Jahrhundert die politischen, wirtschaftlichen und sozialen Entwicklungslinien Japans. Der eigentliche Akt der «Restauration», also die Wiedereinsetzung des Kaisers als politische Zentralgewalt, geschah 1868, als die Führung der vier Reform-Lehen übereinkam, ihre Ländereien freiwillig dem Kaiser zu unterstellen. Alle übrigen Daimyo erhielten Befehl, diesem Schritt ebenfalls zu folgen. Die Feudalfürsten gingen jedoch nicht ihrer Ländereien verlustig, sondern wurden als Gouverneure mit deren Verwaltung betraut.

Es folgten Schritt um Schritt Modernisierungsmaßnahmen im Verwaltungssystem und beim Finanzwesen. Am 6. April 1886 hatte die neue Führungsschicht mit dem sog. «Eid auf die Verfassung» versucht, das wachsende Mißtrauen gegen die Vorrangstellung der Reformlehen in den übrigen Gebieten zu zerstreuen. Dieses Edikt, das im Namen des jungen Kaisers Mitsuhito erging, war eine Garantie der neuen politischen Führung, daß sie keine Alleinherrschaft wie unter dem Shogunat anstrebe und politische Entscheidungen nur nach intensiver Beratung mit allen «Interessengruppen» des Landes fällen wolle. Mit diesem «Eid» sollte besonders das Mißtrauen gegen die beiden großen Lehen Satsuma und Choshu abgebaut und eine Versöhnung mit den Gefolgsleuten der Tokugawa erreicht werden, da man die erfahrene Beamtenschaft der Tokugawa-Lehensländereien einbinden wollte. Nach Beendigung der letzten Kämpfe im Bürgerkrieg 1869 wurde die Verwaltung erneut umgebildet. Sie erhielt jetzt die Form, die bis zur Einführung des westlichen Kabinettssystems Bestand hatte: Die Regierung wurde aufgeteilt in die Zuständigkeitsbereiche Inneres, Finanzen, Kriegsministerium (seit 1872 aufgeteilt in die Ressorts Heer und Marine), Justiz, Auswärtige Angelegenheiten und – bezeichnenderweise – Kaiserlicher Haushalt. Die Neugliederung der Zentralverwaltung an der Regierungsspitze überwand eine Situation höchster Unsicherheit nach dem Überraschungscoup der Reformlehen. Viele Daimyo waren zwar dem Schritt Satsumas und Choshus gefolgt und hatten sich auf die Seite des Kaisers gestellt, aber weder die Reformlehen noch der Kaiserhof besaßen genügend Macht, um überall im Lande ihre Vorstellungen durchzusetzen.

Nach Ausschaltung der Bakufu-Verwaltung verfügte Japan in den ersten Wochen des Jahres 1868 praktisch über keine zentrale Regierung. Die Architekten einer neuen Ordnung aus den Lehen Satsuma und Choshu mußten eine Allianz aus Hofadel, Lehensfürsten und der Verwaltungselite unter den rangniedrigeren Samurai zusammenbringen. Diese nahezu unlösbare Aufgabe wurde bewältigt, indem man an die Spitze einer neuen Übergangsregierung Hofadlige berief und auch provisorische Fachabteilungen der Exekutive unter die Leitung von Hofadligen stellte. Chef dieser «Regierung» wurde ein kaiserlicher Prinz, ihm zur Seite standen zwei weitere kaiserliche Prinzen, und mit ihnen übernahmen die Daimyo der wichtigsten Reformlehen (Satsuma, Tosa, Hiroshima, Owari, Fukui und später auch Choshu) Regierungsverantwortung. Gegenüber den ranghohen Hofadligen hielten sich so die Samurai-Beamten im Hintergrund. Nach der Reorganisation von 1869 aber wurde immer deutlicher, daß der politische Einfluß des Hofadels in der neuen Regierung nur vorgeschoben war: Als im Sommer 1871 die alten Lehensgebiete aufgehoben wurden, übernahmen Samurai die Leitung der beiden wichtigen Abteilungen Finanzen und Auswärtige Angelegenheiten. Stets wurde im Namen des Kaisers gehandelt, und man nahm sorgfältig Rücksicht auf die Empfindlichkeiten des Hofadels, aber die wahre politische Macht lag bei einer Gruppe entschlossener Reformer, die später als die «Meiji-Oligarchen» zu den Architekten der Modernisierung Japans in Politik und Wirtschaft wurden.

Hauptaufgabe der neuen Regierung war die finanzielle Absicherung des Staatshaushaltes, d. h. eine grundlegende Steuerreform. Bereits 1862 war das Verbot aufgehoben worden, Landtitel zu übertragen oder zu verkaufen; zehn Jahre später (1873) trat ein neues Grundsteuersystem in Kraft, nach dem jeder Landbesitzer drei Prozent seines geschätzten Grundstückswertes als Jahressteuer zu entrichten hatte. Zusammen mit der Aufhebung der Lehensgebiete als «selbständigen» Territorialeinheiten bildete diese

Geschichte 133

Steuerreform den wirklich «revolutionären» Bruch mit der feudalen Vergangenheit: Steuern wurden fortan nicht mehr in Naturalien (Reis, sonstige Agrarprodukte) entrichtet, sondern mußten in Form von Bargeldzahlungen erbracht werden. Für die Zentralregierung brachte diese Reform entscheidende Vorteile: Die Höhe der Einkünfte war genau vorauszuberechnen, da sie nicht mehr von Schwankungen bei den Ernteerträgen abhing, und die krassen Unterschiede im Steueraufkommen zwischen einzelnen Landschaften verschwanden. Andererseits war den Grundbesitzern mit dieser Reform die Möglichkeit genommen, zu ihren Gunsten die Steuern nach unten zu manipulieren; es kam deswegen wiederholt zu gewaltsamen Unruhen in den ländlichen Regionen.

Schwieriger noch als die Finanzierung des Haushalts der Zentralregierung war die finanzielle Absicherung der Samurai-Beamten. Ende 1871 hatten die Samurai die Erlaubnis bekommen, sich in Landwirtschaft, Handel und anderen Berufen zu betätigen. Einzelne Samurai etablierten sich schnell in der «Geschäftswelt» und wurden zu den Gründungsvätern berühmter Riesenunternehmen, aber die große Mehrheit der Samurai fand sich in dem neuen System nicht zurecht. So wurde im Dezember 1873 bekanntgegeben, daß alle Samurai, deren Sold weniger als 100 *koku* Reis betrug, ihre Vergütung in Bargeld entgegennehmen durften; 1876 wurde diese Regelung für alle Samurai verbindlich. Längst hatten die Männer mit den zwei Schwertern also ihre Privilegien verloren, die Finanzreformen bedrohten jetzt auch die materielle Existenzgrundlage der großen Mehrheit unter ihnen: Die ehemaligen Daimyo konnten auf hohe Geldbeträge zählen, während die Einkünfte der ärmeren Samurai deutlich unter dem Existenzminimum lagen; sie mußten sich mühsam neue zusätzliche Einkünfte verschaffen.

Seit dem 8. Jahrhundert war Kyoto stets die Hauptstadt des Landes gewesen, jetzt wurden die politischen und sozialen Umbrüche auch geographisch markiert: 1869 verlegte die provisorische Regierung die Hauptstadt nach Osten – von Kyoto nach Edo. Aus dem Stammsitz der Tokugawa-Shogune Edo wurde die «östliche Hauptstadt», d. h. Tokyo. Residenz des Kaisers wurde das Tokugawa-Schloß, ein sichtbares Zeichen für die neue Vormachtstellung des Kaisers, auch wenn wieder andere in seinem Namen regierten.

Weitere Reformen kamen in schneller Folge: Nach der radikalen Umgestaltung des Steuersystems wurden die Bauern von der Bindung an den Boden befreit, den sie bestellten; sie konnten sich jetzt überall und in allen Berufssparten neue Existenzgrundlagen aufbauen. Bürgerliche erhielten das Recht, mit Mitgliedern des Hochadels Ehen einzugehen; 1872 wurde die allgemeine Wehrpflicht verkündet, nachdem schon lange zuvor die Samurai ihr traditionelles Recht verloren hatten, Unbotmäßige aus niedrigen Ständen ungestraft niederzumachen. 1876 wurde jedermann das öffentliche Tragen von Schwertern grundsätzlich verboten. Schon 1869 war die klassische konfuzianische Ständegliederung in Krieger, Bauern, Handwerker und Kaufleute aufgehoben, eine neue ständische Dreiteilung der Gesellschaft wurde vorgenommen: An der Spitze stand der Reichsadel, darunter der niedere Adel, und die breite Masse der Bevölkerung bildeten die Bürger (*heimin*).

Ein Erziehungsministerium war bereits 1871 als selbständige Regierungsinstitution ins Leben gerufen worden, jetzt folgte die Einführung der allgemeinen Grundschulpflicht. Gezielt arbeitete die Regierung auch auf dem Ausbau der Verkehrsnetze und der Kommunikation: Telegrafenverbindungen zwischen Tokyo und Yokohama bestanden schon 1870, eine erste Kabelverbindung mit dem Ausland wurde 1871 zwischen Japan, Shanghai und Wladiwostok verlegt. Britische Experten entwarfen Pläne für eine Bahnverbindung zwischen Tokyo und Kyoto, Osaka und Kobe. Bereits 1872 überzog ein allgemeiner Postdienst das ganze Land.

Die radikalen sozialen und wirtschaftlichen Veränderungen hatten 1868 auch ein politisches Motto bekommen: Kaiser Mitsuhito verkündete einen neuen Ära-Namen, der ein halbes Jahrhundert Reformpolitik kennzeichnete: «Meiji» oder zu deutsch «aufgeklärte Regierung». Im Nachhinein ist in die Wahl dieses Ära-Namens viel Weitsicht hineingelegt worden, tatsächlich aber ist die Wahl dieser Bezeichnung wohl eher zufällig gewesen. Aus der Rückschau jedoch läßt sich nicht leugnen, daß die Reformpolitiker bei ihrer Umgestaltungsarbeit konsequent im Sinne dieser Devise handelten: Die radikalen Reformen im Inneren sollten die Voraussetzungen für die Revision der ungleichen Verträge mit den westlichen imperialistischen Staaten schaffen.

Seit der gewaltsamen Öffnung des Landes durch Kommodore Perry genossen die ausländischen Kaufleute in Japan praktisch

Zollfreiheit, sie unterstanden nicht der japanischen Gerichtshoheit, und die ausländischen Niederlassungen waren de facto exterritoriale Gebiete auf japanischem Boden. Andererseits waren die Reformen in Japan noch nicht so weit gediehen, daß sie auch eine grundsätzliche Umgestaltung des japanischen Strafrechts und anderer Rechtsbereiche erfaßt hätten; alle westlichen Partnerländer Japans bestanden auf einer grundlegenden Änderung der japanischen Rechtsprechung, bevor an eine Revision der ungleichen Verträge gedacht werden konnte. Mit dieser harten Haltung in den USA und in Europa wurden die Teilnehmer einer ersten offiziellen Regierungsdelegation konfrontiert, die 1871 nach San Francisco, Washington, London und Berlin reiste. Die japanischen Gesandten wurden auf ihrer eineinhalbjährigen Reise mit den gewaltigen technologischen und wissenschaftlichen, aber auch militärischen Fortschritten der westlichen Länder konfrontiert, und alle Delegationsmitglieder waren sich zu Ende der Reise darüber einig, daß Japan so schnell wie möglich Anschluß an diese Entwicklungen finden müsse, um die Voraussetzungen für eine Revision der ungleichen Verträge im eigenen Land zu schaffen.

Währenddessen war die geschäftsführende Regierung in Tokyo über einem außenpolitischen Problem zerbrochen: Wieder einmal war es die Korea-Problematik, die Japans Außenpolitik belastete. Der koreanische Königshof hatte sich beharrlich geweigert, die Abschließungspolitik des Landes aufzugeben und den Handel mit Japan zu ermöglichen. In einer neuen Konstellation praktizierte die japanische Regierung gegenüber Korea die gleiche Politik, die westliche imperialistische Länder gegenüber Japan angewendet hatten: Man drohte mit militärischen Aktionen, wenn Korea seine Grenzen nicht öffnete.

Fast wäre es zu einem kriegerischen Abenteuer gekommen; da kehrte die Delegation aus den USA und Europa nach Japan zurück: Der Delegationsleiter, einer der führenden Reformpolitiker der Meiji-Zeit, blockierte sofort alle Kriegspläne und verwies darauf, daß die japanischen Finanzen militärische Lösungen dieses außenpolitischen Problems nicht gestatteten. Der Streit um die Korea-Politik spaltete die Meiji-Oligarchie zutiefst, denn ein Nachgeben in der Korea-Frage wurde als Schwäche ausgelegt. Mit einer Verhandlungslösung wurde 1876 erreicht, daß Korea eine Reihe von Vertragshäfen für den Handel mit Japan öffnete, aber dieser diplomatische Erfolg war für die Tagträumer einer vergangenen Welt ohne Bedeutung: Unzufriedene Samurai, die im selben Jahr erleben mußten, daß sie ihre Privilegien verloren hatten und zugleich mit völlig unzureichenden Bargeldvergütungen auskommen sollten, schlossen sich zusammen und wagten 1877 einen verzweifelten Aufstand gegen die neue Ordnung. In diesem letzten Bürgerkrieg stand althergebrachte Samurai-Tugend gegen alles Moderne. Der Anführer des Aufstands, Saigo Takamori, verkörperte die Samurai-Ideale, er führte die letzten Heere von Schwertkämpfern gegen eine moderne, nach westlichem Vorbild ausgerüstete Armee – und mußte unterliegen. Eine straff geführte Wehrpflichtigen-Armee hatte sich gegen Verbände aus zusammengeschlossenen Samurai-Einzelkämpfern selbstverständlich durchgesetzt – ein Ideal war unterlegen. Heute steht vor dem Bahnhof von Ueno in Tokyo ein Bronzestandbild Saigos, das ihn mit seinem treuen Hund in der ganzen Größe des am Ideal Gescheiterten zeigt – einer der vielen Hinweise, daß die Japaner eine schwärmerische Verehrung für Größe in der Niederlage hegen.

Diese sog. Satsuma-Rebellion war der letzte feudalistische Aufstand gegen die neue Regierung, aber die Samurai-Opposition lebte noch viele Jahre fort. Bis in das 20. Jahrhundert hinein wurden auf bekannte Politiker, die radikale Reformen anstrebten, immer wieder Attentate verübt; bis in die vierziger Jahre des 20. Jahrhunderts war es stets lebensgefährlich, führender Politiker zu sein. Es gibt eine lange Tradition des politischen Mordes in Japan – noch in den fünfziger Jahren wurde ein sozialistischer Parteichef von einem fanatischen Rechtsradikalen während einer Massenveranstaltung mitten auf dem Podium erstochen. Auch der Attentäter, der 1989 den Bürgermeister von Nagasaki niederschoß, weil der Lokalpolitiker an die Verantwortung des Tennos für den Pazifischen Krieg erinnert hatte, steht in derselben Tradition.

In einem frühen wirtschaftlichen Entwicklungsstadium, lange bevor die Modernisierung der japanischen Industrie greifbare Erfolge gebracht hatte, begann die Regierung mit außenpolitischen Abenteuern. 1875 gelang eine friedliche Einigung mit Rußland über die Gebietsansprüche auf Sachalin und die Kurilen: Japan wurden die Ansprüche auf die Kurilen-Inseln im Gegenzug für den Verzicht auf Sachalin garantiert, und es konnte damit nach

Norden seine Grenzen sichern. 1876 hatte Korea unter japanischem Druck einige Vertragshäfen für den Handel geöffnet, 1879 wurden die Ryukyu-Inseln (Okinawa) dem japanischen Territorium zugeschlagen, obwohl die Inselgruppe lange Zeit als chinesisches Hoheitsgebiet betrachtet worden war. Schon 1874 war Taiwan praktisch unter japanische Kontrolle geraten, wenn die Insel auch noch nicht formell annektiert wurde. Nur zwanzig Jahre nach der gewaltsamen Öffnung Japans durch westliche imperialistische Mächte war Japan vom Opfer des Imperialismus selbst zum imperialistischen Täter geworden.

Diese Politik wurde unter dem Druck einer Öffentlichkeit im nationalistischen Überschwang fortgesetzt: Konflikte über die Vorherrschaft im hilflosen Königreich Korea führten 1894/95 zum Krieg gegen China, der mit einem glänzenden japanischen Sieg endete. Im Frieden von Shimonoseki mußte China Formosa (Taiwan) abtreten, weitere Vertragshäfen für Japan öffnen und eine gewaltige Entschädigung zahlen. Der patriotische Rausch in Japan erhielt jedoch einen demütigenden Dämpfer, als Rußland, Frankreich und Deutschland die japanische Regierung zwangen, auf Gebietsabtretungen in China selbst zu verzichten. Die Öffentlichkeit in Japan reagierte mit maßloser Enttäuschung und voller Wut gegen die Regierung; die politische Führung nahm diese Demütigung zum Anlaß, verstärkt aufzurüsten. 1899 waren die letzten Exterritorialrechte aufgehoben worden, und im Jahre 1900 beteiligte sich Japan gleichberechtigt mit europäischen Mächten und den USA an der Niederwerfung des sog. «Boxer-Aufstands» in China. Ein Freundschaftsvertrag mit Großbritannien (1902), in dem London die Sonderinteressen Japans in China sowie besonders auch auf der koreanischen Halbinsel anerkannte, legte fest, daß die Vertragspartner jeweils neutral bleiben würden, wenn eine der beiden Mächte in Ostasien in einen militärischen Konflikt verwickelt würde. In Korea und in der Mandschurei war es inzwischen zu einem Interessenkonflikt zwischen Rußland und Japan gekommen, und auf der Grundlage dieses Vertrages konnte Japan 1904 eine militärische Lösung des Konflikts suchen – mit einem Überfall auf die russischen Marineeinheiten in Port Arthur begann der Krieg gegen das Zarenreich. In den Landschlachten dieses Krieges erlebten die Soldaten Japans zum erstenmal das ganze Grauen einer «modernen» Kriegsführung: Mit hohl klingenden patriotischen Parolen wurden die japanischen Soldaten gegen stark befestigte Stellungen und feuerspeiende Artillerie geschickt.

«Hauptmann M., der Kommandeur, blickte bedrückt und schweigend drein, als wäre er ein anderer geworden, seit er die Führung der Abteilung übernommen hatte. ›Doch unter den Soldaten herrschte wider Erwarten gute Stimmung, was sicherlich auf die Kräfte des Yamato damashi (= japanischer Geist) und auf die Wirkung des Sake (Reiswein) zurückzuführen war ... Hej, dreh Dich mal um! sagte der Schütze Taguchi, im Privatleben Papierhändler, zum Schützen Horio, von Beruf Zimmermann. Sie waren beide aus derselben Kompanie ausgewählt worden. Die grüßen uns. Schütze Horio schaute sich um. Tatsächlich stand oben auf der Höhe, die sich schwarz gegen den sich allmählich rötenden Himmel abhob, der Regimentskommandeur mit einigen Offizieren und grüßte die in den Tod ziehende Einheit ein letztes Mal. Erhebend, was? Ist doch eine Ehre zur Tasuki-Einheit zu gehören! Was soll eine Ehre sein? Mürrisch rückte Schütze Horio sein Gewehr auf der Schulter zurecht. Wir marschieren alle in den Tod. Aber genau besehen lassen wir uns umbringen, nachdem man unser Leben für die Ehre eines Grußes gekauft hat. Einen billigeren Kauf kann's wohl kaum geben. Nun hör aber auf! Du beleidigst Seine Majestät. Quatschkopf! Beleidigen oder nicht! Kriegst Du vielleicht in der Kantine auch nur einen Viertel Sake bloß für eine Ehrenbezeigung? ... Die sagen natürlich nicht, daß sie uns für eine Ehrenbezeigung kaufen. Nein, die finden große Worte. Für Seine Majestät den Kaiser, für das Vaterland, sagen sie. Schöner Schwindel! Stimmt's etwa nicht, Bruder?» (Akutagawa Ryunosuke, «Der General», 1922)

Die Soldaten gehörten zu den Sturmkompanien, die unter bedingungslosem Einsatz ihres Lebens in heftigem Abwehrfeuer russische Stellungen einnehmen sollten. Diese Einheiten waren kenntlich an einem weißen Tasuki, also einem zusammengedrehten weißen Tuch, das kreuzweise über der Brust getragen wurde. Als der Sturmangriff befohlen wird, stürzen sich der Skeptiker und der glühende Patriot gleichermaßen in blinder Opferbereitschaft auf den Feind – beide fallen.

Die Meiji-Zeit war aber auch eine Epoche, in der Generationenkonflikte zwischen Vater und Sohn kulturelle Dimensionen annehmen konnten: In derselben Novelle wird Jahre nach dem Krieg die Konfrontation zwischen dem damaligen Kommandeur der Sturmkompanien und seinem Sohn geschildert. Die Beschreibung des Zimmers, in dem das Gespräch stattfindet, verdeutlicht die schroffen kulturellen Gegensätze der Meiji-Epoche. Der Gene-

Geschichte

ral sitzt in einen Kimono gehüllt in einem europäisch eingerichteten Zimmer:

«Überall an den Wänden hingen gerahmte Fotogravüren, Reproduktionen europäischer Gemälde. Ein einsames Mädchen, das an einem Fenster lehnte. Ein Landschaftsbild, auf dem die Sonne zwischen Zypressen spielte. Bei Lampenlicht verliehen sie dem altmodischen Gästezimmer eine merkwürdig kühle und strenge Atmosphäre, die dem General aus irgendeinem Grunde nicht zu behagen schien.»

Der Sohn des Generals hat ein Foto des Oberkommandierenden im Rußlandfeldzug, General Nogi, abgehängt. Der Oberkommandierende hatte nach dem Tod des Kaisers Meiji gemeinsam mit seiner Gattin Selbstmord begangen und sich kurz vor der rituellen Selbsttötung fotografieren lassen. Der Sohn fühlt sich von diesem Handeln abgestoßen:

«Wenn es nicht General N. wäre. Er hätte an so etwas nicht denken sollen. Das Gefühl, aus dem heraus er Selbstmord begangen hat, kann ich ja zur Not noch verstehen. Aber daß er sich unmittelbar vor dem Selbstmord fotografieren ließ, ist mir völlig unbegreiflich. Daß dieses Bild nach seinem Tode in jedem Laden aufgehängt wird ...» (Akutagawa)

Am 1. Januar 1873 wurde der gregorianische Kalender in Japan eingeführt. Die Jahre der raschen politischen und wirtschaftlichen Modernisierung wurden nicht mehr in der traditionellen chinesischen Zeitrechnung gemessen, sondern erhielten die ihnen gemäße Zählung. Unter der Parole «Reiches Land, starke Armee» trieben die Meiji-Oligarchen Japans Modernisierung in zwei Schwerpunktbereichen gezielt voran: bei Militär und Wirtschaft. Die Reformer waren zutiefst davon überzeugt, daß Japan unter einer ständigen Bedrohung von außen stand und diese Gefahr nur durch den Aufbau einer schlagkräftigen Armee zu bannen war: Im Jahre 1878 wurde eine Reorganisation des Heeres nach preußisch-deutschem Vorbild durchgeführt, preußische Offiziere bauten einen Generalstab auf, die Wehrpflicht der Soldaten betrug – die Reservistenzeit eingerechnet – zwölf Jahre, davon drei im aktiven Dienst. Ausbau und Modernisierung der Marine geschahen mit britischer Hilfe. Teils lief ein Flottenbauprogramm in Japan, teils kaufte man Schiffseinheiten von englischen Werften. Bei Ausbruch des Krieges mit China 1894 verfügte die japanische Flotte über 28 hochmoderne Kampfschiffe mit zusammen 57000 BRT.

Die Werften des Landes konnten bereits sämtliche Wartungsarbeiten an den modernen Kriegsschiffen ausführen, die Rüstungsfabriken waren in der Lage, Torpedos, Schnellfeuergeschütze sowie Infanteriewaffen herzustellen. Gegen Ende der Meiji-Zeit wurde ein Drittel des Staatshaushaltes für Militärausgaben eingesetzt, ein Hinweis darauf, daß die Modernisierungsmaßnahmen stets auch unter einem militärischen Aspekt vorangetrieben wurden. Dafür sprach auch, daß alle öffentlichen Einrichtungen mit strategischem Wert von der Regierung kontrolliert wurden: das Telegrafennetz, der Telefondienst, der seit 1890 auch privaten Nutzern offenstand, und nicht zuletzt die Eisenbahnen, die 1906 verstaatlicht wurden.

Rund fünfundzwanzig Jahre brauchte die Meiji-Führung, um das Rechtswesen des Landes von Grund auf zu reformieren: Das Strafrecht wurde unter Beratung französischer Juristen auf der Grundlage des Code Napoléon umgestaltet; die Arbeiten zogen sich jedoch über zwölf Jahre hin. Das bürgerliche Recht und das Handelsrecht wurden mit Hilfe deutscher Fachleute entwickelt, aber auch diese beiden Rechtswerke konnten erst 1898/99 in Kraft treten. Im Strafrecht war die Folter abgeschafft, die Richterausbildung wurde geregelt und Beweisaufnahme sowie Verfahren erhielten eine feste Struktur. Ähnlich revolutionär waren die Reformen im Erziehungssystem: In geringerem Umfang hatte es schon seit der Tokugawa-Zeit Schulen gegeben, an denen Söhne von Adelsfamilien ausgebildet wurden; jetzt aber sollte das Bildungssystem praktisch jedermann offenstehen. Eine enorme Aufgabe für ein Land, das gerade aus der Feudalzeit herausgetreten war – aber die Reformen des Erziehungssystems brachten eindrucksvolle Erfolge: 1880 gab es bereits 28 000 Grundschulen mit über 2 Millionen Schülern (40% der schulpflichtigen Kinder); nach weiteren Ausbaumaßnahmen besuchten 1906 bereits 95% aller schulpflichtigen Kinder die Schule. Dem Ausbau der Grundschulausbildung folgte die Schaffung von weiterbildenden Schulen, die nach Mittel- und Oberschulen gegliedert waren und denen man in den achtziger Jahren als Spitze der Bildungspyramide eine Reihe von Universitäten überordnete. Die Regierung kontrollierte scharf alle Bereiche des Erziehungssystems, private Schulen durften nur mit ausdrücklicher Genehmigung der Regierung gegründet werden.

Die Landwirtschaft geriet ebenfalls in den Sog der Reformmaßnahmen: Schon in der Tokugawa-Zeit hatte es teilweise eine marktorientierte Agrarproduktion gegeben, in der zweiten Hälfte des 19. Jahrhunderts war die gesamte japanische Landwirtschaft und Fischerei Marktmechanismen unterworfen. Diese Entwicklung hatte für die große Masse der bäuerlichen Bevölkerung eine Reihe negativer Konsequenzen, vor allem kam es zu einer weiteren Konzentration des großen Grundbesitzes und damit zur Ausweitung und Verfestigung des Kleinpächter-Systems. 1890 wurden mindestens 40% des Bodens von Pächtern bewirtschaftet, während es zu Beginn der Restauration nur etwa 20% gewesen waren. Die meisten Kleinbauern besaßen nicht genügend eigenes Land, um überleben zu können, und waren deshalb gezwungen, weitere Flächen hinzuzupachten; sie gerieten damit in wirtschaftliche Abhängigkeit zu Großgrundbesitzern, die häufig auch noch als örtliche Kleinbankiers und Händler die Mehrheit der dörflichen Bevölkerung in einem ökonomischen Würgegriff hielten. Dennoch stieg die Agrarproduktion in allen Erzeugungsbereichen deutlich an: Zwischen 1880 und 1894 wurden die Ernteerträge bei Reis um mehr als 30% gesteigert, teils durch Erweiterung der landwirtschaftlichen Nutzflächen, hauptsächlich jedoch durch neue Anbaumethoden. Die Reiserzeugung hielt so mit dem beträchtlichen Anwachsen der Bevölkerung Schritt, der Pro-Kopf-Verbrauch konnte sogar von jährlich 110 kg auf 135 kg gesteigert werden. Verbesserung der Fanggeräte und Modernisierung der Flotten ließen auch die Fischanlandungen an den Küsten beträchtlich ansteigen. In vielen Gebieten konnten sich die Bewohner, die vorher Landwirtschaft und Fischerei nebeneinander betrieben hatten, gänzlich auf den Fischfang konzentrieren. Für zahlreiche Bauern war die Seidenraupenzucht ein einträglicher Zuerwerb. Durch eine Seidenraupenkrankheit war in Europa die Seidenraupe Mitte des 19. Jahrhunderts fast völlig verschwunden, und hier war ein lohnender Exportmarkt entstanden. 1893 bis 1898 machte der Seidenexport ein Drittel der gesamten japanischen Exporte aus. Bis 1880 kamen rd. 80% der staatlichen Steuereinnahmen aus der Landwirtschaft, 1894 waren es immerhin noch mehr als 60%. In den wohlhabenden bäuerlichen Schichten war zudem Kaufkraft entstanden, die für die Leichtindustrie von großer Bedeutung war.

Entwicklungspolitisch aber waren die Meiji-Oligarchen entschlossen, auf Kosten der Landwirtschaft die industrielle Entwicklung voranzutreiben. Größter «Unternehmer» in der zweiten Hälfte des 19. Jahrhunderts war der japanische Staat; die Spitzenpolitiker waren überzeugt, daß die Stärke der westlichen Länder auf Industrie und Handel beruhte, deshalb wollte man bei der Entwicklung dieser beiden Bereiche vorangehen. Die Regierung beteiligte sich auf eigene Rechnung am Außenhandel, sie entsandte Studenten zur Ausbildung nach Europa und Amerika oder warb ausländische Lehrer, Berater und Techniker für Ausbildungszwecke und zur Unterstützung bei der Leitung von Industrieunternehmen an. Stets achtete die Regierung darauf, daß diese ausländischen Fachleute das Land wieder verließen, sobald ihre japanischen «Schüler» die notwendigen Kenntnisse erworben hatten. In Wirtschaftsbereichen, die privaten Investoren zu risikoreich erschienen, betätigte sich der japanische Staat selbst als Anleger, so im Schiffbau, beim Eisenbahnbau und in der Leichtindustrie.

Beispielhaft für staatliche Unterstützung privater Initiativen waren die Fördermaßnahmen, die der ehemalige Tosa-Samurai Iwasaki erhielt, als er 1873 die Firma Mitsubishi gründete. Er begann seine Reederei mit einigen Schiffen, die er bei Auflösung des Lehens Tosa erworben hatte, dann konnte er einige Schiffe übernehmen, die von der Regierung als Truppentransporter angekauft worden waren. Die Mitsubishi-Schiffe fuhren jetzt zwischen Tokyo und Osaka, dann wurden Verbindungen nach Hongkong (1879) und nach Wladiwostok (1881) eingerichtet. Im Jahre 1885 fusionierte Iwasaki sein Unternehmen mit einigen Konkurrenten in der Küstenschiffahrt, es entstand die heutige Riesenreederei Nippon Yusen Kaisha (NYK) mit 58 Schiffen. Der Staat garantierte fünfzehn Jahre lang eine achtprozentige Dividende, dazu erhielt das Unternehmen, wie andere auch, Subventionen und exklusive Postverträge. In der Leichtindustrie ging die Regierung ebenfalls systematisch mit staatlichen Initiativen voran: Es wurden Musterbetriebe gegründet, die mit modernsten Maschinen ausgerüstet waren. So wurden 1870 Seidenspinnereien französischen und italienischen Typs aufgebaut, 1872 wurde ein Zementwerk errichtet, um die kostspieligen Importe zu senken. Im Gebiet von Nagoya wurden moderne Baumwollspinnereien errichtet, in strukturschwachen Gebieten wie auf Hokkaido wurden Brauereien und Zuckerfabriken gebaut. Insgesamt besaß die Regierung 1880 52 Fabriken, drei Werften, zehn Bergwerke und fünf Munitionsfabriken. Mit diesem unternehmerischen Engagement hatte sich die Regierung fast übernommen, deshalb suchte man zwischen 1880 und 1881 wieder eine ausgeglichene Finanzlage herzustellen. Steuererhöhungen auf Reiswein und Tabak, drastische Kürzungen bei Subventionen und die strikte Anwendung des Prinzips strengster Wirtschaftlichkeit in der öffentlichen Verwaltung brachten schließlich Abhilfe: Im Jahre 1894 wurde die Parität zwischen Yen-Noten und Silber wieder erreicht. Vor dem Hintergrund der konsolidierten Finanz- und Wirtschaftslage entschloß sich die Regierung zum Verkauf aller staatlichen Unternehmen mit Ausnahme der Rüstungsbetriebe. Die privaten Gebote auf die Staatsbetriebe lagen deutlich unter den erhofften Summen, denn die Übernahme dieser Betriebe in private Regie war für den Käufer mit einem hohen Risiko verbunden, arbeiteten die Staats-

Sumitomo Corp. – eine exemplarische Unternehmensgeschichte

Nicht wenige japanische Riesenunternehmen können auf eine jahrhundertelange Geschichte zurückblicken, dazu zählt auch die Unternehmensgruppe Sumitomo Corp. Gegründet wurde S. im 17. Jahrhundert von dem Buch- und Medikamentenhändler Sumitomo Masatomo (1585–1652) in Kyoto. Er legte auch die Philosophie des Hauses Sumitomo in den «Weisungen des Gründers» fest, die noch heute die Unternehmensphilosophie der Gruppe begründen – den «Sumitomo-Geist». Masatomos Schwager Soga Riemon (1572–1636) betrieb – ebenfalls in Kyoto – eine Kupfer-Hütte (Firmenname: Izumiya). Es gelang ihm, durch ein innovatives Schmelzverfahren, aus Rohkupfer Silber zu gewinnen (sogenanntes *nanban-yuki*-Verfahren, was auf westliche Einflüsse hindeutet). Sein Sohn (Sumitomo) Tomomochi heiratete eine Tochter aus dem Hause Sumitomo und wurde von der Familie adoptiert, ein durchaus gängiges Verfahren, um Firmennamen zu erhalten, wenn es keine männlichen Erben gab. Er weitete das Kupfer-/Silbergeschäft nach Osaka aus und veräußerte die Lizenz des Verfahrens mit gutem Gewinn an andere Hütten. Das Haus Sumitomo/Izumiya wurde so die dominierende Familie des *nanban-yuki*-Verfahrens und Osaka das Zentrum der Kupferverhüttung.
In der Edo-Zeit (1600–1868) wurde Japan zu einem der weltweit führenden Zentren der Kupferproduktion. Tomomochi erweiterte seinen Handel mit Kupfer um den Vertrieb von Garnen, Textilien, Zucker und

betriebe doch mit Verlusten. Erst mit Ausweitung des japanischen Binnenmarktes konnten die meisten dieser Betriebe wieder mit Gewinn arbeiten, dann aber expandierten sie in atemberaubendem Tempo.

Die Entwicklung der Stadt Osaka in der Meiji-Zeit verdeutlicht die rapiden wirtschaftlichen Veränderungen. Nachdem die Meiji-Mächtigen sich für Tokyo als neue Hauptstadt entschieden hatten, drohte Osaka vorübergehend ein Schattendasein; aber der gesunde Geschäftsgeist Osakas überwog: Wenige Jahre nach der gewaltsamen Öffnung Japans für den Handel mit westlichen imperialistischen Mächten war Osaka nicht nur Handelszentrum, sondern auch wichtigster Finanzplatz Japans geworden. Bankiers in Osaka bestimmten den Geldfluß für die beginnende Industrialisierung des Landes. Dieselben Bankiers gründeten Eisenbahngesellschaften, Hochschulen und – Kindergärten. Beispielhaft für diese wirtschaftlichen Aktivitäten erfolgreicher Bankiers war Mat-

---

Pharmazeutika – das Izumiya wurde zum sprichwörtlich erfolgreichsten Unternehmen in Osaka. Der nächste Schritt führte Izumiya in den Kupferbergbau, 1691 wurden die Kupferminen von Besshi (West-Japan) in Betrieb genommen, die über 250 Jahre arbeiteten, sie wurden das Kerngeschäft der späteren Sumitomo-Gruppe, da die Tokugawa-Regierung den Sumitomo das Kupferbergbau-Monopol übertragen hatte.

Das Minengeschäft der Sumitomo überstand die Wirren der Restaurationszeit um 1868 sehr gut; in kürzester Zeit führten die Sumitomo neueste westliche Bergbautechnik ein und steigerten die Förderungsmengen enorm. In der nächsten Phase – Ende des 19. Jahrhunderts – expandierte Sumitomo in den Maschinenbau, in den Kohlebergbau, in die Herstellung von Elektrokabeln und in die Forstwirtschaft. Ein Zweig des Hauses, die Namiaigyô, entwickelte sich aus einem Pfandleihe- und Wechselhaus zur Sumitomo Bank. Zur Namiaigyô gehörte ursprünglich auch das Lagerhaus-Geschäft, dieses wurde mit Beginn des 20. Jahrhunderts ausgegliedert und entwickelte sich zu dem riesigen Generalhandelshaus Sumitomo Trading.

Nach dem verlorenen Pazifischen Krieg versuchte die US-Besatzungsmacht 1945 die Sumitomo-Gruppe zu entflechten, aber in lockerem Verbund blieben die Gruppen-Unternehmen als *kigyô keiretsu* weiter bestehen, und das «Hausgesetz» des Sumitomo Masatomo blieb gültig wie früher.

Geschichte

sumoto Jutaro, der 1898 vier Eisenbahngesellschaften unterhielt, in der Spinnerei-Industrie investierte, Bierbrauereien und Zuckerraffinerien besaß und sich auch im privaten Erziehungswesen engagierte. Zu jener Zeit überstieg nur das jährliche Einkommen der Sumitomo-Familie, die ebenfalls in Osaka ansässig war, seine Jahreseinnahmen.

Manufakturen und verarbeitende Industrie waren während der Tokugawa-Zeit in Osaka nicht von großer Bedeutung gewesen. Um die Stadt waren zwar Unternehmen der Spinnerei-und Textilindustrie entstanden, aber in der Stadt selbst gab es nur wenig Industrie. Nach 1868 jedoch erhielt der industrielle Sektor Osakas starken Auftrieb: Der Hafen wurde modernisiert, private Initiative lockte Unternehmen der Metallverarbeitung und der Textilfärberei in die Stadt, und 1869 wurde in Osaka die staatliche Münze gegründet. Dieses Staatsunternehmen zog weitere Infrastrukturmaßnahmen nach: Gasbeleuchtung für die Straßen der Stadt, Telegrafen- und Telefonleitungen wurden verlegt, und die Stadt erhielt ein öffentliches Verkehrsmittel (Pferdebahn).

Aber unternehmerische Initiativen zu Beginn der Meiji-Zeit und später kamen nicht nur von Bürgern Osakas, sondern es waren die Regierung oder auch westliche Ausländer, die sich in Osaka als «Entrepreneurs» betätigten. 1868 waren nur vierzig der zahlreichen erfolgreichen Geschäftsleute gebürtige «Osaka-jin», wenn sich auch alle als solche fühlten.

In der frühen Industrialisierungsphase bildete in Osaka der Kupferbergbau und die Kupfergewinnung eine Ausnahme: Der Riesenkonzern Sumitomo, der noch heute seinen Hauptsitz in Osaka hat, gründete auf diesen Industriezweig zwischen 1868 und 1880 seine spätere schnelle Expansion zu einem der größten *zaibatsu* (etwa: Finanzclique, d.h. Mischkonzern mit einer Bank als Kern) vor dem Zweiten Weltkrieg und zu seiner heutigen Stellung als Unternehmensgruppe. Nach der Kupferindustrie hatte ein «klassischer» Industriesektor Erfolg, die Spinnerei-Industrie, eine typische Einstiegsindustrie für Entwicklungsländer, wie Japan es damals war. Die wohlhabenden Kaufleute Osakas finanzierten zwischen 1886 und 1894 insgesamt 33 neue Spinnereien – mit atemberaubendem Erfolg.

Zweifellos aber war Tokyo das wirtschaftliche Zentrum; dorthin gingen jene jungen zukünftigen Unternehmer, die unbelastet

*Der kaiserliche Krönungszug in der alten Tempelstadt Kyoto.
(Nach einer zeitgenössischen Postkarte um 1900)*

von dem eher vorsichtigen Geschäftsstil Osakas größere Wagnisse wollten. Die beiden städtischen Großregionen vereinigten in den dreißiger Jahren des 20. Jahrhunderts über die Hälfte der gesamten verarbeitenden Industrie des Landes, und hier nahm die Bevölkerung am stärksten zu.

Die «politische Modernisierung» wurde von den Meiji-Oligarchen sehr viel vorsichtiger angegangen: Erst 1889 erhielt das Land eine Verfassung, die von japanischen Staatsrechtlern unter Mitarbeit deutscher Juristen erarbeitet worden war. Diese sog. «Meiji-Verfassung» war in großen Teilen der preußischen Verfassung nachgebildet, in zentralen Punkten aber war sie unverwechselbar japanisch. Dies machten schon Artikel 1 und 3 des Verfassungstextes deutlich:

Das Kaiserreich Groß-Japan wird beherrscht und regiert von dem Kaiser aus der seit der Gründung des Reiches ununterbrochen herrschenden Dynastie. (Artikel 1)
Der Kaiser ist heilig und unverletzlich. (Artikel 3)

Die Meiji-Verfassung, die bis 1945 in Kraft war, war somit eine echte japanische Eigenschöpfung. In ihrem Entstehungsprozeß hatten die Architekten der Verfassung nur phasenweise den Rat

Geschichte

westlicher Spezialisten eingeholt, dann aber das Rechtsgebäude aus eigener Kraft errichtet. Bevor die Verfassung am 11. Februar 1889 in Kraft trat, hatte es bereits eine Reihe von Strukturveränderungen im politischen System Japans gegeben: 1885 war ein modernes Kabinettssystem eingeführt worden, das Verwaltungssystem war gestrafft worden, und es waren die Grundlagen für das Rekrutierungsverfahren gelegt worden, das auch die heutige Beamtenelite Japans noch großenteils auszeichnet: überragende Befähigung und erstklassige Universitätsausbildung.

Noch immer galten die sog. «ungleichen» Verträge mit den westlichen imperialistischen Mächten. Die öffentliche Meinung, angeheizt durch wachsenden Nationalismus, verlangte stürmisch ihre Aufhebung – die Regierung dagegen erkannte die Notwendigkeit zu Kompromissen und schrittweiser Revision. Radikale Nationalisten verübten Attentate auf Politiker, die vermeintlich zu zögernd das Problem angingen. Im Reichstag nutzte die Opposition gegen die Oligarchen diese Stimmung im Volk zu heftiger Polemik. Die Regierung andererseits konnte die öffentliche Empörung jedoch als Argument in ihren Verhandlungen mit den westlichen Mächten einsetzen und auf Revision bzw. Aufhebung der Verträge drängen. Mitte der neunziger Jahre hatten die zähen Verhandlungen Erfolg: Erst England, dann alle anderen westlichen Vertragspartner, kündigten ein Ende der Exterritorialität an, sobald die angestrebten Rechtsreformen in Japan abgeschlossen waren, spätestens jedoch 1899.

Die gesamte Meiji-Zeit war geprägt von einem Dualismus zwischen eifriger, oft kritikloser Nachahmung westlicher Zivilisation einerseits und staatlich verordnetem Nationalismus andererseits. Die Lust an allem Neuen wurde eingedämmt durch die Propaganda japanischer Einzigartigkeit. Einerseits wurden westliche Architektur (Staatsbauten), westliche Wissenschaften, Literatur und westlicher Geschmack in Mode oder «Lebensstil» eifrig nachgeahmt, andererseits pflegte man im Lehrplan von Schulen und Universitäten, der die Jugend des Landes zu opferbereiten Patrioten machen sollte, japanischen Nationalismus. Ideologen eines umgeformten «Staats-Shinto» hämmerten den kaiserlichen Untertanen bedingungslosen Gehorsam und Loyalität gegenüber Kaiser und Staat ein; Schule, Universität, später auch die Armee, wurden zu gesellschaftlichen Bereichen, in denen unermüdlich die Göttlichkeit des Kaisers und damit die Auserwähltheit des japanischen Volkes als dessen Untertanen verkündet wurde.

Gegen Ende der Meiji-Zeit hatte sich eine politische Kultur entwickelt, die weitgehend den Wertvorstellungen der Umbruchphase zwischen 1868 und 1912 entsprach und zugleich die hektischen Modernisierungsschübe in Wirtschaft, Gesellschaft und Politik einigermaßen steuerte. Im Namen des Kaisers übte eine oligarchische Adelselite die konkrete politische Macht aus; die ökonomisch leistungsfähigsten Bürgerschichten (Großgrundbesitzer, Kaufleute) waren nur indirekt (Zensuswahlrecht) am Willensbildungsprozeß beteiligt, und jede Form ernsthafter Opposition wurde rücksichtslos, auch mit Hilfe des Strafrechts, unterdrückt (Polizeigesetz, 1900). Das Japan der Meiji-Zeit war eine frühe Form der Entwicklungsdiktatur.

Taisho-Demokratie: Politiker entdecken das Volk

Nicht nur die industrielle Entwicklung Japans vollzog sich in den vergangenen 120 Jahren mit atemberaubender Geschwindigkeit – auch die «Modernisierung» des politischen Systems entwickelte sich mit ähnlichem Tempo: Schon 30 Jahre nach den Meiji-Reformen wurde ein parlamentarisches System eingeführt. Die Meiji-Verfassung von 1889 begründete zwar die absolute Vorherrschaft des Tennos gegenüber allen anderen politischen Entscheidungsträgern, aber immerhin zeichnete sich unter dem Einfluß pragmatisch denkender Reformpolitiker, die sich an europäischen Vorbildern orientierten, eine echte Gewaltenteilung innerhalb dieses Systems ab. Die Rolle europäischer, besonders deutscher Staatsrechtler (z. B. Hermann Roesler) wird häufig überschätzt: Sie beeinflußten zwar wesentlich Form und Ratio der neuen Verfassung, stets aber wachten «Architekten der Modernisierung» wie Ito Hirobumi über die Wahrung der spezifisch japanischen Geistesinhalte der Verfassung. Diese wurden besonders in der Definition der Stellung des Tennos im – genauer: außerhalb des Verfassungsrahmens deutlich. Die drei Gewalten und ihre Institutionen (Kabinett, Reichstag, Justizwesen) galten nur als Berater des Tennos, dessen Position nicht nur durch ein (europäisches) «Gottesgnadentum», sondern durch Deifizierung bestimmt war.

Bis 1912 waren im Reichstag aufgrund des strikten Zensuswahlrechts Vertreter agrarischer Interessen überrepräsentiert, da die Hauptsteuer die Grundsteuer war; aber mit wachsender Bedeutung des städtisch-industriellen, kaufmännischen Bürgertums wurde das Zensuswahlrecht schrittweise modifiziert, bis 1925 das allgemeine Wahlrecht für Männer eingeführt wurde. Seit 1918 schon waren es nicht mehr Militärs aus der Reformgeneration der Meiji-Zeit, die die Ministerpräsidenten stellten: Der Auftrag zur Kabinettsbildung erging fast wechselweise an die Präsidenten zweier großer bürgerlicher Parteien.

Parallel zur schnellen Industrialisierung und zum Ausbau politischer Institutionen von oben entwickelte sich auch eine Demokratiebewegung von unten: Intellektuelle und Arbeiter verlangten mehr Mitspracherechte, erste «proletarische» Parteien entstanden – und Gewerkschaften.

Die Geschichte der japanischen Arbeiterbewegung reicht bis weit in das 19. Jahrhundert zurück; sie beginnt nahezu gleichzeitig mit der raschen Industrialisierung des Landes. Die ersten Versuche, gewerkschaftsähnliche Organisationen zu bilden, dürfen jedoch nicht überbewertet werden, wie es marxistische Historiker besonders in Japan zu tun geneigt sind: Die wenigen kleinen Arbeiterorganisationen, die sich Ende des 19. Jahrhunderts in Tokyo und Osaka bildeten, rechtfertigen kaum die Bezeichnung «Gewerkschaftsbewegung».

Nicht nur die scharfe Gesetzgebung, die die Gründung von Gewerkschaften kriminalisierte und unter harte Strafen stellte, sondern auch unzureichende Informationen über Formen und Möglichkeiten gewerkschaftlicher Organisation behinderten ihr Entstehen; hinzu kam die Tatsache, daß die Betriebsgrößen in der frühen Industrialisierungsphase äußerst klein waren (ca. 30 Beschäftigte, davon 58% Frauen, 16% Kinder bis zu 14 Jahren). Vor allem aber gab es eine langfristig fest angestellte Arbeiterschaft erst in schwachen Ansätzen: Die Mehrzahl der Arbeitskräfte war in der Textilindustrie beschäftigt; es waren Frauen aus den Landgebieten, die sich gegen einen Hungerlohn mit Zeitverträgen an den Maschinen plagten. Sie waren es auch, die in ersten spontanen Streikaktionen gegen die unmenschlichen Arbeitsbedingungen aufbegehrten – aber ihr Widerstand nahm zu keinem Zeitpunkt organisierte Formen an –, die Fabrikarbeit wurde nicht als Dauerbeschäftigung betrachtet, langfristig organisierter Widerstand schien sinnlos. Männliche Arbeitnehmer wurden noch immer in großem Maße bei Subunternehmern beschäftigt, die sie als «Leiharbeiter» an größere Betriebe verpflichteten; sie fühlten sich zu ihrem «Boß» in einer besonderen Loyalitätsbeziehung, die ähnlich wie in einem Familienbetrieb gewerkschaftliche Organisationen verbot. Zwischen 1897 und 1915 wurden nur insgesamt 161 Fälle von Arbeitskämpfen mit zusammen 28000 Beteiligten aktenkundig. In diesen Jahren entstand auch die «Ideologie der Betriebsfamilie», um Arbeitskräfte stärker an das einzelne Unternehmen zu binden.

Es waren schließlich japanische Intellektuelle, die unter dem Einfluß des europäischen Sozialismus und der amerikanischen Arbeiterbewegung versuchten, erste Gewerkschaften zu organisieren: Durch die Arbeit der 1897 gegründeten «Gesellschaft zur Förderung von Gewerkschaften» (*rôdô kumiai kiseikai*) entstanden eine Reihe kleinerer Gewerkschaften, z. B. der Eisenbahner und Drucker. Aber fehlende Finanzmittel und die ausbleibende Resonanz unter den Arbeitern verhinderten größere Erfolge. Im Jahre 1900 erließ die Regierung das «Polizeigesetz zur Aufrechterhaltung von Ruhe und Ordnung» (*chian keisatsu hô*), das es den Behörden ermöglichte, endgültig jede Form gewerkschaftlicher Aktivitäten zu unterdrücken.

Erst ein neuer Anlauf 1912 brachte mehr Erfolg: Unter dem Einfluß der englischen «Fabier» und der «Society of Friends» wurde die «Yuaikai» (jap. Übers. d. engl. Begriffs) gegründet (von Suzuki Bunji, 1885–1946). Innerhalb von sechs Jahren entwickelte sich der «Arbeiterverein», wie man die Organisation bezeichnen könnte, zu einem Verband mit 120 Zweigstellen und 30000 Mitgliedern. Durch zunehmende Radikalisierung angesichts weiterhin unmenschlicher Arbeitsbedingungen, aber auch als Ergebnis «sektiererisch» linker Agitation unter dem Einfluß des Marxismus-Leninismus nach der russischen Oktoberrevolution, begann eine Folge von Spaltungen, die die ohnehin schwache Arbeiterbewegung vor dem Zweiten Weltkrieg weiter schwächte. (1931 wurde die höchste Organisationsrate mit 7,9% aller Beschäftigten erreicht.) Ideologisch bedingte Richtungskämpfe und auch die offensive Propaganda der Unternehmer, die «Gemeinsamkeitsideale» und den Mythos von der «Betriebsfamilie» verbreiteten, ließen keine geschlossene Gewerkschaftsbewegung entstehen. Expansionsstreben und ultranationalistische Stimmungsmache der Militärs, die geistige und organisatorische Mobilmachung für den Krieg, führten schließlich zur «Gleichschaltung» der letzten, noch bestehenden Arbeiterorganisationen in der 1940 gegründeten *Dainihon sangyô hôkokukai* (Großjapanischer industrieller Patriotenverein). Mit Beginn des Krieges gegen die USA 1941 schließlich brach die Geschichte der Gewerkschaften Japans vorläufig ab.

Der Tod des Kaisers Meiji 1912 bedeutete eine historische Wende, den Abschluß der ersten Modernisierungsphase Japans. Es zeigte sich bald, daß der neue Tenno psychisch krank war, und 1921 übernahm sein ältester Sohn, der Kronprinz Hirohito, die Regentschaft. 1926 folgte er seinem Vater unter dem späteren Ära-Namen Showa (etwa: «erleuchteter Friede») auf den Thron nach. Die Regierungszeit seines Vaters unter dem Ära-Namen Taisho (1912–1926) war geprägt durch drei Ereignisse, die Japans Wirtschaft, der Außenpolitik und der intellektuellen Welt neue Impulse gaben. Der Erste Weltkrieg 1914–1918 bescherte der japanischen Wirtschaft einen gewaltigen Boom, da die Werften und Fabriken des Landes von den europäischen Alliierten, die gegen Deutschland kämpften, mit Aufträgen überhäuft wurden. Hinzu kam eine stetig steigende Nachfrage aus den Märkten in Asien und Afrika, die nicht mehr von britischen und deutschen Exporteuren bedient wurden. Im Rahmen der Kampfhandlungen des Ersten Weltkrieges konnte Japan endgültig auf dem chinesischen Festland Fuß fassen: Japanische Truppen eroberten die deutschen Pachtgebiete in Shandong, und von diesem Brückenkopf aus konnte Japan direkt in China intervenieren. Der alte Traum von der Beherrschung Chinas schien wahr zu werden: Japans Politik zielte darauf, die junge chinesische Republik zu einem Protektorat zu machen, ähnlich wie Korea, das seit 1910 von Japan annektiert war. Die europäischen Siegermächte blockierten vorerst diese japanische Expansionspolitik, aber unter Chinas Intellektuellen und Politikern war Mißtrauen und Furcht vor dem japanischen Nachbarn geweckt: Aus dem früher bewunderten Vorbild gezielter Modernisierung war eine tödliche Bedrohung der chinesischen Unabhängigkeit geworden.

Die russische Oktoberrevolution und der Sieg der Bolschewiki übten auf die städtische «Intelligenzija» Japans eine tiefe Faszination aus. Plötzlich schienen ideologisch-politische Lösungen auch für die brennenden sozialen Probleme Japans gefunden: Befreiung und politische Rechte für das verarmte Industrieproletariat und die ständig hungernden Massen der Pachtbauern, die von Großgrundbesitzern rücksichtslos ausgebeutet wurden. In Tokyos Caféhauszirkeln und in Künstlerclubs wurde «proletarische Kultur» gepflegt. Aber es gab nicht nur «Salon-Marxisten»: 1922 wurde illegal die Kommunistische Partei gegründet, und die Bewegung für allgemeines Wahlrecht weitete sich aus.

Im September 1923 kam die große Katastrophe: In einer Serie schwerer Erdstöße sanken über die Hälfte Tokyos und die ganze Stadt Yokohama in Trümmer.

In der Hysterie nach der Katastrophe verbreiteten sich wilde Gerüchte: Koreaner und Kommunisten vergiften Brunnen und ermorden Japaner! Daraufhin machten Polizei und Bürgerwehren Jagd auf Koreaner und jeden, der als «Kommunist» denunziert wurde. Viele namenlose Koreaner und prominente Sozialisten wurden Opfer dieser Verfolgungen. Nur mühsam erholten sich

---

Die Dachziegel tanzen

«Ich bemerkte, daß mein Freund, der neben mir gehockt hatte, plötzlich wie ein Pfeil in die Höhe schoß. Als ich zu ihm aufblickte, sah ich, daß die Wand des Lagerhauses hinter ihm wankte und umzustürzen begann – auf uns zu. Auch ich sprang eilends auf. Da ich die hohen Holzpantinen trug, konnte ich auf dem schwankenden Boden nicht das Gleichgewicht halten; deshalb zog ich sie aus und nahm sie in die Hand. Wie auf einem Schiff bei schwerem Seegang torkelte und lief ich zu meinem Freund hinüber, der sich mit beiden Armen an einen Telegraphenmast klammerte. Ich tat es ihm nach. Auch der Mast schwankte wie verrückt. Und tatsächlich zerriß er die Drähte in tausend Stücke. Dann begannen die beiden Lagerhäuser, die zu einem Leihhaus gehörten, vor unseren Augen ihre Häute abzuschütteln. Sie erbebten und warfen ihre Dachziegel ab; darauf folgten die dicken Wände. Im Nu standen nur noch die Skelette der hölzernen Rahmen. Doch nicht nur den beiden Lagerhäusern erging es so. Auf allen Häusern begannen die Dachziegel zu tanzen und stürzten herunter. In dem dichten Staub kamen die Dachbalken zum Vorschein. Es ist schon bemerkenswert, wie gut japanische Häuser gebaut sind. In dieser Situation wird das Dach erleichtert, und das Haus stürzt nicht ein.» (Filmregisseur Kurosawa, Akira, «Eine Art Biographie»)

die Menschen von dem Katastrophenschock, dann aber erstand Tokyo im neuen Glanz aus den Trümmern.

Wirtschaftskrisen, Ultranationalismus und Expansionsstreben

«Erleuchteter Friede» (oder auch: Harmonie, Showa) wurde die Epoche genannt, die 1926 nach dem Tod Taisho-Tennos begann. Selten war ein Ära-Name unglücklicher gewählt: Zwischen 1926 und 1945, in den ersten 20 Jahren der Showa-Zeit, führte Japan seine blutigsten Kriege, und im Inneren blieb die Harmonie angesichts politischer Morde, Unterdrückung systemkritischer Intellektueller, Gewerkschafter und Bauernführer durch die Armee auf der Strecke. 1930 wurde der Ministerpräsident Hamaguchi von «antikapitalistischen» Fanatikern bei einem Attentat schwer verletzt und starb einige Monate später. In der Armee gärte es unter den jungen Offizieren, von denen viele bäuerlicher Herkunft waren. «Blut und Boden»-Ideologen trieben ihr Unwesen und fanden mit ihren Lehren von der Wiederentdeckung angeblich bäuerlicher Grundlagen des kaiserlichen Japan offene Ohren unter diesen jungen Offizieren. Durch weitere politische Morde, durch eine «Propaganda der Tat» wollten sie den Kapitalismus als vermeintliche Wurzel allen bäuerlichen Elends bekämpfen. Die verblendeten Fanatiker suchten das japanische Volk auf diese Weise aufzurütteln und vernichteten damit die ersten Demokratieanfänge in Japan. 1932 wurde Ministerpräsident Inukai ermordet, 1936 fielen zwei ehemalige Regierungschefs unter den Kugeln meuternder Soldaten. Nationalistische Hysterie, angefacht durch soziale Probleme im Gefolge der Weltwirtschaftskrise, entlud sich so in Angriffen auf Parteipolitiker, liberale Unternehmer und auch weitblickende Hofadlige. Zivile Politiker galten als schwächlich, korrupt und unfähig; die Armee dagegen wurde glorifiziert.

Die Showa-Zeit hatte mit schweren wirtschaftlichen Krisen begonnen, die sich bis Anfang der dreißiger Jahre stetig steigerten. Die Last dieser Wirtschaftsprobleme trugen vor allem Industriearbeiterinnen und bäuerliche Pächterfamilien. Aber ausländische Beobachter bewunderten Japans industriellen Aufschwung, ohne hinter den blendenden Erfolgen die schweren sozialen Opfer zu entdecken:

«Japanische Musterwagen rasen zu hunderten über die Chausseen Europas ... Ein japanisches Fahrrad kostet nur ein (engl.) Pfund und verdrängt aus den Kolonialländern alle anderen Fahrräder. Im Export von gemischten Waren, z. B. nach Afrika, wo Deutschland bis 1932 an dritter Stelle stand, rückte Nippon an seine Stelle, und Deutschland fiel an die neunte ... In Japan gibt es neuerdings einen Ort Solingen, wo für die ganze Welt Solinger Klingen hergestellt werden ... So wird den europäischen und amerikanischen Zeitungslesern vor Augen geführt, wie sich Nippon innerhalb einer Generation zum Industriestaat emporgerungen hat, wie die nächste Generation Nippon zur Weltindustriemacht emporführte, und besorgt fragt sich die Welt, was die dritte Generation erreichen wird. Daß Nippon halb China verschluckte, verzeiht der Geschäftsmann Europas und Amerikas eher als den Warenstempel ‹Made in Japan›. In diesen drei Worten manifestiert sich Nippons Stärke, diese drei Worte erschrecken die zivilisierte Welt.» (Lahjta, «Japan – gestern heute morgen», 1937)

Die streng disziplinierten Arbeiterinnen in den großen Textilfabriken faszinierten:

«Eine Mädchenarmee marschiert auf. Sie marschiert in Reih und Glied aus dem Hauptportal über den Hof ... Sie tragen dunkelblaue Uniformblusen mit weißen Manschetten, dunkelblaue Faltenröcke, die nur bis zu den Knien reichen, schwarze Wollstrümpfe an schlecht geformten Beinen und schwarze unförmige Halbschuhe. Eintausend Mädchen marschieren auf. 13- bis 24jährige. Die erste Schicht trottet in die Fabriksäle. Ohne Frühstück. Es ist wie ein Marsch über einen Gefängnishof.» (Lahjta)

Verwundert stellt der Beobachter fest, daß die Textilarbeiterinnen in Wohnheimen der Fabrik untergebracht sind und nur an drei arbeitsfreien Sonntagen im Monat tagsüber Besuch empfangen dürfen. Die Betriebsleitung stellt diese Vorschriften als erzieherische Maßnahmen dar, tatsächlich aber waren alle großen Textilunternehmen in Sorge, daß ihnen die jungen Arbeiterinnen davonliefen, um entweder in ihre Dörfer zurückzukehren oder aber gegen bessere Bezahlung in einer anderen Firma anzufangen. Während der Dauer ihres Arbeitsvertrages mußten die jungen Textilarbeiterinnen wie Häftlinge leben.

«Es gibt Streiks in den großen Fabriken, auch diese kleinen stillen Mädchen verlieren manchmal ihre Ruhe. Dann kommt es zu traurigen Szenen, bis ‹im Interesse des nationalen Wohlstandes› alles in die alten Bahnen gelenkt wird. Von den drei Millionen japanischer Arbeiterinnen lebt nur

Geschichte

ein kleiner Teil in den Mammutfabriken, die meistens den Fremden vorgeführt werden. Der größere Teil arbeitet in den Kleinbetrieben. Hier werden sie noch enger an das Familiensystem gebunden. Sie haben dieselben Verpflichtungen wie in den großen Fabriken. Aber der Kleinbetrieb kann ihnen keine Entspannung dafür bieten, und oft beträgt ihre Arbeitszeit mehr als zehn Stunden.» (Lahjta)

Die halbe Wahrheit klingt hier an. Deutlicher wird das Elend in der zeitgenössischen proletarischen Literatur. Ein junger Sozialist läßt sich im Heimatdorf vom Schicksal einer Arbeiterin in Tokyo berichten:

«Sie war ein kluges, liebes Mädchen. Die Arme! Da muß sie in der Spinnerei arbeiten, wo sie doch verheiratet ist (in der Regel arbeiteten nur unverheiratete Frauen, d. Vf.). Die Familie war arm, und da ist sie halt schon als Kind in die Stadt arbeiten gegangen und hat nichts mehr von sich hören lassen, sagen die Leute ... Sie erhielt beim Abschluß der Volksschule den Preis als Klassenbeste. Das Kind, das bei der Volksschulabschlußprüfung den Preis als Beste bekommen hatte, wurde als Arbeiterin in die Spinnerei verkauft und gründete mit dem Mann, in den sie sich verliebt hatte, einen Hausstand. Trotzdem mußte sie weiterhin in die Fabrik gehen. Wahrscheinlich waren Schulden im Spiel, jedenfalls hatte sie keinen Kontakt mehr mit den Leuten ihres Dorfes. Das Schicksal einer unglücklichen Frau, dachte ich für mich.» (W. Schamoni, «Linke Literatur in Japan 1912–1923»)

Die Textilarbeiterinnen schufteten ohne Schutzvorrichtungen an den Maschinen, Forderungen nach besserem Arbeitsschutz wurden beiseite gewischt:

«Einige Zeit später war eine Arbeiterin an der Reihe. Ihr wurden (an der Mangel) die Haare restlos ausgerissen. Nein, das ist so schrecklich, ich kann nicht weitererzählen ... Eines Tages ging ich entschlossen ins Büro und wandte mich mit diesen Worten an den Fabrikdirektor: An der Heißmangel gibt es allzu häufig Verletzte. Deshalb möchte ich bitten, daß irgendwelche Maßregeln getroffen werden. Der Fabrikdirektor verteidigte sich folgendermaßen: Eine Maschine, hör mal, eine Maschine kommt nicht extra zu einem hingelaufen und beißt ihn. Der Betroffene war eben unvorsichtig. Weil er mit den Händen Dinge anfaßt, die nicht angefaßt werden dürfen, verstehst Du?» (Schamoni, a.a.O.)

Militärparade auf der alten Ginza im Jahre 1935

Japans politische Führung aus bürgerlichen Parteipolitikern geriet zunehmend unter den Einfluß radikaler «faschistischer» (wohl eher ultra-nationalistischer) Militärs, die die Expansion nach China und SO-Asien anstrebten. Japans Heer und Marine hatten im Rahmen der Meiji-Verfassung gegenüber der zivilen Regierung stets eine Sonderrolle inne: Kriegsminister und Marineminister mußten Offiziere im aktiven Dienst sein, und beide Teilstreitkräfte konnten «ihre» Minister abberufen, wenn sie mit politischen Entscheidungen der Regierung unzufrieden waren. Blieben die Posten des Heeres-(Kriegs-) und Marineministers vakant, stürzte unvermeidlich die Regierung. In den dreißiger Jahren war das Heer die politisch einflußreichste Teilstreitmacht, Generäle bestimmten zunehmend den Lauf der japanischen Politik.

«Vati wird endlich die frechen Chinesen angreifen. Mit dem Japan-Schwert von Großvati wird Vati wie Jutaro Iwami (Ritter aus der Zeit Toyotomi Hideyoshis) um sich schlagen und dir chinesische Waffen und Stahlhelme mitbringen. Takeshi muß immer Mutter, Großmutter und den Lehrern gehorchen, zu seinen Geschwistern Mieko, Hideki und Shitaro recht lieb sein und recht fleißig lernen, um ein großer Mann zu werden. Vati hat nicht vergessen, wie Takeshi immer mit der Sonnenflagge winkte, als Vati sein Schiff bestieg. Takeshi banzai! Vati banzai!» (Hino, «Weizen und Soldaten», 1940)

Diesen Brief schrieb der Autor populärer Kriegsromane und Tagebücher 1937 an seinen kleinen Sohn. Der kurze Brief läßt gut erkennen, in welcher Stimmung Japans Soldaten die Eroberungsfeldzüge gegen China begannen. Der Völkerbund verurteilte Japan wegen seiner Aggressionsakte in China, daraufhin verließ Japan 1933 die Weltorganisation. Die Mandschurei wurde unter der Bezeichnung «Manchukuo» ein japanischer Vasallenstaat. Der letzte chinesische Kaiser, Pu Yi, ließ sich von den japanischen Machthabern an die Spitze dieses «Staates» stellen; der unglückliche «letzte Kaiser» glaubte bis zuletzt, die neuen Herren Ostasiens in seinem Sinne beeinflussen zu können. Die zunehmende Verwicklung Japans in Nordchina führte im Sommer 1937 zu einem niemals offiziell erklärten Krieg, dessen Kämpfe bis 1945 andauerten. General Chiang Kai-shek leistete entschlossen Widerstand gegen den japanischen Vormarsch. Erst nach schweren Kämpfen konnten japanische Truppen die Stadt Nanjing (Nanking) erobern, wo die Soldaten des Kaisers ein Blutbad anrichteten. Chiang Kai-shek verlegte seine Regierung nach Chongqing (Chungking) und schloß ein vorübergehendes Bündnis mit den Kommunisten unter Mao Zedong. Je länger sich die Kämpfe in China hinschleppten, desto mehr näherte sich Japan dem nationalistischen Deutschland und dem faschistischen Italien. 1941 räumte Vichy-Frankreich den japanischen Truppen Stützpunkte im nördlichen Indochina ein. Damit war die wachsende Bedrohung Britisch-Malayas und Niederländisch-Indiens offenkundig. Ideologisch bereitete das japanische Kaiserreich seinen Vorstoß nach Südostasien durch die Verkündung einer «großostasiatischen Wohlstandssphäre» vor. Unter der Parole «Asien den Asiaten!» sollte ein panasiatisches Großreich unter japanischer Führung entstehen, aus dem alle europäischen Kolonialmächte verjagt waren. Die Sowjetunion wurde andererseits von der japanischen Führung bereits als kommender Kriegsgegner betrachtet: Schon 1939 hatte die japanische Kwangtung-Armee in Gefechten entlang der mandschurisch-mongolischen Grenze gegen sowjetische Truppen schwere Verluste erlitten. Dennoch wurde 1941 mit der sowjetischen Führung ein Nichtangriffspakt geschlossen; Japan hatte somit nach dem deutschen Angriff auf die Sowjetunion vorerst nicht die Absicht, im Osten eine zweite Front zu eröffnen. Hauptgegner Japans blieben die sogenannten «ABCD-Mächte» (Amerika, Britannien, China, Niederlande) in Südostasien und China.

Wirtschaftlicher Druck der USA, Großbritanniens und der Niederlande (Handelsembargo) bedrohte ökonomisch die japanischen Kriegsanstrengungen und verschlechterte das Verhältnis Japans zu den Westmächten dramatisch. Alle Friedensbemühungen besonnener Kreise in Japan und von Teilen der politischen Führung in den USA schlugen fehl – am 7.12.1941 begann der Krieg gegen die USA: Japanische Träger-Flugzeuge vernichteten die amerikanische Pazifik-Flotte in Pearl Harbor. Danach eroberten japanische Truppen fast ungehindert Hongkong, Malaya, Singapur und drangen weit nach Niederländisch-Indien (heute: Indonesien), dann auf die Philippinen und nach Burma vor. In Indonesien, Burma und teils auch in Indien kämpften anfangs antikoloniale Befreiungsbewegungen gemeinsam mit den Japanern, die so zu unfreiwilligen Geburtshelfern junger Nationen nach 1945 wurden.

In grotesker Überschätzung seiner kriegswirtschaftlichen Möglichkeiten eroberte Japan ein Weltreich – und verlor es in wenigen

Geschichte

Das zerstörte Tokyo August 1943

Jahren wieder. Im Sommer 1944 begann die japanische Niederlage: Alliierte Truppen unter Führung amerikanischer Verbände eroberten im pazifischen «Inselspringen», in Burma und Malaya immer schneller japanisch besetzte Gebiete zurück. Am 6. August 1945 fiel die erste Atombombe auf Hiroshima, drei Tage später auf Nagasaki. In den Tagen dazwischen überrannten sowjetische Truppen die Mandschurei. Am 14. August 1945 nahm Japan die Potsdamer Erklärung zur bedingungslosen Kapitulation an.

*Der Tokyo Stock Exchange, die Tokyoter Börse,
ist das Herz der japanischen Wirtschaft*

POLITIK UND WIRTSCHAFT

Gesicht, Geschenke und Gefolgschaften

Entstehung einer «Einparteien-Demokratie»

Die US-Besatzungsmacht unter General Douglas MacArthur gab der japanischen Innenpolitik zwischen 1945 und 1952 eine grundsätzlich andere Richtung als im besetzten Deutschland. Hier wurde eine alliierte Militärregierung (Kontrollrat) eingesetzt und eine gründliche Verfolgung der Verantwortlichen für nationalsozialistische Verbrechen versucht. In Japan dagegen arbeiteten die Amerikaner von Anfang an mit (unvermeidlich belasteten) Politikern zusammen, und die Verfolgung von Kriegsverbrechern geschah eher halbherzig. So konnten trotz aller Reformbemühungen (neue Verfassung, Landreform, Erziehungsreform, Zerschlagung der Großkonglomerate, Zulassung linker Parteien und Gewerkschaften) schnell konservative Politiker «mit Vergangenheit» wieder beherrschenden Einfluß gewinnen.

Die mächtigste Politikerpersönlichkeit zwischen 1946 und 1954 war Yoshida Shigeru, der «japanische Adenauer»; er blieb politisch einflußreich bis zu seinem Tod 1967. Yoshida gehörte als Beamter des Außenministeriums zur «englischen Schule», die das Bündnis mit Nazi-Deutschland scharf abgelehnt hatte. Er führte Japan zielstrebig in das westliche Lager. Mit Hilfe der US-Besatzungsmacht unterdrückte er sozialistische Parteien und Organisationen (sog. «Red Purge»): KPJ, Sozialisten und linke Gewerkschaften, die in den vierziger Jahren durch Massenstreiks auf einen revolutionären Umsturz zielten, mußten nach Ausbruch des Korea-Krieges resignieren. Während seiner Regierungszeit (1946/47, 1948–1954) akzeptierte Yoshida die Aufrüstung Japans und festigte ein zentralistisches Regierungssystem, das eigentlich den amerikanischen Intentionen (politischer Regionalismus) zuwiderlief.

Die Wirtschaftskreise, vertreten durch den Verband Keidanren, drängten 1955 die beiden größten konservativen Parteien (Demokraten und Liberale) zur Vereinigung, um die sozialistische Opposition aus SPJ und KPJ blockieren zu können. Im November 1955 entstand so die Liberal-Demokratische Partei (LDP). Auf der Linken des politischen Spektrums schlossen sich im selben Jahr verschiedene sozialistische Parteien zur heutigen SPJ zusammen – das sog. «1955er System» zweier großer Parteien neben mehreren kleinen Gruppierungen bildete sich heraus. In beide politische Organisationen brachten einflußreiche Politiker ihre «Gefolgschaften» ein: In der SPJ waren es charismatische Ideologen und Gewerkschaftsführer, in der LDP politische Bosse der Vorkriegszeit – beide Parteien wurden so durch das noch heute bestehende Fraktionssystem geprägt.

Die Wahlkreiseinteilung aus dem Jahre 1947 begünstigte in den 60er und 70er Jahren des 20. Jahrhunderts die ländlichen Gebiete, die bäuerliche Bevölkerung wurde zur Wählerbasis der LDP und blieb es bis heute: Die Regierungspartei eines Industriestaates stützte sich auf die Bauern. Gegenüber der gezielten Förderung für die Landwirtschaft wurden die rasch wachsenden Stadtregionen vernachlässigt – mit politischen Konsequenzen: Die städtischen Wähler entschieden sich in Regionalwahlen für die Opposition. Schon 1975 lebten mehr als 40% der japanischen Bürger in Großgemeinden, die von unabhängigen Reformpolitikern mit Bündnissen aus SPJ und KPJ regiert wurden. Hier schien sich ein Machtwechsel von den Gebietskörperschaften her abzuzeichnen, aber die Opposition verspielte diese Chance durch kleinliches Parteiengezänk mit ideologischen Obertönen – unter den Wählern verbreiteten sich Mißtrauen und Enttäuschung, die bis heute andauern.

Politischer Pragmatismus bestimmte seither die Wahlentscheidungen: Statt Oppositionsexperimente wählte man die erfolgreichen «Fachleute des Regierens» in der LDP. Wenn überhaupt ein Machtwechsel möglich schien, war er auf die innere Schwäche der LDP zurückzuführen.

1954 übernahm Kishi Nobusuke von Yoshida die Regierung; er hatte schon im Kriegskabinett Tojos einen Kabinettsposten. Das zentrale Ereignis seiner Amtszeit war die Verlängerung des amerikanisch-japanischen Sicherheitsvertrages 1960: Kishi peitschte den Vertrag im Alleingang durch das Parlament und trat anschließend zurück. Sein Nachfolger Ikeda Hayato betrieb die «Verdoppelung des Nationaleinkommens» und leitete Japans Wirtschaftswunder ein. 1964 folgte ihm Kishis Bruder Sato Eisaku (Namensänderung durch Adoption), der bis 1972 regierte. Während seiner langen Amtszeit gaben die USA Okinawa zurück. Gegen alle Erwartungen wurde sein Nachfolger keiner der angesehenen Parteibarone der LDP, sondern der erfolgreiche Selfmademann Tanaka Kakuei. Der «computergesteuerte Bulldozer» kaufte sich buchstäblich das höchste Partei- und Regierungsamt – und schuf sich unversöhnliche Gegner in der LDP. Die Aufnahme diplomatischer Beziehungen zu China (1972) war sein größtes politisches Verdienst. Wenig später stürzte er von höchster Popularität in einen politischen Abgrund: Wegen passiver Bestechung durch einen US-Luftfahrtkonzern wurde Tanaka 1976 verhaftet. Aber auch nach seinem Sturz blieb er «Königsmacher» und mächtiger Politiker im Hintergrund – noch bis 1989 lag sein Schatten über der Regierungspartei.

Ein «Mister Clean» war der Nachfolger. Miki Takeo versuchte vergeblich die Politik des großen Geldes zu stoppen, seine Amtszeit blieb Episode. Auch Fukuda Takeo (1976–78) bewirkte keine Änderungen. Ihm folgte Ohira Masayoshi, der schon 1980 Opfer innerparteilicher Intrigen wurde: Er stürzte über ein Mißtrauensvotum der Opposition, bei dem ihm zwei Fraktionen in der LDP die Stimmen verweigerten. Als Kompromißkandidat rückte der blasse Suzuki Zenko nach, dessen Regierungszeit von Währungskrisen und einem rapide verschlechterten Verhältnis zu den USA gekennzeichnet war. Nach seinem Rücktritt 1982 trat ein Politiker an die Partei- und Regierungsspitze, der während seiner (für japanische Verhältnisse) langen Amtszeit (1983–87) einen neuen Stil in die Politik brachte: Nakasone Yasuhiro verfolgte eine offensive Außenpolitik gegenüber den USA, der damaligen EG und Südostasien. Im Inneren begann er überfällige Verwaltungsreformen (Privatisierung der Staatsbahnen, der Telefon- und Telegrafengesellschaft NTT, der Staatsmonopole, 1987), scheiterte jedoch an einer umfassenden Steuerreform. Im Dezember 1983 erlitt die LDP unter seiner Führung die schlimmste Wahlniederlage ihrer Geschichte und mußte mit einer Splitterpartei koalieren. Dennoch wurde Nakasone 1984 wiedergewählt und führte seine Partei in den Doppelwahlen von 1986 zu einem überwältigenden Sieg. Politische Hauptaufgaben Nakasones waren die Bewältigung der Yen-Aufwertung von 1985 sowie die Durchsetzung von Importförderungsprogrammen zum Abbau der Spannungen mit den USA und der EG. Nakasone änderte 1987 die staatliche Ausgabenpolitik und kurbelte mit Nachtragshaushalten und Investitionsprogrammen die Binnennachfrage an. In Anerkennung seiner

Erfolge gaben die Parteibarone Nakasone freie Hand bei der Ernennung seines Nachfolgers: Er nominierte Takeshita Noboru, der die Tanaka-Fraktion «geerbt» hatte. Die Karriere Takeshitas hatte in der Regionalpolitik begonnen, seine Kontakte zur mächtigen Ministerialbürokratie waren wenig entwickelt. Dennoch packte er heiße Eisen an: Liberalisierung von Agrarimporten und die Einführung einer höchst unpopulären Verbrauchssteuer («Mehrwertsteuer», 3%), die er im April 1989 im Parlament durchpeitschte.

Schon vorher waren Takeshitas Regierung und die LDP schwer angeschlagen: Im Juni 1988 war ein neuer Korruptionsskandal bekanntgeworden. Der Medien- und Immobilienkonzern Recruit-Cosmos hatte Politikern aller Parteien, vor allem aber den Baronen der LDP, gewaltige Summen durch Überlassung von Aktien vor Börsennotierung zugeschanzt. Die gesamte Führungselite der LDP war verwickelt und mußte in ein vorübergehendes «politisches Exil» – auch Takeshita trat zurück, Nakasone verließ sogar zeitweise die LDP.

Der Nachfolger Uno Sosuke wurde von den Medien im Zusammenhang mit einem sog. «Sex-Skandal» (Affäre mit einer Geisha) publizistisch hingerichtet. Nach einer katastrophalen Niederlage in den Oberhauswahlen vom Juli 1989 – die LDP verlor erstmals ihre Mehrheit in der Zweiten Kammer – trat Uno zurück.

Das Anfangsjahr der neuen Ära «Heisei» nach dem Tode Kaiser Hirohitos (Januar 1989) wurde so zu einem politischen Tiefpunkt für die LDP. Die SPJ dagegen konnte unter der Führung ihrer populären Präsidentin Doi Takako neue Wählerschichten unter enttäuschten Bauern, vor allem aber unter Japans Frauen erschließen. In der verzweifelten Suche nach einem unbelasteten konservativen Politiker fiel die Wahl der LDP-Bosse auf einen der sog. «Neo-New-Leader» aus der dritten Führungsgeneration: Kaifu Toshiki. Das vermeintliche «politische Leichtgewicht» entwickelte wider Erwarten schnell politische Statur, und der «Übergangskandidat» wurde zu einem Politiker mit eigenem Gewicht. Als Mitglied der kleinsten LDP-Faktion balancierte er die großen Machtgruppen gegeneinander aus und konnte durchsetzen, daß in seinen Kabinetten keine Recruit-belasteten Politiker Spitzenpositionen erhielten. Mit diesem «Sauberkeitsbonus» führte Kaifu die LDP in die erfolgreichen Unterhauswahlen vom Februar 1990.

Die politische Kultur Japans in der Krise

Die Katastrophe für die LDP kam 1993: Nach wiederholten Spaltungen verlor der damalige Ministerpräsident Miyazawa Kiichi, der Kaifu abgelöst hatte, die parlamentarische Mehrheit, ein Mißtrauensvotum gegen ihn – wegen ausbleibender politischer Reformen – hatte Erfolg. Miyazawa flüchtete sich in Neuwahlen (es gibt in Japan kein konstruktives Mißtrauensvotum) und erlebte eine verheerende Niederlage. An die Stelle der jahrzehntelang allein regierenden LDP trat jetzt eine Koalition aus acht Parteien, alles weggebrochene ehemalige LDP-Gruppen. Mit Mühe brachte diese Koalitionsregierung eine Reform des Wahlrechts, schärfere Gesetze gegen politische Korruption und ein geregeltes Parteien-Finanzierungssystem durch das Parlament. Der Chef der Koalition, der ehemalige LDP-Politiker Hosokawa Morihiro, stürzte aber 1994 ebenfalls über einen alten Korruptionsfall, und so war auch diese Regierung nach wenigen Monaten am Ende. An ihre Stelle trat eine Koalition, die geradezu jeder politischen Logik widersprach: Die Sozialisten verbündeten sich mit der LDP – dem alten Erz-Gegner – und konnten zum erstenmal seit 1948 wieder einen Regierungschef stellen. In dieser Koalition waren die Sozialisten dennoch nur Juniorpartner, die LDP stellte im Parlament die stärkste Fraktion und im Kabinett die Mehrzahl der Minister. Im Januar 1996 trat unerwartet der sozialistische Regierungschef zurück, und seine Position nahm wieder ein LDP-Politiker ein. Damit waren die «Profis des Regierens» nach einem politischen «Stolperschritt» von drei Jahren wieder an der Macht.

Die neunziger Jahre des 20. Jahrhunderts wurden zu einer Epoche mühsamer, schwerfälliger Reformen in der politischen Kultur Japans. Nicht aus eigener Initiative und Kraft rangen sich japanische Politiker und ihre Parteien zu diesen Reformen durch, sie reagierten vielmehr auf eine Serie von wirtschaftlichen Krisen, mit denen die traditionelle Politik und ihre Protagonisten, die politische Klasse des Landes, nicht fertig wurden. Fast fünfzig Jahre lang hatte das «eiserne Dreieck» aus Ministerialbürokratie, politischer Klasse und wirtschaftlichen Interessengruppen – die viel zitierte «Japan Inc.» – das Land von einem Wirtschaftserfolg zum anderen geführt, ein scheinbar unschlagbares Team. Globalisierungsdruck und hausgemachte Probleme, denen sich auch Japans

Unternehmen und die Wirtschaftskreise nicht entziehen konnten und die Japan unvorbereitet trafen, legten die früher übertünchten Schwächen des «Systems Japan» bloß. Es begann mit dem Platzen der sog. «Wirtschaftsblase» (Bubble Economy), einer Krise, in deren Verlauf erstklassige japanische Großunternehmen praktisch über Nacht zu zahlungsunfähigen Schuldnern wurden und ihre Gläubiger, die renommierten Großbanken, plötzlich auf Riesenkrediten saßen, die nicht mehr bedient wurden; City Banks suchten sich in Fusionen zu retten, Regionalbanken und andere Finanzinstitute dagegen gingen unter. Die Regierung zeigte sich unfähig, durch grundlegende wirtschaftliche Reformen und entschiedene Liberalisierungsmaßnahmen die Krise politisch zu steuern. Spätestens seit Mitte der 90er Jahre des 20. Jahrhunderts fanden sich Wirtschaft und Bevölkerung in einem fortwährenden Stimmungstief. Dabei fühlen sich alle von der politischen Klasse und ihren Organisationen im Stich gelassen: Noch immer waren führende Politiker in Regierung und Regierungspartei zu Beginn des Jahres 2001 eher mit innerparteilichen Ränkespielen beschäftigt als entschlossen, die Krise zu meistern. An der Spitze der Regierungskoalition aus drei Parteien (Liberal-Demokratische Partei/LDP, Neue Kômeitô/NKMT und Neue Konservative Partei/NKP) stand ein führungsschwacher, tolpatschiger und in höchstem Maße unbeliebter Ministerpräsident Mori Yoshiro; Ende 2000 sank die Zustimmungsrate für den Regierungschef auf unter zehn Prozent. In sein Amt war er durch Hinterzimmer-Absprachen mächtiger Parteibarone der LDP gelangt, die politischen Bosse der größten Regierungspartei hatten ihn ohnehin nur als Übergangslösung auf den Posten gehievt. Durch eine lange Folge von unbedachten Äußerungen (um es vorsichtig zu formulieren) machte Mori (2000/01) sich unbeliebt und erregte den Zorn japanischer Nachbarstaaten (Zitatprobe: «Japan (sei) ein Götterland mit dem Kaiser als Zentrum»; den chinesischen Staatspräsidenten Jiang Zemin verwechselte er mit Mao Zedong usw.). Vollends untragbar wurde der Regierungschef jedoch, als er ungerührt eine Partie Golf zwei Stunden lang zu Ende spielte, nachdem er von dem Untergang des Fischerei-Schulschiffes «Ehime-maru» nach der Kollision mit einem amerikanischen U-Boot informiert worden war, bei dem neun Menschen starben.

Es hat in der politischen Kultur Japans während der neunziger Jahre Ansätze zu einer Erneuerung gegeben: Wahlrechtsreformen, Reformen der Politikfinanzierung und gesetzliche Maßnahmen gegen Korruption sind hier zu nennen. Aber die grundlegenden Defizite japanischer Politik wurden nicht beseitigt, eine Strukturreform (also ein politisches *risutora* [japan. von eng. Restructuring]) hat es nicht gegeben.

Geburtsfehler japanischer Parteien

Politische Parteien – jedenfalls dem Namen nach – gab es in Japan seit dem späten 19. Jahrhundert, die ersten politischen Organisationen, die bereits Grundmerkmale von Parteien aufwiesen, wurden kurz nach der sog. Restauration, d.h. der Wiedereinsetzung des Kaisers als politischer Zentralinstanz gegründet. Sie waren damals schon gekennzeichnet von starker regionaler und organisatorischer Zersplitterung, vertraten keine umfassenden politischen Programme, sondern eher Partikularinteressen (z.B. Grundbesitzer gegen städtisches Bürgertum oder ehemalige Samurai, die ihre Privilegien verloren hatten) und waren damit eher Gefolgschaften prominenter Einzelpolitiker in ihren regionalen Hochburgen. Ein weiterer Geburtsfehler, der trotz aller Reformversuche bis heute nicht gänzlich überwunden wurde, ist die ungesunde Nähe der frühen Parteien zu Wirtschafts- bzw. Finanzinteressen. Das galt für die konservativen Parteien, die «linken» Parteien dagegen waren Gründungen von Intellektuellen, die in der Theorie nach europäischen und amerikanischen Vorbildern geformt waren, aber als Kopfgeburten keine Mitgliederbasis hatten. Von der zweiten Hälfte des 19. Jahrhunderts bis in die 90er Jahre des 20. Jahrhunderts haben sich konservative wie linke Parteien niemals von ihren wesentlichen Geburtsfehlern erholt: Gefolgschaftsdenken bei den erstgenannten, Theorieverliebtheit und Realitätsferne bei den letzteren. Ideologische Härte und innere Reformunfähigkeit richteten die *Nihon shakaitô* (SDPJ, Sozialisten bzw. Sozialdemokraten) zugrunde; die Kommunistische Partei (KPJ, gegr. 1922) modernisiert sich und hat erste Erfolge in der Kommunalpolitik, aber Japans Wähler stehen ihr immer noch mehrheitlich argwöhnisch gegenüber. Hierarchisiertes Gruppendenken und eine tiefe Abneigung in der japanischen Bevölkerung gegenüber «harten»

politischen Programmen verhinderten dauerhaft die Entstehung von Programmparteien mit formalisierten parteiinternen Entscheidungs- und Machtstrukturen. Vier Merkmale kennzeichneten Japans Parteien links wie rechts:
- Die enge Verflechtung bürgerlicher Parteien mit Wirtschaftskreisen vor und nach dem Zweiten Weltkrieg (faktisch bis heute) machte sie zu Interessenvertretungen großer Unternehmen und Verbände, da sie auf politische Spenden von dieser Seite angewiesen waren. Dabei genoß aber nicht nur die Großindustrie politische Privilegien, sondern die Abhängigkeit der konservativen Parteien Japans von ländlichen Wählerstimmen machte diese auch zu Geiseln der mächtigen Bauernverbände. Die dichte Verflechtung von Wirtschaft und Polititk, von außerparlamentarischen Gruppen (Interessenverbänden) und Parteifunktionären bereitete den Boden für eine früh einsetzende institutionalisierte Korruption; Japans bürgerlich-konservative Politiker benötigten enorme Geldmittel, um ihre Klientel zufriedenzustellen; da es bis 1994 keine Parteienfinanzierung gab, konnten sich Politiker nur über Spenden aus der Wirtschaft finanzieren.
- Bis heute funktioniert das sog. «eiserne Dreieck» aus Ministerialbürokratien, Wirtschaft und konservativen Politikern, eine verwaltete Politik, die keiner demokratischen Kontrolle unterliegt. Die Sonderbeziehungen zwischen den drei Kräften des Dreiecks entscheiden außerhalb formalisierter, kontrollierbarer Parteistrukturen; an den Prozessen sind nur ausgewählte führende Politiker beteiligt, die ihre innerparteiliche Autorität auf die Größe ihrer Machtgruppen (Faktionen) stützen. Auf die Rolle der Faktionen hatte die Mehrheit der Parteimitglieder keinen Einfluß, da den Parteitagsbeschlüssen – so es sie gibt – keine bindende Wirkung gegenüber der Führung zugemessen wird. Außerhalb der Parteitage kann die Basis nur über einzelne mächtige Politiker Interessen in der Tokyoter Zentrale durchsetzen.
- Die linken Parteien waren durch ihre Programme gefesselt, die sie gegenüber einer Wählerschaft vertreten wollten, die detailliert formulierte Programme ablehnt, wenn sie nicht von vertrauten Politikern, sondern von einem «Parteikollektiv» vertreten werden. Bei den Linken kam den Mehrheitsbeschlüssen der

Parteiversammlungen / Parteitagen eine hohe bindende Bedeutung zu, die Parteitage waren stets stark politisiert, so daß die Delegierten auf den Versammlungen häufig handelten, als ob die führenden Vertreter der Parteiorganisation nur mit einem imperativen Mandat ausgestattet seien.
- Während die bürgerlich-konservativen Parteien von organisierten Wirtschaftsinteressen abhängig waren (sind), hatte sich die Linke zu großen Teilen in völlige Abhängigkeit von den Gewerkschaftsverbänden begeben. Auch hier fielen Sach- und Personalentscheidungen nicht im formalisierten Rahmen innerparteilicher Strukturen, sondern in den Gewerkschaftszentralen. Die Gewerkschaften stellten den linken Parteien «Ersatzmitgliedschaften», weil diesen die Mitgliederbasis fehlte, im Gegenzug verzichteten die linken Parteiführungen notgedrungen weitgehend auf Entscheidungsautonomie. Der Niedergang der Gewerkschaftsbewegung bzw. ein eigener politischer Weg der Verbände führte zum Niedergang der größten sozialdemokratischen Partei Japans.

Die Reformen seit 1994

Bis 1994 wurden 512 Unterhaus-Abgeordnete (japan. *shûgiin*: politisch entscheidende Erste Kammer) in Mehrerwahlkreisen nach einem reinen k.o.-System (d.h. ohne Element der Verhältniswahl) bestimmt; dabei strebten alle Parteien eine gleichmäßige Verteilung ihres Stimmenpotentials auf möglichst viele Bewerber an: Stimmenzersplitterung durch zu viele Bewerber und Stimmenhäufung auf populäre Einzelkandidaten sollten vermieden werden, sonst zogen Gegenkandidaten vorbei. Der Wahlerfolg einzelner Kandidaten stützte sich auf die sog. *sanban*, die drei *ban*: eine eigene Hochburg (*chiban*) – meist in der Heimatprovinz –, ein bekanntes Gesicht (*kanban*) und eine wohlgefüllte Börse für substantielle Wohltaten (*kaban*); Unterstützung durch eine Partei war bis 1994, als grundlegende politische Reformen in Kraft traten, weniger wichtig. Fast stets hatten Japans Regierungschefs (mit einer Ausnahme 1972–76) vorzeitig das Unterhaus aufgelöst. Diese Auflösung ist häufig der letzte Rettungsversuch eines gescheiterten Regierungschefs, er «flüchtet» sich dann sozusagen zu den Wählern, um ihr unterstützendes Votum gegen seine politischen Gegner im Parlament (und in der eigenen Partei) anzurufen.

Nach grundlegenden Wahlrechtsreformen von 1994 und 2000 werden heute 480 Unterhausabgeordnete in 300 Einerwahlkreisen (1 Mandat/Wahlkreis, d.h. Direktmandate) und auf 180 Listenplätzen gewählt. Diese Listenplätze verteilen sich auf 11 Regionallisten, die geographisch so festgelegt wurden, daß ein ungefähres Stimmengleichgewicht zwischen «ländlichen» und «städtischen» Stimmen entstand. Zum erstenmal wurde im Oktober 1996 nach diesem System gewählt, dann 2000 noch einmal: Die LDP konnte zwar eine verheerende Niederlage vermeiden, mußte aber Mandatsverluste hinnehmen, es «wetterleuchtete» für den bereits unpopulären Mori, und der Bündnispartner Neue Komeito verlor ein Viertel seiner Abgeordneten. Vielen japanischen Wählern aber ist dieses neue System noch immer nicht geheuer: Die Tatsache, daß ein Politiker, der als Direktkandidat durchgefallen war, über einen Listenplatz doch ins Parlament einziehen konnte, galt Vielen als Betrug am Wähler; hier hat der Gesetzgeber jetzt Hürden eingebaut, so kann ein Abgeordneter auf einem Listenplatz während der Legislaturperiode nicht die Partei wechseln.

Die 252 Oberhaus-Mitglieder (japan. *sangiin*: Zweite Kammer) werden in festen Wahlperioden bestimmt, je eine Hälfte alle drei Jahre. Diese Zweite Kammer hatte ursprünglich keine rechte Funktion, weder war sie «Adelshaus» noch «Länderkammer» (vgl. Bundesrat). Alle Gesetzen bedürfen der Zustimmung des Oberhauses außer Haushaltsgesetz und internationale Verträge. Ein Widerspruch des Oberhauses gegen ein Gesetz kann jedoch durch das Unterhaus überstimmt werden. Nach Möglichkeit aber sucht die Regierungspartei den Kompromiß; dieser Ausgleichsprozeß ist seit Juli 1989 sehr schwierig geworden: Volkszorn über Steuergesetze und tiefsitzende Korruption in der Regierungspartei verschafften der vereinigten Opposition erstmals eine Mehrheit im Oberhaus. Jetzt hatte diese Kammer ein deutlich größeres parlamentarisches Gewicht bekommen, da sie «normale» Gesetzgebungsverfahren blockieren konnte. Damit schien der «Anfang vom Ende der LDP-Herrschaft» gekommen; in den Unterhauswahlen von 1993 wurde sie geschlagen, 1996 und 2000 folgten weitere Schlappen. Die LDP sicherte sich schließlich die Mehrheit in beiden Häusern durch eine Koalition mit der (buddhistischen) NKMT und der kleinen Neuen Konservativen Partei (NKP), die von ehemaligen LDP-Politikern gegründet worden war.

Soziale und politische Hintergründe

Fast vierzig Jahre stellte also die konservative «Liberal-Demokratische Partei» (LDP) ununterbrochen die Regierung, während die Opposition (SDP/Sozialisten, Komeito/org. Buddhisten, DSP/Sozialdemokraten und KPJ/Kommunisten) vergeblich versuchte, das Machtmonopol der LDP zu brechen. Mit Gründung von LDP und SDPJ im Jahre 1955 entstand das sog. «1955er System», das eigentlich zwei große Parteien gegeneinander stellen sollte, de facto aber zu einem «Eineinhalb-Parteiensystem» führte bzw. zu einer «Einparteiendemokratie». Die LDP beherrschte das politische Spektrum, sogar die Rolle der parlamentarischen Opposition wurde für Jahrzehnte von Teilen der LDP mit übernommen: Angesichts der Ohnmacht der traditionellen Oppositionsparteien fiel die Aufgabe der Kontrolle der Regierung an jene «Anti-Hauptstromfraktionen» in der LDP, die nicht oder nur als Juniorpartner mit Ministern im Kabinett vertreten waren, wir können mit Blick auf die LDP von internalisierter Opposition sprechen. Zwei Hindernisse erwiesen sich bis heute für die Oppositionsparteien als fast unüberwindlich: die Wahlkreiseinteilung und die eigenen politischen Programme. In der hochentwickelten Industriegesellschaft Japans waren durch das System der Wahlkreise bei den Unterhauswahlen noch immer einseitig ländliche Gebiete im Vorteil, vor allem in den 300 Einerwahlkreisen mit Direktmandaten. Rasche Industrialisierung, hoher Arbeitskräftebedarf und Landflucht hatten riesige städtische Ballungszentren entstehen lassen, aber die dicht bevölkerten Großstadt-Wahlkreise entsandten nicht mehr Abgeordnete als die dünn besiedelten ländlichen Stimmbezirke: Im vorwiegend agrarischen Hyogo z. B. brachten 80 000 Stimmen einen Unterhaussitz, dagegen waren in Tokyo 280 000 Stimmen nötig. Trotz höchstrichterlicher Urteile und wachsenden Unmuts in der städtischen Wahlbevölkerung war bis 1993 keine grundlegende Wahlkreis-Reform verwirklicht worden; der Grund lag auf der Hand: In den ländlichen Gebieten hatte die LDP ihre Hochburgen, und der außerparteiliche Einfluß organisierter Agrarinteressen dominierte über den innerparteilichen Willensbildungsprozeß; auch die Reformen von 1994 brachten hier keine grundlegende Änderung.

Die alten Oppositionsparteien stützten sich dagegen auf städtische Wähler, die mehrheitlich gegen die LDP stimmten. Entscheidende Vorstöße zu neuen Wählerschichten konnte die Opposition bis 1993 selten erzielen, weil ihre Programme entweder wirklichkeitsfremd waren (SDPJ) oder zu sehr auf bestimmte Gruppen zielten (Buddhisten). Seit die Sozialisten (stärkste Oppositionspartei) von ihrem marxistisch-leninistischen Grundsatzprogramm (u. a. auch Neutralisierung Japans, Verstaatlichungen usw.) abgerückt waren, gelangen ihnen erste Erfolge auch «auf dem Lande»; schließlich konnte die SDPJ unter Führung einer Frau, der Parteichefin Doi Takako, viele Wählerinnen ansprechen, in ihre Präsidentschaft fällt auch der einzige Mitgliederanstieg für die Sozialisten, der sog. «Doi-Boom». Die so erreichten eindrucksvollen Zugewinne bei den Oberhauswahlen 1989 wurden in den folgenden Unterhauswahlen 1990 zwar nicht ganz gehalten, aber die Partei konnte ihre Fraktionsstärke kräftig erhöhen; es folgten dann aber Rückschläge in den Unterhauswahlen von 1993, als die SDPJ gegen eine tief gespaltene LDP antreten mußte. In den Unterhauswahlen 1996 schließlich endete die Partei in der Bedeutungslosigkeit, die Ergebnisse waren katastrophal.

Doi Takako war als Vorsitzende der Sozialistischen Partei Japans die erste Frau, die eine Spitzenposition in der Politik bekleidete

Die bisherige japanische Opposition mußte stets gegen mächtige, fest etablierte Interessen antreten: Die Regierungspartei unterhielt einerseits engste Beziehungen zu den Wirtschaftskreisen, deren Spendenaufkommen die LDP und ihre konservativen Bosse finanzierten (es gab bis 1994 kein Parteienfinanzierungsgesetz, nur ein «Spendengesetz»); andererseits bestanden enge Kontakte zwischen den Elite-Beamten der zentralen Ministerien, z. B. des Wirtschaftsministeriums und konservativen Parteipolitikern; viele hochrangige Beamte finden nach ihrer Pensionierung (meist mit 55 bis max. 60) den Weg in die Politik: Mit wenigen Ausnahmen waren alle Regierungschefs von 1970 bis 2000 ehemalige Spitzenbeamte verschiedener Ministerien. Andere Spitzenbeamte «steigen vom Himmel herab» (japan. *amakudari*) und erhalten hoch dotierte Positionen in der Wirtschaft — der Beziehungskreis schließt sich so. Seit Anfang des Jahres 2001 ist die Zahl der Ministerien deutlich reduziert worden, es entstand eine Reihe von Super-Ministerien; aber diese Reform dürfte nichts an der großen Nähe zwischen LDP und Ministerialbürokratie geändert haben.

Seit 1989 gewann auch die «Provinz» zunehmend an Einfluß: Zwar haben die Gebietskörperschaften (47 Präfekturen) weit weniger politische Gestaltungsmöglichkeiten als z. B. die deutschen Bundesländer, aber die Provinzparlamente sind für viele Politiker zum ersten Karrieresprung geworden. Hier besonders entscheiden die drei Grundelemente erfolgreicher Politik in Japan: ein bekanntes Gesicht, eine lokale Hochburg und finanzielle Großzügigkeit. Über den schier grenzenlosen Geldbedarf konservativer Politiker liefen die Verbindungen zur Wirtschaft. Diese spendete, aber nicht so sehr an die Parteizentrale der LDP, sondern an die Faktionen, jene innerparteilichen Gefolgschaften mächtiger Parteibarone, deren Bündnis die LDP bildete. Die Faktionsbosse schoben untereinander den Posten des Parteichefs – und damit das Amt des Ministerpräsidenten – hin und her; häufige Ablösungen an der Partei- und Regierungsspitze waren die Folge, Ministerpräsidenten blieben selten länger als drei Jahre im Amt, die «Verweildauer» von Ministern lag bei durchschnittlich 15 Monaten. Der Zugriff auf die innerparteiliche Macht entschied sich nach Faktionsstärke (d. h. Unterhaus- und Oberhausabgeordnete), und die war wiederum an die finanzielle Leistungsfähigkeit eines Faktionsbosses gebunden. Die Oppositionsparteien konnten bei dem Spendensegen aus der Wirtschaft nicht mithalten. Sie waren auf Mitgliedsbeiträge (KPJ), Spenden von Gewerkschaften (SDPJ) und Beiträge religiöser Massenorganisationen (Neue Komeito) angewiesen.

Verpflichtungsdenken und Gefolgschaftstreue

Nach wenig erfolgreichen Bestrebungen in den frühen neunziger Jahren, die japanische Parteienlandschaft in ein Zwei-Parteien-System umzustrukturieren, bietet diese Anfang 2001 fast wieder das gewohnte Bild: Die LDP kontrolliert die Regierung und stellt den Ministerpräsidenten. Zwar ist sie auf eine Koalition mit der buddhistischen NKMT und der NKP angewiesen, um parlamentarische Mehrheiten abzusichern, aber ihre beherrschende Position ist ungebrochen. Die Opposition ist geschwächt wie eh und je, obwohl mit der Demokratischen Partei Japans (DPJ) und der Liberalen Partei Japans (LPJ) hier jetzt auch prominente ehemalige LDP-Politiker zu finden sind; jedoch ist diese Schwäche noch ausgeprägter als in den achtziger und frühen neunziger Jahren. So muß sich auch jede Betrachtung der Wechselwirkungen zwischen Partei (d.h. größter Regierungspartei), Parlamentsfraktion, innerparteilichen Machtgruppen und einzelnen Abgeordneten auf die LDP und ihre Parlamentarier konzentrieren. Die Oppositionsparteien verfügen gegenwärtig nur über derart kleine Parlamentsfraktionen, daß sich in diesen kaum konkurrierende Strömungen entwickeln können. Dieses gilt besonders für die Sozialisten, die heute gerade noch die Mindestzahl von Abgeordneten stellen, die nach dem Parlamentsgesetz zur Bildung einer Fraktion nötig ist. Zwischen 1970 und 1990 verfügte die SDPJ stets über 120 bis 150 Parlamentarier im Unterhaus, heute sind es 19, nach verheerenden Wahlniederlagen 1996 und 2000. Aufgrund von Abspaltungen und/oder der Bildung neuer Bündnisse leiden alle Fraktionen im Unterhaus unter einer ständig schwankenden Mitgliedsstärke.

«Japans Parteien gleichen japanischen Gespenstern – sie haben keine Füße», hat einmal ein erfahrener japanischer Politiker gesagt und damit herausgestrichen, daß den ehemals großen Parteien die Basisorganisationen fehlen und sie vor allem durch die Zentralorganisation in Tokyo existieren. Die regierende LDP verfügt inzwischen über Mitgliedsorganisationen in den Gebietskörperschaften, die jedoch nicht so straff organisiert sind wie die Parteiorganisationen anderer westlicher Demokratien. Die Parteibasis setzt sich im wesentlichen aus Unterstützergruppen für einzelne Politiker zusammen (*kôenkai*), die diesen als Informanten über alle Vorgänge in ihrem Wahlkreis dienen. Zwischen den

Gruppen und dem einzelnen Politiker herrscht ein besonderes Loyalitätsverhältnis, sie sind die Sprecher für die Belange der Wahlbevölkerung im Wahlkreis, als deren Interessenwalter sich der Abgeordnete sieht und die er entschlossen in seiner Fraktion und Partei verficht.

Die SDPJ hatte auch in ihrer Hochblüte nie eine eigene Basisorganisation, die diesen Namen verdient; statt dessen stützte sie sich auf Gewerkschaftsorganisationen, vor allem auf den starken Dachverband Sohyo. Entsprechend einflußreich war dieser auch bei der Kandidatenaufstellung: Gewerkschaftsfunktionäre stellten bis zur Auflösung der Sohyo (1989) einen großen Teil der sozialistischen Unterhaus-Fraktion. Seither hat sich eine neue gewerkschaftliche Dachorganisation gebildet, die zwar unter dem Namen Rengo heute unabhängig von der Rest-SDPJ mit eigenen Abgeordneten Politik im Oberhaus zu betreiben sucht, im politisch entscheidenden Unterhaus aber inzwischen widerwillig die konservativen Kräfte unterstützt, weil auch die SDPJ mit diesen Kräften paktierte. Die Sozialisten hatten aus Existenzangst 1994/95 eine Koalitionsregierung mit ihrem langjährigen politischen Gegner, der LDP, gebildet, seither waren die Gewerkschaften entweder gezwungen, diese konservativ dominierte Allianz zu stützen oder ihren politischen Einfluß aufzugeben; die meisten Verbände – auch Rengo – entschieden sich für den politischen Seitenwechsel. In den Wahlen der frühen 90er Jahre des 20. Jahrhunderts verteilten die Mitgliedsgewerkschaften ihre Unterstützung zwischen SDPJ-Kandidaten und solchen verschiedener neu gegründeter Parteien (sämtlich aus der LDP abgespalten), auch LDP-Kandidaten wurden gestützt, wenn sie für politische Reformen (Wahlrechtsreformen) eintraten; dagegen entzog Rengo sozialistischen Bewerbern die Wahlhilfe, wenn sie sich aus Existenzangst gegen Neuerungen aussprachen.

Mit Blick auf die Fraktionsstrukturen, den Interessenausgleich und die innerparteilichen Machtverhältnisse aller politischen Parteien in Japan dürfen wir das Oberhaus weitgehend unberücksichtigt lassen, der «Machtpoker» spielt sich fast ausschließlich im Unterhaus ab. Beteiligt daran ist vor allem die LDP, die heute mit 233 Mandaten über eine satte Mehrheit der 480 Mandate verfügt und mit den Koalitionspartnern die absolute Mehrheit hat; hinzu kommen die wenigen verbliebenen Sozialisten, die bis Sommer

> **KPJ**
>
> Die KPJ ist die älteste politische Partei Japans (gegr. 1922) und war immer in der Opposition, ihr systemkritischer Ansatz aber hat ihr in der Kommunalpolitik beträchtlichen Einfluß gebracht. Die kommunistischen Abgeordneten werden straff vom ZK in der Zentrale bzw. von den ZKs der Regionalorganisationen geführt, eigene politische Gestaltungsmöglichkeiten bleiben ihnen kaum, sie sind sozusagen programmatisch und politisch weisungsgebunden. Vorübergehend hatten linksorientierte Gewerkschaften (z. B. die Lehrergewerkschaft Nikkyôsô) Einfluß auf die Politik der KPJ-Parlamentarier, aber dieser ist mit Auflösung der Sohyo völlig verschwunden.

1998 eine stille Koalition (d.h. Tolerierung und später indirekte Unterstützung der LDP) bildeten und seither wieder als «echte» Opposition fungieren. Die größte Oppositionspartei DPJ ist aus Abspaltungen von der LDP entstanden und unterscheidet sich programmatisch kaum von ihr. Nur die japanischen Kommunisten bieten eine klare politische Alternative zu den konservativen Kräften in Regierung und «Opposition». Einst als «eurokommunistisch» eingestuft, ist die KPJ heute auf einem reformistischen Kurs; die tiefe Erbitterung der japanischen Wähler über zahlreiche Skandale und eine unfähige konservative Machtelite hat der KPJ Auftrieb gegeben, sie konnte ihre Fraktionsstärke 1996 im Unter-

> **Komeito**
>
> Eine Sonderrolle in der japanischen Politik spielte die Komeito («Partei für saubere Politik», heute Neue Komeito), die eng mit einer religiösen Massenorganisation verflochten ist. Diese buddhistische Sôka gakkai («Studiengesellschaft zur Schaffung von Werten») stellte seit 1969 die Mehrheit aller Komeito-Abgeordneten. In den 70er Jahren des 20. Jahrhunderts suchte sich die Partei von der Sôka gakkai zu lösen und ein eigenes Profil zu entwickeln, aber eine richtige Trennung fand nie statt. 1994 ging die Komeito vorübergehend in einer «Neuen Fortschrittspartei» (NFP) auf, blieb aber mit ihren Abgeordneten als intrafraktionelle, straff geführte Parlamentariergruppe in der NFP selbständig; auf regionaler Ebene löste sich die Komeito gar nicht erst auf, die regionalen Organisationen blieben intakt.

Politik und Wirtschaft

haus ausbauen und hat in Kommunal- und Regionalparlamenten ihre Position weiter gefestigt; bei der Wahl 2000 allerdings büßte sie Sitze ein.

Für die Opposition im japanischen Parlament (Unterhaus) ist insgesamt festzustellen:
- Die Fraktionen der Oppositionsparteien unterlagen traditionell starken Einflüssen von Massenorganisationen, deren Interessen sie in ihrer parlamentarischen Arbeit zu vertreten hatten. Das gilt sowohl für Gewerkschaftsverbände (SDPJ, KPJ) als auch für religiöse Vereinigungen (*Komeito/Sôka gakkai*).
- Mit dem teilweisen Niedergang dieser Organisationen schwand ihr politischer Einfluß, zugleich schwächte sich aber auch die politische Position der Oppositionsparteien, ihnen fehlten die Wähler aus den Großorganisationen; allerdings dürfte sich die (scheinbar aufgelöste) *Komeito* mit Unterstützung der *Sôka gakkai* bald wieder festigen, nachdem sie seit 2000 Teil der Regierungskoalition ist.

Der Moloch LDP

Die Organisation der LDP

Seit 1955 trägt die konservative Liberaldemokratische Partei (japan. *Jiyûminshûtô*, kurz *Jimintô*, LDP) Regierungsverantwortung, meist unangefochten allein, seit dem Sturz in die Opposition 1994 jedoch auch in Koalitionen. Die LDP entstand 1955 aus dem Zusammenschluß zweier konservativer Parteien (*Jiyûtô*/Liberale Partei und *Minshûtô*/Demokratische Partei), die in sich wiederum eine ganze Reihe kleiner konservativer «Sub-Parteien» vereinigten. Allen Gründungsparteien der LDP war ein Geburtsfehler gemeinsam. Sie waren keine straffen Parteiorganisationen im westlichen Sinne, sondern Gefolgschaftsgruppen mächtiger einzelner Politiker; so entstand keine organische, homogene Partei, sondern ein Interessenbündnis mit Sollbruchlinien zwischen den innerparteilichen Machtgruppen. Die LDP hatte daraus folgend stets eine Doppelstruktur von informellen Machtgeflechten und formalen Lenkungsstrukturen, die immer wieder in Konkurrenz zu einander standen (und stehen). Diese duale Struktur ist auch durch die Reformen der neunziger Jahre nicht überwunden worden.

Parteichef, Generalsekretär und Vorsitzender des Exekutivausschusses bilden die informelle engere Führungstroika. Obwohl die LDP mehr als drei Millionen Mitglieder zählt, sind die Regionalorganisationen gegenüber der Führungszentrale in Tokyo in einer schwachen Position, sie tragen noch immer Interessen mit Hilfe einflußreicher einzelner Politiker vor. Die formale Parteistruktur bildet so nur einen Rahmen, in dem intensive persönliche Beziehungen dominieren.

Immer wieder haben Parteichefs der LDP zumindest nach außen versucht, den formalen Organisationsstrukturen größeres Gewicht gegenüber den informellen Geflechten zu verleihen. So wird seit den 80er Jahren des 20. Jahrhunderts versucht, die Wahl des Parteichefs zu demokratisieren, das heißt aus dem Feilschen der Parteibarone (Faktionsbosse) herauszuhalten, indem alle Parteimitglieder in einem Vorwahlverfahren Kandidaten für dieses Amt nominieren. Dadurch wurden jedoch nur die Faktionsstreitigkeiten auf die regionalen und lokalen Parteiorganisationen ausgedehnt.

Innerparteiliche Machtgruppen (habatsu)

Die *habatsu* waren ursprünglich informelle Parteigruppierungen, die bis in die 80er Jahre keine klar umrissenen Organisationsstrukturen aufwiesen und dennoch als «Parteien in der Partei» bezeichnet werden können. Innerhalb der Partei selbst eher unscharf, waren diese Gruppen jedoch in den Parlamentsfraktionen sowohl im Unterhaus als auch im Oberhaus stets genau abzugrenzen, sie sicherten informell den parteiinternen Machtanspruch ihrer Faktionsbosse. Die *habatsu* waren entweder Gefolgschaften mächtiger einzelner Politiker in der LDP oder aber spontan gegründete Gruppierungen, die sich zur Durchsetzung bestimmter politischer Ziele zusammenfanden oder aber gemeinsam Finanzquellen zu erschließen suchten. Das Aufspüren von Finanzquellen oblag dem Faktionsboß, die einflußreichsten «Paten» konnten aus der Geschäftswelt beträchtliche Spenden einwerben: So erhielten die drei größten Gruppen 1998 – nach der Reform der politischen Spenden! – zwischen umgerechnet 10 und 11 Mil-

lionen €. Die «Politikfaktionen» überschnitten sich häufig mit
Gruppierungen von Abgeordneten, die aus derselben Region
stammten, denselben Bildungshintergrund hatten oder derselben
Großfamilie entstammten.

Die *habatsu* setzen sich fast ausschließlich aus Parlamentsabgeordneten zusammen; ihr Einfluß in die Regionalorganisationen
der Partei hinein wird nur über die Arbeit und den Einfluß einzelner Politiker weitergegeben. Bis weit in die 90er Jahre des
20. Jahrhunderts hinein hat sich das Wesen der *habatsu* nicht
tiefgreifend verändert – mit einer entscheidenden Ausnahme: Aus
den informellen Machtgruppen einzelner Parteibarone wurden
straffer organisierte Gruppierungen mit einem Generalsekretär,
Geschäftsführer und eigener Verwaltung, tatsächlich also wurden
die Faktionen noch stärker zu «Parteien in der Partei». Unbestritten aber war stets nach außen die absolute Führung durch den
Faktionsboß, der seinen machtpolitischen Ansprüchen aufgrund
der strafferen Organisation um so größere Durchschlagskraft geben konnte. Trotzdem blieb ihnen im Inneren eine gefährliche
Schwäche: In allen *habatsu* gab und gibt es ungeduldige Unterführer, die selbst nach der Faktionsführung streben und bereit
sind, diese zu spalten, wenn ihnen der Weg an die Spitze zu weit
erscheint oder sie nach ihrer Auffassung nicht ausreichend an der
Macht beteiligt worden sind. Die Besetzung der Führungsspitze in
der LDP wird also bis heute über komplizierte Kompromißarrangements mit sorgfältig ausbalancierten Partizipationsanteilen an
der Führungsstruktur zwischen den Faktionen ausgehandelt.

Abgeordnete und Partei

Die LDP-Abgeordneten unterliegen – analog zu einem noch
immer wirksamen japanischen Wertekanon – einem strikten Senioritätsprinzip. Zugang zu Partei-, Parlaments- und Regierungspositionen ist nach der Zahl erfolgreicher Wahlgänge gestaffelt:
Drei- bis viermal gewählte LDP-Parlamentarier kommen für die
Position des parlamentarischen Staatssekretärs in Betracht, vier-
bis fünfmal erfolgreiche Parlamentarier können die Leitung von
Unterabteilungen im LDP-Parteirat für politische Grundsatzfragen übernehmen oder werden häufig auch als Ausschußvorsitzende für ständige Unterhaus-Ausschüsse nominiert. Der *Seimu-*

chôsa-kai ist das «Sprungbrett» für künftige Parteichefs, für ehrgeizige Jungpolitiker ist hier die Mitgliedschaft unverzichtbar. Parlamentarier, die sechs- und siebenmal wiedergewählt wurden, gelten als ministrabel. Führungsarbeit in Parteigremien und die Leitung eines «Eliteministeriums» (Finanzen, Wirtschaft, Äußeres z. B.) sind Voraussetzungen, um an die Parteispitze zu gelangen. Jeder japanische Regierungschef versucht, so viele Gefolgsleute wie möglich während seiner Amtszeit mit einem Ministeramt zu betrauen, deswegen sind Regierungsumbildungen sehr häufig, die «Verweildauer» eines japanischen Ministers beträgt ca. 1,5 Jahre.

Von besonderer Bedeutung für die parlamentarische Arbeit sind die Lenkungsgremien, z. B. der parlamentarische Lenkungsausschuß, der über die Tagesordnung einer Plenarsitzung, aber auch über die Besetzungsvorschläge für den Vorsitz der ständigen und nicht-ständigen Parlamentsausschüsse entscheidet. Für die einzelnen Parlamentarier aller Fraktionen, besonders aber der LDP, sind die Lenkungsausschüsse der Parteien der Transmissionsriemen zur Vermittlung des Parteiwillens – also der politischen Grundposition in Einzelfragen – an die Abgeordneten. Dieses ist um so wichtiger, als die Ausschußarbeit im japanischen Parlament inzwischen weit wichtiger geworden ist als die Diskussion in den Plenarsitzungen, eine Tendenz, die auch in anderen Demokratien zu beobachten ist. In Japan ist das Prinzip der drei Lesungen für Gesetzentwürfe de facto aufgehoben worden; die Beratungen laufen fast nur noch in den Ausschüssen, wo der Einfluß von Einzelinteressen und der Druck von Interessengruppen wirkungsvoll zum Tragen gebracht werden kann: Adressaten sind die einzelnen Abgeordneten, die *habatsu* und die *zoku*-Abgeordneten. Fraktionen wie in europäischen Parlamenten gibt es natürlich auch in Japan; sie müssen sich formell konstituieren und als Fraktion (japan.: *kaiha*) bei der Parlamentsgeschäftsführung registrieren lassen. Dabei ist die Besetzung folgender Posten zwingend vorgeschrieben: Geschäftsführer, Generalsekretär, Vorsitzender des Parlamentslenkungsausschusses der Fraktion; allerdings sind die Fraktionsgrenzen im japanischen Parlament nicht so scharf gezogen wie z. B. im deutschen Bundestag, so können z. B. Unabhängige sich Parteifraktionen anschließen.

Während sich die Lenkungsausschüsse und Fraktionen als Formalgremien bezeichnen lassen, die sich in ähnlicher oder vergleichbarer Form in allen Parlamenten finden, sind die sog. *habatsu* (Faktionen) ein typisch japanisches Phänomen, allenfalls vage mit den *correnti* in konservativen italienischen Parteien zu vergleichen. Im engeren Sinne sind die *habatsu* nur die Abgeordneten in Unter- und Oberhaus, die einem einzelnen einflußreichen Politiker die Vasallentreue halten. Als Gegenleistung erhalten diese Parlamentarier großzügige Wahlkampfgelder von ihrem Parteibaron und können sein Beziehungsgeflecht nutzen. Sieht ein mächtiger Parteibaron seine Interessen beeinträchtigt, sucht er zuerst den Ausgleich mit anderen Faktionsbossen; kommt es jedoch zu keiner Einigung, geschieht es häufig, daß einzelne Barone mit ihrer Gefolgschaft die Partei (in der Regel die LDP) verlassen und eine eigene Partei gründen. Die Zersplitterung in der japanischen Parteienlandschaft zwischen 1993 und 1996 ist auf dieses Phänomen zurückzuführen. Ebensooft aber kehren ganze Gruppen oder einzelne Politiker zurück oder schließen sich mit anderen Renegaten zu neuen «Parteien» zusammen, denen nur eines gemeinsam ist: Ihre Führungselite sucht die Macht – und sie haben keine Mitgliederbasis. Inzwischen scheint sich der Einfluß der *habatsu* auf die Gesamtpartei abzuschwächen, aber für die Nominierung eines Regierungschefs (Parteichefs) und vor allem bei der Kabinettsbildung spielen die Faktionen noch immer eine zentrale Rolle.

Neben der Zugehörigkeit eines Abgeordneten zu seiner *habatsu*/Faktion und seiner formalen Mitgliedschaft in der Unterhausfraktion seiner Partei ist lange Zeit die Zugehörigkeit in einer überfraktionellen Interessengemeinschaft für die Arbeit japanischer Parlamentarier von ausschlaggebender Bedeutung gewesen. Unterhausabgeordnete, die sich besonderen thematischen Schwerpunkten zuwenden, organisieren sich fraktionsübergreifend in sogenannten *zoku,* was etwa «Stämme», «Familien» oder auch amerikanisch «Gangs» bedeutet. In diesen lockeren Organisationen werden die Interessen meist einzelner Wirtschaftszweige (Obstbauern, Reisbauern, Bauindustrie usw.) verfochten oder aber «ideelle» Ziele verfolgt (z. B. Widerstand gegen jede Schulbuch-Reform bei der Darstellung der japanischen Rolle im Zweiten Weltkrieg). Die *zoku giin* (Abgeordnete mit einem «Anliegen») waren lange Zeit verbindendes Element zwischen der Regierungspartei LDP und den Abgeordneten der Opposition.

> **Die «fünf Gesichter» eines LDP-Abgeordneten**
>
> Ein japanischer Abgeordneter z.B. der LDP hat «fünf Gesichter», wie es einmal ein LDP-Politiker beschrieb:
> 1. Er ist Politiker, der als Abgeordneter der LDP und damit Vertreter des Regierungslagers Gesetzentwürfe der LDP durchbringen helfen soll.
> 2. Er ist wichtiges konstituierendes Mitglied der innerparteilichen Machtstruktur der LDP.
> 3. Er ist Interessenvertreter für die Wähler seines Wahlkreises.
> 4. Er ist an vorderster Front für den Machterhalt seiner Partei.
> 5. Er ist Förderer der Einheit seiner politischen Organisation.
>
> Der japanische Abgeordnete muß also seine Arbeit auf die fünf Bereiche Parlament, Partei, Wahlkreis, Faktion (*habatsu*) und Interessengruppen verteilen.

Für den traditionell hohen Geldbedarf in der japanischen Politik, d.h. der Abgeordneten, sind Verpflichtungsdenken und Gefolgschaftstreue zugleich Auslöser und Zweck; gegenseitige Verpflichtungen zwischen Politikern, aber auch zwischen Politikern und ihren Wählern lassen sich stets auch in finanzielle Abhängigkeiten übersetzen. Die Parteibarone in der LDP stützten ihre Machtansprüche auf die Zahl ihrer Gefolgsleute in beiden Kammern des Parlaments; diese wiederum wurden durch finanzielle Großzügigkeit zur Gefolgschaftstreue bewogen. Es ist keineswegs so, daß die Loyalität zwischen den Parteibossen und ihren Gefolgschaften auf einem in die moderne Politik übersetzten Lehensherr-Lehensmann Verhältnis aufbaute, vielmehr verband die innerparteilichen Machtgruppen (Faktionen) primär der gruppeninterne Informationsfluß – und das Finanzaufkommen. Bis 1994 konnte die Parteizentrale der LDP ihren offiziell nominierten Kandidaten keine ausreichenden Mittel für den Wahlkampf und die «Wahlkreispflege» zur Verfügung stellen, diese mußten von den Faktionsbossen kommen. Auch eine staatliche Parteienfinanzierung gab es nicht; das Einsammeln politischer Spenden aus der Wirtschaft, die Hauptfinanzierungsquelle für politische Arbeit war die wichtigste Aufgabe eines LDP-Parteibarons, deshalb waren für jeden Spitzenpolitiker der LDP engste Kontakte zu Unternehmen und Wirtschaftsverbänden lebenswichtig. Die angeblich auf Loyalität aufgebauten Faktionen zerfielen jedoch stets in dem Moment, in dem der Faktionschef z.B. durch Korruptionsvorwürfe «insolvent» wurde; Japans Unternehmen zogen sich sofort von jenen Politikern zurück, die negativ in die Schlagzeilen geraten waren, sie erhielten keine Spenden mehr. Auch der einzelne Politiker steht persönlich unter dem Druck der Erwartungshaltung seiner Klientel im eigenen Wahlkreis: Die *kaban,* die weit geöffnete Tasche mit den substantiellen Wohltaten, war immer sprichwörtliche Voraussetzung für einen Wahlerfolg. Funktionierte diese Freigebigkeit, konnten auch Skandale in Tokyo die Wiederwahl prominenter Politiker in ihrer Heimat nicht verhindern: Der korruptionsbelastete ehemalige Regierungschef Takeshita wurde als Unabhängiger 1993 in seiner Heimat wiedergewählt, und auch der mehrfach verurteilte frühere Ministerpräsident Tanaka wurde nach jeder Verurteilung unbeirrt von seinen Landsleuten wiedergewählt. 1993 trat seine Tochter für ihn an – sie wurde prompt gewählt, Ende 2001 ist sie Außenministerin.

Hier wird das Phänomen des Verpflichtungsdenkens erkennbar. Tanaka hatte für seine Heimatprovinz Niigata substantielle Vergünstigungen erwirkt: Straßen, Brücken, Schulen, eine Schnellbahnlinie usw. Jetzt fühlten sich die Wähler verpflichtet, diese Leistungen zu vergelten. So lange zu erwarten ist, daß die Unterstützung für die Familie Tanaka materielle Vorteile bringt, wird man zu den Tanakas stehen. Gleiches galt für Takeshita, der seine Heimat ebenfalls mit großzügigen öffentlichen Bauaufträgen versorgte. Diese Verpflichtungsbindungen aber halten nur so lange, wie sie finanziell abgesichert sind; das gilt für die Beziehungen einzelner Parlamentarier zu ihren Parteibaronen in den Faktionen wie auch für den einzelnen Politiker zu seiner Wählerschaft. Die Bedeutung des Gruppendenkens, das ja auch auf diesem Verpflichtungssystem gründet, sollte also nicht überschätzt werden, finanzielle (materielle) Werte sind weit prägender, als die Rezeption der Gruppentheorie in Europa es wahrhaben möchte. Es gibt daneben aber Gruppenphänomene, die ihre emotionale, soziale und materielle Grundlage vielleicht in spezifisch japanischen Voraussetzungen haben.

Die Spaltungen in der LDP, die prominente und weniger bekannte Politiker 1993/94 in neue kleine Parteien führten, hatten tiefgreifende Auswirkungen auf die früher festgefügten Machtbasen dieser Politiker. In Erwartung der Kämpfe um Direktmandate begannen sich schon lange vor Inkrafttreten der Neuerungen geänderte Basisgruppen einzelner Politiker herauszubilden. Stets waren «ein bekanntes Gesicht» (*kanban*) und die lokale Machtbasis (*chiban*) ausschlaggebend für einen Wahlerfolg, daran hat sich auch unter dem reformierten Wahlrecht nicht viel geändert; die Wähler achteten auch bei den Wahlen 1996 und 2000 auf die «drei ban» und wählten mehrheitlich die Platzhirsche, auch wenn sie nicht von der LDP nominiert worden waren.

Konservative Politiker stützten ihren Einfluß weniger auf die regionalen und lokalen Parteiorganisationen (Ausnahme: Jugend- und Frauenorganisationen) als auf persönliche Unterstützergruppen. Diese sogenannten *kôenkai* setzen sich zusammen aus lokalen Geschäftsleuten, Hausfrauen, Schülern und örtlichen Kleinverbänden, nicht selten gehören die *kôenkai*. nicht einmal als Parteimitglieder zur LDP. Sie besetzen die Büros des Abgeordneten und bilden seine Wahlkampforganisation. Wenn irgend möglich, reist der Parlamentarier zum Wochenende in seinen Wahlkreis und bespricht sich mit Vertretern der *kôenkai*. Selbst nach der Wahlrechtsreform, mit der Einführung von 300 Einerwahlkreisen und 180 Listenmandaten, wird die Bedeutung der *kôenkai* nicht wesentlich abnehmen. Der Grund hierfür liegt vor allem in der Tatsache, daß die *kôenkai* auch den politischen Ruhestand «ihres» Abgeordneten überdauern und nicht unwesentlich über die Nominierung eines Nachfolgers mitbestimmen.

Noch immer verläuft die Kandidatennominierung der LDP als ausgeklügeltes Machtspiel zwischen Parteizentrale (d.h. dem Parteirat für politische Grundsatzfragen, *seimuchôsakai,* PARC bzw. dem Exekutivkomitee), einzelnen Faktionen und mächtigen Politikerpersönlichkeiten, die Parteimitglieder spielen nur eine untergeordnete Rolle. Die Voraussetzungen für eine erfolgreiche Kandidatur, d.h. die Nominierung durch die LDP, lassen sich in drei Punkten zusammenfassen:

- Der Kandidat muß über ein bekanntes Gesicht, eine lokale Machtbasis und über große Geldmittel verfügen – die sog. *sanban*. Einen hohen Bekanntheitsgrad können angehende Kandidaten erwerben, indem sie als Sekretäre des bisherigen Wahlkreis-Abgeordneten arbeiten oder aber als Verwandte einen Wahlkreis «erben», in beiden Fällen ist die Arbeit für den bis-

herigen Politiker entscheidend, nicht aber die Parteiarbeit an und mit der Basis.
- Er braucht die Rückendeckung eines einflußreichen «Paten» und damit einer Faktion. Das ist möglich durch die Patronage eines einflußreichen LDP-Politikers der Region (und dessen Faktion) oder aber durch ein Bündnis mit einer LDP-Faktion, die in dem Wahlkreis noch keinen Abgeordneten hat; in jedem Falle muß eine bestehende *kôenkai* den Bewerber «salben». In beiden Fällen stehen dem Kandidaten Wahlkampfmittel aus der Schatulle der Faktion zur Verfügung.
- Ein anderer Weg zu einem Unterhausmandat bzw. zu einer Kandidatur führte über eine Karriere in der Ministerialbürokratie, mehr als die Hälfte aller japanischen Regierungschefs seit 1947 entstammten der Gruppe der Elitebürokraten. Solche Kandidaten benötigen überhaupt keinen Nachweis beharrlicher Parteiarbeit, ihnen genügt die heimatliche Basis und die Unterstützung durch eine Faktion der LDP. Dieser «organisatorische» Weg dürfte in Zukunft an Bedeutung verlieren: Zum einen hat die Elitebürokratie stark an Ansehen verloren (Versagen beim Kobe-Erdbeben, Korruptionsskandale), zum anderen ist die zentrale Parteiorganisation und -führung durch die Wahlrechtsreform gestärkt worden, die Bedeutung der heimatlichen Basis (auf die auch ein Ex-Bürokrat sich stützen muß) beginnt allmählich abzunehmen.

Die Beschäftigung mit der Führungsrolle einzelner mächtiger Politiker und ihrer Dominanz bei der Auswahl des parlamentarischen Nachwuchses im System der «Einparteien-Demokratie» wird nach den Wahlrechtsreformen 1994 allmählich einer verstärkten Untersuchung von strukturellen Gestaltungsmöglichkeiten in politischen Organisationen weichen müssen. Die Parteien oder besser, die LDP, wird auch weiterhin die politische Szene bestimmen, aber die Bedeutung von Organen und Gremien in der LDP (und anderen Parteien), die sich gegenüber den Parteimitgliedern demokratisch legitimieren müssen, wird aufgrund dieser Legitimation wachsen; die Epoche der *kuromaku*, der politischen Dunkelmänner und Machtbroker ist endgültig vorbei, die japanischen Parteien, ihre Führungsstrukturen und die Nachwuchsauslese sind transparenter geworden, Mitglieder und Führung gehen offener miteinander um.

So hat es den Anschein, als sei durch die Reformen von 1994 die Politik endlich den Politikern zurückgegeben worden; es bleiben jedoch einige entscheidende Defizite:
- Die Macht der Bürokratieapparate in den Zentralministerien ist keineswegs gebrochen; das elitäre Finanzministerium mag zwar durch zahlreiche Korruptionsskandale in letzter Zeit an Ansehen verloren haben, das METI (früher: MITI) war nie so mächtig, wie es immer dargestellt worden ist, und die gesichtslosen Beamten im Innen- und Verkehrsministerium wurden in ihrer Regelungs- und Verordnungswut beschnitten, aber noch immer dominieren die Apparate im wesentlichen unkontrolliert die Politikgestaltung – auch nach der Neustrukturierung der Ministerien im Jahre 2001 (s. unten). Es ist noch kein neuer Politikertypus entstanden, der sich gegen das Herrschaftswissen und die selektive Weitergabe von Informationen aus den Ministerien durchsetzen kann. Die führenden Ministerialen verstanden sich bisher stets als gleichberechtigte (wenn nicht überlegene) Partner konservativer Politiker, sie verwalteten unkontrolliert Politik oder gestalteten sie nach mühelosem Wechsel in die konservative Partei LDP direkt mit – unter Ausnutzung ihrer Beziehungsgeflechte. Eine grundlegende Änderung ist nur zu erwarten, wenn die oberen Führungsebenen der Ministerien stärker «politisiert» werden. Dieses ist nur vorstellbar, wenn an die Stelle des konservativen Herrschaftsmonopols eine «Oppositionsalternative» treten kann, die Opposition also regierungsfähig wird. Die SDPJ hat aber ebenfalls von dem hergebrachten Wahlsystem profitiert, denn in den alten Mehrerwahlkreisen konnte sie gegen die übermächtige LDP wenigstens in jedem zweiten Wahlkreis einen Kandidaten durchbringen; deshalb war auch sie ursprünglich gegen eine Wahlrechtsreform. Das führt zum zweiten Grunddefizit:
- Die parlamentarische Opposition erscheint gegenwärtig so wenig regierungsfähig, daß aus dieser Richtung keine Neuerung zu erwarten ist: Die Sozialisten befinden sich in Auflösung, die Kommunisten sind für die große Mehrheit der Japaner nicht wählbar. Die übrigen Oppositionsparteien konservativer Ausprägung sind Abspaltungen aus der LDP und stellen keine echte Alternative dar, weil sie mit denselben Geburtsfehlern behaftet sind. Es mag zwar einzelne «saubere» konservative

Oppositionspolitiker geben, aber sie werden erst dann eine Chance mit ihren Gruppen erhalten, wenn die japanischen Wähler die Einflußmöglichkeiten vollständig erfaßt haben, die ihnen das neue Wahlrecht bietet. Das lenkt den Blick auf das dritte Defizit:
- Japans Wähler sind noch an das herkömmliche Wahlsystem mittelgroßer Wahlkreise mit vier bis sechs Mandaten gewöhnt. Der Kampf mehrerer konservativer Kandidaten in *einem* Stimmbezirk brachte unmittelbar Vorteile für die Bürger («porkbarrel politics»), man konnte einen oder zwei konservative Kandidaten wählen und hatte dann sogar noch Raum für einen oder zwei Oppositionskandidaten – die keinen Schaden anrichten konnten (wie etwa die Regierungsverantwortung zu übernehmen...). In den 300 Einerwahlkreisen gilt, daß Konservative sicher gewählt werden können, aber die Funktion von Listenmandaten im Verhältniswahlrecht ist vielen Japanern noch nicht einsichtig. Um dieses Defizit zu überwinden, müssen Japans Parteien erst einmal wieder das Vertrauen der Wähler zurückgewinnen; mit zynischer Resignation wächst die Partei der Nichtwähler, Mißtrauen und Verachtung in die politische Klasse sind tief verankert. Die Stabilität der politischen Kultur Japans ist zwar nicht bedroht, aber die Regierung muß den japanischen Bürgern vor dem Hintergrund von Wirtschaftskrise und Rezession Opfer zumuten, die selbst in Zeiten hohen Wirtschaftswachstums schwer durchzusetzen gewesen wären.

Dennoch ist die japanische Politik ausgedrückt in den Wechselbeziehungen zwischen Parteien, Fraktionen und inneren Machtgruppen auf einem unumkehrbaren Reformweg:
- Die Parteiorganisation und -führung wird durch die Wahlrechtsreformen gegenüber mächtigen einzelnen Politikern gestärkt, nicht zuletzt, weil sie in Zukunft über größere Finanzmittel als die Faktionen und ihre Führer verfügt. Die dominierende Rolle der *kôenkai* ist noch nicht gebrochen, aber die Unterhauswahlen von 1996 haben gezeigt, daß zumindest in städtischen Wahlkreisen auch für die LDP die Bedeutung der Parteiorganisationen wächst, da sie dort nicht mit den *kôenkai* konkurrieren müssen, denn diese konnten sich nie in den Großstädten etablieren.

- Die Legitimation des einzelnen Kandidaten ergibt sich nicht mehr ausschließlich aus seinem bekannten Gesicht, der heimatlichen Hochburg und den großzügigen Wohltaten (obwohl diese «drei ban» auch noch auf längere Zeit wirksam sein werden) oder auch durch seine Sonderbeziehungen zu der kleinen Gruppe mächtiger Parteibarone – die Partei als intentionaler Verband schiebt sich in den Vordergrund. So hat sich in den Unterhauswahlen von 1996 gezeigt, daß die traditionelle Macht der Faktionen bei Kandidatenauswahl und Nominierung weiter beschnitten wurde; unverändert bleibt diese Macht jedoch im großen und ganzen bei der Kabinettsbildung, die noch immer nach Faktionenproporz erfolgt.
- Damit wird auch die «Politik politischer», indem Programme stärker an Bedeutung gewinnen und Kandidaten sich daran messen lassen müssen. Dazu muß aber auch Japans Wählerschaft einen Lernprozeß durchmachen, wie auch die Opposition, die sich zu einer glaubwürdigen Alternative zur LDP entwickeln muß.
- Unter dem vielzitierten Schlagwort Dezentralisierung muß sich die japanische Regierung und die japanische Regierungspartei von den Bürokratieapparaten emanzipieren, das langfristige politische Gestaltungsmonopol muß der Bürokratie entwunden werden.

Das Jahr 2001 schien eine erste echte Reform zu bringen: Durch Urwahl von Regionaldelegierten und Abgeordneten der LDP kam mit Koizumi Junichiro ein Ministerpräsident an die Macht, der so gar nicht dem üblichen Bild des typischen LDP-Parteibarons entsprach.

Das Kabinett Koizumi: Zum Scheitern verurteilt? Japanische Politik heute

Koizumi Junichiro ist de facto nicht der Reformer, als den ihn seine japanischen Mitbürger sehen wollen und als der er sich gibt. Äußerlich eine unorthodoxe Persönlichkeit, ist er im Kern doch eher der traditionelle LDP-Politiker, der sich mit den Machtgruppen des Landes arrangiert, in erster Linie mit den Bauern und ihren Verbänden. Sie sind immer noch die treuesten Wähler der LDP, und Koizumi wird sich hüten, gegen ihre Interessen zu handeln, z. B. durch weitere Liberalisierungen des japanischen Agrarmarktes. Wie alle seine Vorgänger ist auch Koizumi auf das Wohlwollen der Parteibosse in der LDP angewiesen, ihnen verdankt er seine politische Karriere – ohne Parteimentoren kann kein LDP-Politiker an die Führungsspitze der Partei vorstoßen: So sehr sich Koizumi von der politischen Klasse abzuheben scheint, er ist einer von ihnen. Das «politische Handwerk» lernte er von Großvater und Vater – in der LDP. In der Partei gehört er zum selben Flügel wie sein Vorgänger Mori, dem er viel verdankt. Es hat schon vor Koizumi charismatische LDP-Politiker gegeben, die Hoffnungen auf Reformen in den Bürgern weckten. 1976 versuchte Miki Takeo vor dem Hintergrund des Lockheed-Skandals – der damalige Regierungschef Tanaka Kakuei war der Bestechung im Amt überführt – weitreichende politische Reformen durchzuführen. Er scheiterte genauso wie in den 90er Jahren des 20. Jahrhunderts Hosokawa Morihiro – die Parteibasis folgte ihnen nicht, und kunstvolle Intrigen der LDP-Granden bereiteten ihren politischen Reformhoffnungen ein schnelles Ende. Gegen Koizumis angestrebte Reformen steht eine einschüchternde Front von Widersachern: seine mächtigen innerparteilichen Gegner, die Ministerialbürokratie, die etablierten Interessengruppen und nicht zuletzt seine Koalitionspartner in der Regierung. Die Gruppe um Hashimoto Ryutaro, die größte Faktion in der LDP, stützt sich auf Wähler unter den Bauern, aus der Bauwirtschaft und kleinen Gewerbetreibenden; diese müßten am ehesten unter ernsthaften Reformen leiden. Als erbitterte Widersacher des Regierungschefs erweist sich zudem die Ministerialbürokratie. Konflikte zwischen Außenministerin Tanaka und ihren Spitzenbeamten sind nur erste Scharmützel im Kampf gegen schmerzliche Reformen, und die Ministerialbürokratien sind formidable Opponenten. Jahrzehntelang kamen und gingen Minister in rascher Folge – die Bürokratien in den Ministerien machten die Politik. Koizumi wird gegen den Widerstand der Beamtenschaft keine Reformen durchsetzen können, und die Gefahr ist groß, daß ihn die Bürokratie zermürbt.

Koizumi könnte zudem leicht das Schicksal seiner Vorgänger teilen und an den etablierten Bossen in der LDP scheitern; sein Konkurrent, der unterlegene Hashimoto Ryutaro wartet nur auf einen Fehler Koizumis, um ihn zum Rücktritt zu zwingen. Noch erscheint dieser als energischer Reformer – auch wenn kaum tiefgreifende Reformen erkennbar sind –, aber um wirkliche Veränderungen zu bewirken, braucht der Regierungschef eine andere Partei: Die LDP kann keine Reformen umsetzen, weil sie sich selbst damit abschaffen würde. Sie ist einer Politik des großen Geldes (japan.: *kinken seiji*) verpflichtet und steht für strukturelle Korruption. Ihre Repräsentanten sind Politiker, die in der Bevölkerung kein Ansehen genießen; nach fast fünfzig Jahren LDP-Herrschaft betrachten die Japaner ihre politische Klasse mit zynischer Resignation. Koizumi vertritt neben einer Novellierung oder Streichung des Artikels 9 der japanischen Verfassung (sogenannter «Kriegsverzichtsartikel») auch eine Direktwahl des Regierungschefs, aber die dazu nötige weitere Verfassungsänderung kann er gegen die eigene Partei nicht durchsetzen, möglicherweise hat er sich mit diesem Vorschlag weitere Gegner in der LDP geschaffen.

Konstanten politischer Kultur

Das Kaiserhaus

Japan ist die älteste Monarchie der Welt. An der Spitze des Staates steht der *Tennô*, im Westen üblicherweise kurz als «Kaiser» übersetzt. Der *Tennô* (himmlischer Herrscher, auch: *Mikado*) war jahrhundertelang – zumindest formal – zugleich weltliches und religiöses Oberhaupt des japanischen Staates; seit Mitte des 19. Jahrhunderts wurde um die Institution des *Tennô* gezielt eine Aura des Mythischen aufgebaut, die den Kaiser schließlich als gottähnliches Wesen erscheinen ließ. In der ersten japanischen Verfassung von 1889 wurde der *Tennô* als «heilig und unverletzlich» bezeichnet, seine Herrschaft gründete angeblich auf einer «ununterbrochenen Folge von Kaisern, die seit ewigen Zeiten regieren». Die Führer der Meiji-Restauration, denen es gelang, gegen die Militärregenten der Familie Tokugawa für den Kaiser die politische Macht zurückzugewinnen, wollten einen zentralistischen Staat mit einer «Familien-Ideologie». Der Kaiser als göttlich verklärte «Vaterfigur» diente zur Rechtfertigung des absoluten Herrschaftsanspruches eines autoritären Staates. Wie schon in früheren Jahrhunderten übte der *Tennô* nur formal die Herrschaft aus, de facto legitimierte er lediglich die Machtausübung von mächtigen Politikern und Militärs. Erst 1945 verzichtete der damalige *Tennô* Hirohito (Showa-Tennô, s. unten) unter der amerikanischen Besatzung förmlich auf diesen Herrschaftsanspruch und auf die gottähnliche Stellung des Kaisertums. Heute wird die Rolle des *Tennô* in der Verfassung so beschrieben: «Der Tennô ist Symbol Japans und der Einheit des japanischen Volkes».

Im Rahmen der Verfassung von 1947 übt der Kaiser rein zeremonielle Pflichten aus; seine Reisen, öffentlichen Auftritte und Ansprachen werden von der Regierung festgelegt, das tägliche Leben des Kaisers und seiner Familie wird von dem erzkonservativen Haushofamt (japan.: *Kunaichô*) bestimmt. Das Haushofamt hat noch heute Einfluß auf das Leben aller Mitglieder der kaiserlichen Familie, die sich am Hofe und bei öffentlichen Auftritten komplizierten Ritualen unterwerfen müssen. Die Beamten des kaiserlichen Hofes trauern ihrer mächtigen politischen Rolle bis 1945 nach, als sie allein bestimmten, wer Zutritt zum Hofe und zum Kaiser hatte, und sie widersetzen sich vehement allen Versuchen jüngerer Mitglieder des Kaiserhauses, das Leben bei Hofe liberaler zu gestalten und in der Öffentlichkeit die kaiserliche Familie in ähnlicher Weise darzustellen, wie es europäische Königshäuser tun. Der Kaiser

- eröffnet die Sitzungen des Parlaments (im Oberhaus)
- nimmt die Beglaubigungsschreiben ausländischer Diplomaten entgegen
- zeichnet Gesetze gegen (er kann jedoch kein Gesetz blockieren)
- vertritt Japan auf Staatsbesuchen und
- ehrt verdiente Bürger Japans oder ausländische Persönlichkeiten z. B. durch Ordensverleihungen.

Die frühen japanischen Geschichtswerke waren als Rechtfertigung für den Herrschaftsanspruch des ersten Kaiserhauses verfaßt worden: Göttliche Abstammung und eine Herrschaft «seit ewigen Zeiten» sollten den unumschränkten Machtanspruch des Kaiserhauses in einer Epoche begründen, in der auch andere Familien noch Anspruch auf den Thron erhoben. Nicht nur der militärische Sieg über die anderen Familien rechtfertigte den Herrschaftsanspruch, sondern auch eine mythologische Begründung mußte geschaffen werden. In der Frühphase des japanischen Reiches konnten auch Frauen den Thron besteigen, im 6. und 7. Jahrhundert sind acht weibliche *Tennô* belegt. Förmlich wurde erst im

19. Jahrhundert durch das Kaiserliche Hausgesetz die männliche Erbfolge vorgeschrieben. Seit dem 8. Jahrhundert, mit der Konsolidierung des japanischen Staates, nahm auch die Institution des *Tennô* feste Formen an: Er war Oberpriester der japanischen Ur-Religion, des Shinto, und regierte den Staat, übte aber sehr selten selbst unmittelbar die politische Macht aus; in seinem Namen herrschten mächtige Hof-Familien, Generäle oder Regenten aus dem Kaiserhaus. Eine feste Erbfolge gab es jahrhundertelang nicht, die *Tennô* wählten ihre Nachfolger selbst aus, einzige Bedingung war die Zugehörigkeit zur kaiserlichen Familie.

Seit der Tokugawa-Zeit (17.–19. Jahrhundert) führte der *Tennô* in der alten Kaiserstadt Kyoto ein politisches Schattendasein, die wahre Macht lag bei den Generalregenten (jap.: Shogun) der Familie Tokugawa, die in Edo, dem späteren Tokyo, regierten. Erst die sogenannte Meiji-Restauration von 1868 mit dem Sturz der Tokugawa gab dem Kaiser zumindest formell die politische Zen-

---

Der Tennô und die japanische Zeitrechnung

Die westliche Jahreszählung ist zwar in Japan allgemein üblich, aber mindestens gleichwertig steht daneben die traditonelle Zeitrechnung nach den Ära- oder Regierungsdevisen der *Tennô*. Jeder Kaiser wählt auf Vorschlag einer Expertenkommission eine solche Devise, die ihm nach seinem Ableben als postumer Name verliehen wird. Der persönliche Name wird nicht mehr verwendet; in früheren Jahrhunderten wurde dieser dann ein Tabu. Der verstorbene Vater des jetzigen *Tennô* hatte den persönlichen Namen Hirohito (1926–89), seine Ära-Devise war «Showa» (deutsch etwa «erleuchteter Friede»), heute wird er also als Showa-Tennô bezeichnet. Die gegenwärtige Devise lautet «Heisei» (etwa «den Frieden schaffen»). Zur Zeitermittlung werden die Jahre von der Thronbesteigung bis zur Gegenwart gezählt und ein Jahr abgezogen (d.h. die Schwangerschaftszeit); Beispiel: 1945 war Showa 20: 1926 plus 20 minus eins; das Jahr 2002 ist Heisei 14. 1989 plus 14 minus eins. Das erste Jahr einer neuen Ära wird als «gannen» bezeichnet, also 1989: Heisei gannen.

Die Ära-Devisen der Neuzeit:
Meiji (1868–1912)
Taisho (1912–1926)
Showa (1926–1989)
Heisei (1989–?)

tralmacht zurück, jetzt residierte er in der «östlichen Hauptstadt», in Tokyo. Meiji-Tenno (1868–1912) war eine starke Herrscherpersönlichkeit, die zusammen mit ehrgeizigen – und machthungrigen – Reformern das Land in eine rasante und erfolgreiche Modernisierungsphase trieb, allerdings mit hohen sozialen Opfern. Im Namen des *Tennô* begannen die politischen und militärischen Führer Japans Ende des 19. Jahrhunderts mit einer imperialistischen Außenpolitik, die ab 1937 (Beginn des japanisch-chinesischen Krieges) zur Katastrophe des Pazifischen Krieges als Teil des Zweiten Weltkriegs führte. Noch heute ist umstritten, welche Rolle der damalige *Tennô* Hirohito bei der Planung der japanischen Aggressionen spielte, viele Historiker sehen ihn als einen der Hauptverantwortlichen für den Krieg. Ultranationalisten, aber auch andere Historiker widersprechen heftig und sehen ihn als Opfer und Marionette verblendeter Militärs. Auf Druck der USA wurde Hirohito nicht als Kriegsverbrecher vor Gericht gestellt, obwohl Japans Kriegsgegner Indien, Australien u.a. das forderten. Die amerikanische Besatzungsmacht begnügte sich damit, die Institution des *Tennô* politisch zu entmachten.

Die Gewerkschaften

Japans Arbeitnehmer waren nie stark organisiert; selbst in einer Zeit politischer und wirtschaftlicher Umbrüche, während der 40er Jahre des 20. Jahrhunderts, waren maximal 55,8% der Arbeiter in Gewerkschaften zusammengeschlossen, ein Erbe der Vorkriegszeit, als die Gewerkschaften von den Sicherheitsbehörden unerbittlich verfolgt wurden. Wie auch vor dem Krieg standen die Arbeitnehmervertretungen auf der Linken im politischen Spektrum, viele waren von Kommunisten geführt und sahen sich als Vorhut der Revolution. Die US-Besatzungsbehörden hatten unmittelbar nach Kriegsende die Gründung freier Gewerkschaften gefördert. Als diese jedoch zunehmend unter den Einfluß linksradikaler Funktionäre gerieten, begann das US-Hauptquartier die Organisationen als Bedrohung für die innere Stabilität Japans anzusehen. Während des Korea-Krieges (1950–53) wurden viele Gewerkschaftsverbände wie auch andere radikale Vereinigungen der Linken bekämpft; schon vorher, nachdem Besatzungsbehörden 1947 einen Generalstreik verboten hatten, schwand der revolutionäre

Elan der Gewerkschaften, und ihr Einfluß ging deutlich zurück. Die Organisationsrate sank kontinuierlich Jahr für Jahr: Mit nur 22,2% wurde 1999 ein Rekordtiefstand erreicht (Deutschland 1997: 33,1%). Trotzdem ist der Einfluß japanischer Gewerkschaften nicht zu unterschätzen. Ihre Macht liegt in den Betrieben. Nicht landesweite Gewerkschaftsorganisationen bestimmen die japanischen Tarifrunden, sondern einzelne Betriebsgewerkschaften. Über diese funktioniert auch das japanische Modell der betrieblichen Mitbestimmung: Ihre Führung kann z.B. massiv Einfluß auf die Zusammensetzung des Vorstandes nehmen, es gab Fälle, in denen Betriebsgewerkschaften sogar die Ablösung eines Vorstandsvorsitzenden erzwungen haben. Nicht wenige Vorstandsmitglieder waren im Laufe ihrer Betriebskarriere auch Gewerkschaftsführer.

Neben der niedrigen Organisationsrate ist die starke Zersplitterung der Gewerkschaftsbewegung in Japan auffallend: So gibt es bei den Großunternehmen Betriebs- oder Unternehmensgewerkschaften, die Arbeitnehmer der Klein- und Mittelindustrie sind jedoch kaum organisiert. Zudem sind die Gewerkschaften Interessenvertretungen der Stammarbeitnehmer, die lebenslange Beschäftigungsgarantie genießen; diese umfassen aber nur ca. 30% aller Arbeitskräfte, vor allem in den Großbetrieben. Leiharbeitnehmer, Kontraktbeschäftigte und Frauen werden in der Regel nicht von den Gewerkschaften vertreten.

Auch die «Frühjahrslohnkampagnen», in denen alljährlich die Grundlohnerhöhungen ausgehandelt werden, sind nur unzulänglich zwischen den Einzelgewerkschaften oder auch den Dachverbänden koordiniert; überdies schwindet ihre Bedeutung, die Tarife werden immer häufiger auf Betriebs- oder Unternehmensebene vereinbart. Streiks gibt es so gut wie nie, die harten Auseinandersetzungen z.B. 1975, als der öffentliche Dienst für die Erlangung des Streikrechts tagelang die Arbeit niederlegte, sind nur noch vage Erinnerung. 1998 gingen in Japan 116000 Arbeitstage wegen Streiks verloren (Deutschland: 593000, USA: 3,98 Mio., Großbritannien: 649000).

Die Zunahme von Teilzeit- und Leiharbeit mindert die Bedeutung von organisierten Arbeitnehmervertretungen in Einzelunternehmen weiter. Mit solchen Veränderungen entstehen aber auch neue Organisationen, die sich jetzt unternehmensübergreifend orientieren, um die Interessen von Arbeitnehmern mit häufig wechselnden Arbeitsplätzen wahrzunehmen. Diese Organisationen zielen auf Teilzeitkräfte, z.B. Frauen, organisieren aber auch sogar mittleres Management. Die verbliebenen Dachverbände sind politisch aktiv, bis 1994 standen sie meist hinter den Sozialisten oder der Demokratisch-Sozialistischen Partei (DSP/Minshato), einige kleinere Verbände sympathisierten auch mit der KPJ. Als 1994 die SDPJ mit der LDP eine Koalition einging und sich die DSP einer anderen Oppositionspartei anschloß, entschied sich der größte Dachverband Rengô für die politische «Selbständigkeit» und zog mit einigen Abgeordneten ins Oberhaus ein. Die wichtigsten Verbände sind: Rengô (7642 Einzel-Gew., ca. 8 Mio. Mitglieder), Zenroren (859000 Mitglieder), Zenrokyo (296000 Mitglieder). Als Industriegewerkschaften ähnlich wie in Deutschland ließen sich die Seeleute-Gewerkschaft, der Verband der Beschäftigten der Regional- und Kommunalverwaltungen und die Textilarbeiter-Gewerkschaft bezeichnen.

Japans Beamtenelite: Söhne der Samurai

Das Großraumbüro ist nüchtern, zweckmäßig und fast schmucklos. Auf den grauen Metallschreibtischen stapeln sich Formulare mit handschriftlichen Notizen, übersät mit roten Namens- und Dienstsiegeln, daneben auch PCs. Metallene Aktenschränke, irgendwo eine Sitzgruppe mit weißen Schonbezügen. An den Schreibtischen Herren, die beinahe uniformiert wirken, so einförmig scheinen ihre gedeckten Anzüge und dezenten Krawatten – Japans Elite: die Ministerialbürokratie.

In Hunderten von Büros gleicher Art, meist untergebracht in unansehnlichen Gebäuden, arbeitet die Beamtenelite, allen voran METI (Wirtschaftsministerium), MoF (Finanzministerium) und MOFA (Außenministerium). Auf wenig mehr als einem Quadratkilometer, in Tokyos Stadtteil Kasumigaseki, stehen die dreizehn Ministerien und Behörden, in denen sie unermüdlich für das Wohl Japans tätig ist. Jedes Ministerium bildet eine Welt für sich, abgeschirmt gegen die übrigen «normalen» Arbeitnehmer und in uneingestandenem, aber heftigem Konkurrenzkampf mit anderen Ministerien. Traditionelle Rivalitäten, etwa zwischen METI und Außenministerium oder zwischen Beamten des Finanzministeriums und dem METI, führen zu einem dauernden Kleinkrieg. Allen Ministerialbeamten aber ist eines gemeinsam: sie rechnen sich bewußt zur Elite und sind stolz auf das Ethos des Dienens, das sie alle verbindet.

Japans Elitebürokratie setzt so die Tradition der Samurai-Beamten fort, die schon im 18. und 19. Jahrhundert das Rückgrat der japanischen Verwaltung bildeten. Bald nachdem Tokugawa Ieyasu Japan in heftigen Bürgerkriegen geeint hatte, mußten die Samurai ihre Schwerter aus den Händen legen – sie wurden zu Verwaltungsfachleuten, die in den Lehensgebieten für ihre Herren Ordnung hielten und Steuern eintrieben. In dieser Funktion erlebten sie unmittelbar, wie gegen Mitte des 19. Jahrhunderts die japanische Wirtschaft zerfiel, und waren Zeugen der beginnenden Bedrohung durch den westlichen Imperialismus. So scheint es kaum verwunderlich, daß die Forderung nach grundlegenden Reformen aus ihren Reihen erhoben wurde. Diese Reformbewegung führte 1868 zum Erfolg, an dem rangniedrige Samurai-Beamte führend beteiligt waren. In der beginnenden industriellen und politischen Modernisierungsphase wandelten sich viele Samurai endgültig zu Elitebeamten.

Noch immer haben Japans Ministerialbeamte einen Grundsatz mit ihren Samurai-Vorgängern gemeinsam, das *kanson, minpi* Verehrung für den Beamten, Verachtung für den einfachen Mann. Wenn auch die Arroganz der Beamten häufig kritisiert wird, so bekundeten die Kritiker früher doch auch immer Respekt vor dem Pflichtbewußtsein, mit dem diese Beamten ihre Aufgabe erfüllen. Seit dem verheerenden Erdbeben von Kobe/Osaka (1995) und der andauernden Wirtschaftskrise seit 1997 ist das Vertrauen in die japanische Ministerialbürokratie erschüttert: Japans Bürokratie hat in beiden Fällen versagt. Vor allem die Kritik an der Finanzbürokratie spitzt sich zu, denn das früher allmächtige Finanzministerium scheint unfähig, gemeinsam mit Politikern die Bankenkrise zu lösen.

Ein festes Band besteht zwischen Beamtenelite, Politikern und Wirtschaftsführern und macht informelle Kontakte möglich: Sie sind zu einem großen Teil Absolventen von Eliteuniversitäten, allen voran der ehrwürdigen Tokyo-Universität (*Tôdai*). Noch immer stellen Absolventen der Tôdai, besonders aus der juristischen Fakultät, Japans Elitenachwuchs. Sie können wählen zwischen einer Karriere in einem großen Unternehmen oder in einem Ministerium – vorausgesetzt sie bestehen die harten Eingangsprüfungen und die strenge Bewertung durch erfahrene Beamte oder Unternehmensmitarbeiter. Die Eingangsprüfungen gleichen Initiationsriten, und die erfolgreichen Bewerber entwickeln schnell ein gewisses Sendungsbewußtsein.

Verglichen mit der Karriere in einem Unternehmen ist die Beamtenkarriere kürzer und schneller: Während in vielen großen Unternehmen die Altersgrenze jetzt bei 60 bis 65 Jahren liegt, werden Japans Ministerialbeamte schon Mitte/Ende 50 pensioniert. Nach dem Ausscheiden winkt manchem von ihnen eine zweite Karriere in einem Unternehmen der Privatwirtschaft. Zwar sind die Angebote an Spitzenbeamte in den letzten Jahren zurückgegangen, aber noch immer gibt es das sprichwörtliche *amakudari,* «vom Himmel herabsteigen», also das Überwechseln von Beamten in Privatunternehmen. Besonders ehemalige führende Beamte aus dem Finanzministerium und dem METI sind bei den Unternehmen willkommen, denn sie verfügen über einen reichen Erfahrungsschatz in den Feinheiten des politischen Entscheidungsprozesses, sowohl innerhalb einzelner Ministerien als auch in den Verbindungen zwischen Politik und Bürokratie. Ihre persönlichen Bekanntschaften mit Politikern, anderen Spitzenbeamten und in der Geschäftswelt sind von unschätzbarem Wert.

1999 erhielten etwa 200 von 30000 pensionierten Beamten die vorgeschriebene Erlaubnis, in die Privatwirtschaft überzuwechseln. Viele von ihnen hatten schon vor ihrer Pensionierung engen Kontakt zu Unternehmen, weshalb das Beamtengesetz vorschreibt, daß sie erst zwei Jahre nach Ausscheiden aus dem Ministerium einen Posten in der Privatwirtschaft übernehmen dürfen. Aber wer will einen diskreten Rat oder einen vertraulichen Hinweis unter Freunden verhindern, der mit einem substantiellen (Geld)geschenk honoriert wird? Auch garantiert die Verfassung freie Berufswahl, und so hat es sich die Personalbehörde zur Regel gemacht, grundsätzlich jeden Antrag von Spitzenbeamten zu gewähren, die in ihrer Amtszeit nur «indirekten» Kontakt mit der Privatwirtschaft hatten. 1999 waren es wieder mehrheitlich ehemalige Spitzenbeamte des Finanzministeriums, die in die Privatwirtschaft gingen, gefolgt von Beamten des Ministeriums für Bauwesen (Staatsaufträge!), an dritter Stelle METI und das Verkehrsministerium.

Innerhalb eines Ministeriums läuft ein umständlicher Willensbildungs- und Entscheidungsprozeß ab, der langwierig ist, dafür aber alle Abteilungen und Referate, kurz, jeden einzelnen Beamten einbindet. Der verantwortliche Minister hat kaum direkte Einwirkungsmöglichkeit auf diesen Prozeß. Er ist Vollstrecker eines kollektiven Willens – wenn er nicht «aus dem Hause kommt». Denn erfahrene ehemalige Ministerialbeamte wie die früheren Regierungschefs Fukuda und Ohira, die beide aus dem Finanzministerium stammten, kannten als Minister alle Feinheiten «ihres» Ministeriums und konnten auf verschiedenen Entscheidungsebenen ihren beträchtlichen persönlichen Einfluß geltend machen. Der Ministerialbürokratie ist dieser Ministertyp der liebste: Er versteht die Denkstrukturen der Beamten, kennt die Mechanismen «des Hauses» und respektiert ihr elitäres Selbstverständnis.

Viele japanische Spitzenpolitiker begannen ihre politische Karriere nach einer erfolgreichen Laufbahn in einem Ministerium. Im Parlament stellen ehemalige Beamte stets mindestens 20 bis 30 Prozent der Abgeordneten, im Kabinett und in der Führung der regierenden LDP ist ihr proportionaler Anteil noch höher. Diese Politiker kennen aus eigener Erfahrung den speziellen Wert der Ministerialbürokratie für den Machterhalt und wissen ihn besonders zu schätzen: die Fülle von Informationen, die in der gesamten Beamtenschaft eines Ministeriums angehäuft sind. Kabinettsminister, aber auch die Führung der LDP – vertreten durch die zahlreichen verschiedenen Partei-Fachausschüsse – vertrauen den Informationen aus der Bürokratie und treffen eigene, grundsätzlich politische Entscheidungen nur in enger Abstimmung mit der Beamtenschaft verschiedener Ministerien. Hier auch besteht die einzige wirkliche Einwirkungs- und Kontrollmöglichkeit durch gewählte, also demokratisch legitimierte Politiker. Dennoch ist die Gefahr groß, daß demokratische Willensbildung durch bürokratische Entscheidungen ersetzt wird.

Zu Beginn der 90er Jahre kam es zu härterer Konfrontation zwischen Politik und Bürokratien: Eine Reihe von Regierungschefs hatte sich «Deregulierung» auf die Fahnen geschrieben, was nichts anderes als die Entmachtung der Ministerialbürokratien bedeutete. Bankenkrisen, wachsende Arbeitslosigkeit und offenkundiges Versagen der Elite-Bürokratie in anderen nationalen Krisen haben das Vertrauen der Öffentlichkeit in die Beamtenschaft tief erschüttert. Unter Führung einer konfliktbereiten neuen Politikergeneration gehen die politische Klasse Japans und die Medien des Landes unter dem Beifall der Bürger massiv gegen bürokratische Machtvollkommenheit vor; die Sonderbeziehungen zwischen Spitzenbeamten (die nicht selten später selbst Politiker wurden) und Politikern sind nicht mehr selbstverständlich – die bürokratischen Eliten Japans geraten unter Legitimationsdruck, weil sie zunehmend als fortschrittshemmend bewertet werden.

Die aufgeblähten Apparate der Ministerialbürokratien verlangten nach Straffung und damit größerer Effizienz; seit zehn Jahren liefen diese Bemühungen – jetzt scheint das Ziel erreicht.

Reorganisation der Ministerien: Ende der Beamtenherrschaft?

Anfang Januar 2001 konnte die Regierung Vollzug melden: Die enorme Aufgabe einer grundlegenden Umstrukturierung der japanischen Ministerien war umgesetzt. Statt bis dahin 23 Ministerien und Oberste Regierungsbehörden gab es nur noch 13. Zwei Maßnahmen bildeten die Grundlage der Neuordnung: Ministerien wurden zusammengelegt und Oberbehörden in das neu geschaffene Kabinettsbüro integriert. Neben der erhofften organisatorischen Straffung («Verschlankung») der zentralen Verwaltungen war vielleicht das wichtigste Ziel die Stärkung der politischen Führung gegenüber den Bürokratieapparaten. Zu diesem Zweck wurden in den Ministerien die Posten von Vize-Ministern eingeführt, überdies wurde durch die Schaffung des Kabinettsbüros der Regierung ein strategisches Instrument an die Hand gegeben, das die Umsetzung politischer Führung erleichtern soll. Als politische Repräsentanten sollen in den 13 neuen Ministerien 22 Vize-Minister (engl.: *state secretaries*, japan.: *fuku daijin*) in Zukunft neben den Parlamentarischen Staatssekretären (insgesamt 26) politischen Willen in die Ministerien tragen und so den Kampf gegen die bislang übermächtige Bürokratie aufnehmen. Sie vertreten auch gegebenenfalls «ihre» Minister. Die neuen Ministerien haben zum Teil geradezu gigantische Größenordnungen, die zwangsläufig eine Reduzierung der Personalstärke erfordern: In den kommenden zehn Jahren sollen die ca. 840 000 öffentlich Bediensteten um 25 % verringert werden.

Die Ministerien nach der Umstrukturierung 2001
- *Cabinet Office* (Prime Minister's Office, Economic Planning Agency, Okinawa Development Agency)
- *Public Management, Home Affairs, Post and Telecommunications Ministry* (Management and Coordination Agency, Home Affairs Ministry, Post and Telecommunication Ministry)
- *Defense Agency* (Defense Agency)
- *National Public Safety Commission* (National Public Safety Commission)
- *Foreign Ministry* (Foreign Ministry)
- *Justice Ministry* (Justice Ministry)
- *Finance Ministry* (Finance Ministry)
- *Land, Infrastructure and Transport Ministry* (Construction Ministry, Transport Ministry, National Land Agency, Hokkaido Development Agency)
- *Economy, Trade and Industry Ministry* (Größte Teile des vormaligen MITI; heute: METI)
- *Agriculture, Forestry and Fisheries Ministry* (Kleinere Teile des MITI, Agriculture, Forestry and Fisheries Ministry, Teile der Environment Agency)
- *Environment Ministry* (Environment Agency, Teile von Agriculture, Forestry and Fisheries Ministry sowie von Health and Welfare Ministry)
- *Health, Labor and Welfare Ministry* (Teile von Health and Welfare Ministry sowie von Labor Ministry)
- *Education, Culture, Sports, Science and Technology Ministry* (Education Ministry, Science and Technology Agency)

Ein erster Blick auf die neue Ressortverteilung zeigt, daß offenbar jenen früheren Ministerien die Unabhängigkeit durch Zusammenlegung bzw. Aufteilung genommen wurde, die besonders häufig in Korruptionsfälle mit führenden Politikern verwickelt waren; dazu zählten vor allem das Construction Ministry, das Transport Ministry sowie das Post and Telecommunications Ministry. Der ehemalige Ministerpräsident Mori beauftragte einen gestandenen LDP-Baron mit der übergreifenden Kontrolle der weiterreichenden Gesamtreformen: Hashimoto Ryutaro, früher selbst Regierungschef (Rücktritt 1998) sollte als «Staatsminister für die Reform der Verwaltung» in fünf zentralen Aufgabenbereichen Neuerungen erreichen. Dazu zählen z. B. Reformen im Öffentlichen Dienst auf der zentralen Verwaltungsebene (Ministerien), der Umbau der quasi-staatlichen Unternehmen, die Koordinierung der ministerienübergreifenden Aufgaben (Informatisierung, Digitalisierung). Es war zweifelhaft, ob der Staatsminister in der ihm verfügbaren Zeit die zugewiesenen Aufgaben lösen konnte, zumal neben ihm noch eine Abteilung im Kabinettssekretariat sowie verschiedene Abteilungen im neuen Ministerium für öffentliches Management (Public Management, Home Affairs, Post and Telecommunications Ministry) an den Lösungen mitwirken sollten. Personalabbau, größere Transparenz ministerieller Entscheidungen, reibungsloser Informationsfluß und -austausch zwischen den Bürokratie-Einheiten (und natürlich dem Kabinett) waren Ziele, denen sich die etablierten Apparate vehement widersetzen würden – so ist aus der Sicht der zweiten Jahreshälfte 2001 wohl kaum von einem Verschlankungseffekt durch die Umstrukturierung zu sprechen.

Internationale Bindungen

Großmacht wider Willen?

Von einer autonomen Außenpolitik Japans kann man erst wieder seit Beginn der 50er Jahre des 20. Jahrhunderts sprechen, d.h. nach Abschluß eines Friedensvertrages und des bilateralen Sicherheitsvertrages mit den USA 1951 in San Francisco. Die Grundsätze amerikanischer Politik gegenüber Japan nach 1945 waren vom beginnenden Kalten Krieg geprägt. Im Gegensatz zum besiegten Deutschland wurde Japan nicht in Besatzungszonen aufgeteilt, wenn auch der oberste Vertreter der USA in Japan, General Douglas MacArthur, formal «Oberkommandierender der alliierten Mächte» (Supreme Commander Allied Powers, SCAP) war. Neben den USA hatten die übrigen Kriegsgegner Japans keinen Einfluß auf die Besatzungspolitik. Die akute Versorgungskrise der japanischen Bevölkerung erforderte von den USA große materielle Anstrengungen, und eine baldige Unabhängigkeit Japans schien wirtschaftlich geboten. Hinzu kamen die wachsenden Spannungen auf der koreanischen Halbinsel, die 1950 zum Krieg eskalierten – Japan wurde de facto zum Verbündeten der USA im Korea-Krieg. Schon 1950 begann erneut eine japanische Aufrüstung, und der Friedensvertrag von San Francisco 1952, zusammen mit dem amerikanisch-japanischen Sicherheitsvertrag (Stützpunktrechte der USA), unterstrichen Japans zentrale Partnerrolle bei der amerikanischen Eindämmungspolitik gegenüber den sozialistischen Mächten in Asien: Sowjetunion und China.

Der bilaterale Sicherheitsvertrag mit den USA, der 1960 gegen den heftigen, gewaltsamen Widerstand der Opposition verlängert wurde, bildet noch heute die sicherheitspolitische Grundlage japanischer Außenpolitik, wenn auch das Verhältnis zu den USA erheblich komplizierter geworden ist. Daneben allerdings fügt sich Japan amerikanischem Druck und rüstet bereitwillig weiter auf – China, die ASEAN-Staaten und andere Nachbarländer sehen es mit einigem Argwohn.

Enge Anlehnung an die USA in der militärischen Sicherheit einerseits, wirtschaftliche Durchdringung der Nachbarregionen Südostasiens (ASEAN: Thailand, Malaysia, Singapur, Philippinen, Indonesien, Brunei), Koreas und Chinas andererseits – bei möglichst geringen eigenen Rüstungsanstrengungen – summierten sich jahrzehntelang zum japanischen Konzept der «umfassenden Sicherheitspolitik». Rein militärischen Abwehrpotentialen wurde zweitrangige Bedeutung zugemessen gegenüber der Förderung wirtschaftlicher Abhängigkeit möglicher Gegner – bisher ein überaus erfolgreiches Sicherheitskonzept.

Mit den Terroranschlägen vom 11. September 2001 in New York und Washington hat die japanische Sicherheitspolitik jedoch eine neue Qualität bekommen: Durch einschneidende Änderungen im Gesetz über die japanischen Streitkräfte (sogenannte «Selbstverteidigungsarmee», japan.: *Jieitai*) können japanische Luftwaffen- bzw. Heeresverbände und Marineeinheiten jetzt auch «out of area» (NATO-Jargon) eingesetzt werden, d.h. außerhalb der Gebiete, die im Sicherheitsvertrag umrissen wurden. Die sogenannten «Guidelines» (also die Durchführungsbestimmungen des Vertrages von 1997) sehen hier unter anderem «alle Gewässer (vor), die an Japan angrenzen»; die chinesische Führung argwöhnt, daß damit auch die Meeresgebiete um Taiwan gemeint sein könnten: Japan würde dann bei einer militärischen Krise um Taiwan als Bündnispartner der USA – die wiederum unter Umständen Taiwan schützen könnten – in Konfrontationen hineingezogen werden; die ungeklärte Regelung belastet das chinesisch-japanische

Verhältnis. Dessen ungeachtet hat die japanische Armee Ende 2001 Marineeinheiten zur Unterstützung des amerikanischen Bündnispartners in den Indischen Ozean entsandt, um logistische und nachrichtentechnische Hilfe im Kampf gegen den internationalen Terrorismus zu leisten. Japanische Luftwaffen-Verbände fliegen Hilfsgüter nach Afghanistan.

Der erste große Erfolg der japanischen Außenpolitik waren die Reparationsabkommen mit Ländern, die im Pazifischen Krieg besetzt worden waren: Die Reparationsbedingungen machten diese Verträge praktisch zu Förderungsinstrumenten japanischer Exporte. Die Lösung von Handelsproblemen ist seit den fünfziger Jahren («Textilkriege») eine zentrale Aufgabe japanischer Außenpolitik, neben der Sicherheitspolitik, die auf Offenhaltung der Transportwege (Meerengen) und Sicherung der Rohstoffversorgung (Energie) zielt. Die beiden Ölkrisen von 1972/73 und 1979 haben Japan die eigene Verwundbarkeit drastisch demonstriert.

Wichtigste Partnerländer neben den großen Industriestaaten sind die ASEAN-Länder, China und die NIEs (Newly Industrialising Economies, Singapur, Taiwan, Südkorea und Hongkong). Seit Normalisierung der Beziehungen zu China (1972) und dem Abschluß eines Friedens- und Freundschaftsvertrages (1978) sucht Japan seinen riesigen Nachbarn durch Angebote wirtschaftlicher Zusammenarbeit politisch zu entkrampfen und damit berechenbar zu machen. Dabei wird pragmatisch bis zum Zynismus vorgegangen: Schon ein Jahr nach der blutigen Niederschlagung der Demokratiebewegung (1989) war die japanische Regierung wieder zu massiver Wirtschaftshilfe bereit (4 Mrd. US $ ODA). Die weitere Öffnung Chinas ist oberstes Ziel. Stabilität nach innen und außen in Südostasien ist lebenswichtig für Japan, deshalb werden systematisch die Beziehungen zu den ASEAN-Staaten ausgebaut. Großzügige Wirtschaftshilfe und intensive Handelsbeziehungen bei wachsenden japanischen Direktinvestitionen auf der einen Seite, enge Zusammenarbeit bei der Lösung des Kambodscha-Problems andererseits unterstreichen diese Sonderbeziehungen. Die Asienkrise von 1997 hat japanische Unternehmen in der Region schwer getroffen, insbesondere Japans Großbanken sitzen auf Unsummen nicht einbringbarer («fauler») Kredite an Partner in Südostasien, die plötzlich zahlungsunfähig geworden sind. Die Belastungen aus diesen Forderungen verschärfen noch die krisenhafte Entwicklung der japanischen Banken im eigenen Land. Die japanische Außenwirtschaft als integraler Teil der außenpolitischen Strategien setzte im Jahre 2001 auf regionale Wirtschaftsblöcke, aber auch verstärkt auf bilaterale Freihandelsvereinbarungen z. B. mit Singapur und Australien.

Ungestörte Rohstoffversorgung und Marktsicherung sind die Ziele japanischer Außenpolitik gegenüber Mittel- und Südamerika wie auch im Verhältnis zu den Ländern des Nahen und Mittleren Ostens (Rohöl, Gas). Hier bemühte sich Japan intensiv um eine Vermittlerrolle im Krieg Iran/Irak, allerdings ohne greifbaren Erfolg. Im Golfkrieg unterstützte Japan die Alliierten mit umgerechnet 15 Mrd. US $, wurde aber trotzdem (wie auch Deutschland) in den USA, Großbritannien und den nahöstlichen Ländern heftig kritisiert. 1992 rang sich deshalb Japan zu einem sog. «PKO-Gesetz» durch (PKO = Peacekeeping Operations) und konnte später Blauhelme zu UN-Missionen entsenden, z. B. nach Kambodscha.

Die Beziehungen zu Australien, Neuseeland und den pazifischen Inselstaaten werden ebenfalls von japanischen Interessen an industriellen Rohstoffen (Kohle, Erz) sowie durch latente Handelskonflikte, noch mehr aber von japanischen Fischfang-Interessen in den 200-Seemeilen-Wirtschaftszonen dieser Länder bestimmt. Gleiches gilt auch für die südamerikanischen Küstengewässer.

Die Auflösung des «Ostblocks» durch die Reformpolitik Gorbatschows traf die japanische Regierung völlig unvorbereitet: Scheinbar unverrückbare Feindbilder begannen sich aufzulösen, starre Bündnissysteme zerfielen, und eine Neuordnung im gesamten Europa nahm Form an. Die Schaffung des Gemeinsamen Marktes 1992 («Festung Europa»?) und die Einbindung neuer osteuropäischer Demokratien, das Näherrücken der ehemaligen EFTA-Länder, also vor allem die nordischen Staaten, Österreich und die Schweiz, an die EU bis hin zur förmlichen Mitgliedschaft, aber auch die nordamerikanische Freihandelszone USA-Kanada-Mexiko deuten auf eine Regionalisierung des Welthandels. Bei all diesen Veränderungen bleibt eine Konstante der japanischen Außenpolitik: Trotz zunehmender Wirtschaftsbeziehungen und engerer Konsultationen – ohne Rückgabe der Kurilen-Inseln («nördliche Territorien») wird es keine normalen Beziehungen zwischen Japan und Rußland geben.

Deutsch-Japanische Beziehungen

Die Geschichte der deutsch-japanischen Beziehungen begann mit einem «Technologietransfer»: Ein deutscher Geschützgießer goß 1639 den ersten einsatzfähigen Mörser Japans; die Technik des Geschütz-Gießens war damit in Japan verankert, wenn auch diese «moderne» Technologie noch zwei Jahrhunderte ungenutzt blieb. Während der japanischen Abschließungsepoche vom 17. bis in das 19. Jahrhundert gelangten wenige Deutsche im Dienst der Holländisch-Ostindischen Kompanie nach Japan. Sie beschrieben teils ausführlich und wissenschaftlich präzise Land und Leute. Von echten Beziehungen zwischen Deutschland und Japan kann man jedoch erst seit 1861 sprechen, als Preußen mit Japan einen Freundschafts- und Handelsvertrag schloß, der wie alle internationalen Verträge jener Zeit, als «ungleicher Vertrag» gelten mußte, d.h. als ein Vertrag, der Japan mehr oder weniger aufgezwungen wurde. Intensiver wurden die bilateralen Kontakte, als die Reformregierung der Meiji-Zeit (1868–1912) sich für das kaiserliche Deutschland unter preußischer Vorherrschaft als ein wichtiges Vorbild für wissenschaftlich-technische Entwicklung und politische Neustrukturierung des Meiji-Staates entschied. Der Anstoß für diese Entscheidung kam von der sogenannten «Iwakura-Mission», die 1873 Berlin besuchte. Im autoritären, aber modernen Deutschland sah die Meiji-Führung eher ein Modell als in den demokratischen Staaten Europas; ca. 60% aller Spezialisten, die aus Japan zum Studium ins Ausland entsandt wurden, gingen nach Deutschland – aber eben auch 40% in andere Länder, eine Tatsache, die von japanischen und deutschen Beobachtern oft übersehen bzw. heruntergespielt wird. Deutsche Spezialisten, die in der Meiji-Zeit in Japan tätig waren, machten weniger als die Hälfte amerikanischer und britischer Fachleute zusammengenommen aus. Unbezweifelbar ist jedoch, daß in der subjektiven Wahrnehmung der japanischen Eliten Deutschland eine Sonderrolle in den Auslandsbeziehungen Japans zukam. Es war, als sei Japan der Aufforderung Bismarcks gefolgt: «Heute wollen viele Länder mit Japan verkehren. Doch sollten Sie unter den Ländern, mit denen Sie Freundschaft schließen, Deutschland an erste Stelle setzen.»

Die sehr guten – aber nicht «exklusiven» – Beziehungen zwischen zwei autoritären Systemen, zwei globalen «Late-comers», überlebten sogar die Kriegsgegnerschaft im Ersten Weltkrieg. Japan saß auf seiten der Sieger, aber Japaner spendeten in den 20er Jahren großzügig für die «Notgemeinschaft der Deutschen Wissenschaft». Ein Interessenabgleich zwischen Deutschland und Japan, die beide in ihrer jeweiligen Region hegemoniale Außenpolitik betrieben, führte sie gemeinsam in die internationale Isolation, und schließlich entschieden sich die Führungen beider Staaten in verhängnisvoller Selbstüberschätzung für die Katastrophe des Krieges. Beide Staaten waren in dieser düsteren Geschichtsepoche totalitär, Japan aber nie faschistisch – auch wenn marxistische Historiker in Japan gern pauschal diese Klassifizierung verwenden. Das Bündnis mit dem nationalsozialistischen Deutschland war im japanischen Außenministerium stets umstritten, und der «Anti-Komintern-Pakt» hinderte Japan nicht daran, 1941 ein Neutralitätsabkommen mit der Sowjetunion abzuschließen. Überspitzt ließe sich das bilaterale Verhältnis zwischen Deutschland und Japan bis 1945 aus japanischer Sicht als reine Zweckpartnerschaft mit Vorbehalten kennzeichnen; beide Staaten waren fest in ihren Regionen verankert, die sie auch zum Ziel ihrer Aggressionen machten.

Seit dem zweiten «Europa-Asien-Gipfel» in Bangkok 1996 kann man in Europa, besonders in Deutschland, von einer «Wiederentdeckung Asiens» sprechen; diese neue Asienperspektive ist aber nicht auf eine deutsche Initiative in der EU zurückzuführen, sondern folgt Vorstößen der EU-Kommission, die 1994 mit ihrem grundlegenden Asienpapier einen neuen Weg aufgezeigt hat. Die Bundesrepublik war in dieser Bestrebung ein Schlußlicht, Deutschlands politische Repräsentanten haben diese Rolle jedoch gewollt. Nach der deutschen Vereinigung und dem Zusammenbruch der Sowjetunion wurden Politik und Wirtschaft von euphorischen Visionen eines profitablen Aufbruchs in den Osten Europas beherrscht. Asiens Entwicklungspotential und seine zukünftige Rolle gerieten weitgehend aus dem Blickfeld gerade deutscher Spitzenpolitiker und Wirtschaftsführer. Erst seit 1993 gibt es ein eigenes Asienkonzept der Bundesregierung.

Seither aber rückte Japan wieder deutlich in das Zentrum deutscher Asienpolitik, und auch aus japanischer Perspektive wurde Deutschland wieder stärker wahrgenommen. Im Jahre 1995 geriet Deutschland anläßlich der Erinnerung an den fünfzigsten Jahrestag der Kapitulation von 1945 stärker in das Blickfeld japanischer Medien. Auslöser hierfür war die Kritik in Nachbarstaaten Japans an der unzureichenden Aufarbeitung der jüngeren japanischen Vergangenheit im pazifischen Raum: Deutschland wurde besonders in Südkorea und China als Beispiel für ein offenes Bekenntnis zu historischer Schuld genannt, das in Japan fehle. In neo-konservativen Kreisen Japans aber wird gerade die deutsche Schuld – der Holocaust – als historischer Unterschied zu der japanischen Aggression in Asien gesehen: Japan habe in Asien einen Befreiungskrieg vom europäischen Kolonialjoch geführt, so eine populäre Interpretation.

Nach Wiederaufnahme der diplomatischen Beziehungen im Jahre 1952 begann zögernd eine Besuchsdiplomatie zwischen Japan und Deutschland, die fortan stets einen Aktivsaldo auf japanischer Seite aufwies: Zwischen 1954 und 1994 gab es 13 offizielle Besuche japanischer Regierungschefs in Deutschland, achtmal besuchten deutsche Bundeskanzler Japan. In den ersten beiden Jahrzehnten japanisch-deutscher Beziehungen besuchte nur einmal ein deutscher Bundeskanzler Japan (Kiesinger 1969). Der Besuch des Kaisers Hirohito in Deutschland (1971) im Rahmen einer Europareise hatte hohe symbolische Bedeutung, zumal die vorangegangenen Besuche des Kaisers in Großbritannien und in den Niederlanden von heftigen anti-japanischen Demonstrationen begleitet waren, die in Deutschland ausblieben. Zwischen deutschen und japanischen Fachministerien gibt es regelmäßige jährliche Konsultationen auf Staatssekretärsebene und zwischen Abteilungsdirektoren (Finanzministerium, BMZ). Im Februar 1992 wurde zwischen den damaligen Außenministern Genscher bzw. Watanabe vereinbart, zweimal jährlich Außenministertreffen durchzuführen, nachdem es zwischen 1985 und 1991 aufgrund deutscher Absagen keine Konsultationen gegeben hatte. Zwischen dem BMFT und der japanischen Science and Technology Agency besteht seit 1974 ein Lenkungsausschuß für wissenschaftlich-technische Zusammenarbeit; während des Besuches von Bundeskanzler Kohl in Japan (1993) wurde die Gründung eines «Kooperationsrates für Hochtechnologie und Umwelttechnik» beschlossen, der ein- bis zweimal jährlich Kooperationsmöglichkeiten auf Expertenebene diskutiert. Seit dem Besuch des damaligen Verteidigungsministers Rühe in Japan (1993) finden Konsultationsgespräche zwischen den Führungsstäben des Verteidigungsministeriums und der National Defence Agency Japans statt. Das «Deutsch-Japanische Dialogforum», das 1993 von Bundeskanzler Kohl und dem damaligen japanischen Ministerpräsidenten Miyazawa initiiert wurde, eröffnet erstmals die Möglichkeit zu einem grundsätzlichen Gedankenaustausch zwischen führenden Vertretern aus Politik, Wirtschaft und Medien, der zu politischen Empfehlungen an die beiden Regierungen geführt hat. Dennoch ist festzustellen, daß die bilateralen Aktivitäten in der deutschen (und japanischen) Öffentlichkeit relativ geringes Echo auslösen: Das langjährige Desinteresse der deutschen Politik an Japan hat sein getreues Spiegelbild in der Behandlung Japans durch die deutschen Massenmedien; zwar finden sich in den Printmedien relativ ausführliche, sachliche Berichte über Japan (erfreulicherweise mit zunehmender Tendenz), aber die in der Breite weitaus wirkungsvolleren elektronischen Medien räumen Japan (und Asien) noch immer eher geringen Raum ein.

Im Zuge verstärkter regionaler und subregionaler Zusammenarbeit im asiatisch-pazifischen Raum (z. B. APEC = Asia-Pacific Economic Cooperation) erscheint manchen japanischen Beobachtern die Bedeutung bilateraler Beziehungen zu schwinden: An die Stelle des zwischenstaatlichen tritt nach ihrer Auffassung ein interregionaler Dialog, etwa zwischen den APEC-Staaten und der EU; der Dialog zwischen Japan und Deutschland wäre dann «ein Drehpunkt des gegenseitigen Verständnisses von Asien und Europa». Die deutsche Wiedervereinigung hatte anfangs in Japan die Sorge vor einer neuen europäischen Introvertiertheit ausgelöst, bestärkt durch die genannte Osteuropa-Euphorie. Dennoch konnte Japan sich für Initiativen in Osteuropa, sogar gegenüber Rußland, entschließen: Japan beteiligte sich – nicht zuletzt auf deutsches Drängen hin – an multilateralen Hilfsprojekten für die ehemaligen COMECON-Staaten. Daraus läßt sich die Bereitschaft Japans zur Übernahme größerer Verantwortung durch Verstärkung des europäisch-japanischen «Schenkels» ablesen. Die gemeinsamen europäisch-japanischen Aufgaben in der regionalen und weltweiten Kooperation definieren auch die deutsch-japanische Zusammenarbeit mit ihren möglichen Aktionsfeldern:

- Für den Aufbau und die Sicherung stabiler regionaler und weltweiter Ordnungen ist die deutsch-japanische Zusammenarbeit in enger Abstimmung mit den USA von zentraler Bedeutung. Beide Staaten wollen die Rolle der UN stärken, beide streben einen veto-bewehrten ständigen Sitz im Weltsicherheitsrat an. Japan und Deutschland haben sich in einem mühsamen demokratischen Entscheidungsprozeß dazu durchgerungen, Truppen für UN-Einsätze (bzw. im Nato-Auftrag) auch «out-of-area» einzusetzen. In den bilateralen Konsultationen, die an Intensität erkennbar zugenommen haben, stehen die Ächtung von Massenvernichtungswaffen, die Nichtverbreitung von Kernwaffen, eine UN-Reform, der Nord-Süd Konflikt (Japan natürlich als Teil des Nordens), Flüchtlingsprobleme u.ä. im Mittelpunkt außenpolitischer Problemerörterung; in diesen Bereichen bietet sich auch gemeinsames Vorgehen an. Erster Schritt dazu ist die enge Abstimmung zwischen Mitarbeitern deutscher bzw. japanischer Botschaften in osteuropäischen und asiatischen Ländern, wobei die jeweils andere Seite von dem regionalspezifischen Know-how des Partners profitieren kann. Die Kooperation umfaßt Botschaften beider Länder in über 80 Staaten. In sechs Hauptstädten arbeiten die deutschen und japanischen Botschaften besonders eng zusammen, in Beijing (Peking), Phnom Penh, Yangon (Rangoon), Wien, Kiew und Moskau; die Konsultationen haben u.a. die politische Situation in den Gastländern, regionalpolitische Fragen, die Lage in Europa und Asien sowie Kooperationsmöglichkeiten in der Entwicklungspolitik zum Thema. Ergänzt wird diese Zusammenarbeit noch durch einen Beamtenaustausch zwischen den Außenministerien, der jedoch bisher nicht denselben Erfolg zeigt wie entsprechende Austauschprogramme mit europäischen Nachbarstaaten, den USA und Kanada. Schließlich sind Japan und Deutschland durch ihre Bündnisbeziehungen mit den USA zu wichtigen Partnern im amerikanischen Kampf gegen den internationalen Terrorismus geworden; beide Staaten stellen Truppenkontingente und Marineeinheiten zur logistischen Unterstützung und für die Nachrichtensammlung.

- Beide Staaten sind in ihrer jeweiligen Region wirtschaftlich führende Mächte, es lag deshalb in ihrem beiderseitigen Interesse, die Uruguay-Runde des GATT zu einem Erfolg zu bringen; der Erhalt eines offenen Welthandelssystem ist Kernpunkt gemeinsamer Außenwirtschaftspolitik. Gemeinsames Vorgehen angesichts weltweiter Währungsschwankungen, im globalen Umweltschutz (Ressourcenwahrung), sicher aber auch bei der «Globalsteuerung» von Warenströmen ist üblich geworden; so konnte die Bundesrepublik immer wieder Einfluß auf die japanischen Auto-Exporte in die EU nehmen und so größere Handelskonflikte vermeiden. Hier zeigte sich der Vorteil bilateraler Kontakte gegenüber einem eher formalisierten Vorgehen eines multinationalen Verhandlungsgremiums. So wie es in deutschem – und natürlich japanischem – Interesse liegt, die EU nicht zu einer Festung werden zu lassen, muß Deutschland an dem japanischen Beitrag zur fortgesetzten Öffnung der APEC interessiert sein. Deutschland und Japan haben sich in dem beginnenden Dialog zwischen der EU und Asien stark engagiert, wenn auch Japan mit dem Versuch, Australien und Neuseeland an dem Gipfel von Bangkok zu beteiligen, offenkundig bestrebt war, die Bedeutung des europäisch-asiatischen Treffens zu verwässern. Auf deutscher Seite setzt sich die Erkenntnis durch, daß die bilateralen Wirtschaftsbeziehungen noch immer unter Informationsdefiziten in Deutschland leiden; das Deutsch-Japanische Dialogforum fordert deshalb einen verstärkten Austausch von Führungspersonal aus Unternehmen beider Länder.

- Sozial- und industriepolitische Aufgaben von enormer Tragweite belasten Japan und Deutschland gleichermaßen: Überalterung und unerträgliche Belastungen des Sozialstaates, überstarke Regulierungen durch unflexible Verwaltungsapparate, wachsende Arbeitslosigkeit und industrielle «Aushöhlung» durch Produktionsverlagerung sind Probleme, die Erfahrungsaustausch und unter Umständen gemeinsames Handeln nahelegen.
- Deutliche Defizite bestehen noch in der wechselseitigen Perzeption von Alltagskultur in beiden Ländern. Hier eröffnen sich Aufgaben für einen verstärkten Jugendaustausch und intensive Dialoge zwischen gesellschaftlichen Gruppen (Parteien, Verbände), dabei muß in beiden Ländern der Kampf gegen Klischees im Vordergrund stehen; Vorstöße in dieser Richtung hat das Deutsch-Japanische Dialogforum unternommen. Die Erfolge bleiben abzuwarten.

Die Wirtschaft – unschlagbar erfolgreich?

«Geheimnisse» des japanischen Erfolgs

Die «moderne» japanische Wirtschaftsentwicklung setzte um 1868 mit der Schaffung einer zentralistisch regierten konstitutionellen Monarchie ein. Grundlagen für die folgende rapide industrielle Entwicklung waren jedoch schon im 18. Jahrhundert gelegt worden. In seiner wirtschaftlichen «take off-Phase» war Japan längst kein echtes «Entwicklungsland» mehr, sondern verfügte bereits über monopolistisch organisierte Manufakturen, die für den Markt produzierten, und – wichtiger noch – Japans Kaufleute beherrschten alle Techniken modernen Wirtschaftsverkehrs (Banken- und Börsensystem, Kreditwesen, unbarer Zahlungsverkehr, «Marketing» und «Product Management», d.h. Produktion für europäische Märkte, z.B. Porzellan). Mit staatlicher Hilfe erzielte die japanische Wirtschaft zwischen 1868 und 1940 durchschnittliche jährliche Zuwachsraten von 3,3 %. In den dreißiger Jahren war Japan bereits eines der Hauptausfuhrländer von industriellen Fertigwaren (besonders für asiatische Märkte) und wichtiges Importland für industrielle Rohstoffe.

Nach dem Zusammenbruch 1945 war die japanische Industrieproduktion auf 31 % des Vorkriegsniveaus gefallen, aber die Wirtschaft erholte sich mit massiver amerikanischer Starthilfe sehr schnell wieder und erreichte schon zwischen 1960 und 1970 (Hochwachstumsphase) wieder Zuwachsraten von durchschnittlich 100 % pro Jahr. Folgende Gründe lassen sich für das «japanische Wirtschaftswunder» nennen:

- Schaffung einer Wirtschaftsstruktur, die auf traditionellen Grundlagen der Vorkriegszeit fußte: Doppelstruktur aus wenigen leistungsfähigen Großunternehmen (eingebettet in Unternehmensgruppen, sogenannte *kigyo keiretsu*) einerseits und zahllosen, abhängigen Kleinbetrieben (Zulieferer) andererseits (Arbeitskostenvorteil).
- Hohe Investitionsraten: In den sechziger Jahren machten Kapitalinvestitionen 20 % des japanischen Bruttosozialprodukts (BSP) aus, die meisten Investitionen gingen in Ausrüstungen und Anlagen.

- Hohe Sparquoten: Im selben Zeitraum überschritten die Sparraten 20% des verfügbaren privaten Einkommens, ein Trend, der sich auch heute fortsetzt.
- Hohes Ausbildungsniveau: 35% einer Generation besuchen die Universitäten, 94% schließen die Oberschule ab.
- Amerikanischer Technologie-Transfer bei gleichzeitiger Marktabschottung gegen Produkte, die in Japan noch nicht konkurrenzfähig gefertigt werden konnten (sog. «Infant-Industries»); die USA als wichtigster japanischer Exportmarkt tolerierten diesen Protektionismus.
- Die wirtschaftliche Entwicklung vollzog sich im Rahmen staatlicher Planvorgaben (Fünfjahres-, Siebenjahres-Pläne) und indirekter Steuerung (Devisen- und Rohstoffbewirtschaftung, Exportkredite).
- Darauf gestützt: langfristige Unternehmensplanung unter «Marktanteilsdenken» statt kurzfristiger Gewinnmitnahmen.
- Exportinduzierte Entwicklung nach dem heute noch fortbestehenden Grundmuster: Einfuhr von industriellen Rohstoffen und Halbzeugen, Ausfuhr von Fertigwaren.

Jahrzehntelang haben die Japaner selbst und sogenannte «Japan-Kenner» in den USA und Europa liebevoll den Mythos von einem hohen japanischen Arbeitsethos gepflegt, das spezifische kulturelle Hintergründe habe. Die rauschhafte Begeisterung, mit der angeblich Japaner ihren täglichen Pflichten nachkommen, wurde immer wieder westlichen Arbeitnehmern als Vorbild hingestellt. Tatsächlich jedoch arbeiten die weitaus meisten japanischen Beschäftigten keineswegs mit größerer Hingabe als ihre westlichen Kollegen. Gruppendruck und Anpassungsbereitschaft, aber vor allem auch die Notwendigkeit, in einer wettbewerbsorientierten Arbeitswelt den eigenen Arbeitsplatz zu erhalten, zwingen vielmehr die Japaner täglich zu einer langen «Verweildauer» im Betrieb bzw. Büro: Vor dem Chef mag keiner gehen, aus Angst, die Karriere zu gefährden; daraus ergeben sich für Japans Betriebe de facto weit längere Jahresarbeitszeiten als in den USA oder in Europa, man bleibt länger am Arbeitsplatz, obwohl diese Zeit statistisch nicht erfaßt wird. Hinzu kommt die strenge Trennung in «Männerwelt» (= Betrieb) und «Frauenwelt» (= Familie und Kindererziehung), die den Tageslauf eines Mannes ganz auf die Firma hin orientiert, so daß vielfach auch gar nicht der Wunsch aufkommt, so schnell wie möglich wieder zu Hause zu sein. Es trifft auch zu, daß der gesetzliche Urlaubsanspruch nicht voll ausgeschöpft wird. Die Gründe: Teils spart man die Urlaubstage für den Krankheitsfall – die Betriebsleitungen üben hier Druck aus –, teils setzt ein Arbeitnehmer sich in schlechtes Licht gegenüber seinen Kollegen, wenn er den vollen Urlaub nimmt – der Gruppendruck ist hier äußerst wirkungsvoll. Zusätzlich zu den bestehenden «traditionellen» Zwängen kam in der zweiten Hälfte der 90er Jahre des 20. Jahrhunderts die akute Sorge vor Arbeitsplatzverlust im Gefolge der schwelenden Wirtschaftskrise.

Lange Anwesenheit am Arbeitsplatz und Urlaubsverzicht dürfen jedoch keineswegs einfach mit höherer Arbeitsleistung gleichgesetzt werden. Am Arbeitsplatz anwesend zu sein, wird als «fleißig» gewertet. Die Arbeitsproduktivität ist z. B. in den USA und besonders in Deutschland – bei rechnerisch jährlich weit weniger Arbeitsstunden – höher als in Japan. Das japanische Arbeitsministerium gab für 1997 eine durchschnittliche Jahresarbeitszeit von 1983 Stunden für Japan an (verarbeitende Industrie), in den USA waren es 2005, in der Bundesrepublik 1517. Setzt man den Produktivitätsindex (alle Sektoren) für Japan gleich 100, so lag er 1998 für die Bundesrepublik bei 130 und in den USA bei 134 (letzte verfügbare Angaben 2001). In der verarbeitenden Industrie führt Japan jedoch deutlich: Deutschland erreicht nur den Index 84,3.

Eine angebliche «Arbeitswut», die japanischen Arbeitnehmern den spöttischen Beinamen «workaholics» eingetragen hat, ist deshalb keine ausreichende Begründung für die lange beeindruckenden Wirtschaftserfolge des Landes. Hier sind vielmehr andere Gründe zu nennen. Zweifellos konnte die japanische Wirtschaft in den vergangenen Jahrzehnten auf ein schier unerschöpfliches, gut ausgebildetes und diszipliniertes, besser: fügsames Arbeitspotential zurückgreifen. Das war ganz sicher eine Grundvoraussetzung für den Erfolg. Wichtiger aber waren die komparativen Vorteile des Beschäftigungs- und Lohnsystems, der Industriestruktur und die Überlegenheit der außenwirtschaftlichen Informationssysteme.

Das japanische Entlohnungssystem gründet auf der Beschäftigungsstruktur und erlaubt jeder Firmenleitung eine unmittelbare Einbeziehung aller Beschäftigten in die Ertragslage des Unternehmens: Jeder Arbeitnehmer erhält einen Grundlohn, der jedes Jahr im Frühling nach intensiven Tarifverhandlungen auf Betriebsebene (!) mit der Betriebsgewerkschaft angehoben werden kann. Branchenspezifische Tarife, die für alle Betriebe verbindlich sind, gibt es nicht. Ebensowenig gibt es starke Industriegewerkschaften. Der Grundlohn ist vergleichsweise niedrig; entscheidend für die Jahresentlohnung aber sind die zweimal jährlich ausgeschütteten Bonuszahlungen (Juli und Dezember), die sich in der Höhe nach Ertragslage des Unternehmens, Dienstzeit des einzelnen Beschäftigten und seiner betrieblichen Position richten (Senioritätsprinzip). Die Entscheidung über die Höhe des Bonus liegt bei der Unternehmensleitung, die Betriebsgewerkschaft hat darauf nur begrenzten Einfluß. In der schwelenden Rezession von 2001 wurde deutlich, daß Unternehmen kosequent von Lohnstreichungen Gebrauch machen, um Kosten zu senken. Überdies wurden Entlassungen in großem Stil vorgenommen, hier waren auch (früher unkündbare) Stammarbeitnehmer betroffen: Das «System Japan» geriet in Lebensgefahr.

Das durchschnittliche Pensionierungsalter liegt bei 55, maximal 60–62 Jahren; häufig werden aber pensionierte Mitarbeiter auf Kontraktbasis unter Wegfall aller früheren Privilegien weiterbeschäftigt; japanische Betriebe konnten sich so ein billiges, erfahrenes und leistungsbereites Arbeitskräftepotential erschließen. Die Stammarbeitnehmer müssen noch heute ihre Privilegien mit der Bereitschaft bezahlen, ohne Mitspracherecht jederzeit auch an entfernte Orte versetzt zu werden. Zunehmend erweist sich auch die Teilzeitbeschäftigung besonders von Frauen als Arbeitskostenvorteil; besonders in der verarbeitenden Industrie steigt der Anteil von Teilzeitkräften.

Entwicklung bis zur Mitte der 80er Jahre

Das Ende der 70er Jahre war durch Anstrengungen der Privatwirtschaft und der staatlichen Wirtschaftsplaner gekennzeichnet, die langfristigen Folgen zweier Ölpreiskrisen (1973, 1979) zu überwinden. Im Ergebnis dieser Bemühungen kam es zu Strukturveränderungen, die Grundlage der wirtschaftlichen Entwicklung zwischen 1980 und 1990 wurden und die Voraussetzungen schufen, mögliche katastrophale Folgen der massiven Yen-Aufwertungen von 1985 zu verhindern.

Zwischen 1976 und 1980 konnte Japan seine Ausfuhren von 67,23 Mrd. US $ auf 129,80 Mrd. US $ verdoppeln, gleiches galt für die Einfuhren von 64,80 Mrd. US $ (1976) auf 140,53 Mrd. US $ (1980). Trotzdem verzeichnete die Handelsbilanz ein Defizit von 10,75 Mrd. US $. Die Verteilung der wichtigsten Absatzmärkte für japanische Ausfuhren sowie die Hauptlieferländer blieben zwischen 1976 und 1980 im wesentlichen unverändert – gleiches gilt für die Gegenwart: Die USA (mit Kanada) waren Hauptabsatzmarkt, wobei die japanischen Ausfuhren zwischen 1976 und 1980 von 15,7 Mrd. US $ auf 31,4 Mrd. US $ verdoppelt wurden. Nach Regionen blieb jedoch Asien an der Spitze japanischer Exporte mit 49,4 Mrd. US $ (1980) gegenüber 22,4 Mrd. US $ (1976). Langsam begann allerdings auch die Bedeutung der EG zu wachsen: Japans Ausfuhren in diese Region stiegen von 7,24 Mrd. US $ (1976) auf 16,65 Mrd. US $ (1980). In den fünf letzten Jahren der 70er Jahre waren die USA unverändert auch wichtigstes Bezugsland Japans: Die Einfuhren aus den USA wurden von 11,8 Mrd. US $ (1976) auf 24,4 Mrd. US $ (1980) mehr als verdoppelt.

Geprägt wurde die Struktur der japanischen Importe in der zweiten Hälfte der siebziger Jahre durch das Bemühen, die Versorgung mit fossilen Brennstoffen (besonders Erdöl) zu stabilisieren und zugleich zu diversifizieren. So gewannen neben Saudi-Arabien und den Vereinigten Arabischen Emiraten Indonesien und China als Lieferanten von Erdöl und Erdgas (LNG) neu an Bedeutung: Die japanischen Mineralöl-Einfuhren aus Indonesien verdreifachten sich von 4,09 Mrd. US $ (1976) auf 13,2 Mrd. US $ (1980), ebenso steil stiegen die Importe aus China, von 1,37 Mrd. US $ (1976) auf 4,3 Mrd. US $ (1980).

Auch die Warenstruktur des japanischen Außenhandels wurde in dieser Phase festgeschrieben: 63% der japanischen Ausfuhren sind Maschinenbau-Erzeugnisse (Automobile 1980: 18%, insgesamt 30% der Kfz-Exporte gehen in die USA, 12% in die EU). Auf der Import-Seite machen Brennstoffeinfuhren (Mineralöl, Gas) 53% der Einfuhren aus, hinzu kamen industrielle Rohstoffe, so daß beide Warengruppen zusammen 67% der japanischen Einfuhren stellten.

In der japanischen Industriestruktur waren die siebziger Jahre gekennzeichnet von tiefgreifenden Veränderungsprozessen, die bis

1980 nach schweren Krisen (Eisen, Stahl, Schiffbau) zu kräftiger Erholung in traditionellen Schlüsselbereichen führten. Personal- und Kapazitätsabbau verbunden mit raschen Rationalisierungsmaßnahmen waren Hauptinstrumente, wobei die Regierung bei Textilien, Stahl und Aluminium die Umstrukturierungsmaßnahmen durch Zulassung von «Krisenkartellen» stützte. Die fünf größten japanischen Stahlerzeuger betrieben 1980 von ursprünglich 61 Hochöfen nur noch 38 und konnten damit eine Kapazitätsauslastung von 80% erreichen. Hauptabnehmer waren die «Erholungsbereiche», Kfz-Industrie, Schiffbau (Kapazitätsabbau 37%, 1967–1980, Kapazitätsauslastung 40% von jährlich 6,2 Mio. Bruttoregistertonnen) und allgemeiner Maschinenbau. Unverändert war in diesen Jahren, gestützt auf steigende Auslandsnachfrage, die Elektroindustrie, die Wachstumsbranche (Unterhaltungselektronik z. B. 1979/80: Videorecorder +100%, Tonbandgeräte +45% Produktionssteigerung).

Für einen Vergleich mit den achtziger Jahren ist es wichtig, daß Strukturveränderungen in der japanischen Wirtschaft durch Rationalisierungsschübe und Personalabbau zwei Konsequenzen hatten: Produktivitätssteigerungen einerseits, vergleichsweise hohe Arbeitslosigkeit andererseits (2,2%), wobei eine hohe Rate verdeckter Arbeitslosigkeit hinzukam. Gerade die Beschäftigungsstruktur spiegelt besonders deutlich die tiefgreifenden Veränderungen zwischen 1970 und 1980 wider: 1970 waren von 52,04 Mio. Beschäftigten noch 17,4% im Primärsektor der Wirtschaft tätig (Landwirtschaft und Fischerei), 35,1% im Sekundärbereich (verarbeitende Industrie) und schon 47,5% im Tertiärsektor (Dienstleistungen). 1980 hatte sich das Verhältnis noch weiter zum Dienstleistungsbereich verschoben: Von 55,36 Mio. Beschäftigten waren nur noch 10,4% im Primärbereich, 34,8% im Sekundärbereich, aber 54,8% im tertiären Sektor tätig. Der Automatisierungsschub zwischen 1980 und 2000 wird auch durch die drastisch gestiegene Zahl der eingesetzten Computer deutlich: In diesen Jahrzehnten stieg die «Computerpopulation» von 72 108 (1980) auf über 400 000 (2000).

Der strategische Grundsatz, Neuentwicklungen überall auf der Welt einzukaufen (Patente, Lizenzen) und schnell zur Serienreife zu entwickeln, daneben aber auch die eigenen (privaten) Forschungs- und Entwicklungsanstrengungen zu verstärken, zeigte sich zwischen 1975 und 1985 besonders deutlich in der Bilanz des Technologie-Handels, die für Japan stets negativ war: An Patent- und Lizenzgebühren zahlte Japan 1975 592 Mio. US $ und erhielt 233 Mio. US $ Gebühren; 1980 zahlten japanische Unternehmen 966 Mio. US $ und erhielten 644 Mio. US $; mit dem Beginn der Yen-Aufwertung 1985 erhöhten sich die Technologie-Einfuhren; Japan zahlte 1,23 Mrd. US $, erhielt jedoch schon 982 Mio. US $ Gebühren. In der Trendentwicklung lag Japan damit ähnlich wie die Bundesrepublik Deutschland (1985: gezahlt 1,025 Mrd. US $, erhalten 614 Mio. US $). Die privaten japanischen Forschungs- und Entwicklungsausgaben stiegen zwischen 1975 und 1980 von 15,56 Mrd. US $ (2,11% des BSP) auf 27,79 Mrd. US $ (2,35% des BSP); 1987 war nach der Yen-Aufwertung eine Steigerung auf 62,35 Mrd. US $ (3,19% des BSP) zu verzeichnen (Bundesrepublik Deutschland 1987: 31,64 Mrd. US $, 3,3% des BSP).

Yen-Aufwertung, neue Wachstumsimpulse und «bubble economy»

Auf Beschluß der USA, Großbritanniens, Frankreichs, Deutschlands, Japans (G-5) vom 20.9.1985 kam es zu gemeinsamen Interventionen an den Devisenmärkten, um die jahrelange Überbewertung des US-Dollars zu beenden. In der Folge erfuhr der Yen gegenüber dem Dollar in Sprüngen eine steile Aufwertung um insgesamt 40% auf zeitweise 100 Yen zum US-Dollar im Extrem. Die Aufwertungsschübe lagen zweifellos weit über den Vorstellungen der Bank von Japan (Notenbank), da sie Japans Exportindustrien bedrohten. Aber die exportorientierten Unternehmen – Großbetriebe wie auch Klein- und Mittelunternehmen – verkrafteten die Yen-Aufwertung (japan.: *endaka*) bemerkenswert gut, die Exporterfolge stiegen durch weitere schnelle Rationalisierungsmaßnahmen, durch teilweise Produktionsverlagerungen ins Ausland und vorübergehenden Gewinnverzicht (Ausnahme: hohe Buchgewinne auf Dollar-Basis durch die Aufwertung!). 1986 schlug die Yen-Aufwertung voll durch: Exporte und Exportgewinne gingen zurück, die Arbeitslosigkeit stieg auf über 3%, für Japan extrem hoch. Im selben Jahr wurde der Regierung ein grundlegender Strukturänderungsplan vorgelegt (sog. «Maekawa-Bericht»), der empfahl, die Wachstumsimpulse stärker auf die

Binnennachfrage zu verlagern. 1987 wurde dieser Bericht zur offiziellen Handlungsmaxime der japanischen Regierung. Die deutlich gesunkenen Rohöl-Preise seit 1986 führten trotz der tendenziell rezessiven Entwicklung in der Exportwirtschaft dazu, daß 1993/94 erneut gewaltige Handelsbilanz-Überschüsse erreicht wurden: Zwischen 1993 und 1994 stiegen die gesamten Überschüsse von 120,2 Mrd. US $ auf 121,17 Mrd. US $. Die japanischen Unternehmen reagierten schon seit 1987 mit folgenden Maßnahmen auf die Krise: Erstens, Produktionsverlagerung in das Ausland (Südostasien, Südkorea, China), zweitens, verstärkte Exportanstrengungen der Klein- und Mittelunternehmen (staatliche Hilfe) unter Lösung von Zulieferbeziehungen, und drittens, Umorientierung auf den Binnenmarkt; dabei dominierte aber eindeutig der Exportdruck, die gewünschte Gewichtung auf die Binnennachfrage griff noch nicht. Die Regierung setzte in dieser Phase umfassende Privatisierungen durch: Staatsmonopole (Salz, Tabak), die staatliche Fernmeldegesellschaft (NTT) und die Staatsbahnen wurden als Aktiengesellschaften privatisiert. Zugleich wurden staatliche Förderprogramme für die Binnennachfrage aufgelegt: Investitions- und Nachtragshaushalte für öffentliche Bauprogramme (Wohnungsbau), Marktöffnungsmaßnahmen, staatliche Beschaffungsprogramme, Sonderprogramme für die Regionalentwicklung usw. Vor allem aber legte die Regierung eine Reihe expansiver Haushalte vor, die durch gestiegene Steuereinnahmen und Erlöse aus den Privatisierungen von Staatsunternehmen finanziert werden konnten. Auch Mitte der achtziger Jahre aber blieb das Hauptproblem der japanischen Staatshaushalte seit 1975 bestehen: Defizit-Finanzierung (Staatsanleihen) durch noch immer unzureichende Staatseinnahmen. Besonders in den Jahren 1993/94 vergrößerte sich durch die anhaltende Rezession die Haushaltslücke: Im Haushaltsjahr 1993 betrug das Einnahmedefizit des Staates 566 Mrd. Yen (4,25 Mrd. €); der Anteil der Staatsanleihen an der Haushaltsfinanzierung war mit 11 % angesetzt worden, erreichte aber einen Anteil von 21 %, der höchste seit 1986. 1994 mußte der japanische Staat erstmals wieder spezielle Anleihen zum Defizit-Ausgleich (Deficit Covering Bonds) auflegen; im Haushaltsjahr 1994 lag der Anteil der Defizitfinanzierung durch Staatsanleihen bei 18 % der Gesamteinnahmen. Ausschlaggebend für die geringeren Steuereinnahmen war ein niedrigeres Aufkommen aus den Körperschaftssteuern: Japans Unternehmen hatten mit drastisch gefallenen Erträgen und hohen Abschreibungen zu kämpfen. 1995/96 hatte sich die Lage etwas erholt, die Regierung konnte für 1996 mit einem höheren Steueraufkommen rechnen, weil seit dem zweiten Halbjahr 1995 eine deutliche Konjunkturerholung zu verzeichnen war.

Die längste Krisenphase der Nachkriegszeit hat die japanische Wirtschaft nachhaltig verändert: Ein Strukturwandel mit wachsender «industrieller Aushöhlung» durch Verlagerung von Produktionen in das benachbarte Ausland wird erkennbar, und der japanische Arbeitsmarkt wird einem tiefgreifenden Strukturwandel unterzogen; die «lebenslange Anstellung» dürfte als Prinzip der Vergangenheit angehören. Die Krise Ende der 90er Jahre des 20. Jahrhunderts, fortgesetzt bis in die ersten Jahre des 21. Jahrhunderts, ist nur noch als Rezession zu bezeichnen: Nachfrage-Rückgang in den USA, sinkende Binnennachfrage und eine zunehmende Staatsverschuldung (2001: 130% des Brutto-Inlandsprodukts!) stellen die japanische Regierung vor schier unlösbare Aufgaben.

In den achtziger Jahren hatten Japans Banken einen künstlichen Wirtschaftsboom ausgelöst, als sie ohne Zögern Riesenkredite gegen Sicherheiten aus weit überbewertetem Immobilienbesitz ausreichten. Diese Immobilien verloren ab 1985 innerhalb kurzer Zeit ihren Wert als Sicherheiten, da sich zeigte, daß der Grundbesitz am Markt nicht den Verkehrswert besaß, der in der Wertbemessung angesetzt worden war: Die Wirtschaftsblase platzte und ein neues Schlagwort war geboren, die «bubble economy». Zu Beginn der neunziger Jahre saßen also die japanischen Banken auf «faulen Krediten» in astronomischer Höhe; die gut gepolsterten Kreditinstitute konnten diese Belastung zwar mit Anstrengung verkraften, obwohl die Regierung jede Unterstützung verweigerte. Aber zahlreiche Industrie- und Handelsunternehmen mußten wegen hoher Verschuldung – und ausbleibender Überbrückungskredite der verschreckten Banken – Konkurs anmelden. Selbst «erste Industrieadressen» verzeichneten schwere Umsatz- und Gewinneinbußen. 1995/96 verschärfte sich die Krise noch einmal, als eine Reihe von Wohnungsbaukassen (sogenannte *jûsen*) in Liquiditätsschwierigkeiten gerieten – dieses Mal sollte der Staat helfen, da die Ersparnisse vieler «kleiner Leute» bedroht waren.

Die japanische Regierung steht vor gewaltigen Aufgaben; sie versucht, die Finanzierung dieser Aufgaben mit der Lösung der Konjunkturprobleme zu koppeln: 1994 legte sie einen Konjunkturplan bis 2004 vor, der 135 Billionen Yen (70,9 Mrd. €) umfaßt und vor allem Infrastrukturprojekte finanzieren soll. Die Regierung will damit auf die zunehmende Überalterung reagieren, das Problem Nummer eins des 21. Jahrhunderts. In die gleiche Richtung zielen Veränderungen im Steuersystem, d.h. die verstärkte Umstellung von direkten auf indirekte Steuern bei den Staatseinnahmen, um auch die Einkünfte älterer Menschen bzw. Waren und Dienstleistungen stärker besteuern zu können.

Strukturell entscheidend war der Rationalisierungsdruck, den große Unternehmen an ihre Zulieferer weitergaben. Dadurch wurde besonders zwischen 1985 und 1987 schneller als erwartet die Anpassungsphase der Klein- und Mittelindustrie an internationales Konkurrenzniveau eingeleitet. Für Japans Klein- und Mittelbetriebe hieß die Alternative: Modernisierung oder Schließung, da japanische Großunternehmen zunehmend im benachbarten Ausland fertigen ließen und dieser Sektor der japanischen Industrie also direkt mit ausländischen Unternehmen zu konkurrieren begann: Das traditionelle Loyalitätsverhältnis zwischen Großunternehmen und Zulieferern bekam Risse.

Insbesondere im Automobil-Sektor setzte sich Mitte der neunziger Jahre die Verlagerung von Zulieferbetrieben nach Südostasien fort; die verstärkte Endmontage von Kraftfahrzeugen in Japans asiatischen Nachbarländern (für Reexporte und für die dortigen Märkte) zwang die mittelständischen Zulieferer, ihren Abnehmern zu folgen, und das kostete Arbeitsplätze in Japan. Das Erdbeben von Kobe/Osaka (1995) hatte neben den Opfern an Menschenleben und hohen Sachschäden eine weitere Folge, die der westjapanischen Region um Kobe schweren Schaden zufügte: Die großen japanischen Importeure, die vorher den Hafen Kobe (und Osaka teilweise) als Umschlagzentren genutzt hatten, verlagerten ihre Distributionszentren nach Südkorea.

Das «System Japan» in der Krise

Zu Beginn des 21. Jahrhunderts steckt das «System Japan» in der tiefsten Krise seiner Geschichte. Die stagnierende amerikanische Wirtschaftsentwicklung und die rezessive Situation in der EU sowie die Folgen der Terroranschläge in den USA vom 11. September 2001 haben auch in der japanischen Wirtschaft zu einer tiefgreifenden Rezession geführt. Die japanische Regierung hat seit Mitte der 90er Jahre eine Folge von riesigen Konjunkturprogrammen aufgelegt, um vor allem die mächtige Bauindustrie zu stützen und Kaufkraft zu schaffen: Aber alle Maßnahmen zwischen 1992 und 2001 sind weitgehend wirkungslos verpufft. Die insgesamt zehn Konjunkturpakete im Gesamtwert von 135 Billionen Yen konnten nicht die rezessive Entwicklung bremsen. Japans Banken schaffen es nicht, die gewaltigen Defizite aus «faulen» Krediten abzubauen, alle Stützungmaßnahmen der Regierung für den Bankensektor blieben bisher unwirksam. Ein hoch bewerteter Yen (gegenüber dem US-Dollar) drückt die Exporte, und die fehlende Konsumbereitschaft der japanischen Verbraucher läßt den Binnenmarkt stagnieren. Die Arbeitslosigkeit steigt schier unaufhaltsam und erreichte 2001 mit 5,4 % eine nie erwartete Höhe, sie dürfte zudem strukturell bedingt sein: Die Mehrzahl der Arbeitsplätze ist wohl endgültig verloren. Selbst Obdachlosigkeit wird in der japanischen Gesellschaft sichtbar: So wurden in Osaka 2001 insgesamt 8660, in Tokyo 5600 und in Nagoya 1318 Menschen ohne festen Wohnsitz gezählt – das sind sicher niedrige Zahlen verglichen mit der Situation in Deutschland, aber noch vor wenigen Jahren gab es überhaupt keine Obdachlosen in Japan. Ungelöst ist auch das Problem der zunehmenden Überalterung, noch sind die japanischen sozialen Sicherungssysteme nicht ausreichend auf diese Entwicklung vorbereitet.

Die meisten früher viel beneideten Besonderheiten der japanischen Unternehmenskultur erweisen sich heute als Hemmnisse für eine grundlegende Erholung der japanischen Wirtschaft: Lebenslange Beschäftigungsgarantie für Stammarbeitnehmer blockieren viele Unternehmen bei notwendigen Rationalisierungsmaßnahmen; in einigen Fällen konnten nur Übernahmen durch ausländische Konkurrenzunternehmen Abhilfe schaffen: Im Automobilsektor und in der Elektronikindustrie waren es ausländische Topmanager, die in japanischen Unternehmen den notwendigen Personalabbau durchsetzten und damit den traditionellen Kündigungsschutz für Stammbeschäftigte durchbrachen. Das «eiserne Dreieck» aus Politik, Wirtschaft und Ministerialbürokratie erweist sich mehr denn je als Hindernis auf dem Weg zu einer transparenten und liberalisierten Wirtschaft, und wieder einmal wurde 2001/02 erkennbar, daß gewählte Politiker unfähig sind, die gemeinsame Blockadehaltung von Unternehmen und Apparaten zu durchbrechen; auch nach den grundlegenden Reformen der Ministerien und Behörden dominiert dieses Interessenkartell. Es gibt aber auch Signale, die auf eine langfristige Besserung hinweisen: Gesetzliche Maßnahmen erleichtern jetzt eine realistische Bewertung von Unternehmensbilanzen, Fusionen und «feindliche» Übernahmen von Unternehmen durch Konkurrenten wurden erleichtert, das Pensionssystem wird flexibler durch beitragsgestützte Betriebsrenten, die bei Arbeitsplatz-Wechsel mitgenommen werden können. Schließlich arbeitet die japanische Regierung nachdrücklich daran, den Übergang von einer Industrie- zu einer Dienstleistungsgesellschaft zu bewältigen; das Stichwort heißt «e-commerce». In fünf Jahren will Japan die USA als führende Nation im IT-Sektor abgelöst haben.

Umweltschutz und Umweltpolitik:
Der lange Lernprozeß der «Japan AG»

Die Geschichte der japanischen Wirtschaftsentwicklung, von der Meiji-Zeit bis in die hektische Wiederaufbauphase nach dem Zweiten Weltkrieg, ist auch eine Geschichte schwerer Umweltzerstörungen – und des Kampfes gegen diese Folgen der Industrialisierung. *Kôgai*, die japanische Bezeichnung für Umweltverschmutzung, ist seit den Jahrzehnten der Wirtschaftsexpansion um jeden Preis zwischen 1960 und 1980 ein alltägliches Wort geworden. Ursprünglich ein juristischer Fachausdruck, bezeichnet *kôgai* heute alle Arten von Umweltbelastungen: verseuchte Fische, giftiges Wasser in den Naßreis-Feldern oder Schadstoffbelastungen der Luft, aber auch die sozialen Folgen solcher Verschmutzungen.

Die ersten schweren Fälle von Umweltzerstörung mit schlimmen Folgen für Menschen in der Nähe großer Industriekomplexe ereigneten sich schon in der zweiten Hälfte des 19. Jahrhunderts:

Die Abwässer der Kupfermine von Ashio (nördl. von Tokyo) verseuchten seit 1880 die nahen Flüsse, später auch das Reisland der Umgebung und verursachten schwere Erkrankungen. Jahrzehntelang kämpften die Bauern erbittert gegen die Umweltzerstörungen. Das Unternehmen aber behielt die Oberhand: Teils wurden Dorfälteste mit «Schmerzensgeldzahlungen» bestochen, teils wurden hartnäckig weiterprotestierende Bauern kurzerhand umgesiedelt. Der Ashio-Fall war ein typisches Beispiel für den Sieg von Ökonomie über Ökologie. Aber es gibt auch andere, frühe Fälle, die schon fast auf die moderne japanische Umwelt-«Politik» weisen: Nach massiven Protesten der bäuerlichen Bevölkerung wurde 1883 die Kupfermine von Besshi/Niihama mit großem Kostenaufwand von der Inlandsee-Küste auf eine unbewohnte Insel verlegt. Die Bauern aber fürchteten weiterhin Schäden durch SO_2-Abgase bei ungünstigem Wind. 1910 einigten sich der Betreiber der Anlage, die Sumitomo AG, mit den Bauern: Die Jahresproduktion wurde nach oben begrenzt, und während der Reisernte (vierzig Tage) wurde die Produktion gedrosselt, überdies wurden hohe Entschädigungen gezahlt. 1914 errichtete die Leitung der Mine von Hitachi nach Bürgerprotesten einen hohen Schornstein, um Rauchgase abzuleiten – in einem erdbebengefährdeten Gebiet eine eindrucksvolle Ingenieurleistung. Gemeinsame Merkmale dieser Fälle von «Umweltschutz» fallen auf: Immer zwangen Bürgerbewegungen die Unternehmen zu Schutzmaßnahmen, während «der Staat» (Provinzverwaltungen und Zentralregierung) untätig blieb oder sich sogar gegen die Protestierenden stellte. Wo es Ansätze zu kommunaler Umweltpolitik gab (1877, Osaka: «Verordnung zum Bau von Produktionsstätten»), wurden sie bald von nationalen Gesetzen aufgehoben, die Industrieinteressen voranstellten.

Nach dem Pazifischen Krieg erregten besonders drei Fälle von Umweltschädigungen mit schwerwiegenden Folgen weltweit Aufsehen: das «Yokkaichi-Asthma», die «Minamata-Krankheit» und die «Itai-itai»-Fälle (etwa «Au-au-Krankheit»). In der Stadt Yokkaichi, einem Zentrum der petrochemischen Industrie, erkrankten seit 1960 viele Menschen an chronischem Asthma oder Bronchitis; alle Faktoren von *kôgai* trafen zusammen: SO_2, Rauch und Staub, Lärm- und Geruchsbelästigungen und Gewässerverschmutzung. Zahlreiche Todesfälle ließen sich direkt auf die Schadstoff-

Emissionen zurückführen, aber eine gerichtsverwertbare Beweisführung war angesichts der vielen Verursacher äußerst schwierig. Die Bürgerbewegungen suchten deshalb die japanische Öffentlichkeit zu mobilisieren.

Ende der 50er Jahre geriet die kleine Stadt Minamata (W.-Kyushu) in die Schlagzeilen: Quecksilberhaltige Abwässer eines Chemiewerks hatten schwere Erkrankungen verursacht. Jahrelang waren die Abwässer unbehandelt in die Bucht von Minamata eingeleitet worden, sie hatten Fische und Muscheln verseucht. Unter den Fischern der Stadt waren zahlreiche Opfer zu beklagen. Der Verursacher stand fest, aber die Opfer konnten nur schwer Ansprüche durchsetzen, da die Arbeiter des Werks und natürlich die Firmenleitung alle Untersuchungen behinderten.

Auch im Fall der «Itai-itai»-Krankheit war ein einzelner Verursacher auszumachen: Cadmiumverseuchte Abwässer einer Zinkhütte waren in den Fluß Jintsu geleitet worden. Über Schlammablagerungen auf den Reisfeldern bei den regelmäßigen Überflutungen gelangte Cadmium in den Reis und löste schwere Nervenschäden aus.

In allen Fällen waren die Opfer auf sich allein gestellt, wenn sie um die Anerkennung ihrer Erkrankungen als Folge von Umweltschäden kämpften. Die japanische Regierung hatte ganz auf wirtschaftliche Expansion gesetzt, eine öffentliche Behandlung der Umweltskandale paßte nicht ins Bild. Ende der 60er Jahre aber setzte ein tiefgreifender Umdenkprozeß ein. Japan erhielt damals das wohl fortschrittlichste Gesetzeswerk zum Umweltschutz, das «Basisgesetz zur Verhütung von Umweltschäden» (1967). In den Ausführungsbestimmungen wurden das Verursacherprinzip, grundsätzliche Schadensersatzpflicht und strenge Grenzwerte für Schadstoff-Emissionen festgesetzt, 1971 wurde ein Umwelt-Amt gegründet. In der Folge erhielten die Gebietskörperschaften (Kommunen) das Recht, strengere Umweltqualitätsstandards als auf nationaler Ebene festzusetzen, und man kann seither von einer kommunalen Umweltpolitik sprechen. Der Wegfall einer ursprünglichen «Harmonieklausel» im Basisgesetz, die eine außergerichtliche Einigung zwischen Opfer und Verursacher praktisch vorschrieb, löste eine Serie aufsehenerregender Prozesse aus. Die Gerichte setzten zwischen 1971 und 1973 neues Umweltrecht: In den «Itai-itai-Prozessen» wurde der epidemiologisch-statistische

Nachweis als Beweis für Ursache-Wirkungs-Zusammenhänge bei Umweltschäden anerkannt, die entsprechenden Firmen wurden verurteilt. Im Prozeß um «Minamata-Erkrankungen» in der Stadt Niigata wurde die Beweislast der verursachenden Firma übertragen, und im Falle des «Yokkaichi-Asthmas» wurde die Kollektivhaftung verschiedener Verursacher festgeschrieben. Das Parlament zog nach und ermöglichte die gesetzliche Anerkennung als «Umweltopfer» mit Rentenanspruch. Auf kommunaler Ebene wurden Unternehmen, die z. B. hohe Luftverunreinigungen verursachten, durch ein gestaffeltes System hoher Abgaben zum Einbau aufwendiger Filteranlagen gebracht.

Noch sind Japans Umweltschützer eine kleine Minderheit im Lande: Das Umweltbewußtsein der japanischen Bevölkerung ist unterentwickelt. Es sind zwar Ansätze zu einem Bewußtseinswandel erkennbar, aber Aktivitäten gegen Umweltbelastungen zielen vor allem auf den Schutz der eigenen Wohnumgebung (z. B. Müllverbrennungsanlagen). Wirkungsvolle landesweite Umweltschutzbedingungen gibt es noch nicht, die «Grünen» haben in Japan kaum Chancen. Eine Anti-Kernkraftbewegung wie in Deutschland ist in Japan noch unvorstellbar; zwar gibt es Kernkraftgegner, und der Bau neuer Kernkraftwerke, Zwischenlager und Aufbereitungsanlagen kann zum Politikum werden. Aber immer noch richtet man sich nach dem «St. Florian-Prinzip»: nicht bei uns, aber in der Nachbargemeinde. So rangiert das energiehungrige Japan beim Anteil der Kernenergie an der gesamten Energieversorgung hinter Rußland und Frankreich weltweit auf Platz drei, und nicht einmal die Katastrophe von Tschernobyl hat ein Umdenken bewirkt: Japans Kernkraftwerke sind sicher! – heißt es.

Das noch wenig entwickelte Umweltbewußtsein in der japanischen Öffentlichkeit macht es schwer, im Lande Verständnis für weltweiten Umweltschutz zu wecken. Konservative Politiker und mächtige Interessenverbände konnten vor diesem Hintergrund internationale Kritik, z. B. an Japans Walfangpraktiken, der Treibnetzfischerei oder den Tropenholz-Importen, mühelos als «antijapanische Kampagnen» denunzieren, die dem Neid auf japanische Erfolge entsprangen. Wirtschaftsinteressen und Neonationalismus verbinden sich zu einer Widerstandshaltung, die sich internationalem Druck nicht beugen will. Aber nur internationaler Druck bringt Japan in Fragen weltweiten Umweltschutzes zum Einlenken: Nach langen Verhandlungen hat sich die japanische Regierung endlich bereit erklärt, ein Moratorium der Internationalen Walfangkommission (IWC) zu akzeptieren, aber Walfang «zu wissenschaftlichen Zwecken» wurde weiterbetrieben. Greenpeace bestreitet, daß die Ergebnisse wissenschaftlich verwendbar sind, und kritisiert scharf die japanische Praxis. Dankbar wird deshalb in Japan registriert, daß Norwegen die Freigabe des kommerziellen Walfangs fordert; innerhalb der IWC nutzt die japanische Regierung die Zusagen von Entwicklungshilfe, um kleine Nationen wie z. B. karibische Inselstaaten, die selbst keinen Walfang betreiben, zu einem für Japan günstigen Abstimmungsverhalten zu bewegen.

Die Jagd auf den Wal hat kaum noch wirtschaftliche Bedeutung, sie ist letztlich ein aussterbender Wirtschaftszweig. Von großer Bedeutung ist dagegen die Treibnetzfischerei: Zusammen mit südkoreanischen und taiwanesischen Trawlern räumten bisher japanische Fangschiffe mit diesen «Wänden des Todes» in internationalen Gewässern ganze Meeresgebiete leer. Der wirtschaftlich wertlose «Beifang» bestand z. B. aus Meeressäugern (Delphinen) und Seeschildkröten oder Mondfischen; aber auch bei Nutzfischen wurden mit dieser Fangtechnik ganze Bestände bedroht. Auf Druck Neuseelands, Australiens und der südpazifischen Inselstaaten hat sich Japan lernfähig gezeigt: Seit der Fangsaison 1990/91 wurde im Südpazifik die Treibnetzfischerei gestoppt; auch Südkorea und Taiwan haben sich bereits für eine Beendigung der Treibnetzfischerei entschieden, nicht zuletzt dank des japanischen Beispiels.

Die gleiche Lernfähigkeit hat Japan auch im internationalen Artenschutz gezeigt: Bedrohte Tierarten dürfen nicht mehr gehandelt werden, der Import von Elfenbein und Nashorn-Hörnern (für «medizinische» Zwecke) ist verboten worden. Japanische Stellen arbeiten intensiv in internationalen Organisationen zum Artenschutz mit und finanzieren großzügig Projekte zur Artenerhaltung.

Nur allzu schnell aber wird in Japan auf solche Finanzaufwendungen verwiesen, um von weiterreichenden Problemen abzulenken. Besonders deutlich wird das bei japanischen Tropenholz-Importen: Japanische Importeure kontrollieren fast dreißig Prozent des Weltmarktes für Nutzholz. Siebzig Prozent der japanischen

Holzeinfuhren kommen aus Malaysia (Provinzen Sabah und Sarawak). Verwendet wird das Holz beim japanischen Bauboom zu Betonverschalungen und im Hausbau für billige Möbel sowie in der Papierherstellung. Nach Möglichkeit wird dabei die Wertschöpfung in der Holzverarbeitung (Sperrholzproduktion, Papierherstellung) in Japan gehalten, Fertigprodukte werden ungern eingeführt. Erst Ausfuhrverbote (Indonesien) können eine Weiterverarbeitung im Erzeugerland erzwingen. Entgegen einer verbreiteten Ansicht ist der unmäßige Verbrauch von Eßstäbchen aus Holz zum Wegwerfen kein «Tropenholz-Problem», denn diese Stäbchen werden aus einheimischen Hölzern oder aus russischen und amerikanischen Importhölzern gefertigt. Dennoch bleibt das Problem: Japanische Entwicklungshilfe wird nicht selten für Projekte eingesetzt, die den Umweltschutz ökonomischen Interessen opfern: Eukalyptus-Plantagen in Thailands Regenwäldern zur Papierherstellung, Abholzung von Mangroven-Wäldern in Papua-Neuguinea, Straßenbau in Malaysia zum Abtransport von Stämmen aus Großrodungen und finanzielle Förderung zweifelhafter landwirtschaftlicher Großprojekte. Studien des World Wide Fund for Nature (WWF) forderten mehrfach Japan auf, seine Politik zu überdenken und neue Richtlinien zum Schutz tropischer Wälder zu entwickeln. Aber der Kern des Problems bleibt unberührt: Es sind nicht selten massive wirtschaftliche Sonderinteressen von Politikern in den Staaten, die über Tropenwälder verfügen, die den Raubbau erst möglich machen.

Der buddhistische Kannon-Tempel im Tokyoter Stadtteil Asakusa
ist der Göttin der Barmherzigkeit, Kannon, geweiht, die der Legende nach
das Glück unter den Menschen verteilen soll. Der 1958 wiedererrichtete
Tempel zieht täglich über 100 000 Pilger an

GESELLSCHAFT UND KULTUR

Gesellschaft im Wandel

Religion heute: Woran glauben die Japaner?

Die Toleranz der Japaner in Glaubensfragen kennt keine Grenzen: Bei Umfragen geben die meisten Befragten Zugehörigkeit zu mehreren Religionen an, sie sind danach Shintoisten, Buddhisten oder auch Anhänger sog. «neuer Religionen» – alles zugleich. 1998 gab es bei 124 Mio. Einwohnern 106 Mio. Shintoisten, 96 Mio. Buddhisten, 11,2 Mio. Anhänger «neuer Religionen», 17 Mio. Mitglieder der buddhistischen Riesensekte «Soka gakkai» und 1,7 Mio. Christen. Im großen und ganzen aber zeigen Religionsstatistiken nach Zugehörigkeit, daß feste Glaubensbindungen selten sind: 1997 gaben 35% bei einer Zeitungsumfrage an, sie praktizierten «irgendwie» ihren Glauben, aber immerhin 51% glaubten an die Existenz eines Gottes oder an Götter. Dagegen besuchten 70% regelmäßig zu Neujahr den örtlichen Shinto-Schrein und 72% die Gräber ihrer Ahnen ein- oder zweimal im Jahr; 35% beteten um geschäftlichen Erfolg oder eine erfolgreiche Schulprüfung. Die regelmäßigen statistischen Erhebungen zeigen für die Zeit zwischen 1973 und 1997 ein interessantes Phänomen, das sich nach Zeitungsmeldungen auch heute fortsetzt: Japans Jugend glaubt wieder stärker an Göttliches in irgendeiner Form, auch Geisterglaube hat sich unter den jungen Leuten Japans verbreitet. Die meisten Zahlen über Religionszugehörigkeit werden von den Glaubensgemeinschaften den Behörden zur Verfügung gestellt, daher ist ein hoher Unsicherheitsfaktor anzunehmen. Die angeführten Umfrageergebnisse basieren jedoch auf Erhebungen des Amtes des Ministerpräsidenten; diese ergeben durch die Mehrfach-Gläubigkeit ein seltsames Phänomen: Es gibt rund doppelt so viele Gläubige wie Staatsbürger (218 Mio.).

Zyniker haben einmal das Verhältnis der Japaner zur Religion mit der Kurzformel karikiert: shintoistische «Taufe» und Hochzeit, buddhistisches Leichenbegängnis und Erziehung auf einer christlichen Universität (mindestens für Mädchen). Diese «Toleranz» bedeutet aber nicht Gleichgültigkeit in religiösen Fragen, vielmehr wird religiöser Glaube in Japan nicht dogmatisch eingegrenzt, wie ja auch die Religion des Buddhismus ohne Schwierigkeiten shintoistische Götter in ihren Kreis von «Gottheiten» aufgenommen hat. Deshalb sind die festgefügten Lehrgebäude der christlichen Konfessionen für Japaner nur schwer anzunehmen. Der Begriff der «Sünde» ist Japanern fremd, dagegen kennt die japanische Kultur den zentralen Begriff der «Scham» als Reaktion auf Regelverletzungen. Die grundsätzliche religiöse Toleranz unter Japanern erlitt 1995 einen schweren Schock, als die radikale Aum-Sekte in einem U-Bahnhof Tokyos einen Giftgasanschlag verübte, bei dem zwölf Menschen umkamen und über hundert verletzt wurden. Bis dahin war es unvorstellbar gewesen, daß in der japanischen Gesellschaft eine gewaltbereite religiöse Gruppe entstehen könnte – die Spätfolgen dieses Anschlags sind noch immer nicht überwunden.

Kurzdefinitionen der Hauptreligionen Japans sind fast unmöglich, am schwersten fällt das im Shinto. Die wichtigste Glaubensvorstellung ist hier wohl die Ahnen- und Naturverehrung. Westliche Besucher können shintoistische Heiligtümer (Schreine) leicht an den oft leuchtend roten *torii*-Toren erkennen, die den Schreinbezirk markieren. In der Natur werden Felsen, Wasserfälle, kurz viele auffällige Naturerscheinungen zu verehrungswürdigen Stätten und durch Tabu-Seile als «heilig» gekennzeichnet. In den Schreinen werden die verschiedensten Gottheiten, z.B. auch die vergöttlichten Ahnen einer Sippe oder eines Dorfes, verehrt. Reinigungszeremonien und Bittgebete (*norito*) sind Hauptteile der Kulthandlung. Shinto kennt keine «Gottheiten» im westlichen Sinne, sondern die *kami*, die verehrt werden, sind eher wirkenden Kräften in der Natur vergleichbar. Der Kult des Shinto erscheint in vielen verschiedenen Ausprägungen, darunter der «Staats-Shinto», der im 19. Jahrhundert zur religiös begründeten Staatsideologie mit einem Auserwähltheitsanspruch des japanischen Volkes wurde und den *Tennô* als höchsten *kami* vergöttlichte. Wichtiger für das tägliche Leben und den Jahreslauf der Japaner ist demgegenüber aber der Volks-Shinto mit seinen zahllosen Gottheiten und religiösen Bräuchen; nicht zuletzt die ausgelassenen Schrein-Feste spielen hier eine zentrale Rolle.

Seit dem 6. Jahrhundert ist der Buddhismus mit seinen verschiedenen Schulen und Sekten fester Bestandteil des religiösen Lebens in Japan. Nicht nur als Glaubensrichtung, sondern auch als politischer Faktor ist der Buddhismus zur prägenden Kraft der japa-

Shinto-Priester

nischen Kultur geworden. Alle buddhistischen Schulen sehen die Welt als Übel an, das Leben ist Teil eines Wiedergeburtszyklus, der durchbrochen werden muß. Menschliche Vergehen («karma») erzwingen immer aufs neue die Wiedergeburt; Glaube an Buddha und Befreiung vom karma erlöst aus diesem Kreislauf. Solche Buddhaschaft können alle Lebewesen erlangen. In Japan werden fünf Buddhas besonders verehrt: der historische Buddha Shaka (Prinz Gautama), Amida im westlichen Paradies, der Lichtbuddha Dainichi, Miroku, der zukünftige Buddha Maitreya, und Yakushi, der Herr des östlichen Paradieses und Krankheitsheiler. Unter den Buddhas rangieren die Bodhisattvas (japan.: *bosatsu*), die Buddhaschaft erlangt haben, aber lehrend und helfend weiter unter den Menschen wirken. Besondere Verehrung genießen Kannon (oft vielarmig dargestellt, mit weiblichen Zügen) und Jizo, der als kleine Figur oft mit rotem Mützchen und Opfergaben vor sich an den Straßenrändern sitzt und Kinder (im Straßenverkehr), Reisende und werdende Mütter beschützt. Kieselsteinchen auf seinem Kopf oder vor ihm helfen Jizo, verstorbene Kleinkinder über den Fluß der Unterwelt zu bringen.

Die kultischen Handlungen sind in den verschiedenen Richtungen des Buddhismus unterschiedlich, aber sie weisen zwei Gemeinsamkeiten auf: Rezitieren heiliger Texte (Sutren) und Anrufung des Namens Buddhas (*nembutsu*). Zahlenmäßig die größte buddhistische Sekte ist heute die Soka gakkai («Gesellschaft zur

Schaffung von Werten»), die der Nichiren-Schule angehört und das Lotus-Sutra als alleingültigen heiligen Text ansieht. Die unaufhörliche Rezitation der Anfangszeile dieses Sutra («Oh, du Kleinod im Lotus») bringt angesichts der nahe bevorstehenden Endzeit der Welt Erlösung. Einflüsse aus China brachten im 13. Jahrhundert eine radikale Abkehr von Texten und Priestern: Der Zen-Buddhismus lehrte, durch eigene Kraft, in der Meditation, *satori* (Erleuchtung) zu erlangen. Zuerst übernahmen die Samurai diese neue Lehre, dann verbreitete sie sich in allen Schichten und prägte entscheidend die japanischen Künste. Buddhistische Kultstätten werden als «Tempel» (*tera*) bezeichnet, während die shintoistischen Heiligtümer «Schreine» (*jinja*) sind. Buddhistische Feste sind fester Teil des Jahres, besonders das O-bon-Fest (Toten- bzw. Ahnenfest) im Juli oder August.

Die «neuen Religionen» sind meist Stifterreligionen, die Ende des 19. und Mitte des 20. Jahrhunderts in Zeiten gesellschaftlicher Umbrüche und politischer Unruhen aus verschiedensten religiösen Einflüssen entstanden. In einigen Fällen waren es Frauen aus bäuerlichen Familien, die nach einem «Gesicht», nach wunderbaren Krankenheilungen oder Träumen eine neue religiöse Bewegung ins Leben riefen. Zu solchen «neuen Religionen» ist auch die erwähnte Soka gakkai zu zählen, aber auch ohne sie mitzurechnen, haben diese Gruppen heute mehr als zwölf Millionen Mitglieder.

Damit verglichen, ist das Christentum unbedeutend. Rund 400 000 katholische Christen und ca. eine Million Protestanten, aufgesplittert in zahlreiche Sekten, zählt man heute.

Erziehung zum Erfolg

Das einzigartige Schul- und Ausbildungssystem Japans spaltet ausländische Beobachter unvermeidlich in Bewunderer und Kritiker. Grundlage der raschen Industrialisierung des Landes war im 19. und zu Beginn des 20. Jahrhunderts die radikale Modernisierung des Bildungswesens. Aufbauend auf einem breiten allgemeinbildenden Schulsystem wurden Oberschulen und Universitäten gegründet, an denen die Elite in Politik, Verwaltung und Wirtschaft ausgebildet wurde. Mit der Entscheidung für ein solches Bildungssystem war auch ein allgemeingültiger gesellschaftlicher Grundsatz festgeschrieben, der sich aus ursprünglich konfuzianischen Wertvorstellungen ableitet: Eliten-Rekrutierung und sozialer Statuswechsel nur durch rigorose Bildungsauslese.

Die Erziehungsreformen nach 1945 haben dieses Prinzip nicht aufgehoben. Zwar wurden in der neuen Verfassung Grundsätze demokratischer Erziehung festgeschrieben, überkommene konfuzianische Werte wie Gehorsam, Unterordnung und Loyalität sollten von Individualismus, Freiheit, Selbstverantwortung überlagert werden. Noch immer entscheidet jedoch die Selektion über zukünftige Karrieren. Dabei setzt früh eine qualitative Staffelung im Ansehen einzelner Schulen und Hochschulen ein. In der 6jährigen Grundschule (unter kommunaler Verwaltung) ist das Bildungsangebot (Japanisch, Sozialkunde, Rechnen, Naturwissenschaften, Musik, Kunst, Technik, Hauswirtschaft) qualitativ vereinheitlicht, der Entfaltung kreativer Fähigkeiten wird breiter Raum gegeben. Aber schon einzelne Mittelschulen (3 Jahre) und selbstverständlich alle Oberschulen (3 Jahre) werden bereits danach beurteilt, wie viele Absolventen eines Jahrgangs an angesehene Universitäten gehen – je mehr, desto angesehener die Schule.

Der Grundsatz harter Bildungsauslese im Karriereverlauf ist also unverändert geblieben, lebenslanges Lernen bleibt Selbstverständlichkeit in einer bildungsbesessenen Gesellschaft. Aber diese Besessenheit, so meinen Kritiker, ist durch rücksichtslosen Zwang erzeugt und entspringt nicht einem natürlichen Wissensdrang. Diese Kritik stützt sich auf die Bildungsinhalte im Sekundarbereich, die abrufbares Faktenwissen einseitig betonen. Andere Beobachter verweisen darauf, daß die Grundschulausbildung sehr wohl Individualismus, Kreativität und Persönlichkeitsbildung anstrebt und Beachtliches für die Persönlichkeitsentwicklung leistet.

Im Jahre 1997 (letzte Zählung) besuchten 67% eines Jahrgangs einen Kindergarten, der in Japan grundsätzlich die Form einer Vorschule hat. Grund- und Mittelschule (6 bzw. 3 Jahre) werden von allen Kindern absolviert, und auch die Oberschule ist zur Regelschule geworden (94% eines Jahrgangs). Noch einmal 38% gehen auf Colleges und Universitäten. Die quantitative Ausweitung des Hochschulstudiums hat zu extremen qualitativen Unterschieden geführt: So wie es gute und weniger gute Oberschulen gibt,

Mönche vor der Kulisse des heiligen Fuji-san

wird auch nach hoch angesehenen und zweit- bis drittrangigen Universitäten unterschieden. Die staatlichen Universitäten von Tokyo (Todai) und Kyoto (Kyodai), beides alte kaiserliche Universitäten, sowie eine Handvoll privater Hochschulen bilden nach wie vor die Elite aus, und der Traum aller Studentinnen und Studenten ist es, die Aufnahmeprüfung zu einer dieser Universitäten zu schaffen. Für dieses Ziel wird besessen gelernt: «Wer nachts vier Stunden schläft, schafft es – wer fünf schläft, fällt durch», lautet der Grundsatz dieser «Prüfungshölle».

Nach der vergleichsweise liberalen Erziehung während der Grundschulzeit setzt die Erziehung zur Einordnung ein. Diese beginnt beim Äußerlichen: Streng vorgeschriebene Schuluniform (Kadetten-Uniform mit Stehkragen bzw. Matrosenkleidchen) in der Unter- und Mittelstufe der Mittelschule, dazu oft noch geschorene Haare bei den Jungen und schlichte Frisuren bei den Mädchen sind die Regel, Lockerungen setzen sich erst langsam durch. Kenner können jedoch in dem scheinbar einförmigen Erscheinungsbild japanischer Oberschüler und -schülerinnen subtile Signale entdecken, die auf individuelle Profilierung verweisen: Haarfrisuren werden aufwendig gestaltet (zulässig), die weißen

Seite aus einer Kinderfibel.
Die Motive werden jeweils in Kanji- und Kana-Form wiedergegeben

Uniform-Söckchen rutschen raffiniert herunter, Uniform-Jacken werden in Übergröße getragen (natürlich gebraucht erworben...), die üblichen (Turn-)Schuhe zur Uniform sind hinten «herunter gelatscht», und natürlich identifizieren sich alle über quietschbunte Handys, Maskottchen an der Schultasche – und sonntags durch schrille Outfits gegenüber ihren Altersgenossen. Gemeinsamkeit wird betont und prägt den Tagesablauf in der Schule bis zum gemeinsamen Aufräumen des Klassenzimmers, das den Schultag beschließt. Erziehungsgrundsatz: «Ein Nagel, der herausragt, wird hineingeschlagen.» Das Bildungsideal ist noch immer ein gleichmäßig hohes, breites Wissensniveau, das sich jedoch mit höherem Schultyp immer mehr zu eingepauktem Prüfungswissen verändert. Oberschulen sollen noch immer auf Universitätseingangsprüfungen vorbereiten und keine abstrakten Bildungsideale anstreben.

Andererseits haben international vergleichende Studien (TIMMSS, PISA) gezeigt, daß die japanische Schulausbildung in den weiterführenden Schulen deutlich besser ist als ihr Ruf: Besonders im naturwissenschaftlichen und mathematischen Unterricht werden neben differenziertem Fachwissen auch Teamarbeit, kreative Lösungsansätze und selbständiges Denken vermittelt. Damit unterscheidet sich das heutige Ausbildungssystem deutlich von den 60er und 70er Jahren. Damals brachte das ausschließlich konkurrenzorientierte, leistungsbezogene System mit seinem Kanon aus abrufbarem Faktenwissen ohne Berücksichtigung individueller Stärken und Schwächen in allen Schulzweigen erfolgreich jene Arbeitnehmer hervor, die klaglos das wirtschaftliche Wachstum Japans vorantrieben. Ein rücksichtsloses Ausleseverfahren, das am Ende nur Erfolgreiche und Gescheiterte hinterläßt, bildete Menschen heran, die «unreif, selbstsüchtig, träge und emotionslos» sind (Amt des Ministerpräsidenten, «Jugendbericht 1989»). Japans Jugend sucht heute nach mehr Unabhängigkeit, und das bestehende japanische Schulsystem muß darauf reagieren. Für die 90er Jahre wurde eine gestiegene Fehlrate in Schulen registriert, Gleichgültigkeit und Schulangst wurden als Gründe genannt. Japans Schulsystem steht vor einer neuen großen Herausforderung.

Noch gilt das rücksichtslose Ausleseprinzip. Die Qualität einer Oberschule mißt sich, wie gesagt, an dem Prozentsatz ihrer Absolventen, die auf eine angesehene Universität weitergehen. In den Abschlußklassen wird im Unterricht deshalb vor allem Prüfungswissen vermittelt, und Schüler, die im Wettbewerb um Spitzenplätze nicht mehr mithalten, bleiben fortan von den Lehrern unbeachtet. Das mehrstufige Prüfungssystem mit seinem immer schwierigeren und detaillierten Fragenkanon hat dazu geführt, daß auch eine erstklassige Oberschule den Prüfungserfolg für eine gute Universität nicht mehr garantieren kann. Zusätzlicher Unterricht außerhalb der normalen Schulausbildung wird deshalb unvermeidlich. Dies hat neben den staatlichen und privaten Schulen der Formalausbildung eine Riesenzahl von sogenannten *juku* und *yobiko* entstehen lassen, private Paukschulen, die abends und an Wochenenden zusätzlich Prüfungswissen vermitteln. Diese Nachhilfeschulen sind zu einem Riesengeschäft geworden, ihre Schüler zählen nach Zehntausenden, und die besten Paukschulen werden von Bewerbern überlaufen, obwohl die Schulgebühren astronomische Höhen erreichen können. 1999 besuchten 38 % aller Mittelschüler und über 60 % aller Oberschüler eine dieser zahllosen Paukschulen.

Die enormen psychischen Belastungen des japanischen Schulsystems haben zu einem Anstieg der Gewalt unter Schülern und gegen Lehrer geführt, so terrorisieren Schüler zum Beispiel Mitschüler (auch Mädchen sind kräftig beteiligt!) oder bedrohen Lehrer; 1985 erreichte dieses sogenannte *ijime* (etwa: quälen, peinigen) mit 96 457 Fällen an Grundschulen und 52 891 Fällen an Mittelschulen seinen Höhepunkt, 1992 kam es an beiden Schultypen zusammen nur noch zu rund 21 000 Fällen, 1999 wurden 19 383 verzeichnet. Der Rückgang solcher Fälle ist teils auf geänderte statistische Grundlagen zurückzuführen, teils hat sich aber auch das Klima besonders an den Mittelschulen verbessert.

Seit 1992 bewerben sich jährlich rund 11 000 Anwärter um 3 500 Studienplätze im ersten Studienjahr an der Elite-Universität von Tokyo (Todai), so daß die Eingangsprüfung hier – wie an allen anderen Universitäten – auf rigorose Auslese zielt. Jeder Bewerber muß über ein riesiges Faktenwissen in Mathematik, in allen Naturwissenschaften, in Weltgeschichte usw. verfügen. In den Fremdsprachen – im Mittelpunkt steht hier unvermeidlich Englisch – wird ausgefeiltes grammatikalisches Wissen verlangt. Gute Oberschulen schaffen es zum Beispiel, 120 Absolventen eines Jahrgangs an die Todai zu bringen, und Eltern wetteifern darum, ihre Kinder an diesen Schulen anzumelden. Selbst bei hervorragendem Unterricht aber trauen sich viele Absolventen nicht sofort die Prüfung zu, sondern bereiten sich lieber noch ein Jahr länger vor. Schließlich entscheiden Erfolg oder Mißerfolg in der Prüfung über das gesamte weitere Leben. Eine Wiederholung der Prüfung an der Todai ist nicht möglich, und so bleibt nach einem Mißerfolg nur ein neuer Anlauf an einer der anderen Universitäten, die im Ansehen unter der Todai rangieren. Das sind vor allem elitäre Privatuniversitäten wie Waseda, Keio oder Hitotsubishi usw., bei denen der Kampf um Studienplätze ebenfalls von scharfen Eingangsprüfungen bestimmt ist. Die Termine der Eingangsprüfungen für die angesehenen staatlichen Universitäten sind so gelegt, daß es unmöglich ist, sich bei mehr als zweien dieser Hochschulen gleichzeitig einer Aufnahmeprüfung zu unterziehen. Diese Saison der Prüfungen im Frühjahr ist ein festes Datum im japanischen Jahreslauf. Zeitungen veröffentlichen frühere Testfragen, und Wochenzeitschriften diskutieren ausführlich das Ansehen und die Rangfolge von Oberschulen und Universitäten. Einige private Universitäten versuchen, die «Prüfungshölle» zu umgehen, indem sie eigene Oberschulen angegliedert haben, deren Absolventen direkt auf die Hochschule überwechseln. Das hat jedoch nur dazu geführt, daß die Prüfungsqualen nach unten, auf die Ebene der Eingangsprüfungen dieser jetzt überlaufenen Oberschulen verschoben wurden. Die private Keio-Universität unterhält sogar einen eigenen Kindergarten – Zulassung nur nach einer scharfen Aufnahmeprüfung.

Die Ausbildungskosten (Studiengebühren, Lebenshaltung) explodieren in allen Bildungsbereichen, besonders aber bei den (staatlichen und privaten) Universitäten: 1998 mußten Eltern ca. 27% ihres Jahreseinkommens für das Studium ihrer Kinder ausgeben (letzte Erhebung). Trotz elterlicher Unterstützung müssen die meisten Studenten aber noch Teilzeit-Jobs annehmen. Diese studentische *arubaito* (von deutsch «Arbeit») hat in den großen Städten geradezu einen zweiten Arbeitsmarkt mit eigenem Vermittlungssystem entstehen lassen. Aber auch schon vor Beginn der Studienzeit müssen erhebliche Kosten aufgebracht werden. Eine große Yobiko (Vorbereitungsschule) befragte ihre 20000 Schüler nach Prüfungszielen: Die meisten wollten an mindestens sechs (privaten) Colleges und Universitäten Prüfungen versuchen. Das bedeutet, daß sich allein die Prüfungsgebühren auf umgerechnet

> **Freeters**
>
> Ein sehr junges Phänomen im japanischen Bildungssystem und auf dem Arbeitsmarkt: Seit 1982 wuchs die Zahl der Schulabgänger kontinuierlich, die sich nicht entscheiden können, ob sie eine weiterführende Schul- bzw. Universitätsausbildung beginnen oder direkt ins Berufsleben eintreten sollten. Im Frühjahr 2001 zählte das Bildungsministerium 130 000 Abgänger als *freeter,* wobei vor allem der verstärkte Wettbewerb um Arbeitsplätze für junge Schulabsolventen die Zahl drastisch erhöht hat. Der Begriff entstand in den späten achtziger Jahren und ist als japanisches Kunstwort zusammengesetzt aus dem englischen «free» und der dritten Silbe aus dem deutschen «Arbeiter». Gemeint sind vor allem Schulabgänger, die keine Stelle finden konnten und als Teilzeitkräfte oder in Jobs «überleben». Anfangs hatte der Begriff durchaus eine positive Bedeutung, bezeichnete er doch junge Menschen, die sich bewußt zuerst gegen eine weiterführende Ausbildung entschieden und in einer Übergangsphase zwischen Schule und Berufsleben ihre Träume leben wollten.
>
> In der gegenwärtigen Wirtschaftskrise hat der Begriff *freeter* jedoch eine negative Bedeutung angenommen: Die jungen Jobber haben keine Sozialversicherung, ihre Gehälter liegen tief unter denen der regulär Beschäftigten, und ihre beruflichen Aussichten sind extrem schlecht, da sie sich nicht weiter bilden können. In den städtischen Ballungszentren ist der Anteil an *freeters* unter den Schulabgängern besonders hoch, in Tokyo 2001 immerhin 13,3% – dagegen waren es im ländlichen Toyama nur 2,8%. Inzwischen sehen sich die städtischen Schulen gezwungen, mit gezielten Aktionen gegen das *freeter*-Leben anzugehen: Beratungen, Berufs- und Bildungsinformationen werden inzwischen an 2500 Oberschulen angeboten – das ist fast die Hälfte aller japanischen Oberschulen.

1300 € belaufen. Die steigenden Kosten während der eigentlichen Studienzeit zwingen viele Eltern dazu – zusätzlich zu der *arubaito* ihrer Kinder – besondere «Ausbildungskredite» aufzunehmen, um Studiengebühren bezahlen zu können. Das Erziehungsministerium rechnet damit, daß für das erste Studienjahr 1990 die Gebühren, einschließlich Prüfungsgebühren und Unterrichtsmaterial, auf umgerechnet 6500 bis 10000 € steigen werden. Entsprechend haben Spezialbanken, die «Erziehungskredite» gewähren, ihre Kreditlimits nach oben verschoben. Die Kostenexplosion macht die staatlichen Elite-Universitäten noch attraktiver, denn sie sind vergleichsweise billig.

Die Ausbildung an einer angesehenen Universität ist heute längst nicht mehr Garantie für einen guten Job in einer großen Firma. Die Unternehmen verzichten zu Beginn des 21. Jahrhunderts immmer häufiger auf die regelmäßige jährliche Anwerbung von Nachwuchspersonal, um die Zahl ihrer Mitarbeiter «abzubauen»; deshalb müssen junge Universitätsabsolventen heute länger nach guten Stellen suchen als noch ihre Eltern.

Zeitungsgiganten und Fernsehen total

Die Japaner sind ein Volk von fernsehbesessenen Zeitungslesern. Die eindrucksvollen Auflagenzahlen der großen Tageszeitungen und das Fernsehangebot erlauben diese Feststellung. Die drei größten Tageszeitungen Japans erreichten 1999 allein mit ihren Morgenausgaben ein Vielfaches der Auflagen der größten europäischen und amerikanischen Zeitungen: «Yomiuri shimbun» 10,237 Mio., «Asahi shimbun» 8,268 Mio., «Mainichi shimbun» 3,968, und die Wirtschaftstageszeitung «Nihon keizai shimbun» bringt es immerhin noch auf 3,026 Mio. Zum Vergleich: «Bild» 4,58 Mio. (2001), «Süddeutsche Zeitung» 439000, «Welt» 264000; nur die sowjetische Parteipresse übertraf 1989 noch Japans Zeitungsgiganten: «Prawda» 10,7 Mio. und «Iswestija» 7,0 Mio. Zählt man aber die Abend- und Regionalausgaben hinzu, die alle japanischen Tageszeitungen veröffentlichen, bleibt auch die sowjetische Presse weit zurück. Über 92% der Tageszeitungen werden im Abonnement vertrieben, die meisten Haushalte halten mehr als eine Zeitung.

Trotz dieser Zeitungsangebote hat das Fernsehen keine Zuschauersorgen. Jeder Japaner über zehn Jahre sitzt ca. drei Stunden vor dem Fernsehgerät. Japans Kinder verbringen bereits zu 30% zwei bis drei Stunden vor dem Gerät, 19% drei bis vier Stunden, und 12% bringen es sogar auf vier Stunden. Psychologen und Erziehungswissenschaftler beginnen sich ernste Sorgen über die gesellschaftlichen Folgen des hemmungslosen Fernsehkonsums zu machen. Die Entwicklung kann sich nur noch verschärfen: Ende 2000 waren überall in Japan sieben Programme über Erdrelaisstationen und eine Vielzahl nationaler und internationaler Programme über Satellit zu empfangen.

Die Regionalausgaben der «fünf Großen» im Zeitungsgeschäft

(Yomiuri, Asahi, Mainichi, Sankei, Nihon keizai shimbun) übernehmen in ihren politischen und wirtschaftlichen Hauptteilen die Berichterstattung und Kommentierung der Zentralredaktionen in Tokyo, die über On-line-Systeme direkt in den elektronischen Satz der Regionalfertigung gegeben werden. In der Regionalberichterstattung und bei den Werbeaufträgen konkurrieren sie direkt mit den großen Regionalblättern, die weit höhere Auflagen erzielen als die meisten westlichen Zeitungen. Vertraute Zeitungen sind für Japaner unentbehrlich, deshalb bieten die «Asahi shimbun» und die «Nihon keizai shimbun» je eine Europa-Ausgabe an, die über Satelliten-Verbindung in London hergestellt wird. Der Markt ist durch die wachsende Zahl japanischer Geschäftsleute in der EU gesichert.

Im Gegensatz zur deutschen Presse und anderen westlichen Medien sind Japans Tageszeitungen nicht einzelnen politischen Grundsatzpositionen wie «liberal», «konservativ» o. a. zuzuordnen. Gemeinsames Kennzeichen der fünf Großen in Berichterstattung und Kommentierung ist ihre bedingungslose «Ausgewogenheit» und Zurückhaltung bei politisch kontroversen Themen. Japans Tageszeitungen verstehen sich im echten Sinne als «vierte Gewalt» und als staatstragend. Mit Ausnahme der «Sankei», die der Regierungspartei LDP nahesteht, ähneln sich alle Zeitungen. Japanische Zeitungsleser erwarten das von seriösen Zeitungen, schließlich haben die Medien eine große Nähe zur Macht: Alle Ministerien und die wichtigsten Politiker wie auch die Parteien haben eigene Presseclubs, deren Mitglieder sich als regelrechte Nachrichtenkartelle verstehen und eifersüchtig über ihre Exklusivität wachen. Ausländischen Korrespondenten stand lange Zeit nur der Presseclub des Außenministeriums offen, heute sind ihnen auch einige andere Clubs zugänglich. Für die deftigen Berichte, Skandale und Enthüllungsstories sind die Wochenzeitschriften zuständig, die von den Zeitungsunternehmen herausgegeben werden. Mit hartem Recherchen-Journalismus und wenig Respekt vor dem Persönlichkeitsrecht gehen diese Blätter ihre Themen an. Pro Jahr erscheinen rund 105 Titel mit zusammen 1,7 Mrd. Auflage. Ihre Ausrichtung reicht von den echten Frauenzeitschriften über Klatschmagazine bis zu reißerischen Nachrichtenmagazinen. Der Konzernauftrag an die Redaktionen heißt: Auflage! Und das auch um den Preis von gezielten Tabu-Verletzungen: Die Geisha-

Affären eines früheren Regierungschefs, das Privatleben von Pop-Stars, Kungeleien mächtiger Politbosse werden aufgedeckt, und sogar das mächtige kaiserliche Haushofamt wird vorgeführt: Die Wochenblätter kritisierten heftig die Entscheidung des Amtes, einem Hofphotographen der Nachrichtenagentur Kyodo die Akkreditierung zu entziehen, weil er die Braut des ältesten Prinzen fotografiert hatte, als sie ihrem zukünftigen Gatten lächelnd eine Locke aus der Stirn streift.

Die großen Tageszeitungen sind Teil leistungsstarker Medienkonzerne, zu denen immer auch eine kommerzielle Fernsehanstalt gehört: TV Asahi (Asahi shimbun), NTV (Yomiuri), TBS (Mainichi), Fuji (Sankei), TV Tokyo (Nikkei). Der Konkurrenzkampf der fünf Großen untereinander ist äußerst hart und wird mit immer modernerer technischer Ausstattung, verbesserter Druckqualität (Farbseiten), größerem Seitenumfang und gezielter Werbung um Abonnenten geführt. Weitere Werbemittel sind sportliche Großveranstaltungen, die Erfolge der Konzern-Mannschaften bringen (die Zeitung «Yomiuri» z.B. hat seit 1920 den Baseball zum Volkssport gemacht, und die «Yomiuri Giants» sind eine populäre Mannschaft), aufwendige Kunstausstellungen, Konzerte berühmter Künstler und Orchester usw. Neben den Abonnementseinnahmen finanzieren sich alle Tageszeitungen und die TV-Anstalten aus Werbeeinnahmen: Auf das Fernsehen entfallen 35,3% aller Werbeausgaben japanischer Unternehmen, gefolgt von den Tageszeitungen und Wochenmagazinen mit einem Anteil von 28,8%. Die staatliche Rundfunkanstalt NHK, die ein anspruchsvolleres Programm ausstrahlt als die rein kommerziellen Sender, zieht monatliche Gebühren von den Haushalten mit TV-Gerät ein. Aber auch hier werden die Sehnerven der Zuschauer durch immer wieder eingeblendete Werbespots strapaziert. Hauptunterschied zwischen den NHK-Programmen und den kommerziellen Sendern ist die Gewichtung und Verteilung der Themen in der Sendezeit: Nachrichten/Informationen: NHK 42%, kommerzielle Sender 18%, Kultur: NHK 25%, übrige Sender 24%, Unterhaltung: NHK 20%, übrige Sender 45%.

Japan befindet sich mitten in einer TV-Revolution: In den sog. «Abschattungsgebieten», wo Berge und Gebäude den Fernsehempfang stören, hat es schon längst ausgedehnte Kabelsysteme (CATV) gegeben, jetzt gehen TV-Sender, Zeitungsverlage, Handelshäuser, private Eisenbahngesellschaften und Versorgungsunternehmen daran, Japan gänzlich zu verkabeln und flächendeckend für Satelliten-Fernsehen auszurüsten. Das Post- und Fernmeldeministerium rechnet für 2001 mit 13 Millionen «Kabel»-Haushalten, bereits jetzt bestehen rund 100 CATV-Unternehmen mit 158,17 Mio. Abonnenten (1998). Das einzige Problem dabei ist ein attraktives Programmangebot. In Tokyo gibt es schon heute die Wahl zwischen sechs Kanälen, und die meisten Programme sind von bedrückender Seichtheit. Davon sind auch die bisher bestehenden CATV-Stationen nicht verschont: Ausgedehnte Sport-Direktübertragungen, gefilmte Pop-Musik und endlose Shows beherrschen das Programmangebot. Seit 1990 schießt die Zahl der Empfänger von Satelliten-TV über Schüsselantennen in die Höhe: von 12,0 Mio. Haushalten (1990) auf 100,7 Mio. Haushalte (1994).

Sport in Japan: Zwischen Baseball und Sumo

Sport als Phänomen der Massenkultur in Japan bewegt sich zwischen den Extremen «japanische Tradition» einerseits und «Sport-Import» auf der anderen Seite. Japanische Sportarten zielten traditionell entweder auf geistige Vervollkommnung oder auf reinen Kampfwert, wie in den bekannten Kampfsportarten Judo, Kendo, Karate. Die Vereinigung beider Zielsetzungen in der Sengoku-Zeit war wesentliches Ziel des «Weges der Ritter» (*bushidô*). Ursprünglich fand kein athletischer Wettkampf im westlichen Sinne statt. Dagegen konnte der Ausgang eines Kampfes, z. B. im Sumo (s. unten), die Bedeutung eines Orakels haben. Nach 1945 begann eine Entwicklung, die traditionelle Kampfsportarten «wettbewerbsreif» machte, westliche Sportarten dagegen nach Geist und Vokabular japanischen Traditionen anglich. Gebräuchliches Wort für alle Sportarten ist heute «supotsu» (d. h. «sports»).

Eine der frühesten westlichen Sportarten, die in Japan begeisterte Anhänger fand, war Baseball: 1879 wurde der erste Club gegründet. Europäische Berater brachten die Idee des sportlichen Wettkampfs nach Japan, und an den neuen Universitäten der Meiji-Zeit wurde sie schnell heimisch. Baseball brachte früh auch ein Erlebnis nationalen Selbstwertgefühls: 1896 schlug ein japanisches Universitätsteam seine amerikanischen Gegner haushoch, nachdem die Amerikaner in Yokohama ein Spiel stets abgelehnt hatten, weil die Japaner «zu schwach» seien. Möglicherweise gründet die ungeheure Popularität des Baseballs heute teilweise in diesem Ereignis. Eine Tournee berühmter amerikanischer Baseball-Stars 1934 führte zur Gründung einer japanischen Profi-Liga. Aber auch andere westliche Sportarten gewannen begeisterte Anhänger: Fußball, Rugby, Leichtathletik an den Universitäten, Skilaufen wurde in den liberalen zwanziger Jahren Volkssport. Die Olympischen Spiele von 1940 hätten in Tokyo stattfinden sollen, aber der Einmarsch in China machte diesem Traum ein Ende. Erst 1964 war Tokyo Austragungsort – und eine ganze Nation rückte zusammen, um der Welt zu zeigen, was Japaner gemeinsam erreichen können.

Baseball hat in Japan heute zwei Ligen, jede mit sechs Teams, alle Konzern-Mannschaften, wobei die «Yomiuri Giants» und die «Chunichi Dragons» von Medienkonzernen finanziert werden. Der «Geist» aller dieser Mannschaften ist «japanisch» und gibt ein gutes Beispiel für die Angleichung einer westlichen Sportart an japanische Kampfsportarten. Amerikanische Profi-Spieler in japanischen Clubs haben größte Anpassungsschwierigkeiten. Neben den Spielen der beiden höchsten Spielklassen berichtet das japanische Fernsehen auch ausführlich über den Oberschul-Baseball, bei dem sich regionale Rivalitäten ungehindert ausleben können.

Baseball und Sumo sind zu echtem Volkssport geworden, zumindest nach den Zuschauerzahlen. Populär ist aber auch seit langem der Golf-Sport, den freilich nur sehr wenige so ausüben können, wie es die Regeln ursprünglich vorsahen: auf einem ausgedehnten, schön angelegten Golfplatz. Zwar gibt es in Japan 1540 Golfplätze – aber auch ca. 30 Millionen aktive Golf-Begeisterte. Golf ist Statussymbol, große Firmen reservieren deshalb Mitgliedschaften in feinen Golfclubs für ihr Top-Management und zahlen die Aufnahmegebühren, umgerechnet leicht mehr als 500 000 €; die Mitgliedsbeiträge sind entsprechend hoch. Japan ist vermutlich das einzige Land, wo Golfclub-Aktien hoch gehandelt werden. Wer nicht in den Genuß solcher Privilegien kommt, muß seine Abschläge in einem der vielen großen Netzkäfige üben, die Japans Städte überragen. Verkaufsschlager wurden deshalb in letzter Zeit Golfreisen ins Ausland, die stets ausgebucht sind.

Gesellschaft und Kultur

König Fußball regiert zwar noch längst nicht Japan, aber inzwischen hat er sich doch ein kleines Königtum erobert: Der bisherige Minderheiten-Sport «Sakka» (von engl. soccer) erfreut sich seit Beginn der neunziger Jahre wachsender Beliebtheit, besonders auch unter jungen Mädchen, die eine wachsende schrille Fan-Gemeinde bilden. 1993 wurde die «J-League» gegründet (Japan-Liga), und damit Fußball zum Profi-Sport. Vereine wie Sanfrecce (Hiroshima), Verdy (Kawasaki) oder Flugels (Yokohama) erinnern an den europäischen Ursprung des japanischen Fußballs, und einige «leicht angestoßene» europäische Profis erhielten Anfang der neunziger als «Legionäre» Traumhonorare in Japan. Inzwischen gibt es längst japanische Stars, aber europäische (und inzwischen auch asiatische!) Profis sind gefragt. Die Fußball-Weltmeisterschaft 2002, die gemeinsam von Japan und Südkorea ausgerichtet wird, dürfte aber dem Fußball neuen, kräftigen Auftrieb geben.

Die Entstehung der anderen populären Sportart, der Ringkampf Sumo, geht bis in frühgeschichtliche Zeit zurück. Die Ringer traten ursprünglich im Rahmen kultischer Handlungen gegeneinander an, aber schon im 8. Jahrhundert war Sumo höfische Unterhaltung geworden. Sumo als professionelle Sportart wurde in der Tokugawa-Zeit populär, als die Kaufleute Edos und Osakas nach derber Unterhaltung suchten. Seit dieser Zeit ist auch das äußere Erscheinungsbild der Sumo-Kämpfer (*rikishi*) bekannt: dickbäuchige Kolosse mit gewaltigen Kräften, die ihre Landsleute überragen. Die *rikishi* werden regelrecht gemästet und müssen täglich ein hartes Training absolvieren. Die Ringkämpfe finden in regelmäßigen Turnieren sechsmal im Jahr statt. Der Kampfplatz ist ein Rund von 4,55 m Durchmesser, auf dem Boden mit Strohseilen markiert. Der Ringrichter trägt die Kleidung eines Shinto-Priesters und eröffnet den Kampf mit einer Fächerdrehung. Vor Kampfbeginn kauern die Ringer voreinander, stampfen mit den Beinen auf und streuen Salz in den Ring (Reinigungszeremoniell). Verloren hat, wer aus dem Ring gedrängt wird oder den Boden mit einem anderen Körperteil als den Fußsohlen berührt; Kämpfe dauern meist nur wenige Sekunden. Die Ringer gehören zu Schulen (*heya*), deren Mitglieder nie gegeneinander antreten. Nach acht Siegen in fünfzehn Kämpfen werden Ränge verliehen; die höchsten Ränge der Sumo-Ringer sind Yokozuna (1) und Ozeki

*Sumo-Ringer bereiten ein Mahl.
Die meisten Ringer wiegen zwischen 250 und 350 Pfund
und werden regelrecht «gemästet»*

(2). Die Ozeki, desgleichen die unteren Ränge, müssen ihren Rang in jedem Turnier, in dem sie antreten, verteidigen, nur ein Yokozuna behält seinen Rang lebenslang.

Zwischen Tradition und Moderne

Kunst und Architektur heute

Fünfundfünfzig Jahre nach Kriegsende bietet die japanische Kunstszene alles, was weltweit an Stilen und Arbeitstechniken anerkannt ist. Der Zusammenbruch 1945 markierte für die japanische bildende Kunst einen Neubeginn: Begierig wurden wieder Impulse aus dem Ausland aufgenommen. Nach der Fehlentwicklung Ende des 19. Jahrhunderts, als mit wenig überzeugenden Ergebnissen «westliche Malerei» versucht wurde, gelang jetzt entweder die eigenständige Verarbeitung amerikanischer und europäischer Richtungen oder aber eine überzeugende Verschmelzung mit japanischen Kunstformen. Zugleich erlebte die Malschule der «Nihonga» (wörtl. Japanische Malerei) einen starken Aufschwung. Diese Schule war als Gegenbewegung zur «westlichen

Malerei» entstanden; sie benutzte die traditionellen Pflanzenfarben oder mineralische Farbpulver und griff auf Stilisierungen in der Darstellung zurück, wie sie sich z. B. auf Lackarbeiten und in der Dekorationskunst von Gebrauchsgegenständen etwa der Edo-Zeit finden. In der ersten Hälfte dieses Jahrhunderts hatten Japans Künstler Impulse aus Rußland (Revolutionskunst) und Frankreich (Impressionismus, Fauves, Kubismus usw.) verarbeitet, aber staatliche Repression hatte eine volle Entfaltung bis 1945 verhindert.

Besonders die traditionellen Künste wie Kalligraphie, Keramik und Lackarbeiten wie auch die schwarz-weiße Tuschmalerei erwiesen sich als unbegrenzt formbar für neue Inhalte und Aussagen. Am ehesten galt das für die Kalligraphie und die Tuschmalerei, die in Malerei und Schriftkunst der Zen-Priester schon früh zu «modernen» Ausdrucksformen der Abstraktion gefunden hatten. Eindrucksvoll wiederbelebt wurde aber auch der Holzschnitt, der an die technischen Leistungen der Edo-Zeit anknüpfen konnte und als vergleichsweise «preiswerte» Kunstform die steigende Nachfrage nach Kunst in breiten Bevölkerungsschichten befriedigte. Gleiches galt und gilt auch für die «Kunst als Handlung», wenn man an die streng stilisierte kunstvolle Form der Teebereitung (*chanoyu* oder *sado*, «Weg des Tees») denkt. Hier werden kunstvolle Utensilien der Teebereitung (Schalen, Kessel, Raumkunst) Teile einer Kunsthandlung, die von Millionen Japanern gepflegt wird. Neue, avantgardistische Formen entwickelten sich auch in einigen Schulen der Blumensteck-Kunst (*ikebana*), untrennbares Element der Teezeremonie: Nicht nur Pflanzen, sondern sogar Industrieobjekte (Glas, Draht) wurden jetzt verwendet, zugleich aber behaupten sich die streng traditionalistischen Schulen.

Künstler aller Kunstformen müssen sich in immer neuen Ausstellungen einer großen interessiert-kritischen Öffentlichkeit stellen. Kunstausstellungen der zahlreichen Künstlergruppen, städtischer Museen oder privater Galerien ziehen Besucherscharen an. Wirklich «demokratisch» aber wird japanische und internationale Kunst in den aufwendigen Ausstellungen, die Japans Kaufhäuser in ihren Galerien arrangieren. Solche Galerien sind fester Bestandteil jedes angesehenen Warenhauses, die teuren Kaufstätten setzen Kunstgenuß als Werbung im harten Konkurrenzkampf ein. Image-Werbung betreiben auch die riesigen Industrieunternehmen, wenn sie z.B. im obersten Stockwerk ihrer Verwaltungszentralen Museen und Kunstgalerien mit ausgesuchten Kostbarkeiten einrichten, die der breiten Öffentlichkeit zugänglich sind. Wertvolle «Panzerschrank-Kunstwerke» gibt es in Japan kaum.

Spaziergänge durch Japans Städte bieten weder in dem Gewirr kleiner Straßen noch in den Hochhausvierteln auf den ersten Blick sehr viele Zeugnisse eindrucksvoller neuer Architektur; die Straßenzüge werden von der grellen Werbung der zahllosen kleinen Ladengeschäfte, Arztpraxen usw. beherrscht. Hinter dieser optischen Gewalttätigkeit der Plakat- und Leuchtschriftwerbung, die durch keine Vorschriften beschränkt wird, verbergen sich kahle Häuserwände aus Beton und Kunststoffen. Die Häuser drängen sich eng aneinander (Mindestabstand in Tokyo: 50 cm), und ihre Bauweise erinnert kaum an die traditionelle Kunstfertigkeit japanischer Zimmerleute. Aber neben diesem baulichen Wildwuchs aus Beton gibt es auch noch die alten Holzhäuser mit Schiebetüren, kunstvoll ziegelgedeckt – auch in Tokyo. Die Enge japanischer Großstädte und der Zwang, auf begrenztem Raum immer neue Wohnungsbauten und Geschäftshäuser hochzuziehen, läßt Japans Architekten in den städtischen Ballungszentren wenig gestalterischen Freiraum, dennoch gibt es höchst eindrucksvolle Einzelbauten und Gebäude-Ensembles. Nach einigem Suchen findet man auf den Großbaustellen auch die Vermischung traditionellen japanischen Bauens mit modernen Bautechniken: Die überkommene Bauweise aus Balkenrahmen wiederholt sich heute in den gigantischen Stahlrahmen-Konstruktionen der Wolkenkratzer; jahrhundertealte Erfahrungen aus dem Holzbau finden sich in diesen stählernen Stützskeletten. Auch die ästhetischen Grundregeln traditioneller japanischer Holzhäuser glaubt man heute wiederzuentdecken: große Flächen, die allein durch die Struktur der Werkstoffe, ob Glas, Kunststoff oder rauher Beton, und durch die regelmäßigen Raster der Fensteröffnungen gegliedert sind. So finden sich in den Fassadenstrukturen des gewaltigen zweitürmigen Rathauses von Tokyo (1992) Gestaltungselemente traditioneller Holzhäuser wieder. Die modernen Baumaterialien erlauben interessante Experimente, und manche neue Bauten wirken fast wie riesige Skulpturen.

Besonders deutlich wird die Verknüpfung von traditionellem japanischen Bauen mit europäischen bzw. amerikanischen Einflüssen bei den Einfamilienhäusern: In der inzwischen verbreiteten Fertigbauweise finden sich Stilelemente amerikanischer Holzhäuser aus dem Süden der USA, Erinnerungen an Schweizer Chalets oder an Schwarzwaldhäuser, immer wieder durchsetzt mit Stilanleihen bei Stadthäusern der Edo-Zeit oder bei japanischen Bauernhäusern aus dem Norden mit ihren steilen Dächern – alles ist erlaubt. In Einzelhäusern wie auch in den Mietwohnungen der großen Apartment-Siedlungen mischen sich westliche Wohnelemente mit japanischen: Unverzichtbar ist das *genkan,* der Trennbereich zwischen Eingang und Wohnraum, wo die Schuhe abgestellt werden. Noch heute finden sich die verschiedenen Typen von Schiebetüren in den Wohnungen, und fast alle Wohnungsarten haben einen Raum, der mit *tatami*-Matten ausgelegt ist und gegen das Fenster hin mit papierbespannten Schiebeblenden vollends «japanisiert» werden kann.

Japans moderne Architekten sind auf der Suche nach Utopia, um die Raumprobleme des Landes zu überwinden: Schwimmende Satelliten-Städte werden entworfen, die Vision von einem Leben unter der Erde gewinnt planerische Gestalt, und die Reißbrett-Städte auf künstlichen Inseln, die es längst gibt, wachsen ins Gigantische. Wolkenkratzer mit 500 Stockwerken werden geplant, und ein Visionär will in der Tokyo-Bucht eine künstliche Insel für fünf Millionen Menschen errichten. Kosten: knapp 600 Milliarden US-Dollar. Schon die Bauten, die vor der Fertigstellung sind, bilden Superlative: Die Stadtverwaltung von Tokyo leistet sich ein neues Domizil in zwei Riesen-Türmen für umgerechnet eine Milliarde US-Dollar, entworfen von dem Altmeister der japanischen Architektur, Kenzo Tange. Die Architekten sprechen inzwischen von «intelligenten Gebäuden» in den Zukunftsstädten, deren es auch schon einige gibt: Sämtliche Gebäude- und Wohnungsfunktionen sind elektronisch gesteuert, von Sensoren überwacht: Klimaregelung, Abfallbeseitigung, Liftsteuerung, Wasserverbrauch. Alle Wohnungen und Büros sind an das Satelliten-Fernsehen angeschlossen, Kabel-Programme informieren die Mieter über lokale Ereignisse, sämtliche Dienstleistungen werden über die japanische Form des «BTX», das «CAPTAIN»-System, abgerufen. Die Hausfrau arbeitet nicht in einer Küche, sondern in einem elektronischen Steuerstand.

In der japanischen Architektur der Gegenwart gibt es keinen erkennbar vorherrschenden Stil, alles geht, ein Konsens über unbestritten gute Architektur zeichnet sich nicht ab. Dafür herrscht schier grenzenlose Experimentierfreude, eine neue Generation junger Architekten schreckt vor nichts zurück. Unter solchen Umständen konnte einer der bekannteren japanischen Architekten von der neuen «Anarchitektur» sprechen und unbefangen erklären, seine Bauten ignorierten völlig die Umgebung. Andere Architekten reagieren auf die tendenziell chaotische, oft unbeschreiblich häßliche bauliche Umgebung besonders sensibel und suchen bei ihren Wohngebäuden in den Städten nach einer harmonisierenden Verbindung zwischen den Glastürmen der Bürogebäude, älteren Wohnbauten und Industriegebäuden, die z. B. in Tokyo typischerweise ineinanderwachsen. Moderne japanische Architektur spiegelt in ihrem Stil-Chaos einen echten Internationalismus wider. Die originellsten japanischen Baumeister sind deshalb heute überall auf der Welt begehrt.

Von der Kalligraphie bis zum Landschaftsgarten: Traditionelle Ausdrucksformen

Kalligraphie (Schriftkunst). Noch heute ist die Kalligraphie eine hochgeschätzte Kunstform, die von professionellen Künstlern wie zahllosen Laien emsig gepflegt wird. Faszinierend ist es, zuzusehen, wie der Pinsel über das Papier tanzt und kraftvolle oder zierliche Linien tiefschwarzer Tusche das Papier in vollendeter Balance überziehen. Auch wenn man die Bedeutung der wuchtigen chinesischen Zeichen oder des Filigrans japanischer Schriften nicht kennt, das Kunstwerk erschließt sich auch so. Die Japaner schreiben mit vier Schriftsystemen, die zusammen z. B. das Schriftbild einer Zeitung prägen oder in die Kunstschrift einfließen: chinesische Zeichen als Bedeutungsträger, japanische Zeichen für Verb-Endungen und auch die Umschrift ausländischer Namen und Begriffe, schließlich auch lateinische Buchstaben und Ziffern. Mit Ausnahme der letzteren werden in der Kalligraphie alle Schriften verwendet. Die bequemste Art, Schriftkunst kennenzulernen, ist der Kauf eines Pilgerbuchs, das in allen buddhistischen

Tempeln zu haben ist. Gegen eine geringe Gebühr wird darin auch eine kunstvoll geschriebene Eintragung vorgenommen. Dabei begegnet man zugleich einer anderen rein japanischen (und chinesischen) Kunstform: dem Siegelschneiden. Leuchtend rot erscheint der Siegelabdruck mit seinem archaischen Schriftbild über der schwarzen Kalligraphie. Das Pilgerbuch wird so zu einem eindrucksvollen Erinnerungsstück mit einer kleinen Auswahl von Schriftkunstwerken.

Lack. In China schon früh hochentwickelt, gelangte die Lackkunst in Japan zu vollendeter Meisterschaft. Der Saft des Lackbaumes, der in China und Japan heimisch ist, wird auf einen Holzkörper aufgetragen und trocknet in feuchter Luft samtig oder hoch glänzend ab; dieser Glanz läßt sich später durch Polieren steigern. Der farblose Saft wird mit Ruß oder Zinnober zu Schwarz- bzw. Rotlack gefärbt, mit Gold- oder Silberpulver vermischt und mit Perlmutter-Intarsien verarbeitet. In wechselnden Farbschichten aufgetragen, läßt sich der Lack zu Reliefs (Schnitzlack) schneiden. Ursprünglich war die Verwendung dieser Kunst auf buddhistische Statuen oder Kultgeräte beschränkt. Seit der Heian-Zeit aber wurden auch Gebrauchsgegenstände wie Eßstäbchen, Schalen, Tabletts, Tische und kleine Möbelstücke in der Lacktechnik bearbeitet. In exquisiten Fachgeschäften oder in den Kunstabteilungen der großen Warenhäuser kann man sehen, wie lebendig diese Kunst noch heute ist.

Tuschmalerei. Mit ungebrochener Kraft behauptet sich neben der «Nihonga» (jap. Malerei seit dem 19. Jh.), der Tafelmalerei europäischer Art oder den übrigen vielfältigen Kunstformen die Tuschmalerei in schwarz-weiß (*suiboku*) oder mit leichten Farben unterlegt auf Papier. Besonders eindrucksvolle Bilder entstanden und entstehen auch auf den traditionellen Papierschiebetüren (*fusuma*) und auf Stellschirmen (*byôbu*), die sich heute nicht nur in traditionellen Häusern, sondern auch in Apartments von Kunstliebhabern wiederfinden. Unter frühem chinesischen Einfluß, der fast für alle Kunstformen festgestellt werden kann, begann die Maltradition mit buddhistischer Kultmalerei seit dem 7. Jahrhundert. Vom 11. Jahrhundert an entwickelten sich die Malerei auf Querrollen (*emakimono*) und Rollbilder zum Aufhängen (*kakemono*) zu einem rein japanischen Stil. Die *emakimono* erzählen auf Rollen, die von der linken in die rechte Hand abgewickelt werden, Romane («Genji-Roman») und Heldengeschichten («Heike-monogatari») oder parodieren die Gesellschaft, z. B. in Tierdarstellungen; hinzu kamen warnende buddhistische Lehrrollen, die in gräßlichen Details die Höllenqualen schildern.

Diese Bilderrollen waren meist farbig gemalt und in ihrer Technik als *yamato-e* (japan. Bilder) wohlgehütetes Geheimnis von Malschulen, die sich als Familienverband verstanden. In der Kamakura-Zeit setzte sich aus China die Schwarz-Weiß-Technik vor allem die Zen-Malerei (*sumi-e*) durch, eine Kunst, die in der angestrebten Spontaneität eine übergangslose Verbindung von Schrift und Bild ermöglichte. Noch heute wird von den buddhistischen Tempeln alljährlich ein Kalender mit den besten Zen-Tuschbildern herausgegeben.

Keramik. Schon die frühesten Anfänge japanischer Kultur sind durch keramische Gefäße bezeugt (Jomon, Yayoi, 250 v. Chr.–300 n. Chr.), wobei die Jomon-Ware bereits eindrucksvolle Schmuckelemente zeigt. Vorherrschend aber war in den folgenden Jahrhunderten die einfache Gebrauchskeramik, die in Form und Technik noch weitgehend von Korea beeinflußt wurde. In der Nara-Zeit (710–794) kam unter dem Einfluß der chinesischen Tang-Dynastie die mehrfarbige Glasur auf, aber die Menschen der folgenden Heian-Periode (794–1192) bevorzugten die Lackkunst. Verstärkte Kontakte zu China seit der Kamakura-Zeit (1192–1333) belebten die Keramik-Produktion wieder. Japanische Keramiker versuchten mit beachtlichem Erfolg koreanische Celadon-Ware (grünlich glasierte Keramik mit «Jade-Effekt») und chinesische Keramik mit krakelierter Glasur herzustellen. Aber entscheidende Impulse für den Durchbruch zu einer eigenen japanischen Keramik-Kunst kamen vom Zen-Buddhismus: Unter den Händen von Teemeistern entstanden Schalen, Vasen u. a., die teils frei geformt, teils gedreht aus rauhen Erden im Brand eine «Zufallsglasur» erhielten, z. B. als *raku-yaki* im offenen Ofen, mit ungesteuerter Temperatur. Fehlbrände, mit Goldlack ausgebessert, Einzelstücke von fast skulpturalem Aussehen, gewannen höchste Wertschätzung. Die Zen-Mönche und ihre Schüler, die Teemeister und die Samurai fühlten in den einfachen Gefäßen den Geist des *wabi*, der irdischen Vergänglichkeit. Vorbilder für Teeschalen mit dieser Ausstrahlung fand man in koreanischen Reisschalen: Im Gefolge des Korea-Feldzugs Hideyoshis (um 1594) wurden zahlreiche koreanische Töpfer nach Japan verschleppt (einige kamen auch freiwillig).

Erst spät gelangte das Porzellan nach Japan: 1598 wurde in Arita (Kyushu) Kaolin entdeckt; das Porzellan, das dort gebrannt wurde, ging als Imari-Ware auch in den Export nach Europa, wo es ungeniert als «chinesisches Porzellan» angeboten wurde. Heute gibt es alle Typen von Keramik und Porzellan in Japan. Viele Keramik-Familien pflegen seit Jahrhunderten ihre Brenntradition, ihre Arbeiten werden hochgeschätzt und sind sehr kostspielig. Aber auch neue Keramik-Zentren entstanden über das Land verstreut. Hier wird eine unsignierte, fast rustikale Keramik gebrannt, die dennoch eindrucksvollen Charakter zeigt und sich als «Sammelkunst für die Reisekasse» sehr gut eignet.

Teezeremonie (cha-no-yu). Die Tradition, in kleinem Kreis gleichgesinnter Menschen nach festen Regeln grünen Tee zu trinken und sich gemeinsamem Kunst- und Naturgenuß oder auch nur der Stille hinzugeben, wird auf den Zen-Mönch Eisai (1151–1215) zurückgeführt. In den Teezeremonien späterer Jahrhunderte galt es, einzelne Teesorten herauszuschmecken. Heute führt die Teezeremonie alle traditionellen Künste Japans zu einem Gesamtkunstwerk zusammen. In einem Teehaus oder Teezimmer finden sich fünf Gäste bei einem Gastgeber ein. Dieser hat häufig schon lange vorher die Zeremonie vorbereitet und die Teegeräte, sämtlich erlesene Kunstgegenstände, erworben oder ausgeliehen. Der «Weg des Tees» (*chado, sado*) vereinigt in seinem Ablauf alle Künste: Die Gäste betrachten das Rollbild in der Bildnische (*tokonoma*), eine Kalligraphie oder ein Tuschbild. Davor steht ein Blumengesteck, betrachtet werden Blumenarrangement und Gefäß (Keramik). Die Teegerätschaften repräsentieren weitere Kunstarten: Teeschale und Wasserbehälter (Keramik), die Dose für den grünen Pulvertee und der schmale Dosierlöffel (Lack), Schöpflöffel und Tee»quirl» (beides Bambusarbeiten, «rustikal»), Räuchergefäß (Keramik oder Bronze). Auf dem Weg zum Teehaus haben die Gäste nicht selten einen kleinen Garten durchquert und sind auf den «Teegeist» eingestimmt worden. Der Genuß des «Ge-

Die Teezeremonie, ursprünglich vom Zen inspiriert, ist ein elegantes Ritual in einer ruhigen und schlichten Umgebung. Es kann mehrere Jahre dauern, alle Einzelheiten dieser Zeremonie zu erlernen

samtkunstwerks» wird verstärkt, wenn sich dem Gast auch bei der Zeremonie durch die geöffneten Schiebetüren ein Blick auf den Garten bietet.

Kadô (Ikebana). Der «Blumenweg» oder die Blumen-Kunst (Ka = Blume, do = Weg, Kunst; verbreitet: ikebana) entwickelte sich seit dem Mittelalter aus dem Blumenopfer vor Buddha-Statuen, das auch heute noch dargebracht wird. Seine höchste Blüte erreichte der *kadô* jedoch unter dem Einfluß des Zen und der darin geistig-philosophisch gründenden Teezeremonie. Die älteste der *kadô*-Schulen, die noch heute große Bedeutung hat, wurde im 15. Jahrhundert von dem buddhistischen Mönch Ikenobo gegründet. Dieser Stil verwendet große Gefäße und Blütenzweige, man nennt ihn auch den *rikka*-Stil, d.h. den Stil der aufrecht stehenden Blumen. Neben die Ikenobo-Schule traten in der Muromachi-Zeit (16. Jh.) eine Reihe von Schulen, die den «prächtigen» Stil ablehnten und kleine Gestecke für die Bildnische (*tokonoma*) in einem kleineren Raum, z.B. dem Teezimmer, entwarfen. Teemeister schufen einen Stil, der wenige Blumen oder nur einen Zweig wie zufällig in ein scheinbar schlichtes Gefäß «hineinwirft» (*nage-ire*).

Die grundlegenden Kunstregeln des *kadô* basieren auf der Darstellung der kosmischen Dreiheit von Himmel, Mensch und Erde durch drei unterschiedlich lange Blumen oder Zweige in einem Gefäß (hohe, schlanke Vase, flache Schale aus verschiedensten Materialien) oder durch die Anordnung von Blume, Gefäß und Ort des Gestecks im Raum.

Neben der Ikenobo-Richtung gibt es zahlreiche andere Schulen mit «geheimen» Traditionen. Die Zahl der *kadô*-Schüler ist unermeßlich; die 1925 gegründete *Sogetsu*-Schule konnte durch ihre intensiven Ausbildungsbemühungen nicht nur in Japan, sondern auch im Ausland zahlreiche Anhänger gewinnen. Ikebana oder *kadô* ist heute wohl die einzige japanische Kunstform, die sich auch in Europa und den USA eine riesige Anhängerschaft erobern konnte.

Klang der Stille: Tempel und Gärten. Grundelemente von Landschaft, zugleich Abbild des Kosmos, auf wenigen Quadratmetern mit sparsamsten gärtnerischen Mitteln dargestellt – das ist die japanische Gartenkunst, vielleicht der bedeutendste Beitrag Japans zur Weltkunst. Gärten können winzig klein oder so groß sein, daß sie als «begehbares Kunstwerk» Teil der umgebenden Landschaft werden, immer wollen sie das Wesen von Landschaft schlechthin vermitteln. Alle Gartenanlagen sind bis in winzige Details hinein sorgfältig geplant, ohne im Ergebnis künstlich zu wirken. Stets wird die Wirkung räumlicher Tiefe angestrebt: Der Betrachter überblickt etwa im Zen-Garten eine ganze Landschaftskomposition oder gar die Welt in symbolischer Ganzheit, und selbst in Gärten von parkartiger Ausdehnung wird der Blick des spazierenden Betrachters immer wieder über den Garten hinaus in die umliegende Landschaft geführt. Japans Gartenkünstler arbeiten mit wenigen Gestaltungselementen: Scharfkantige Steine, sorgfältig vom Meister ausgesucht, stellen die Gebirge dar, bemooste

Steine und Moosflächen deuten Täler an, Kiesel einen Fluß, und eine Quelle mag als Wasserfall in einen See sprudeln, der das Meer darstellt. In den Teegärten wird dieses Quellwasser dann auch für die Teezeremonie genutzt. Die Abstraktion bei der gärtnerischen Landschaftsgestaltung kann in Extreme getrieben werden: In den Zen-Gärten des «Trockenlandschaftstyps» (*kare sansui*) symbolisieren Kiesel oder kleine Steine das Wasser, ein schmaler langer Felsblock wird zum Wasserfall, ein anderer zu einem Boot, wenige Moosflächen können noch zusätzliche Akzente setzen. Büsche und Bäume sind äußerst sparsam als Gestaltungselemente eingesetzt: Immergrüne Büsche und Kiefern werden zu Landschaftsakzenten, blühende Sträucher (Azaleenbüsche) werden zu streng gerundeten Formen geschnitten. Bäume, die ihre Blätter abwerfen, tauchen kaum auf; das Laub würde im Jahreszeitenwechsel den Landschaftseindruck stören. Ausnahmen sind Pflaume und Kirsche wegen ihrer symbolischen Bedeutung. Gärten werden in Japan auf kleinstem Raum angelegt; die Enge wird zur Herausforderung an den Gartenmeister, dennoch landschaftliche Raumtiefe zu vermitteln. Im extremsten Fall wird eine ganze Landschaft auf einem Lacktablett «arrangiert». Auch die Zwergbäume (*bonsai*) verdanken ihr Dasein der «Miniaturisierung» der Landschaftskunst.

In der Kunstgeschichte unterscheidet man zahlreiche verschiedene Gartentypen, aber sie alle gehören zu zwei Grundformen: der Park- und Landschaftsgarten zum Spazieren oder der kleine Landschaftsgarten, der von einem Gebäude (z. B. Teehaus) aus betrachtet wird und von einer Mauer oder Hecke im Hintergrund begrenzt wird. Dieser letzte Gartentyp ist von berühmten Teemeistern in immer neuen Varianten entworfen worden. Gemeinsam ist beiden Grundformen das Bemühen, den Betrachter als Menschen nicht vor – oder gar «über» – die Natur zu stellen, sondern ihn einzubeziehen. So ist es nur konsequent, wenn der Zen-Garten entweder in seiner höchsten Abstraktion oder mit seiner kaum erkennbaren, in die Natur buchstäblich eingegrabenen (Teiche) und -gepflanzten (Bäume, Büsche) Symbolik zugleich zum Anreiz und Ort der Meditation wurde.

In der Heian-Zeit war der Garten des Kaiserpalastes («Südgarten») eine schöne Landschaft, die von den Palastgebäuden aus betrachtet wurde; aber der Garten war auch Ort festlicher Gesel-

ligkeit mit Bootsfahrten, Blüten- oder Mond-Betrachtung, ja, die Damen und Herren vergnügten sich in ihm sogar mit Angeln. Diese Funktion des Gartens findet sich in den parkartigen Anlagen wieder, die sich die mächtigen Adelsfamilien späterer Jahrhunderte errichten ließen. Aber bereits zur Zeit des Prinzen Genji hatten die buddhistischen Klöster ihre eigenen Gartenanlagen, die der religiösen Übung dienten und nicht weltlichen Vergnügungen. Japanische Gärten sind seit ihrer Entstehung als Kunstform untrennbar mit der Architektur verbunden: Anfangs waren sie Teil der Schreinanlagen der Shinto-Heiligtümer, später gehörten sie unvermeidlich zu den Palastkomplexen der Kaiser oder mächtiger Adelsfamilien, und ein buddhistischer Tempel ist ohne Gartenanlage unvorstellbar. Die Tempelarchitektur zielt immer auf die Einbeziehung des Gartens. Papierbespannte Schiebetüren öffnen sich zu umlaufenden hölzernen Galerien, und entweder aus dem mattenbedeckten Raum oder von der «Veranda» aus gleitet der Blick des Priesters hier in einen winzigen, abstrakten Trockengarten mit Felsen und Kies, dort vielleicht in einen ausgedehnten Landschaftsgarten, für den auch noch fernliegende Berge Hintergrundkulisse sind. Die Beine im Lotussitz verschränkt, kerzengerade aufgerichtet und mit zusammengelegten Händen richtet der Zen-Mönch seinen Blick – auf nichts. Er nimmt die umgebende Gartenlandschaft nur durch sein inneres Auge auf. In der bildhaften Zen-Sprache heißt es: Er blickt in den leeren Spiegel und hört den Klang der Stille. Der Garten seines Klosters ist Ort, nicht Gegenstand seiner Meditation. Und nach dem Ende der Übung wird auch noch die Gartenarbeit zur meditativen Praxis: Kies harken, beschneiden der Kiefern, auflesen der wenigen Laubblätter und Unkraut zupfen sind unverzichtbarer Teil des klösterlichen Tagesablaufs.

Steingarten des Ryo'an-Tempels in Kyoto.
Hier ist das Prinzip des «trockenen» Gartens auf die Spitze getrieben:
Außer etwas Moos um die 15 Felssteine im wellenförmig geharkten Sand
verzichtet dieser Garten auf alle Pflanzen

Japanisches Theater

In der japanischen Tradition wie auch in der modernen japanischen Bühnenkunst bilden Tanz und Theater eine kaum zu trennende Einheit. Das «neue Theater» westlicher Prägung konnte sich seit der Meiji-Zeit zwar neben der traditionellen Schaukunst etablieren, aber japanische Urelemente behielten ihre Lebenskraft. Aus dem Tanz entwickelten sich japanische Theatertraditionen, wie sie noch heute in Kabuki und Noh (s. unten) fortleben. Aus der radikalen Weiterentwicklung von Tanz-Elementen des traditionellen Theaters wiederum entstand in einer Art Rückkehr zu den archaischen Formen japanischen Tanzes, zur Urform des «Tanztheaters», eine neue Avantgarde: Im «Butoh»-Tanz, der sich seit den 50er Jahren auch im Ausland eine hingerissene Gemeinde erobert hat, setzte sich wieder eine ursprüngliche Körperlichkeit

---

angura und *butoh*

Beide Formen darstellender Kunst zählen zu den sogenannten *shingeki* (neues Theater), das während der sechziger Jahre des 20. Jahrhunderts im «Theater-Untergrund» (engl. «underground», daraus wurde *angura*) vor allem in Tokyo entstand. In bewußtem Gegensatz zum traditionellen japanischen Theater (Noh, Kabuki) und der westlichen Bühnenkunst zielten und zielen die zahlreichen Untergrund-Theatergruppen mit ihren radikal innovativen Darstellungsformen auf ein meist junges Publikum, das in den traditionellen Schaukünsten nur Stagnation sah. Nicht zufällig datiert die Entstehungszeit des Untergrund-Theaters in die Epoche heftiger Studentenunruhen, in die Aufbruchphase der japanischen «68er-Generation», die Theater-Revolution fiel zeitlich zusammen mit dem Versuch zu einem politischen Umbruch. Die Stoffe des *angura* sind teils radikal verfremdete Inszenierungen «klassischer» Stoffe, teils eigens verfaßte, oft surrealistische Stücke. Die Theatergruppen sind klein, wirtschaftlich meist völlig ungesichert, und die Spielorte liegen oft buchstäblich im «Untergrund», also in winzigen Kellertheatern. Die *angura*-Gruppen sind Teil eines internationalen Netzwerkes radikal innovativer Darstellungsformen in Text, Musik und Bewegung, das als Theater der Subkultur, weit über die nationalen Kulturkreise hinaus eine weltweit gleichgesinnte Kennergemeinde findet.

Während *angura*-Stücke noch letzte Verbindungen zum traditionellen Sprechtheater aufweisen, hat die Avantgarde-Tanzform Butoh radikal

und Expressivität durch, die früher einmal Japans kultische Tänze geprägt haben muß.

Bis Mitte des 19. Jahrhunderts war Theater in Japan gleichzusetzen mit Kabuki, Noh und Bunraku. Als Sonderformen gab es noch das feierliche höfische Tanztheater chinesischen Ursprungs, das aber in seinen verschiedenen Formen damals wie heute künstlich am Leben erhalten werden mußte. Als Gegenbewegung zu den traditionellen Theaterformen – und als wirksames Propagandaelement in politischen Auseinandersetzungen – wurde in der zweiten Hälfte des 19. Jahrhunderts das westliche Theater entdeckt und dem japanischen Geschmack angepaßt. Die Schauspieler waren Amateure, während im traditionellen Theater die Darsteller straff organisierten «Familien» angehörten. Gesprochen wurde mit natürlicher Stimme, auf Musik und Tanz verzichtete man. Auch das traditionelle Kabuki versuchte, westliche Elemente

mit den Traditionen gewohnter Bewegungsabläufe des Ballets bzw. des Tanzes überhaupt gebrochen. Die ersten Butoh-Gruppen entstanden ebenfalls in den sechziger Jahrenn des 20. Jahrhunderts in bewußter Abkehr vom «westlichen» Tanztheater und mit einer scharfen Absage an japanische Tanzformen. Im Gegensatz zum Ballet, das tendenziell die Schwerkraft aufzuheben sucht (Sprünge, schnelle Drehungen), sieht sich das Butoh als Tanz, in dem bewußt die Gravitation menschlicher Körper betont wird; in den Worten eines Butoh-Meisters: Im Tanz werden archaische Gesten oder Figuren, die im Laufe der Geschichte verschüttet wurden, wieder herauf geholt und auf die weiß bemalten Körper projiziert. In den Tanzthemen brach Butoh konsequent bestehende Tabus: Sex und menschliche Begierden wurden zu selbstverständlichen Sujets. Hijikata, einer der Gründer des Butoh, interpretierte seine Tanzkunst als eine Umwandlung vom individuellen «ich» zu einem «etwas»: Die Butoh-Tänzer suchen sich buchstäblich zu einer Pflanze, zu einem Tier, sogar zu einem Stein umzuformen. In der Imagination ergreift der «Geist» des getanzten Wesens oder Objektes Besitz von den Tänzern, die nackten, bemalten Körper durchlaufen eine Metamorphose vom individuellen Menschen zur getanzten essentiellen Erscheinungsform. Die Kunst des Butoh ist in strengem Sinne esoterisch und wird in den verschiedenen Gruppen nur von Meister zu Schüler weitergegeben (paradoxerweise eine typisch japanische Form des Lernens).

Gesellschaft und Kultur

einzubinden, aber diese Versuche brachten nur klägliche Ergebnisse. Neue Impulse für ein westliches Theater gab es in den 20er Jahren, als aus den USA das Musical und aufwendige Revue-Produktionen nach Japan gelangten. Damals entstanden als neuer japanischer Beitrag zum Welttheater die Revue-Theater, die noch heute beliebt sind und in denen alle Rollen von jungen Frauen gespielt werden (Nichigeki, Takarazuka). Aus Europa und dem revolutionären Rußland fand experimentelles Theater den Weg nach Japan. In der Taisho-Zeit begeisterte dieses Theater eine neue Schicht von Intellektuellen und Dandys mit ihren *moga* (von «modern girl»). Seither ist Theater westlicher Art zentraler Bestandteil der japanischen Theaterszene. Berühmte Ensembles aus aller Welt treten in Japan auf und finden ein kenntnisreiches, kritisches und begeistertes Publikum. Die «lokale» Szene in den japanischen Großstädten ist mittlerweile unüberschaubar geworden; erwähnt sei nur das *angura* (von «underground»), das längst kein Untergrund-Theater mehr ist, sondern als experimentelles Theater Teil der Theaterwelt.

Noh: Tanz, Musik und Poesie – Japanisches Theater in früher Vollendung. Zusammenfassung, Bändigung und schließlich Reduzierung auf den Kern aller vorangegangenen Schaukünste durch strenge Stilregeln – das ist die Theaterkunst der Rittergesellschaft im japanischen Mittelalter: Noh. Die noch heute gültigen Regeln des Noh-Theaters wurden im 14. Jahrhundert von Zeami, dem Noh-Dramatiker und führenden Theoretiker seiner Kunst, festgelegt. Noh sollte eine Kunst sein, in der das Gemeine, Niedrige keinen Platz hatte, ein Triumph der Ästhetik, auch in der Niederlage und dem Leid des Helden. Es gibt heute noch verschiedene Schulen, aber der uneingeweihte europäische Betrachter vermag die Unterschiede nur schwer zu erkennen. Die Hauptdarsteller (auch Frauenrollen werden von Männern gespielt) tragen holzgeschnitzte Masken, mit einer Farbschicht überzogen. Sie bedecken nur das Gesicht; in einigen Stücken tragen die Darsteller auch Perücken. Die Masken sind mit ihrer hochverdichteten Aussagekraft, oft als Schlichtheit mißverstanden, hochrangige Kunstwerke. Ältere Noh-Masken haben heute unschätzbaren Wert. Auch die prachtvollen Seiden-Kimono der Kostüme sind Kunstwerke von eigenem Rang.

In den Dramen treten Götter, Geister, Helden und einfache Menschen auf, in jeder Aufführung aber nur wenige Darsteller, oft nur der Hauptdarsteller und eine Nebenfigur. In Monolog und Tanz erzählt die Hauptfigur von ihrem Schicksal. Die Tanzteile sind, wie auch die übrigen Bewegungsabläufe, meist gemessen, in einigen Stücken jedoch finden sich auch schnelle Tänze (Koboldstücke). Die langen Noh-Aufführungen wurden von komischen Einlagen unterbrochen, den sog. *kyôgen* (Tollstücke). Gespielt wurde im Mittelalter fast immer im Freien, auf einer offenen Bühne, die Teil einer Tempel-, Schrein- oder Palastanlage war. Die adeligen Zuschauer saßen unbeweglich vor der Bühne, meditativ in die Handlung vertieft. Heute werden Noh und Kyogen nur noch bei besonderen Anlässen auf den erhaltenen alten Bühnen gespielt; Anlaß sind meist Schrein- und Tempelfeste. Zentren des Noh-Spiels sind Tokyo, Kyoto und Osaka. Allein in Tokyo finden jährlich 200 Vorstellungen statt.

Kabuki: Prächtige Bösewichte und Männer als Frauen. Die *chônin* (Stadtbürger) der Tokugawa-Zeit verlangten nach mehr Dramatik und expressiver Darstellung auf der Bühne; lachen und weinen wollten die wohlhabenden Bürger Edos und Osakas, sie wollten ihre Begeisterung über besondere schauspielerische Leistungen offen zeigen können. Nicht zuletzt auch suchten die reichen Parvenus einen Raum für Selbstdarstellung, ein Forum, auf dem täglich neu das Raffinement guten Geschmacks in Kleidung und Benehmen geprüft werden konnte. Eine neue Theaterform entstand neben dem Noh: Kabuki. Diese «bürgerliche Schaukunst» entlehnte zwar Elemente aus dem Noh, aber die Helden der 18 klassischen Kabuki-Dramen, die Probleme und Handlungsabläufe waren der Welt des Bürgertums, der Kaufleute angepaßt worden oder wurden ihr unmittelbar entnommen. Samurai sind in manchen Stücken Ziel des Spotts, die Helden sind Stadtbürger. Trotz aller Stilisierung der Auftritte kann sich Dramatik entfalten: unglückliche Liebe, rächende Geister, Intrigen in Handlungen. Sie geben breiten Raum für ausdrucksstarkes Spiel, Tanz, blitzschnellen Kostümwechsel und wilde Schwertkämpfe auf der Bühne. Kabuki-Theater und Freudenviertel lagen in der Edo-Zeit nicht nur räumlich eng beieinander, die Obrigkeit beobachtete beides mißtrauisch: Freiräume für verachtete Bürger? Immer wieder wurde das Kabuki durch Verbote eingezwängt; so durften seit 1629 keine Frauen mehr auf der Bühne spielen, denn sie waren häufig zugleich auch Prostituierte. Die große Stunde der männlichen Frauendarsteller (*onnagata*) schlug: Fortan setzten berühmte *onnagata* Maßstäbe für modische Eleganz und Raffinement, denen die Kurtisanen der Freudenviertel und die reichen Dandys folgten. In der 300jährigen Geschichte des Kabuki wurden die Kostüme immer aufwendiger, die Bühnentechnik immer raffinierter und Darbietungen immer artistischer.

Es gibt drei Grundtypen von Kabuki-Dramen: bürgerliche Schauspiele (*sewamono*), historische Dramen (*jidaimono*) und Tanzdramen. Die bürgerlichen Dramen sind in der Welt der *chônin* angesiedelt und reflektieren ihre Wünsche, Gefühle und Probleme. Die Geschichtsdramen behandeln historische Ereignisse in einer Art, die es den Schauspielern erlaubt, auch aktuelle Tagesthemen aufzugreifen. In den Tanzarrangements kann der einzelne Darsteller seine ganze Meisterschaft zeigen.

Die Bühnensprache des Kabuki ist seltsam künstlich, für europäische Ohren noch verstärkt durch die ungewohnte Musikbegleitung. Nach einer kurzen Eingewöhnungszeit aber nehmen die Handlung, die prachtvollen Kostüme und das Bühnenbild gefangen. Das Publikum geht begeistert mit, wenn etwa der Held mit dröhnendem Schritt quer durch den Zuschauerraum auftritt und hin und wieder die gesamte Handlung kurz zu einem «lebenden Bild» erstarrt. Kabuki wird heute ganz in den Traditionen der Edo-Zeit gepflegt, nachdem im 19. Jahrhundert «Europäisierungen» versucht worden waren.

Alle großen Städte haben «ihr» Kabuki-Theater. Das berühmteste ist wohl das Kabuki-za in Tokyo. Auch Tourneen in die Provinz werden jedoch regelmäßig organisiert. Trotz noch immer großer Beliebtheit hat das Kabuki-Theater immer wieder unter Nachwuchsproblemen zu leiden: Seit 1970 mußte das Nationaltheater Tokyo Kampagnen starten, um Schauspieler-Nachwuchs auszubilden, 1975 folgte eine Kampagne für die Musikerausbildung. Ende 1988 gab es 121 Kabuki-Schauspieler und 49 Musiker.

Bunraku: Künstlerpuppen für Japans Shakespeare. Beitrag Osakas zur Theaterkunst der Edo-Zeit bis heute ist das Puppenspiel «Bunraku». Diese Schauspielkunst entstand aus älteren Puppen-

*Das aus dem 17. Jahrhundert stammende Kabuki
ist eine der beliebtesten Formen des Theaters. Die Schauspieler tragen
kostbare Kimonos, ihre Gesichter sind weiß geschminkt, die Dialoge stilisiert
und von Musik und Tanz begleitet*

spieltraditionen der Volkskunst und eroberte sich von Osaka aus das städtische Bürgertum. Das Bunraku enthält noch alle Elemente des volkstümlichen Puppenspiels: Rezitation, Musik und Spiel. Auf einer Seitenbühne zur Hauptbühne sitzt ein Erzähler, der Handlung und Dialoge vorträgt (sog. *joruri*), wobei er sich selbst auf einer *shamisen* (Saiteninstrument) begleitet. Die Puppen sind etwa einen Meter hoch; sie haben einen beweglichen Holzkorpus, dessen zahlreiche Gelenke äußerst lebendiges Spiel erlauben. Wie im Kabuki tragen auch die Bunraku-Puppen prachtvolle Kostüme. Drei Spieler in schwarzer Vermummung («Unsichtbarkeit») führen eine Puppe; der Meister den Kopf und die rechte Hand, zwei jüngere Spieler die übrigen Gliedmaßen. Diese Spielart erfordert ein Höchstmaß an Synchronisation der Bewegungen, und es ist faszinierend, das Ergebnis zu beobachten: Die Puppen wirken verblüffend lebensecht. Etwa dreißig Jahre muß ein Bunraku-Spieler lernen, bevor er Meisterschaft erlangt.

Gesellschaft und Kultur

Viele Bühnenautoren bevorzugten für ihr Schaffen das Puppentheater: Im Kabuki mußte ihre Kunst hinter der Spielfreude berühmter Schauspieler zurückstehen, das Bunraku gab ihnen Raum. Japans größter Dramatiker der Edo-Zeit, Chikamatsu Monzaemon, der manchmal ein wenig krampfhaft «Japans Shakespeare» genannt wird, schrieb Stücke für das Bunraku wie auch für das Kabuki. Seine Dichtkunst verband sich mit der Meisterschaft der Bunraku-Spieler zu einer eigenständigen Theaterform, die sich neben dem Kabuki und Noh behauptete und vielfach sogar vom verwöhnten Publikum bevorzugt wurde. Die Themen der Bunraku-Stücke lassen sich mit den Dramen des Kabuki vergleichen, aber das Puppenspiel erlaubt noch stärkere Expressivität in der Darstellung menschlicher Gefühle.

Mit der Einweihung des Bunraku-Nationaltheaters in Osaka 1984 erhielt das Puppenspiel eine neue, feste Basis. Viermal jährlich wird in Osaka gespielt, dreimal in Tokyo, hinzu kommen regelmäßige Auftritte in Kyoto, Nagoya und anderen Großstädten. Wie alle traditionellen Theaterformen leidet das Bunraku unter Nachwuchsmangel. Schlimmer noch: auch die Zuschauerzahlen sinken. Das «kleine Haus» des Nationaltheaters Tokyo hat seit 1988 damit begonnen, für den Bunraku-Nachwuchs zu werben und talentierte Spieler wie Musiker und Rezitatoren auszubilden.

Die Literaturszene

Die moderne japanische Literatur entwickelte sich im 19. Jahrhundert aus der Begegnung mit der europäischen und der amerikanischen Literatur. Aber die hoch entwickelte japanische Gegenwartsliteratur mit ihren schier zahllosen Veröffentlichungen griff darüber hinaus auch auf eigene Traditionen zurück: So entstand eine unverwechselbare japanische Literaturszene, die vor allem durch die Schlüsselereignisse der letzten hundert Jahre geprägt wurde. Der Erste Weltkrieg, das große Erdbeben von Kanto (Tokyo, ca. 20000 Tote), der Pazifische Krieg (1937–45) mit den beiden Atombombenabwürfen, dann der Korea-Krieg (1950–53) und jüngst das Erdbeben von Kobe/Osaka und der Giftgasanschlag der Aum-Sekte (1995) fanden literarische Verarbeitung. Insbesondere die Kriegsereignisse 1937–45 lieferten einer ganzen Schriftsteller-Generation die Themen, wobei Ibuse Masuji im Roman «Schwarzer Regen» die Hiroshima-Katastrophe verarbeitete, Ooka Shohei japanische Kriegsgreuel.

Hierzulande ist durch Übersetzungen nur ein Bruchteil des gegenwärtigen Literaturschaffens in Japan bekannt. Immerhin aber erfreuen sich die Werke der beiden japanischen Literatur-Nobelpreisträger Kawabata Yasunari (1968) und Oe Kenzaburo (1994) eines festen Leserkreises, auch Abe Kobo und Inoue Yasushi sind einem größeren Publikum bekannt. Um die Wende vom 19. zum 20. Jahrhundert liegt der Beginn und zugleich schon ein Höhepunkt moderner japanischer Literatur: beispielhaft etwa Mori Ogai (1862–1922), Kenner deutscher Literatur (erste «Faust»-Übersetzung) oder der Romancier Natsume Soseki; vor allem Akutagawa Ryunosuke (1892–1927), der in seinem Schaffen ironische und zynische Analysen seiner Gesellschaft zeichnete, wurde zum Exponenten der frühen japanischen Moderne – heute ist Japans angesehenster Literaturpreis nach ihm benannt. «Moderne» Selbstreflexion und Sexualität verbinden sich im Werk Tanizaki Junichiros (des «japanischen Henry Miller», 1886–1965) mit einer immer neuen Verarbeitung des klassischen Genji-Romans (11. Jahrhundert), ein literarischer und gelebter Narzismus gepaart mit literarischer Kraft der Darstellung in Mishima Yukios (1925–1970) Romanen bleibt letztlich in Deutschland noch zu entdecken. Auch die Schriftstellerinnen Enchi Fumiko (1905–1986) und Ariyoshi Sawako (1931–1984) und mit ihnen eine ganze Generation einflußreicher Autorinnen der japanischen Moderne sind hier weitgehend unbekannt. Dagegen schaffte es Murakami Haruki im Jahre 2000 mit seinen bizarren, provozierenden Werken sogar bis in die deutschen literarischen TV-Diskussionsrunden vorzudringen.

Film: Von der Kunst zum Kommerz

Die Geschichte des japanischen Films beginnt fast zeitgleich mit der raschen Industrialisierung des Landes. Schon kurz nach der öffentlichen Vorstellung der Kinematographen in Paris 1895 wurde der Apparat auch in Japan bekannt. 1897 begannen erste kommerzielle Vorstellungen mit den bewegten Bildern, gezeigt wurden vor allem verfilmte Kabuki-Stücke (s. Theater). In den 20er und 30er Jahren wurde erst der Stummfilm mit dem begleitenden Erzähler (japan.: *benshi*) und dann der neue Tonfilm zur Massenunterhaltung. In die Jahrzehnte vom Ersten Weltkrieg bis ca. 1935 fiel die erste Hochblüte des japanischen Filmschaffens. Inzwischen berühmte Regisseure wie Mizoguchi Kenji und Ozu Yasujiro prägten bis zum Ausbruch des Krieges in China Japans Filmschaffen. Ihre Filme zählen heute zu den Weltklassikern. Während der ultranationalistischen Phase der 30er und 40er Jahre drohte der Film zum völkischen Propagandainstrument zu verkommen.

Internationale Aufmerksamkeit fand das japanische Kino 1951 wieder, als der heutige Altmeister Kurosawa Akira für seinen Film «Rashomon» in Venedig den Goldenen Löwen und in den USA den Academy Award für den besten ausländischen Film erhielt. Der Film löste weltweit eine Welle des Interesses an japanischer Kultur aus, die weit über Thematik und Kunst dieses Streifens hinausreichte. Kurosawa ist mit seinem Schaffen in Japan seltsamerweise weniger populär als in anderen Ländern. Auf viele japanische Filmkenner wirkt er «unjapanisch»; eben damit wird sein Erfolg im Ausland begründet. Auf dem Filmfestival von Moskau 1975 lief sein Film «Derusu Uzara» (Uzala, der Kirgise) im Wettbewerb sogar als russischer Streifen. Aber auch andere Regisseure gewannen früh internationale Anerkennung: Kinugawa Teinosuke erhielt 1954 für seinen Film «Jigokumon» (Das Höllentor) ebenfalls den amerikanischen Academy Award als bester ausländischer Film, ebenso Inagaki Hiroshi 1955 für «Miyamoto Musashi». In Berlin gewann Imai Tadashi 1963 mit «Bushido zangoku monogatari» (Samurai Saga) einen Goldenen Bären. 1961 erhielt Shindo Kaneto in Moskau den Grand Prix für «Hadaka no shima» (Die nackte Insel). Die 80er Jahre sahen eine neue Welle des Interesses für japanische Regisseure und ihr Werk. Neben Kurosawa mit «Kagemusha» (Schattenkrieger, Cannes 1980) wurden Imamura Shohei («Narayama bushiko», Die Narayama-Lieder, Cannes 1983) und Sato Junya («Mikan no taikyoku», Der Go-Meister, Montreal 1983) ausgezeichnet. Hierzulande prägen noch immer vor allem Regisseure das Bild des japanischen Filmschaffens, die in Japan selbst Schwierigkeiten haben, Sponsoren zu finden: eben Kurosawa und Oshima Nagisa («Ai no korrida», deutsch «Im Reich der Sinne», der «Skandalfilm» der frühen 80er Jahre), sie müssen ihre Filme meist mit ausländischem Kapital finanzieren. In den Worten eines der besten Kenner des japanischen Films: «Heute müssen wir von Archäologie sprechen, wenn wir von Japans Filmwelt reden. Um sie ist es so schlecht bestellt, daß auch ein Altmeister wie Ozu Yasujiro heute keinen Film drehen könnte.» (Filmkritiker Donald Richie)

Quantitative Höhepunkte der japanischen Filmproduktion lagen in den 50er und 60er Jahren. 1958 erreichte die Zahl der Kinobesucher 1,13 Milliarden, die Zahl neuer Filme lag 1960 bei 547, die zu fast hundert Prozent von nur fünf großen Filmgesellschaften produziert wurden (Daiei, Nikkatsu, Shochiku, Toei und Toho). Es folgte eine lange Rezessionsphase für den japanischen Film: Die Eintrittspreise waren drastisch angehoben worden, und das neue Medium Fernsehen machte dem Film wie überall heftig Konkurrenz. 1987 war die Zahl der Filmbesucher auf 144 Millionen geschrumpft, nur noch 13% gegenüber 1958. Im Durchschnitt ging jeder Japaner 1987 nur 1,12mal ins Kino (1958: 12,3 mal); zahlreiche Kinos mußten schließen. 1993 setzte sich der Rückgang der Zuschauerzahlen im Kino fort und lag bei 130,72 Mio. Kinobesuchern, wenn auch gegenüber 1992 ein leichter Anstieg verzeichnet wurde. Ihre Zahl sank von 7457 (1960) auf ca. 2000 (1986) und 1734 im Jahre 1993, 1999 gab es wieder 2221; dabei stieg die Zahl der Kinos, die westliche Filme zeigten, leicht an, während die Kinos mit japanischen Programmen zunehmend Probleme haben. In der Rangfolge der Beliebtheit lag ein Kinobesuch 1999 erst auf Platz dreizehn (z. B. Karaoke: Platz 4) – aber noch knapp vor «pachinko», was Hoffnung läßt. Die wirtschaftlichen Probleme in der japanischen Filmwelt haben zu Rückgängen bei Neu-Produktionen geführt und Nachwuchsausbildung von Regisseuren behindert. 1980 wurden nur 320 Filme uraufgeführt, 1992 lediglich 200, 1998 aber schon wieder 555. Mitte der 80er Jahre mußten junge Talente mit Problemen bei der Verwirklichung ihrer Filmidee kämpfen. Chancen eröffnen sich bei der Video-Produktion und im Fernsehen: 1986 wurden im TV 1053 ausländische Filme und 440 japanische Produktionen gezeigt. Im Schnitt werden heute jährlich 200 bis 250 Filme gedreht, häufig verläuft die Karriere junger Regisseure nicht mehr in einem der etablierten Filmunternehmen, sondern beginnt beim Werbefilm, der in Japan ungeheure Bedeutung hat, oder auf Amateurfilm-Festivals.

Anime

Auch ein Exportschlager: *anime,* der japanische Zeichentrickfilm, hat weltweit TV und Kinos erobert. Das Wort ist abgeleitet vom englischen «animation» und bezeichnet in stillschweigender Übereinkunft der Fans ausschließlich japanische Zeichentrickfilme. Die japanischen Serien beherrschen die TV-Programme in Asien, sie werden dort in eigenen nationalen Produktionen kopiert und können somit als stilbildend bezeichnet werden. In Europa sind die japanischen Trickfilme vor allem in England, Frankreich, Italien und Spanien beliebt, in Ländern also, wo auch der *manga-*»Konsum» besonders hoch ist und es eine ausgedehnte eigene Produktion gibt. Aber auch in Deutschland haben die *anime* schon vor Jahren ihren Siegeszug begonnen: Zeichentrickfilme wie Heidi, Die Biene Maja, Die Mumins etc. waren schon vor zwanzig Jahren Hits. Japanische Zeichentrickfilme und Comics sind in der Welt der Jugendkultur entstanden – *manga* und *anime* gehören zusammen. Diese Welt wird beherrscht durch Japans riesige Unterhaltungsindustrie, die zahllose *anime*-Serien und Einzelproduktionen auf den Markt bringt. Viele der Serien laufen schon seit Jahren und die Helden genießen Kult-Status. So etwa der kleine «Superboy»-Roboter Tetsuwan Atomu (Astro Boy) des *anime*-Klassikers Tezuka Osamu, der 1953 als Comic-Figur geboren wurde und seit 1963 als *anime*-Serie in das Fernsehen gelangte. 1974 löste die Serie «Weltraumschlachtschiff Yamato» (Zeichner: Matsumoto Leiji) den ersten *anime*-Boom weltweit aus, in Japan bildeten vor allem ältere Jugendliche und Studenten die riesige Fan-Gemeinde. Mit dieser Produktion weitete sich das *anime* in die Welt der Science Fiction aus. Heute ist die Themenbreite der *anime* unübersehbar geworden, es gibt Produktionen für alle Altersgruppen, für junge Mädchen («Sailormoon»), für Schüler, Studenten usw. – und natürlich für Erwachsene. Detailreiche technische Superwesen (sog. «mecha», von mechanics) mit menschlichen Freunden treten in den *anime* auf, Romantik, Fantasy, Science Fiction – Sex natürlich – es gibt wohl keine vorstellbaren Figuren und Themen, die im japanischen *anime* nicht auftauchen. Der erfolgreichste jemals gedrehte japanische Film war der *anime*-Streifen «Mononoke hime», der die Geschichte einer «Dämonenprinzessin» erzählt, die für den Schutz der Natur kämpft. Neben «großen» Produktionen gibt es inzwischen zahlreiche Video-Reihen, die in kleinerer Kopienzahl für spezialisierte Fan-Gruppen hergestellt werden, daneben gibt es auch zahlreiche Amateur-Produktionen.

In das unsichere Film-Geschäft sind inzwischen kapitalkräftige Unternehmen der Elektronik-Industrie eingestiegen: Schon 1989 erwarb der Sony-Konzern die amerikanische Filmfirma Columbia Pictures, ein Denkmal der US-Filmgeschichte. Ziel der Übernahme war der Zugriff auf das Archiv des Unternehmens mit 2700 Columbia-Filmen und 23 000 Columbia-Fernsehproduktionen. Sony zielt damit bereits auf die verschärfte Konkurrenz durch Satelliten-TV, Kabelfernsehen und die neue Technologie des Hochauflösenden TV-Bildschirms (HDTV).
Von grundsätzlicher Problematik ist die ungehemmte Kommerzialisierung des japanischen Films seit den 70er Jahren. Unter wirtschaftlichen Aspekten ist diese Entwicklung nicht zu kritisieren, aber sie ging zu einem guten Teil auf Kosten des künstlerischen Niveaus. Andererseits aber ließ der Konkurrenzdruck beim Werben um die Zuschauergunst typisch japanische «Helden» entstehen, die auch Teil der Kultur des Landes geworden sind: japanische Robin Hoods, verkörpert durch edle Yakuza-Gangster. Dieser Typus hat einen Namen: Der ungemein populäre Schauspieler Takakura Ken drehte 190 Filme als schweigsamer, harter Gangster oder geduldiger Angestellter – am Ende immer als Gegner des Bestehenden; «Ken-chan», wie er genannt wird, verkörpert den stets unterdrückten Wunsch zum Aufstand gegen die Konvention. Eine andere Figur, die schon japanische Filmgeschichte gemacht hat, ist Tora-san, der ewig unglückliche und doch fröhliche Vagabund mit dem runden Hut als Markenzeichen. In seinen Filmen wird er für andere zum Glücksbringer, selbst aber bleibt ihm das Glück verwehrt. Am Ende jedes Films zieht er weiter – und den gerührten Zuschauern stehen die blanken Tränen in den Augen. Tora-san ist der typisch *japanische* Anti-Held, dessen Filme nie zu einem Exporthit werden können. Das bekannte Film-Ungeheuer Godzilla ist noch immer ein Kassenschlager, seit es 1954 zum erstenmal auf der Leinwand Städte in Schutt und Asche legte; 1993 war «Godzilla gegen Mosura» der Film mit dem größten Finanzerfolg – aber weit übertroffen von «Jurassic Park» und «The Bodyguard». Kurosawas «Ran», eine Bearbeitung des König Lear-Themas (1985), entstand mit finanzieller Unterstützung der französischen Gaumont; die japanischen Filmgremien nominierten «Ran» nicht für den Academy Award, aber amerikanische Filmschaffende benannten ihn für den

Gesellschaft und Kultur

Preis «beste Regie», eine Auszeichnung erhielt er indes nicht. Mit Itami Juzo erregte in den achtziger Jahren ein jüngerer Regisseur internationales Interesse. Sein «Tampopo» («Pusteblume» 1987) erzählt die Geschichte einer «ultimativen Nudelsuppe», die den maroden Nudelshop der Witwe Tampopo wieder in Schwung bringen soll. 1992 drehte Itami einen Streifen über eine energische Anwältin, die sich mit Yakuza-Gangstern anlegt («Minbo no onna»). Yakuza sollten die Uraufführung des Films verhindern und verletzten Itami bei einem tätlichen Angriff schwer durch Messerstiche; Itami ließ sich nicht einschüchtern, und der Film wurde ein Erfolg – auch international. Heute vollzieht sich im japanischen Filmschaffen eine Renaissance, nicht zuletzt dank des Schaffens von Altmeistern wie Imamura Shohei («Unagi», Der Aal; Goldene Palme 1997) oder der Kultfigur Kitano («Beat») Takeshi, der für «Hanabi» (Feuerwerk) den Goldenen Löwen der Biennale von Venedig 1997 erhielt. Ein absoluter Kassenschlager war 1997 der Zeichentrickfilm «Prinzessin Mononoke», der mit 12,3 Mio. Zuschauern um Längen den US-Streifen «Independence Day» schlug. Dennoch ist zu Beginn des 21. Jahrhunderts der weitere Weg des japanischen Kinos unklar: Nach dem Freitod Itamis richtet sich die Aufmerksamkeit auf die junge Nachwuchs-Regisseurin Kawase Naomi, die 1997 in Cannes den Preis für den besten Nachwuchsfilm erhielt.

Comics: Schurken, Sex und Wirtschaft

In Buch- und Zeitschriftenläden, in Bahnhofskiosken und bei den fliegenden Zeitungsständen an den Straßen liegen sie zu Hunderten – die billig gedruckten, bunten Comic-Heftchen, viele dick wie Bücher. Konsumenten dieser Comics (japan.: *manga*) sind durchaus nicht nur Kinder und Jugendliche, denn die Comics erfüllen Träume von Romantik und Sex aller Altersgruppen; sie bieten Fluchtwege aus physischer Enge und aus den noch immer von starren Konventionen geprägten Lebensumständen. Illusionen von persönlicher Freiheit und Abenteuer für die abgeschlagenen Erfolglosen der japanischen Gesellschaft einerseits, Entspannung von täglichem Streß für die Erfolgreicheren andererseits. Schließlich dienen sie auch der Weiterbildung: Wirtschaftspolitische Zusammenhänge, in Comic-Form erläutert, ließen das *manga* «Japan

> **Alltagskultur: Pachinko, Hightech-Spiele**
>
> Jedem Besucher japanischer Städte fallen sofort die zahlreichen Pachinko-Hallen auf, in denen bei ohrenbetäubender Musik, lautem Rattern und Klickern Menschen hingebungsvoll Flipper-Automaten füttern. Hier sind alle Altersgruppen und sozialen Schichten vertreten, sie alle verbindet die Faszination des Spiels: In den zahllosen Automaten «flippern» Metallkugeln an Kontakte, und wenn man Glück hat, gewinnt man einen Preis, der nebenan gleich wieder gegen eine geringe Geldsumme eingetauscht werden kann.
> Japanische Hightech-Spiele (Video Games) begannen 1979 mit Einführung der «Space Invaders»-Automaten und beherrschen spätestens seit Mitte der 90er Jahre des 20. Jahrhunderts weltweit die Spielemärkte: Seit 1996 eroberte sich das Tamagotchi die Welt, aber allein in Japan wurden schon 1997 insgesamt 15 Millionen der kleinen Monster verkauft. Japans Kinder und Jugendliche, aber auch die große Mehrzahl der Erwachsenen sind spielbegeistert, jede technische Neuerung in der Welt der Spiele wird begeistert aufgegriffen. Aus Japan traten Game Boys (Nintendo) seit 1997 zu einem weltweiten Siegeszug an, Ende desselben Jahres waren weltweit schon 100 Millionen Game Boys verkauft, die Zahl dürfte sich heute verdoppelt haben. Jedes Kind in Deutschland kennt die 151 Pocket Monster, aber kaum eines weiß (oder will es wissen), daß sie aus Japan gekommen sind. Der Schritt von den Tamagotchi zum «virtuellen Haustier» war kurz: Heute sind Erzeugnisse wie das Wuschelwesen Odekake PRIMO Puel KoPUeL beliebt, Wesen, die mit hoch entwickelter Sensor- und Kommunikationstechnik ausgestattet sind und auf äußere Reize bzw. Stimmen reagieren; sie werden wie Spielgefährten oder Haustiere gehalten. Von Japan aus hat sich in ganz Asien auch eine andere Mode verbreitet: Originelle Mini-Fotos auf kleinen Plaketten, die in speziellen Automaten in Shopping Centern gedruckt werden und die man mit engen Freunden tauscht – vor allem japanische Teenies sind ganz wild darauf und stellen die unüberschaubare Mitgliedschaft in den sogenannten «Print Clubs» der Mini-Foto-Fans.

Inc.» (Japan AG) zu einem Bestseller werden. Comic-Hefte, die das Börsensystem erklären und Tips für Spekulationen geben, erreichen ebenfalls Riesenauflagen.

Manga werden in unglaublichen Mengen verschlungen, die Verlage werfen Billigprodukte für jeden Geschmack auf den Markt (Sept. 2000: 250 neue Titel!), aber Gewalt, Sex und junge Liebe überwiegen. 2000 erreichte die Zirkulation von Erwachsenen-Comics 484,23 Millionen pro Monat, insgesamt wurden 2000

11,67 Mrd. *manga-Hefte* verkauft, ein Drittel der gesamten Druck-Erzeugnisse Japans. Die Hefte heißen in fehlerhaftem Englisch «Love punch», «Bi-love» (Ladies Comics), «Lovely high» oder «Mystery Aman» (Comics for Ladies); in diesem Heft geht es besonders sadistisch zu: es wird lustvoll zerstückelt, das Blut fließt in Strömen. Viele der Comics sind eindeutig pornographisch. Gewalt im Sex, sadistische Quälereien und ausgelebter Masochismus konnte in Zeichnungen dargestellt werden, während Foto-Hefte meist streng zensiert wurden. Aber auch in den gezeichneten Pornos werden die «vitalen Organe» nicht gezeigt, sondern nur leicht schraffiert angedeutet oder verheißungsvoll ausgespart. Jetzt gibt es für verklemmte Connaisseurs auch Foto-Comics, und die gezeichneten Bildhefte werden unter dem Konkurrenzdruck noch sadistischer und brutaler in der Darstellung. De Sade hätte seine helle Freude an vielen dieser Erzeugnisse. Die Schufte und Quäler werden nicht selten mit unverkennbar westlichen Zügen dargestellt. Gibt es dabei eine Handlung, kann der junge Held (Student, *Sarariman*, typischer Angestellter) die verfolgte und gequälte Unschuld, kurvenreich und mit großen runden Augen, um so eindrucksvoller retten; im Entscheidungskampf gegen das Böse fließt dann wieder viel Blut.

Tsunehisa Kimura, Photomontage 1979

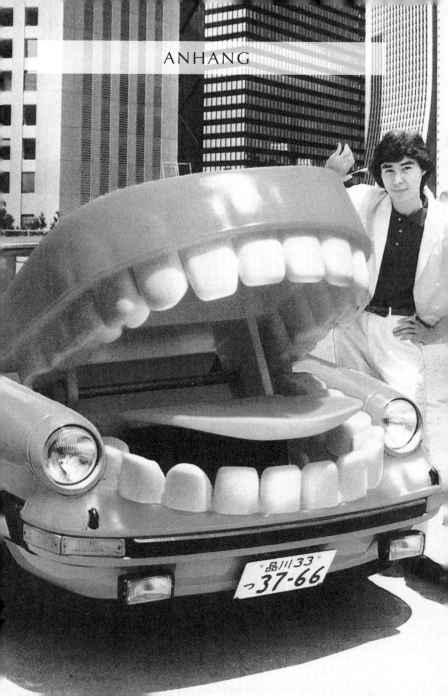

ANHANG

Japan auf einen Blick

Staatsname: Japan, Nihon
Staatsfahne: «Hi-no-maru», Sonnenbanner; roter Sonnenball auf weißem Grund, leicht nach links versetzt
Staatsform: Parlamentarische Demokratie
Staatsoberhaupt: Formal/protokollarisch: Der Tennô (Japans «Kaiser»)
Regierungschef: Ministerpräsident von Japan, japan.: Sôri daijin
Landessprache: Japanisch
Größe: 377 854 qkm. (Deutschland: 357 022 qkm)
Lage: Inselkette östlich der asiatischen Festlandsmasse in Nachbarschaft zu Sibirien (Sachalin, Kamchatka, Ochotskisches Meer) bis in subtropische Regionen (Ryukyu-Inseln, Nähe von Taiwan/Ostchinesisches Meer). Vier Hauptinseln und ca. 7000 kleine und kleinste Inseln. Die japanischen Inseln erstrecken sich in einem Bogen von NO nach SW über ca. 3000 km
Klima: Die japanischen Inseln überspannen mehrere Längengrade, so daß verschiedene Klimazonen unterscheidbar sind. Der südliche Teil des Archipels ist subtropisch, die mittleren Gebiete haben ein gemäßigtes Klima (in beiden Landesteilen werden sommerliche Temperaturen bis zu +40°C erreicht), während die nördlichen Landesteile subarktische Klimamerkmale aufweisen (starker Schneefall, Temperaturen bis zu −30°C)
Bevölkerung: 126,92 Mio. (1. 10. 2000), Bevölkerungsdichte: 340/qkm, Bevölkerungswachstum: 0,26%
Ethnische Zusammensetzung: Japaner (wenige Minderheiten: ca. 600 000 Koreaner)
Städte: Tokyo 8,13 Mio., Yokohama 3,43 Mio., Osaka 2,59 Mio., Nagoya 2,17 Mio., Fukuoka 1,34 Mio.
Administrative Gliederung: 47 Präfekturen [Gebietskörperschaften], darunter Tokyo (to), Hokkaido (do), Osaka, Kyoto, Fukuoka (fu) sowie 12 selbst verwaltete Großstädte
Religionen: 106 Mio. Shinto-Anhänger, 96,13 Mio. Buddhisten, 1,76 Mio. Christen, 11,02 Mio. andere (inkl. Doppelmitgliedschaften und zu hohe Nennungen seitens der Religionsgemeinschaften)
Währung: Yen (¥), Wechselkurs zu Euro: 105,95 ¥/Euro (Durchschnitt 2001)
Wirtschaft: Entstehung des BIP: Primärsektor [Landwirtschaft/Fischerei] – 1,7%, Sekundärsektor [Verarbeitende Industrie] – 34%, Tertiärsektor [Handel und Dienstleistungen] – 64,3%. BIP (2001) – 4,217 Billionen US$, BIP/Kopf – 33 190 US$ (2001) Erwerbspersonen – 68,21 Mio. (5/2001), Arbeitslosenquote – 5,0% (2001) Wichtige Agrarerzeugnisse: Reis – 9,2 Mio. t, Weizen – 583 000 t, Fisch – 6,7 Mio. t Wichtige Industrieerzeugnisse: Rohstahl – 106,55 Mio. t, PkW – 8,36 Mio., Halbleiter – 35,2 Mrd., Mobiltelefone – 55,3 Mio.
Soziale Indikatoren: Lebenserwartung: 83,9 (Frauen), 77,1 (Männer); schwere Verbrechen (1999): 14 682 Fälle, davon Mord – 1265 (Aufklärungsrate: 96,4%), schwerer Raub: 4237 Fälle (Aufklärungsrate: 66,4%) Polizeibeamter/Einwohner: 1 Beamter auf 555 Einwohner in Japan (Deutschland:

1 Beamter/311 Einwohner [1990]), Wohnungskosten (Tokyo = 100): Osaka 73,1, London 67,3, Frankfurt 42,5; Wohnraum (qm/Kopf): Japan 32,8 (1998), Deutschland 38 (1993), USA 60 (1993)

Yakuza-Organisationen: Mitgliederzahlen und prozentualer Anteil an der gesamten organisierten Kriminalität

Gesamtzahl der Gangmitglieder: 83 100 (1999, Polizeischätzung)

«Yamaguchi-gumi»: 35 100, 42,2%
«Sumiyoshi-kai»: 11 300, 13,6%
«Inagawa-kai»: 9400, 11,3%
Kleinbanden: 27 300, 32,9%

Japan im Internet

Allgemeines
Eine erste Sammlung von Informationen über Japan läßt sich durch einen Klick auf
http://jin.jcic.or.jp (Japan Information Network/JIN) oder
http://www.jinjapan.org/navi/ (Japan Net Navigator mit Links zu englischsprachigen japanischen Webseiten) gewinnen. Weiterführende Zugänge bietet, besonders im kulturellen Bereich die NTT mit der Adresse http://www.ntt.jp/, eine Karte von Japan läßt sich über http://www.ntt.jp/japan/map/ aufrufen, der Server gibt aber auch einen Überblick über alle www-Server in Japan.

Politik
Alle japanischen Ministerien und Behörden haben eigene Homepages eingerichtet, von denen aus mit Hilfe von Links in benachbarte Gebiete bzw. zu anderen Dienststellen weiter geführt wird. Vor allem das Amt des Ministerpräsidenten und das Außenministerium bieten mit ihren Webseiten einen guten Zugang zu englischsprachigen Informationen (deutschsprachige Informationen sind meist nicht vorhanden), dabei klickt man sich meist aus dem japanischsprachigen Angebot in den englischen Text:
http://www.shugiin.go.jp/index_e.htm (Unterhaus d. Parlam.)
http://www.sangiin.go.jp/index_e.htm (Oberhaus d. Parlam.)
http://www.kantei.go.jp/index_e.html (Amt des Ministerpräsidenten u. offz. Residenz)
http://www.sorifu.go.jp/english/index.html (Büro des Regierungschefs)
http://www.mofa.go.jp/ (Außenministerium)
http://www.embjapan.de/ (Japanische Botschaft in Deutschland)
Auch die politischen Parteien Japans stellen sich mit eigenen Webseiten vor:
http://www.jimin.or.jp/jimin/english/e-index.html (Liberal-Demokratische Partei Japans)
http://dpj.smn.co.jp/index-e.html (Demokratische Partei Japans)
http://www.gorilla.or.jp/komei/eng/index2.htm (Kômeitô)
http://www.omnics.co.jp/politics/SDPJ/SDPJ-e.html (Sozialdemokratische Partei Japans)
http://www.jcp.or.jp/English/index.html (Kommunistische Partei Japans)

Presse
Die großen japanischen Tageszeitungen bieten jeweils englische Ausgaben an, auch auf ihren Webseiten, hinzu kommt die rein englischsprachige «Japan Times»:
www.asahi.com/ (Asahi-Zeitung)
www.mainichi.co.jp/ (Mainichi Shinbun/-Zeitung)
www.nikkei.co.jp/ (Nihon Keizai Shinbun)
www.yomiuri.co.jp/

www.japantimes.co.jp/ (The Japan Times)
http://www.kyodo.co.jp/ (Japans größte Nachrichtenagentur Kyodo)
Eine deutschsprachige Auswahl von Meldungen und Kommentaren aus der «Asahi Shinbun» bietet die «Asahi Shinbun Dahlem», die in Berlin erscheint: http://www.japonet.de/asd/index.html

Kultur und Tourismus
Reiseinformationen über Japan gibt die Homepage der Japan National Tourist Organization www.jnto.go.jp/info, Informationen zu japanischen Hotels (meist westlichen Stils) erhält man aus www.j-hotel.or.jp/ – und über die typische Art japanischer Hotels (sogenannter Ryôkan) gibt die Webseite der Japan Ryokan Association Auskunft: www.ryokan.or.jp/ Die berühmtesten Badeorte mit heißen Quellen (japan. Onsen) stellen sich ebenfalls mit einer eigenen Homepage vor: www.spa.or.jp/ Die japanischen Jugendherbergen sind unter www.jyh.or.jp/ zu erreichen.
Allgemeine kulturelle Informationen gibt http://www.ei.nsc.co.jp/isei/index.html, die Homepage der ISEI (International Society for Educational Exchange)
Die großen Museen haben ebenfalls sehr gute Webseiten, die eine Fülle von Informationen (plus Links) enthalten:
www.bunka.go.jp (Kultusministerium)
www.kyohaku.go.jp (Nationalmuseum Kyoto)
www.narahaku.go.jp (Nationalmuseum Nara)
www.tnm.go.jp (Nationalmuseum Tokyo)
www.momat.go.jp (Nationalmuseum für moderne Kunst Tokyo)

Literaturhinweise

Allgemeine Einführungen, Sammelwerke
Barloewen, Constantin von/Werhahn-Mees, Kai (Hrsg.), Japan und der Westen, 3 Bde., Frankfurt am Main 1986 (TB = [auch als] Taschenbuch).
Hijiya-Kirschnereit, Irmela, Das Ende der Exotik. Zur japanischen Kultur und Gesellschaft der Gegenwart, Ffm 1988.
Kreiner, Josef (Hrsg.), Deutschland – Japan. Historische Kontakte, Bonn 1984.
Mayer, Hans-Jürgen/Pohl, Manfred (Hrsg.), Länderbericht Japan. Wissenschaftliche Buchgesellschaft, Darmstadt 1996.
Menzel, Ulrich (Hrsg.), Im Schatten des Siegers: Japan – Kultur und Gesellschaft, 4 Bde., Frankfurt am Main 1989 (TB).
Pörtner, Peter (Hrsg.), Japan. Ein Lesebuch, Konkursbuch 16/17, Tübingen 1987 (TB).
Pohl, Manfred (Hrsg.), Japan, Stuttgart 1986.
Pohl, Manfred (Hrsg.), Japan – Politik und Wirtschaft, Hamburg (Jahrbuch, erscheint seit 1976).
Pohl, Manfred, Kleines Japan-Lexikon, München 1996.

Geschichte, Kulturgeschichte
Dettmer, Hans, Grundzüge der Geschichte Japans, Darmstadt 1988.
Hall, John Whitney, Das japanische Kaiserreich, Frankfurt am Main 1968 (TB).
Ienaga, Saburo, Kulturgeschichte Japans. Aus dem Japanischen übersetzt und eingeleitet von Karl F. Zahl, München 1990 (TB).
Morris, Ivan, Der leuchtende Prinz. Höfisches Leben im alten Japan, Frankfurt am Main 1988.
Osaka: Porträt einer Wirtschafts- und Kulturmetropole, hrsg. vom Institut für Asienkunde Hamburg/Seminar für Sprache und Kultur Japans, Universität Hamburg, Landeszentrale für politische Bildung, Hamburg 1990.
Schrei nach Frieden. Japanische Zeugnisse gegen den Krieg. Hrsg. und übers. von Siegfried Schaarschmidt, Düsseldorf/Wien 1984.
Storry, Richard/Forman, W., Die Samurai – Ritter des Fernen Ostens, Freiburg/ Basel/Wien 1978.

Literaturgeschichte, Anthologien, Klassische Literatur
Das Kopfkissenbuch der Hofdame Sei Shonagon. Aus dem Jap. übertragen von Mamoru Watanabe, Zürich 1952.
Die Geschichte vom Prinzen Genji: Altjapanischer Liebesroman verfaßt von der Hofdame Murasaki. Vollständige Ausgabe. Aus dem Original übers. von Oscar Benl, 2 Bde., Zürich 1966.
Die Zauberschale. Erzählungen vom Leben japanischer Damen, Mönche, Herren und Knechte. Ausgew. und aus dem Jap. übers. von Nelly und Wolfram Naumann, München 1990 (TB).
Ihara Saikaku, Liebesgeschichten der Samurai. Aus dem Jap. übers. und mit einem Nachwort versehen von Siegfried Schaarschmidt, Berlin 1985.

Ihara Saikaku, Yonosuke – der 3000fache Liebhaber, Tübingen 1968 (TB).
Kato Shuichi, Geschichte der japanischen Literatur, Frankfurt am Main 1990.
Konjaku monogatari – Erzählungen des alten Japan, hrsg. von Horst Hammitzsch, ausgew. und übers. von Ingrid Schuster u. Klaus Müller, Stuttgart 1966.
Sarashina Nikki – Tagebuch einer japanischen Hofdame aus dem Jahre 1060. Aus dem Jap. übers. von Ulrich Kemper, Stuttgart 1966.
Schaarschmidt, Siegfried, Aufschluss-Versuche. Wege zur modernen japanischen Literatur, hrsg. Von Otto Putz, München 1998.
Ueda Akinari, Unter dem Regenmond – Phantastische Geschichten, übers. von Oscar Benl, Berlin/Wien 1982 (TB).
Yoshida Kenko, Betrachtungen aus der Stille. Aus dem Jap. übers. und komm. von Oscar Benl, Frankfurt am Main 1985 (TB).

Moderne Literatur (Übersetzungen, Anthologien)
Araki Tadao/May, Ekkehard (Hrsg.), Zeit der Zikaden. Japanisches Lesebuch. Erzählungen der Gegenwart, München/Zürich 1990.
Endo Shusaku, Schweigen. Aus dem Jap. von Ruth Linhart, München 1989.
Endo Shusaku, The Samurai, übers. von V. C. Gessel, London 1982.
Natsume Soseki, Der Tor aus Tokyo, Zürich/München 1990.
Schaarschmidt, Siegfried/Michiko Mae (Hrsg.), Japanische Literatur der Gegenwart, München, Wien 1990.
Tanaka Yasuo, Kristall Kids. Aus dem Jap. von einer Gruppe Bochumer Studentinnen unter Leitung von Jürgen Stalph, Ulm 1987.
Yoshida-Krafft, Barbara (Hrsg.), Das elfte Haus – Erzählungen japanischer Gegenwartsautorinnen, München 1987.
Yoshikawa, Eiichi, Musashi, München 1987 (TB).

Krimis/Science Fiction
Hoshi, Shinichi, Ein hinterlistiger Planet. Aus dem Jap. von K. M. Inaba, H. Zilch, M. Morgental, München 1982 (TB).
Japanische Kriminalgeschichten, ausgew. und hrsg. von Ingrid Schuster, Stuttgart 1985 (TB).
Komatsu, Sakyo, Wenn Japan versinkt, Wien/Hamburg 1979.
Okura, Ken/Wilfert, Peter (Hrsg.), SF aus Japan – «Die Hand des kosmischen Affen» und neun weitere Geschichten, München 1982 (TB).
Togawa, Masako, Der Kuß des Feuers, München 1989 (TB).

Politik/Wirtschaft/Gesellschaft
Blechinger, Verena, Politische Korruption in Japan. Ursachen, Hintergründe und Reformversuche, Hamburg 1998.
Buruma, Ian, Erbschaft der Schuld. Vergangenheitsbewältigung in Deutschland und Japan, München 1994.
Coulmas, Florian, Das Land der rituellen Harmonie. Japan: Gesellschaft mit beschränkter Haftung, Frankfurt a. M., New York 1993.
Ernst, Angelika/Pörtner, Peter (Hrsg.), Die Rolle des Geldes in Japans Gesellschaft, Wirtschaft und Politik, Hamburg 1998.

Ernst, Angelika, Aufstieg-Anreiz-Auslese. Karrieremuster und Karriereverläufe von Akademikern in Japan, Opladen 1998.
Hackner, Gerhard (Hrsg.), Die anderen Japaner. Vom Protest zur Alternative, München 1988.
Herold, Renate (Hrsg.), Wohnen in Japan. Ästhetisches Vorbild oder soziales Dilemma? Sorgenkind einer Industrienation, Berlin 1987.
Igarashi, Kiyoshi, Einführung in das japanische Recht, Darmstadt 1990.
Kevenhörster, Paul, Politik und Gesellschaft in Japan, Mannheim u. a. 1993.
Lenz, Ilse u. Mae, Michiko, Getrennte Welten, gemeinsame Moderne? Geschlechterverhältnisse in Japan, Opladen 1997.
Pohl, Manfred, Presse und Politik in Japan, Hamburg 1981.
Rahn, Guntram, Rechtsdenken und Rechtsauffassung in Japan, München 1990.
Schöller, Peter/Dürr, Heiner/Dege, Eckart (Hrsg.), Ostasien, Frankfurt am Main 1978 (TB).
Singer, Kurt, Spiegel, Schwert und Edelstein. Strukturen des japanischen Lebens, Frankfurt a. M. 1991 (TB).
Stein, Heinrich von (Hrsg.), Banken in Japan heute. Kulturelle Besonderheiten und Erfahrungen im japanischen Finanzwesen, Ffm 1994.
Wehling, Hans-Georg (Hrsg.), Japan, Stuttgart/Berlin/Köln/Mainz 1985 (TB).

Bildende Kunst/Theater/Musik
Barth, Johannes, Japans Schaukunst im Wandel der Zeiten, Wiesbaden 1972.
Berndt, Jaqueline, Phänomen Manga. Comic-Kultur in Japan, Berlin 1995.
Guignard, Silvain, Musik in Japan. Aufsätze zu Aspekten der Musik im heutigen Japan, München 1996.
Hennig, Karl, Japanische Gartenkunst. Form. Geschichte. Geisteswelt, Köln 1980 (TB).
Iwabuchi Tatsuji, Modernes Theater in Japan. OAG aktuell Nr. 49, Tokyo 1991.
Leims, Thomas/Trökes, Manuel (Hrsg.), Kabuki. Das klassische japanische Volkstheater, Weinheim/Berlin 1987.
Spielmann, Heinz, Die japanische Photographie. Geschichte. Themen. Strukturen, Köln 1984.
Yamane, Keiko, Das japanische Kino. Geschichte, Filme, Regisseure, München/Köln 1985.

Beachtenswert sind vielfach auch Ausstellungskataloge, die durch Essays und Bildmaterial einen ausgezeichneten Einstieg in Japans Kunst bieten; zwei seien hier stellvertretend genannt:
Sho: Pinselschrift und Malerei in Japan vom 7. bis 19. Jh. Ausstellung des Museums für Ostasiatische Kunst, Kunsthalle Köln, Köln 1975.
Shogun. Kunstschätze und Lebensstil eines japanischen Fürsten aus der Shogun-Zeit, Haus der Kunst München, München 1984.

Reiseführer
Hijiya-Kirschnereit, Irmela, Japan. Der andere Kulturführer, Baden-Baden 2000 (TB).
Dambmann, Gerhard, Gebrauchsanweisung Japan, München 2000
Ratschläge und Verhaltenstips vom langjährigen ZDF-Korrespondenten in Japan
Merian Japan
Hervorragende Bilder, qualitativ anspruchsvolle Texte
Pörtner, Peter, Japan. Von Buddhas Lächeln zum Design – Eine Reise durch 2500 Jahre japanischer Kunst und Kultur, (Dumont Kunstreiseführer), Köln 1998
Der gegenwärtig (2002) mit Abstand beste Reiseführer für Kunstinteressierte. Ausgezeichnetes Bild- und Kartenmaterial, Hinweise und Tips sind hervorragend.
Rowthorn, Chris u. John Ashburne, Sara Beson, Mason Florence, Japan, Berlin 2001
Die deutschsprachige Ausgabe des bewährten «Lonely Planet»-Bandes. Im Augenblick (2002) der aktuellste Reiseführer ohne thematische Schwerpunkte, der laufend durch Tips von Reisenden ergänzt wird. Entsprechend praxisnah sind die Informationen.
Baedeker, Japan, 5. Aufl. 2001
Die neueste Ausgabe des eingeführten, ausgezeichnet erarbeiteten Baedekers Japan. Wie stets sehr gutes Kartenmaterial und ausführliche Tips.
Dorling Kindersley, Japan: Restaurants. Architektur. Pläne. Hotels. Museen. Tempel. Festivals. Inseln. Gärten
Der aufwendige Titel ist Programm: der Band gibt eine Fülle von detaillierten Hinweisen und enthält hervorragende Illustrationen, besonders die Zeichnungen von Gebäuden, Gärten etc sind informativ.

Zeitschriften und Jahrbücher
Japan aktuell – Wirtschaft, Politik, Gesellschaft (Hamburg, zweimonatl., wichtigste Japan-Zeitschrift)
Japan Magazin (Bonn, erscheint monatlich)
Japan – Politik und Wirtschaft, hrsg. Von Manfred Pohl und Iris Wieczorek (Jahrbuch, seit 1977), Hamburg, Institut für Asienkunde
Japanstudien. Jahrbuch des Deutschen Instituts für Japanforschung der Philipp-Franz-von-Siebold-Stiftung, Tokyo
Kagami. Japanischer Zeitschriftenspiegel (Hamburg, erscheint seit 1977, in der Regel dreimal jährlich)

Zeittafel

Von der Frühzeit bis zum Ende des Zweiten Weltkriegs

Japan

Jomon-Zeit
3000 v. Chr. Jäger und Sammler, Töpferwaren mit Kordelmuster

Yayoi-Zeit
300 v. Chr. Reisanbau, Bronze, Eisenguß

Yamato-Zeit
300 n. Chr. Starke politische Macht i. Yamato; gewaltige Grabmäler; Einführung kontinentaler Kultur; Buddhismus

Asuka-Zeit
593 Prinzregent Shotoku Taishi, «Verfassung der 17 Artikel»

645 Taika-Reformen
701 Taiho-Reformen, Einführung einer zentralistischen Regierung

Nara-Zeit
710 Gründung der Hauptstadt Nara
752 Weihe des Großen Buddha in Nara

Heian-Zeit
794 Verlegung der Hauptstadt nach Heian-kyo
858 Beginn der Fujiwara-Regentschaft

Andere Länder/Kulturen

3000 v. Chr. Erste Zivilisationen entlang des Indus, Nil, Gelben Flusses

323 v. Chr. Tod Alexander des Großen
221 v. Chr. Einigung Chinas durch Qin Shi Huangdi
27 v. Chr. Gründung des Römischen Reiches

395 n. Chr. Zerfall des Römischen Reiches
589 Gründung der Sui-Dynastie in China

610 Begründung des Islam durch Mohammed

768 Krönung Karls des Großen

907 Ende der Tang-Dynastie in China

ca. 1010 «Geschichte vom Prinzen Genji»	
1086 Herrschaft der abgedankten «Kaiser im Kloster»	
	1096 Erster Kreuzzug
1185 Zerschlagung des Heike-Clans durch Minamoto no Yoritomo	

Kamakura-Zeit

1192 Gründung des Kamakura-Shogunats durch Minamoto no Yoritomo	
	1206 Vereinigung der Mongolen unter Dschingis Khan
	1215 Magna Charta in England
1219 Der Hojo-Clan beherrscht das Shogunat	
1274 Erster Invasionsversuch der Mongolen	
	1275 Marco Polo in China
1333 Sturz des Shogunats durch Kaiser Go-Daigo	

Muromachi-Zeit

1338 Gründung des Muromachi-Shogunats durch Ashikaga Takauj	1338 Ausbruch des Hundertjährigen Krieges zwischen England und Frankreich
	ca. 1450 Gutenbergs Druckpresse
1467 «Onin-Krieg», Beginn der Zeit der Bürgerkriege	
	1492 Columbus entdeckt Amerika
1543 Portugiesen erreichen Japan, erste Feuerwaffen	
1549 Christliche Mission	

Momoyama-Zeit

	1571 Spanische Eroberung der Philippinen
1573 Oda Nobunaga ergreift die Macht	
1590 Toyotomi Hideyoshi eint Japan	
1592 Invasion Koreas durch Toyotomi	
	1600 Gründung der Britisch-Ostindischen Kompanie

Edo-Zeit

1603 Gründung des Tokugawa-Shogunats durch Tokugawa Ieyasu	
1635–1639 Entscheidung für die völlige Abschließung des Landes	

	1642 «Glorious Revolution» in England
	1661 Krönung Ludwigs XIV.
1690–1774 Entwicklung bürgerliche Kultur, «holländische Studien»	
	1776 Erfindung der Dampfmaschine
	1775 Amerikanischer Unabhängigkeitskrieg
1820–1835 Niedergang des Tokugawa-Shogunats	
	1840–1843 Opiumkrieg in China
1853 Commodore Perry trifft in Japan ein	
Moderne Zeit	
1868 Meiji-Restauration: Der Kaiser wird wieder politischer Herrscher	
	1869 Eröffnung des Suez-Kanals
1872 Allgemeine Schulpflicht, Besitznahme der Ryukyu-Inseln (Okinawa)	
1890 Eröffnung des ersten Parlaments (Reichstag)	
1894–1895 Chinesisch-japanischer Krieg	
1895 Einverleibung Taiwans	
	1900 «Boxer-Aufstand» in China
1904–1905 Japanisch-Russischer Krieg	
1910 Annexion Koreas	
	1911 Republik in China
1914–1918 Japan Kriegsgegner Deutschlands im Ersten Weltkrieg	1917 Oktoberrevolution in Rußland
1918 Reisaufstände, «Sibirien-Abenteuer», erste zivile Parteien-Kabinette	
1923 Großes Erdbeben von Tokyo	
1925 Wahlrecht für Männer (1928 erste allgemeine Wahl)	
1931 Überfall auf die Mandschurei	
1937 Krieg gegen China	
1941 Überfall auf Pearl Harbor, Krieg mit den USA/Pazifischer Krieg	
1945 Atombomben-Abwürfe auf Hiroshima und Nagasaki/ Japanische Kapitulation	

Die Entwicklung nach dem Zweiten Welkrieg

1947 Neue Verfassung
1951 Friedensvertrag von San Francisco/ Sicherheitsvertrag mit den USA/ «Kalter Krieg»
1952 Ende der Alliierten (US-)Besatzung
1956 Diplomatische Beziehungen zur Sowjetunion
1960 Schwere Auseinandersetzungen um die Verlängerung des Japanisch-Amerikanischen Sicherheitsvertrags
1960–1970 Hochwachstumsphase, «japanisches Wirtschaftswunder»
1965 Diplomatische Beziehungen zu Südkorea
1972 Rückgabe Okinawas durch die USA, Aufnahme diplomatischer Beziehungen zur VR China
1978 Friedens- und Freundschaftsvertrag mit der VR China
Seit 1980 Japan beginnt als wirtschaftliche Supermacht zunehmend internationale Verantwortung zu übernehmen, v. a.: Konferenz der führenden Wirtschaftsnationen, Kambodscha-Problem, Iran-Irak-Krieg.
1985 Sog. «Plaza-Abkommen» (benannt n. Plaza-Hotel, New York), der japanische Yen wird den Gesetzen der internationalen Devisenmärkte unterworfen, in großen Sprüngen erfolgt eine Aufwertung des Yen gegenüber dem US-Dollar (Höchststand 1992: 100 Yen = 1 US-Dollar); Japans Exporte werden deutlich verteuert.
1985–90 Die sog. «bubble economy» beginnt zu platzen: Japans Banken sitzen ab 1990 auf «schlechten Krediten» von umgerechnet mehr als 100 Mrd. US $. Grund: Unternehmen haben Riesenkredite gegen Immobilien als Sicherheiten aufgenommen, die Werte dieser Grundstücke waren aber grotesk über dem Verkehrswert angesetzt worden, viele erstklassige Unternehmen konnten nicht tilgen, hinzu kamen schwere Umsatz- und Gewinneinbußen.
1993 Die Regierende LDP verliert vorgezogene Unterhauswahlen und muß zum erstenmal seit 38 Jahren in die Opposition. An ihre Stelle tritt eine Koalitionsregierung aus acht Parteien, die meisten von ihnen gegründet von ehemaligen LDP-Politikern.
1994/95 Umfassende politische Reformen (Wahlrecht); die LDP kehrt in die Regierung zurück – im Bündnis mit den Sozialisten, ihren ehemaligen Erzgegnern.
1995 Ein «annus horribilis» (schreckliches Jahr) für Japan: Im Januar erschüttert ein starkes Erdbeben die Region Kobe/Osaka («Hanshin-Beben»), mehr als 5000 Menschen sterben. Im März verübt eine terroristische Sekte, die «Aum Shinrikyo», einen Giftgas-Anschlag in der Tokyoter
U-Bahn, zwölf Menschen kommen um, über 4000 werden verletzt, gegen Ende 1995 geraten sechs Wohnungsbau-Kassen («jusen») in finanzielle Schwierigkeiten, zehntausende Sparer sehen sich betrogen, die Regierung versucht ein Rettungsprogramm, scheitert aber an der Opposition.
1995/96 Die LDP führ wieder die Regierung: An die Stelle des sozialistischen Regierungschefs ist der LDP-Präsident Hashimoto getreten (Jan. 96).

1996 Weiterer Zerfall der konservativen Parteienlandschaft in der Opposition: Gründung der Demokratischen Partei.
AIDS-Skandal: Das Gesundheitsministerium muß zugeben, daß an Bluterkranke HIV-infizierte Blutkonserven ausgegeben wurden, die nicht ausreichend kontrolliert worden waren; die japanische Öffentlichkeit ist seit dem Versagen der Ministerialbürokratie nach dem Erdbeben von Kobe ein weiteres Mal in ihrem Glauben an die Effizienz der Bürokratieapparate erschüttert.
1997 Japan führt das System der Pflegeversicherung ein, das ab 2000 greifen soll.
Außenpolitisch treten die sogenannten Guidelines in Kraft, die Japans Aufgabenbereiche im Bündnisfall mit den USA umreißen, der Einsatzbereich des japanischen Militärs wird deutlich erweitert.
Zusätzlich zu der «hausgemachten» Wirtschaftskrise werden Japans Banken auch von der Asienkrise getroffen, die von Thailand ausging.
1998 Bankenkrise akut: Ein Brokerhaus (Yamaichi Securities) und eine Regionalbank (Hokkaido Takushoku Bank) machen Bankrott. Die Longterm Credit Bank of Japan und die Nippon Credit Bank werden vorübergehend unter Staatsaufsicht gestellt.
Die LDP erleidet eine schwere Niederlage in den Oberhauswahlen, Partei- und Regierungschef Hashimoto Ryutaro tritt zurück, Nachfolger wird Obuchi Keizo.
1999 Die LDP muß mit der Liberalen Partei (Jiyûtô) unter Ozawa Ichiro eine Koalition eingehen. Auf Drängen der LPJ wird die Zahl der Unterhaussitze von 500 auf 450 verringert.
Sonnenbanner und Hymne «Kimigayo» werden offizielle Staatssymbole.
1999/2000 Ministerpräsident Obuchi Keizo bringt zum erstenmal die Komeito in eine Koalitionsregierung, wenige Monate später verstirbt Obuchi unerwartet. In Hinterzimmergesprächen wird Mori Yoshiro Nachfolger, die LDP steht vor einer weiteren Spaltung.
2001 Rücktritt des glücklosen Regierungschefs Mori Yoshiro, Nachfolger wird Koizumi Junichiro, für den sich die Parteibasis aussprach. Die LDP kann unter dem neuen Partei- und Regierungschef kräftige Zugewinne in den Oberhauswahlen vom Juli verzeichnen, obwohl die versprochenen Reformanstrengungen keine greifbaren Ergebnisse gebracht hatten. Im Juni hatte die LDP bereits kräftige Zugewinne in den Kommunalwahlen von Tokyo erzielt.
Nach den Terroranschlägen vom 11. September wird das Gesetz über die Selbstverteidigungsstreitkräfte novelliert: Im Rahmen des amerikanisch-japanischen Bündnisses können japanische Militärverbände jetzt auch «out of area» in den Indischen Ozean verlegt, um die USA im Kampf gegen den Terror zu unterstützen.
2002 Japan übernimmt eine führende Rolle bei den internationalen Anstrengungen zum Wiederaufbau Afghanistans («Geberkonferenz» von Tokyo, Januar).

Register

Adams, William 107ff.
Ainu 45, 57, 74, 78
amakudari 176, 200
Amaterasu (Sonnengöttin) 41, 43, 49f., 130
angura-Theater 262, 264
Anime 272
apatos 25
APEC 211, 213
Arbeiterbewegung 150
Arbeitslosigkeit 224
arubaito 241f.
ASEAN 205f.
Ashikaga 74, 83–88, 92
Aum-Sekte 233, 268

Bakufu 78, 80, 82, 86, 101f., 123f., 129, 131, 133
Baku-Han 102f.
Banken 222, 224
Bauern 26
Betriebsgewerkschaft 217
Bildungssystem 235f.
Bubble Economy 169, 220, 222
Buddhismus 52ff., 58, 80, 94, 101, 232, 233
buke (Familien des Schwertadels) 78
Bunraku (Puppenspiel) 117, 263, 266, 267, 268
Burgstädte (jôkamachi) 85
Bushido 270
Butoh-Tanz 262f.

Chiang Kai-shek 158
China 46ff., 54, 56, 58, 67, 69, 73, 82, 84f., 90, 93f., 96, 98, 125, 128, 138, 140, 152, 155, 158, 159, 166, 205f., 210, 218, 221, 247, 254f., 270
Christentum 94, 97f., 104f., 109, 111, 235
Comic 274, 276

Daimyo 19, 84, 87ff., 91, 94, 97f., 101ff., 108–111, 124f., 128, 130, 133, 134
danchi-Siedlungen 24f.
Deshima 112, 125f., 129
Doi Takako 167, 175 (Abb.)

Edo s. auch Tokyo 19f., 32, 34, 61, 102f., 110, 112–116, 118, 120, 122, 124, 127, 129, 130, 134, 248
Edo-Zeit 108, 115, 118, 118, 123, 144, 250, 252, 265f.
endaka 220
Erdbeben 15ff., 223
EU 207, 209, 211, 213, 224, 244

Faktionen (*habatsu*) 171, 181–188, 190ff.
Friedensvertrag von San Francisco 20
Fuji-san (Fujiyama) 15
Fujiwara (Hauptstadt) 56
Fujiwara (Adelsfamilie) 59f., 65f., 70, 72–75
Fukuda Takeo 166, 201
Fukuoka 10, 22, 61
Fußball 247f.
futon 23

Geisha 20, 167, 244
Genji (Samurai-Familie) 74, 76
Genji-Roman 60, 64f., 68f., 118, 120, 255, 261, 269
Genroku-Epoche 115, 117
Gewerkschaften 150ff., 164, 172, 178f., 196f.
Ginza 34, 86

haikai-Dichtung 117
haniwa-Figuren 50
harakiri (ritueller Selbstmord) 81, 90
Hashimoto Ryutaro 192, 203
Heiankyo, s. Kyoto

Anhang 291

Heian-Zeit 60f., 63ff., 67, 69, 71, 118, 254f., 259
Heike-monogatari (Heike-Erzählungen) 75ff., 255
Heisei (Ära) 167, 195
Hirado 105, 108f.
hiragana (Silbenschrift ohne chin. Zeichen) 65
Hirohito (Kaiser) 152, 167, 194, 196, 210
Hiroshima 62, 161, 248, 269
Hojo (Adelsfamilie) 74, 81ff., 90
Hojo Masako 82
Hokkaido 11f., 16, 45, 57, 143
Honshu 11, 13, 28, 46f., 89ff.,
Hosokawa (Familie) 85
Hosokawa Morihiro 168, 192

Ikeda Hayato (Ministerpräsident) 21, 165
insei 73, 83
Ise 43, 50
Izanagi und Izanami (Götterpaar) 40f.
Izumo 43f.

Jesuiten 90, 94, 97ff., 104, 110
Jiang Zemin 169
Jieitai 205
Jimmu-Tenno 44
Jomon-Kultur 45ff., 255
Judo 246

Kabuki-Theater 77, 115ff., 262f., 265–269
Kaifu Toshiki 167f.
Kamakura 78, 86f.
Kamakura-Zeit 82f., 87
kami 50, 53, 233
Kamikaze 82
Karate 246
Kaufleute 118, 122ff., 129, 135, 214, 248
Keidanren 164
Kendo 246
Kimono 38
Kishi Nobusuke 165

koban (Polizeitstation) 36
Kobe 16, 21, 135, 199, 223, 268
kôenkai 177, 187, 190
kogai 225f.
Koizumi Junichiro 191f.
Kojiki 43f.
Konfuzianismus 52, 54, 118
Korea 46ff., 52, 54f., 69, 82, 93, 98f., 108, 136, 138, 152, 255f.
Korea-Krieg 164, 196, 204, 268
Kurilen 137, 207
Kurosawa Akira 89, 153, 270, 273
Kyoto 19, 32, 34, 49, 56, 60–66, 70ff., 74–77, 82ff., 86–89, 93f., 100f., 113, 115, 120, 120ff., 128, 131, 134, 144, 195, 238, 265, 268
Kyushu 10, 11, 13, 43ff., 47, 49, 55, 57f., 82, 90, 94, 96, 99, 105, 111, 124, 125, 131

Landwirtschaft 11, 27, 142f., 219

MacArthur, Douglas 164, 204
Mandschurei 158, 161
manga 274ff.
manshon 24
Manyoshu (Gedichtsammlung) 117
Mao Zedong 159, 169
Marunouchi 30
Meiji-Zeit 20, 28, 34, 133, 135f., 139ff., 143, 145–151, 158, 193, 195f., 208, 246
METI (Finanzministerium, früher: MITI) 189, 198ff.
Miki Takeo 166, 192
Minamoto (Familie) 70, 71, 74–77, 81, 87
Ministerialbürokratie 168, 171, 188, 198, 201f., 225
Missionare 104f.
Mitsubishi 143
miyako 56
Miyamoto Musashi 95, 270
Miyazawa Kiichi 168, 211
MOFA (Außenministerium) 198
Mori Yoshiro 169, 173, 203

Murasaki Shikibu (Hofdame 11. Jh.) 64f., 69
Muromachi 84
Muromachi-Zeit 258

Nagasaki 62, 99, 105, 112, 126, 127, 131, 137, 161
Nagoya 37, 143, 224, 268
Nakasone Yasuhiro 166
Naniwa 118
Nanjing (Nanking) 158
Nara 49, 56ff., 60, 63, 70
Nichiren (buddh. Sekte) 94
Nihongi 43f.
Nintoku (Kaiser, 5. Jh.) 49, 52
Nishijin 122
Noh 77, 262–265, 268

Oberhaus *(sangiin)* 173, 194
Oda Nobunaga 87, 90f., 97
Ohira 201
Okinawa 11, 138, 165
Onin-Krieg (1476–1477) 84
Osaka 16f., 19ff., 29, 37, 49, 56f., 62, 85, 88ff., 95, 98, 102, 105, 109, 112–117, 118, 120f., 135, 143, 145f., 150, 199, 223f., 226, 248, 265, 267f.
Oshira Masayoshi 166

pachinko 32, 271, 275
Parteien
– Demokratische Partei (Minshûtô) 180
– Demokratische Partei Japans 177, 179
– Kômeitô 179f.
– Kommunistische Partei Japans (KPJ) 153, 164f., 170, 176, 179f., 198
– Liberaldemokratische Partei (LDP) 28, 164–169, 173–178, 180–186, 188f., 191ff., 198, 203, 244
– Liberale Partei Japans (LPJ) 177
– Neue Kômeitô (NKMT) 169, 173f., 176, 179

– Neue Konservative Partei (NKP) 169, 174, 177
– Sozialdemokratische Partei Japans (SDPJ) 170, 174–178, 180, 189, 198
– Sozialistische Partei Japans (SPJ) 164f. 167
Pearl Harbor 159
Perry, M. C. 127f., 135
Pu Yi (chin. Kaiser) 158

rangakusha 129f.
Reis 47, 85f., 103, 123f., 134, 142
Rengô 198
Ryukyu-Inseln 125, 138

Saigo Takamori 137
Sakai 85, 99
Sake 72
Samurai 19, 72, 74, 78, 80, 88f., 92f., 95, 100, 103f., 108, 110f., 118, 122f., 129, 133ff., 137, 170, 198f., 255, 265
San Francisco 204, 205
sarariman 31, 276
Sato Eisaku 165
Satsuma-Rebellion 137
Sei Shonagon (Hofdame 11. Jh.) 64–69
Seide 71f., 122, 143
Sekigahara 95, 101f.
Sengoku-Ära 85, 87, 93, 246
seppuku s. *harakiri*
shamisen 20, 117, 267
Shikoku 11, 55, 90
Shinjuku 30, 36
Shinkansen (Schnellzug) 61
Shinto 30, 40, 50, 52f., 58, 65, 72, 98, 101, 130, 148, 195, 232f., 261
Shitamachi 32
Shogun 19, 32, 77ff., 80f., 84, 92, 95, 100ff., 106ff., 112, 131f., 195
Shotoku Taishi (Prinzregent, 7. Jh.) 53f., 56
Showa (Ära-Name) 152, 154, 194

Anhang 293

Sicherheitsvertrag 205
Sohyo (Gewerkschaftsverband) 178f.
Sôkai gakkai (buddh., Laienorganisation) 179f., 232, 234
Sumitomo-Gruppe 144ff.
Sumo 114, 246, 247f.
Susanoo (Sturmgott) 41, 43
Suzuki Zenko 166

Taifun 12, 16, 82, 96
Taika-Reformen 54–58
Taira (Samurai-Familie) 70f., 74–77
Taisho-Ära 149, 152, 154
Taiwan 138, 205, 229
Takeshita Noboru 167, 186
Tanaka Kakuei 21, 166, 186, 192
Tanegashima 96f.
tatami 252
Technopolis 21f.
Tenno 44, 65, 72f., 101, 115, 128, 130, 137, 149, 152, 193, 195
Tokaido 19, 61
Tokugawa Ieyasu 34, 87f., 90, 94f., 100f., 105f., 108f., 199
Tokugawa-Zeit 19, 78, 95, 100–104, 109f., 117, 124, 127–132, 134, 141f., 146, 193, 195, 248, 265
Tokyo 10f., 16–24, 28–32, 34, 36f., 47, 61f., 70, 86, 89, 134ff., 143, 145f., 150, 153f., 157, 177, 196, 224, 233, 238, 240, 242, 244, 246f., 251ff., 265, 268
torii 50
Toyota 20
Toyotomi Hideyoshi 87–95, 99f., 102, 104f., 256

UN-Einsätze 212
Universität 34
Uno Sosuke 167
Unterhaus *(shûgiin)* 172
USA 127, 128, 136, 138, 159, 204, 205, 207, 212, 214, 216, 218, 220, 222, 224, 225

Vulkane 13

Xavier, Francis 96

yakuza 36f., 273f.
Yamanote 32, 34
Yamato (Reich) 43f., 48–53, 55, 66
Yayoi 255
Yayoi-Kultur 47f., 255
Yokohama 34, 135, 153, 247f.
Yoshida Shigeru 164f.

zaihatsu 146
Zen 80, 235, 50, 256f., 261
Zen-Garten 258, 260 (Abb.)
zoku-Abgeordnete 183f.

Abbildungsnachweis

S. 9, 12, 18, 31, 231 mit freundlicher Genehmigung der Japanischen Fremdenverkehrszentrale
S. 14, 163 Marcello Bertinetti
S. 42, 51 Dieter Josef
S. 249, 257, 267 Joel Sackett
S. 33 Takeyoshi Tanuma

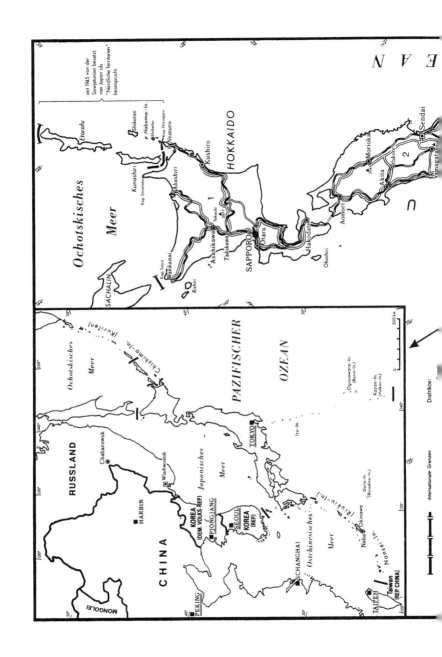

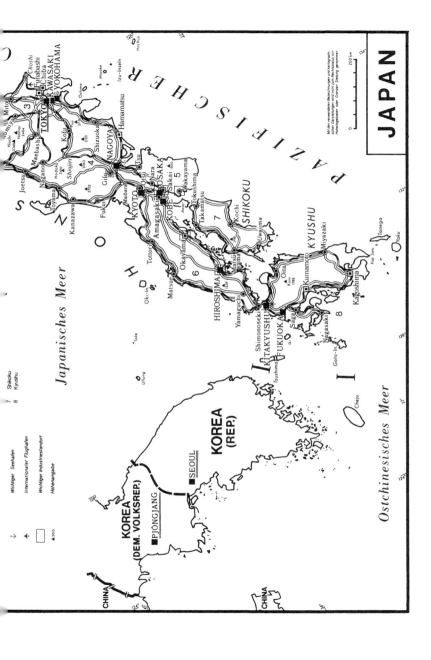

Aus dem Verlagsprogramm

Länder und Städte
in der Beck'schen Reihe

Albanien, von Ch. v. Kohl (bsr 872)
Ägypten, von F. Büttner/
  I. Klostermeier (bsr 842)
**Äthiopien, Eritrea, Somalia,
  Djibouti. Das Horn von Afrika,**
  von V. Matthies (bsr 846)
Algerien, von W. Herzog (bsr 859)
**Politisches Lexikon Asien,
  Australien, Pazifik,** hrsg. von
  W. Draguhn/R. Hofmeier/
  M. Schönborn (bsr 827)
Australien, von J. H. Voigt
  (bsr 883)
Belgien, von J. Schilling/
  R. Täubrich (bsr 829)
Berlin, von E. S. Freyermuth/
  G. S. Freyermuth (bsr 490)
Bhutan, von H. Wilhelmy
  (bsr 830)
Birma, von K. Ludwig (bsr 870)
Bolivien, von T. Pampuch/
  A. Echalar A. (bsr 813)
Brasilien, von M. Wöhlcke
  (bsr 804)
Brüssel, von M. Döpfner
  (bsr 1007)
Bulgarien, von G. Knaus
  (bsr 866)
China, von O. Weggel (bsr 807)
Cypern, von K. Hillenbrand
  (bsr 837)
Kleines Deutschland-Lexikon, von
  G. Haensch/A. Lallemand/
  A. Yaiche (bsr 855)
Djibouti s. Äthiopien
Kleines England-Lexikon, von
  P. Fischer/G. P. Burwell
  (bsr 814)
Eritrea s. Äthiopien
Estland, von K. Ludwig (bsr 881)

Fiji, Samoa, Tonga, von S. Bruno/
  A. Schade (bsr 854)
Finnland, von W. Albrecht/
  M. Kantola (bsr 847)
Frankfurt, von C. Kleis (bsr 1193)
Frankreich, hrsg. von G. Haensch/
  H. J. Tümmers (bsr 831)
Kleines Frankreich-Lexikon,
  von G. Haensch/P. Fischer
  (bsr 802)
Griechenland, von H. Eichheim
  (bsr 877)
Großbritannien, von H. Händel/
  D. Gossel (bsr 835)
Guatemala, von S. Kurtenbach
  (bsr 874)
Politisches Lexikon GUS, von
  R. Götz/U. Halbach (bsr 852)
Hamburg, von E. Eckhardt
  (bsr 1154)
Hongkong s. Taiwan
Horn von Afrika s. Äthiopien
Indien, von K. Gräfin v. Schwerin
  (bsr 820)
Indochina, von O. Weggel
  (bsr 809)
Irland, von M. P. Tieger (bsr 801)
Island, von P. Schröder (bsr 857)
Israel, von R. Balke (bsr 886)
Italien, von C. Chiellino/
  F. Marchio/G. Rongoni
  (bsr 821)
Kleines Italien-Lexikon, von
  C. Chiellino (bsr 819)
Jamaika, von P. P. Zahl (bsr 888)
Japan, von M. Pohl (bsr 836)
Kleines Japan-Lexikon, von
  M. Pohl (bsr 861)
Jemen und Oman, von D. Ferchl
  (bsr 858)

Jordanien, von O. Köndgen (bsr 865)
Kanada, von S. Iwersen-Sioltsidis / A. Iwersen (bsr 869)
Kenia, von M. Pabst (bsr 885)
Kolumbien, von G. Dilger (bsr 864)
Korea, von H. W. Maull / I. M. Maull (bsr 812)
Kuba, von B. Hoffmann (bsr 887)
Politisches Lexikon Lateinamerika, hrsg. von P. Waldmann / H.-W. Krumwiede (bsr 845)
Lettland, von K. Ludwig (bsr 882)
Madagaskar, von A. Osterhaus (bsr 867)
Madrid, von J. Oehrlein (bsr 1008)
Marokko s. Maghreb
Mexiko, von K. Biermann (bsr 851)
Mongolei, von A. Schenk / U. Haase (bsr 848)
Politisches Lexikon Nahost / Nordafrika, hrsg. von U. Steinbach / R. Hofmeier / M. Schönborn (bsr 850)
Nepal, von W. Donner (bsr 833)
Neuseeland, von A. Hüttermann (bsr 844)
New York, von G. M. Freisinger (bsr 422)
Niederlande, von J. Schilling / R. Täubrich (bsr 817)
Nigeria, von H. Bergstresser / S. Pohly-Bergstresser (bsr 839)
Nordafrika s. Nahost
Norwegen, von G. Austrup / U. Quack (bsr 828)
Oman s. Jemen
Peru, von E. v. Oertzen (bsr 822)
Philippinen, von R. Hanisch (bsr 816)
Polen, von T. Urban (bsr 875)
Portugal, von G. und A. Decker (bsr 806)
Prag, von C. Bartmann (bsr 1050)
Politisches Lexikon Rußland, von R. Götz / U. Halbach (bsr 856)
Rumänien, von K. Verseck (bsr 868)
Samoa s. Fiji
Schweden, von G. Austrup (bsr 818)
Schweiz, von M. Schwander (bsr 840)
Simbabwe, von M. Pabst (bsr 878)
Slowakei, von S. Vykoupil (bsr 876)
Slowenien, von P. Rehder (bsr 879)
Somalia s. Äthiopien
Spanien, von W. Herzog (bsr 811)
Kleines Spanien-Lexikon, von G. Haensch / G. Haberdamp de Antón (bsr 825)
Südafrika, von M. Pabst (bsr 871)
Taiwan / Honkong, von O. Weggel (bsr 849)
Thailand, von W. Donner (bsr 862)
Tibet, von K. Ludwig (bsr 824)
Tonga s. Fiji
Tschechien, von J. Burgerstein (bsr 873)
Tunesien s. Maghreb
Turin, von M. Knapp-Cazzola (bsr 1019)
Türkei, von F. Sen (bsr 803)
Kleines Türkei-Lexikon, von K. Kreiser (bsr 838)
Ukraine, von E. Lüdemann (bsr 860)
Ungarn, von S. Kurtán / K. Liebhart / A. Pribersky (bsr 880)
USA, von R. Rode (bsr 843)
Kleines USA-Lexikon, von J. Redling (bsr 826)
Venedig, von G. Salvatore (bsr 1092)
Weißrußland, von D. Holtbrügge (bsr 863)

Geschichte Japans und Südostasiens bei C. H. Beck

Bernhard Dahm/Roderich Ptak (Hrsg.)
Südostasien-Handbuch
Geschichte, Gesellschaft, Politik, Wirtschaft, Kultur
1999. 684 Seiten mit 70 Abbildungen
und 12 Karten. Leinen

Jürgen Osterhammel
Die Entzauberung Asiens
Europa und die asiatischen Reiche im 18. Jahrhundert
1998. 560 Seiten. Leinen
(C. H. Beck Kulturwissenschaft)

Nelly Naumann
Die Mythen des alten Japan
1996. VIII, 231 Seiten mit 16 Abbildungen
und 1 Karte. Gebunden

Wolfgang Bauer
Geschichte der chinesischen Philosophie
Konfuzianismus, Daoismus, Buddhismus
Herausgegeben von Hans van Ess
2001. 339 Seiten. Broschiert

Oskar Weggel
China
5., völlig neu bearbeitete Auflage. 2002.
265 Seiten mit 30 Abbildungen und 4 Karten. Paperback
(Beck'sche Reihe Band 807 – Reihe Länder)

Herwig Schmidt-Glintzer
Das neue China
Von den Opiumkriegen bis heute
2. Auflage. 2001.
127 Seiten mit 3 Karten. Paperback
(C. H. Beck Wissen in der Beck'schen Reihe, Band 2126)

Wirtschaft und Geschichte bei C. H. Beck

Michael North (Hrsg.)
Von Aktie bis Zoll
Ein historisches Lexikon des Geldes
Übersetzung der fremdsprachlichen Texte von Michael North.
1995. 467 Seiten mit 25 Abbildungen und 17 Karten und Tabellen. Leinen

Michael North
Das Geld und seine Geschichte
Vom Mittelalter bis zur Gegenwart
1994. 272 Seiten mit 30 Abbildungen, 10 Tabellen,
4 Diagrammen und 3 Karten. Leinen

Michael North (Hrsg.)
Deutsche Wirtschaftsgeschichte
Ein Jahrtausend im Überblick
Mit Beiträgen von Gerold Ambrosius, Stuart Jenks,
Rainer Metz, Michael North, Harm G. Schröter und Dieter Ziegler.
2000. 530 Seiten mit 10 Abbildungen,
44 Tabellen und 12 Karten. Leinen

Gerald D. Feldman
Die Allianz und die deutsche Versicherungswirtschaft
1933–1945
Aus dem Englischen von Karl Heinz Siber
2001. 731 Seiten mit 38 Abbildungen. Leinen

Lothar Gall/Gerald D. Feldman/Harold James/und andere
Die Deutsche Bank 1870–1995
85. Tausend. 1995. XXI, 1015 Seiten mit 82 Abbildungen,
20 Tabellen und 19 Graphiken im Text. Leinen

Elisabeth Kraus
Die Familie Mosse
Deutsch-jüdisches Bürgertum im 19. und 20. Jahrhundert
1999. 793 Seiten mit 23 Abbildungen und 1 Stammtafel. Leinen